2019

# 湖南民生调查报告

国家统计局湖南调查总队
胡国亮 主编

中国统计出版社
China Statistics Press

2019湖南民生调查报告

**图书在版编目（CIP）数据**

2019湖南民生调查报告 / 国家统计局湖南调查总队，胡国亮主编. -- 北京 : 中国统计出版社, 2019.11

ISBN 978-7-5037-9075-1

Ⅰ. ①2… Ⅱ. ①国… ②胡… Ⅲ. ①社会保障－调查报告－湖南－2019 Ⅳ. ①D632.1

中国版本图书馆CIP数据核字(2019)第263328号

2019湖南民生调查报告

作　　者/国家统计局湖南调查总队　胡国亮　主编
责任编辑/梁　超　熊丹书
封面设计/李雪燕
出版发行/中国统计出版社
通信地址/北京市丰台区西三环南路甲6号　邮政编码/100073
电　　话/邮购（010）63376909　书店（010）68783171
网　　址/http://www.zgtjcbs.com/
印　　刷/河北鑫兆源印刷有限公司
经　　销/新华书店
开　　本/880×1230mm　1/16
字　　数/422千字
印　　张/22
版　　别/2019年11月第1版
版　　次/2019年11月第1次印刷
定　　价/200.00元

2019湖南民生调查报告

# 编委会

2019湖南民生调查报告

# 目录

## 收入篇

2019湖南民生调查报告

## 消费篇



## 住房篇



## 价格篇

## 教育篇



## 就业篇

## 医卫篇



## 社保篇

## 产业篇



## 数据篇

# 2019湖南民生调查报告

# 收入篇

## 政策背景

2018年国务院《政府工作报告》指出,“要提高保障和改善民生水平。要在发展基础上多办利民实事、多解民生难事,兜牢民生底线,不断提升人民群众的获得感、幸福感、安全感。”为了稳步提高居民收入水平,让收入增长与经济发展基本同步,中央和湖南各级地方政府,先后出台了许多重大的政策和举措。

一是降低个人所得税。6月19日,十三届全国人大常委会第三次会议审议通过了新的《个人所得税法》,个人所得税起征点从每月3500元提高至5000元,并且对子女教育、继续教育、大病医疗、住房贷款利息、住房租金、赡养老人等六个专项附加扣除。二是增加工资。6月,国务院办公厅下发了《关于调整机关工作人员基本工资标准的实施方案》《关于调整事业单位工作人员基本工资标准的实施方案》,湖南省人力资源社会保障厅、省财政厅也制定了相应的实施意见,依据工资调查比较结果,综合考虑国民经济发展、财政状况和物价变动等因素确定调整幅度,使机关事业单位工作人员人均月增加300元左右。各地还根据本地的实际情况,提升了工作人员的目标考核奖和绩效工资。三是提高养老金。国务院办公厅下发了《关于增加机关事业单位离退休人员离退休费的实施方案》,人社部与财政部联合下发了《关于2018年调整退休人员基本养老金的通知》,使人均养老金水平在上年基础上增加5%。四是调高城乡居民基础养老金最低标准。湖南省人社厅、省财政厅联合发布了《关于2018年提高全省城乡居民基本养老保险基础养老金最低标准的通知》,基础养老金最低标准从85元/月增加到103元/月,增长21.2%。五是提升最低生活保障标准。如长沙,城乡居民最低生活保障标准从每人450元/月提高到550元/月。六是促进就业。通过鼓励大众创业、万众创新,通过实施就业优先和积极就业政策,通过开展各种就业服务专项活动促进就业,增加居民收入。

这些政策措施的实施,有力地推动了居民收入水平的提高。数据显示,2018年湖南居民人均可支配收入25241元,比上年增长9.3%。

(谭建新)

## 全景扫描

### 2018年湖南居民收入呈现“三高一优”的高质量增长态势

2018年,湖南省认真贯彻落实党的十九大精神和中央各项宏观调控政策,坚持稳中求进工作总基调，坚定不移推进供给侧结构性改革，进一步落实惠民富民政策，居民收入总体保持中高速增长，结构稳中趋优，呈现“三高一优”的良好态势。

## 一、增速略低于上年，保持中高速增长

2018 年，湖南居民人均可支配收入 25241 元，比上年增长 9.3%，较上年略低 0.1 个百分点；扣除价格因素，实际增长 7.2%，保持中高速增长。

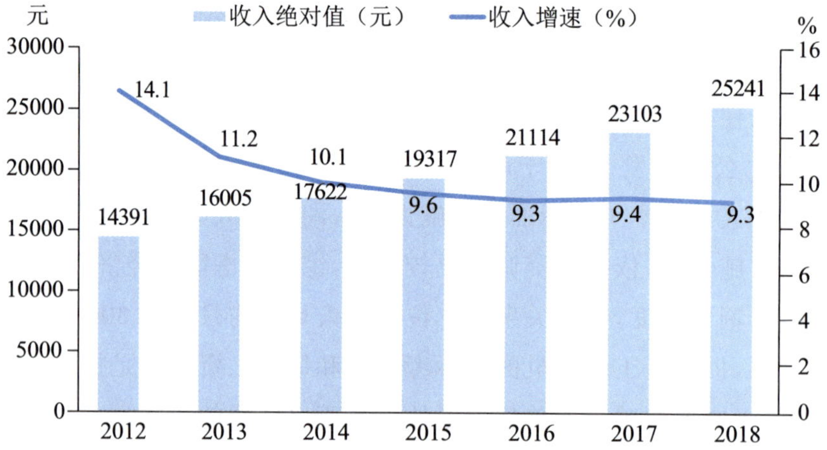


**2012—2018 年湖南居民收入增长情况**

## 二、高于全国平均，居全国第 5 位

2018 年，湖南居民人均可支配收入名义增速和实际增速较全国平均分别高 0.6 和 0.7 个百分点。名义增速在全国内地 31 个省（自治区、直辖市）中与江西并列居第 5 位，较上年提升 2 位；在中部六省与江西并列居第二位，与上年持平。

**表 1　2018 年湖南居民收入增速在全国及中部的排名**

| 地　区 | 2018 年绝对值（元） | 2017 年绝对值（元） | 增速（%） | 增速排位 |
|---|---|---|---|---|
| 全　国 | 28228 | 25974 | 8.7 | — |
| 安　徽 | 23984 | 21863 | 9.7 | 3 |
| 江　西 | 24080 | 22031 | 9.3 | 5 |
| 湖　南 | 25241 | 23103 | 9.3 | 5 |
| 河　南 | 21964 | 20170 | 8.9 | 17 |
| 湖　北 | 25815 | 23757 | 8.7 | 20 |
| 山　西 | 21990 | 20420 | 7.7 | 26 |

## 三、农村增速高于城镇，城乡差距缩小

分城乡看，农村居民人均可支配收入 14093 元，比上年增长 8.9%；城镇居民人均可支配收入 36698 元，增长 8.1%。农村居民收入增速较城镇居民高 0.8 个百分点，城乡居民收入相对差距由上年的 2.62∶1 缩小到 2.60∶1。

## 四、大湘西地区增速高于其他地区，地区差距缩小

分区域看，大湘西地区居民人均可支配收入 17288 元，增速为 10.3%，增速明显高于其他三个地区（长株潭地区、洞庭湖地区、湘南地区），地区收入相对差距有所缩小。长株潭地区与大湘西地区居民收入相对差距由上年的 2.31∶1 缩小到 2.27∶1。从贫困地区来看，全省 51 个贫困县农村居民人均可支配收入 10285 元，增长 11.0%，较全省农村居民收入平均增速高 2.1 个百分点。

**表 2　2018 年湖南四大片区居民收入增长情况**

| 地　区 | 2018 年绝对值（元） | 2017 年绝对值（元） | 增速（%） |
|---|---|---|---|
| 长株潭地区 | 39274 | 36162 | 8.6 |
| 洞庭湖地区 | 22928 | 21005 | 9.2 |
| 湘南地区 | 23391 | 214575 | 9.0 |
| 大湘西地区 | 17288 | 15674 | 10.3 |

## 五、与经济发展基本同步，共享经济发展成果

2018 年湖南居民人均可支配收入扣除价格因素后，实际增长 7.2%，与全省人均 GDP 的增速基本持平，经济发展成果与全体居民共享得到进一步体现。

## 六、收入结构稳中趋优，内生动力增强

一是四项收入增长“两快两稳”。从四项收入的增速来看，财产净收入和经营净收入增长较快，分别增长 18.2%和 11.9%；工资性收入和转移净收入平稳增长，分别增长 8.1%和 6.8%。

**表 3　2018 年湖南居民四项收入增长情况**

| 指　标 | 绝对值(元) | 增加值(元) | 增幅(%) |
|---|---|---|---|
| 人均可支配收入 | 25241 | 2138 | 9.3 |
| 1.工资性收入 | 12798 | 961 | 8.1 |
| 2.经营净收入 | 5016 | 532 | 11.9 |
| 3.财产净收入 | 1923 | 296 | 18.2 |
| 4.转移净收入 | 5504 | 348 | 6.8 |

二是财产净收入和经营净收入占比提升。从四项收入的占比来看,人均经营净收入和财产净收入占可支配收入比重分别为 19.9%和 7.6%,比上年分别提升 0.5 和 0.6 个百分点,补短板效果较明显。

**表 4　2017—2018 年湖南居民四项收入占比情况**

| 指　标 | 2018 年绝对值(元) | 2017 年绝对值(元) | 2018 年占比(%) | 2017 年占比(%) |
|---|---|---|---|---|
| 人均可支配收入 | 25241 | 23103 | — | — |
| 1.工资性收入 | 12798 | 11837 | 50.7 | 51.2 |
| 2.经营净收入 | 5016 | 4484 | 19.9 | 19.4 |
| 3.财产净收入 | 1923 | 1627 | 7.6 | 7.0 |
| 4.转移净收入 | 5504 | 5156 | 21.8 | 22.3 |

三是经营净收入中第三产业经营净收入占比提升。2018 年湖南居民人均第三产业经营净收入占经营净收入的比重为 58.2%,比上年提升 1.5 个百分点。

**表 5　2017—2018 年湖南居民人均经营净收入构成情况**

| 指　标 | 2018 年绝对值(元) | 2017 年绝对值(元) | 2018 年占比(%) | 2017 年占比(%) |
|---|---|---|---|---|
| 人均经营净收入 | 5016 | 4484 | — | — |
| 1.第一产业经营净收入 | 1509 | 1436 | 30.1 | 32.0 |
| 2.第二产业经营净收入 | 590 | 507 | 11.8 | 11.3 |
| 3.第三产业经营净收入 | 2917 | 2540 | 58.2 | 56.7 |

注:51 个贫困县包括湖南 40 个国家扶贫重点县和 11 个省级扶贫重点县,包括 14 个已脱贫县和 37 个未脱贫县。

（方志红）

民生资讯站 MINGSHENGZIXUNZHAN

## 如何科学比较居民收入增速与GDP增速

提高民生保障水平，增强群众获得感，让改革发展成果更多更公平惠及全体人民，是高质量发展的出发点和落脚点。党的十八大报告首次提出“居民收入增长和经济发展同步”，2019年政府工作报告再次提出“GDP增长6%～6.5%，居民收入增长与经济增长同步”，湖南省政府工作报告也提出“居民收入增长与经济增长同步”的预期目标。那么，如何通过统计数据科学地体现居民收入和经济同步增长？这是本研究需要回答的问题。

**一、经济发展与居民收入增长的统计指标**

一般用GDP即地区生产总值来衡量一个地区的经济发展总量。一般用GDP增速来表示经济增长速度。如“2018年湖南实现地区生产总值36425.78亿元，比上年增长7.8%”，即表示湖南2018年GDP总量为36425.78亿元，GDP增速为7.8%。需要注意的是，此增速为扣除了价格因素影响后的实际增速。

居民收入一般指的是居民人均可支配收入，即居民可用来自由支配的收入。居民收入增长一般用居民人均可支配收入增速来表示。2013年以前，我国居民收支调查采取的是城乡分别调查的形式，因此分别用城镇居民可支配收入增速和农村居民可支配收入增速两个调查指标表示。2013年城乡一体化住户调查制度改革后，有了全体居民可支配收入指标。不论是分城乡的居民可支配收入还是全体居民可支配收入，其增速均存在以当年价格计算的名义增速和剔除相应价格因素影响的实际增速两个口径。

**二、当前GDP增速直接和城乡居民收入增速比较存在的问题**

为了衡量居民收入增长是否和经济发展同步，许多媒体经常使用分城乡居民人均可支配收入的增速与GDP增速比较，如果居民人均可支配收入增速高于GDP增速，则认为居民收入增长超过经济增长，否则认为居民收入增长没有和经济发展同步。如2018年湖南城乡居民人均可支配收入分别为36698元和14093元，分别较上年增长8.1%和8.9%，而湖南GDP增速为7.8%，有观点据此认为湖南收入增长超过GDP增长。

这里面有几个问题值得厘清：

一是GDP是“总量”指标，代表一个地区的总产出。而居民人均可支配收入是“平均数”，代表一个地区居民收入的平均水平。用“总量”指标和“平均数”指标比较有局限性。

二是GDP的总量既包括城镇地区的产出，也包括农村地区的产出。城镇居民可支配收入和农村居民可支配收入仅代表城镇或者农村的居民收入水平。用“全体”指标和“局部”指标比较有局限性。

三是GDP增速一般是指扣除了价格因素影响的实际增速，而城乡居民可支配收入一般指名义增速。名义增速不能和实际增速直接比较。

四是实际增速的缩减指数不一样。计算居民实际可支配收入增速时，一般使用相应的居民消费价格指数进行缩减，而计算GDP增速时，使用GDP平减指数进行缩减。两种价格指数包含的内容有很大不同。

因此，不能使用城乡居民人均可支配收入的增速直接与GDP增速进行比较。

**三、应当使用全体居民人均收入实际增速与人均GDP增速进行比较**

GDP是全体居民，包括城镇居民和农村居民共同创造的劳动成果，因此应该使用全体居民的收入增速和GDP增速比较；居民可支配收入是人均指标，应当用人均GDP进行比较；GDP是实际增速，全体居民收入也应该扣除价格因素影响，使用实际增速进行比较。因此，使用全体居民人均收入实际增速与人均GDP增速进行比较才是最科学的方法。

2018年湖南全体居民人均可支配收入25241元，比上年增长9.3%，扣除价格因素实际增长7.2%。初步核算的2018年湖南人均地区生产总值为52949元，增长7.2%。两者增速相当，因此，可以说2018年湖南实现了“居民收入增长与经济增长同步”的目标。

（汪　涛）

## 2018年湖南城镇居民收入增速平稳　结构趋优

2018年，湖南认真贯彻落实党中央、国务院决策部署，坚定践行新发展理念，以供给侧结构性改革为主线，全力做好稳增长、调结构、促改革、惠民生、防风险等各项工作，经济结构和发展动能持续改善，城镇居民收入平稳增长。

### 一、收入保持中高速增长，结构持续优化

2018年，湖南城镇居民人均可支配收入36698元，比上年增长8.1%。增幅比2017年回落0.4个百分点，但仍保持在中高速增长区间。

分项来看，城镇居民收入结构持续优化。人均工资性收入20022元，增长6.7%；人均经营净收入5253元，增长14.0%；人均财产净收入3715元，增长16.0%；人均转移净收入7709元，增长4.6%。从增收贡献情况看，增收贡献率最高的是工资性收入，为45.7%，经营净收入贡献率为23.5%，财产净收入贡献率为18.6%，转移净收入贡献率为12.2%。与2017年比较，工资性收入与转移净收入增幅分别下降0.9和6.1个百分点，增收贡献率下降10.3和14.5个百分点。经营净收入和财产净收入增幅分别提高7.9和9.5个百分点，增收贡献率提高13.5和11.3个百分点。经营和财产收入对居民收入的增长作用明显提

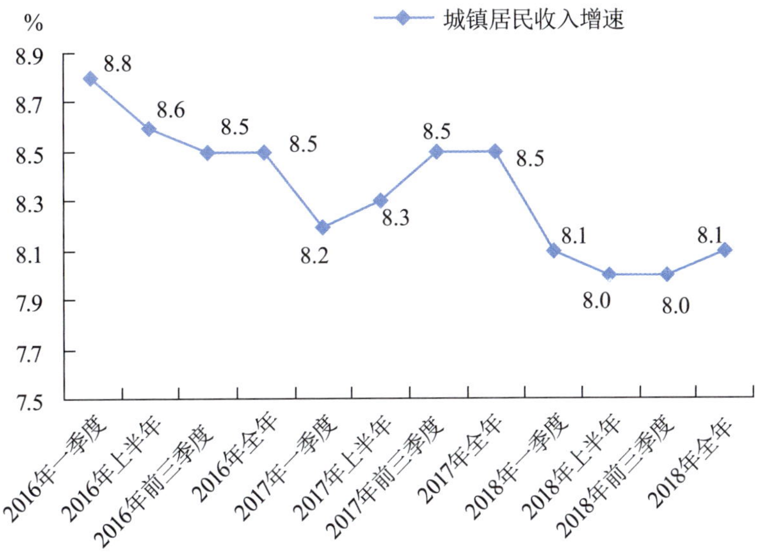


**2016—2018 年城镇居民收入增长情况**

高，城镇居民收入增长的内生动力进一步增强。

**2018 年城镇居民四大项收入情况**

| | 金额（元） | 增幅（%） | 增收贡献率（%） |
|---|---|---|---|
| 人均可支配收入 | 36698 | 8.1 | — |
| 一、工资性收入 | 20022 | 6.7 | 45.7 |
| 二、经营净收入 | 5253 | 14.0 | 23.5 |
| 三、财产净收入 | 3715 | 16.0 | 18.6 |
| 四、转移净收入 | 7709 | 4.6 | 12.2 |

## 二、五大因素促增收

1. 经济运行稳中向好是居民增收的基础。2018 年，全省经济运行总体呈现稳中有进、稳中提质、稳中向好的发展态势。据省统计局统计，1—11 月湖南省规模以上工业实现主营业务收入同比增长 8.5%；实现利润总额同比增长 13.8%。39 个大类行业全部实现整体盈利，其中，26 个行业利润同比增加，1 个行业扭亏为盈。新兴行业、民生行业势头向好。大型企业良好的盈利状况为员工收入增长创造了条件。

2. 就业形势保持稳定是收入增长的重要渠道。2018 年，湖南深入实施就业优先战略和积极就业政策，牢牢稳住就业“基本盘”，就业规模持续扩大，相关指标均超额完成预期的节点任务，各季度城镇调查失业率均稳定在 5.0% 以内。住户调查数据显示，城镇居民户均从业人数由上年的 1.53 人提高至 1.56 人。

3. 创新创业为居民增收注入新的活力。一是营商环境持续优化，双创形势好。为优化创业环境，湖南深入推进“放管服”和商事制度改革，大幅精简行政审批事项，“多证合一、一照一码”和企业电子化登记全面实施，建立了程序便利、内容完善、流程优化、资源集约的市场准入新模式，长沙市营商环境质量进入全国前十强。前三季度，全省新增市场主体54万户；发放创业担保贷款16亿元，直接扶持1.5万人创业。二是小微企业与个体经营户经营情况基本平稳。据调查，2018年前三季度，湖南小微企业和个体经营户户均实现营业收入110.1万元，同比增长14.2%。

4. 投资理财渠道拓宽和房屋出租价格上升助推财产净收入增长。一是随着2018年房价上涨的势头得到遏制，市场观望情绪渐浓，城镇居民租房需求扩大，房租价格上涨，推动城镇居民来自房屋出租方面的收入增长。二是城乡二、三产业的较快发展进一步拓宽了居民投资理财渠道，助推居民利息、红利收入的增长。

5. 各项惠民政策积极落实是居民收入的“稳定器”。一是企业退休人员养老金标准上调。2018年7月20日，湖南调整了企事业机关单位退休人员养老金，人均增加5%。二是各地低保、城乡居民基础养老保险继续上调。三是医保体系更加完善。

（林　嘉）

民生加油站 MINSHENGJIAYOUZHAN

## 2018年湖南省各市州居民收入情况

根据国家统计局湖南调查总队组织的湖南省分市县住户收支与生活状况调查，2018年湖南省各市州居民收入稳步增长。

分市州看，长沙市、株洲市、湘潭市和衡阳市的全体居民人均可支配收入高于全省平均水平，湘西州和张家界市的全体居民人均可支配收入仅为全省平均水平的61.2%和65.2%。

分城乡看，各市州农村居民人均可支配收入增幅均高于城镇，邵阳市、张家界市、怀化市、娄底市和湘西州农村居民人均可支配收入增幅在10%及以上。

分区域看，长株潭地区全体居民人均可支配收入39274元，洞庭湖地区22928元，为长株潭地区的58.4%，湘南地区23391元，为长株潭地区的59.6%，大湘西地区17288元，为长株潭地区的44.0%。

**2017 年湖南省各市州居民收入主要情况**

| 地 区 | 全体居民人均可支配收入 | | 城镇居民人均可支配收入 | | 农村居民人均可支配收入 | |
|---|---|---|---|---|---|---|
| | 绝对值(元) | 增速(%) | 绝对值(元) | 增速(%) | 绝对值(元) | 增速(%) |
| 湖南省 | 25241 | 9.3 | 36698 | 8.1 | 14093 | 8.9 |
| 长沙市 | 44647 | 8.5 | 506792 | 8.2 | 29714 | 8.6 |
| 株洲市 | 33953 | 8.7 | 42867 | 7.7 | 19889 | 8.4 |
| 湘潭市 | 29872 | 8.7 | 36866 | 7.9 | 19408 | 8.5 |
| 衡阳市 | 25901 | 8.6 | 33741 | 7.8 | 18250 | 8.3 |
| 岳阳市 | 24812 | 9.0 | 32425 | 8.0 | 15513 | 8.7 |
| 郴州市 | 23459 | 9.0 | 32406 | 8.0 | 15018 | 8.6 |
| 常德市 | 22465 | 9.3 | 31226 | 8.3 | 15095 | 9.0 |
| 益阳市 | 21843 | 9.0 | 29123 | 8.1 | 15853 | 8.9 |
| 永州市 | 20163 | 9.8 | 28470 | 8.7 | 13924 | 9.3 |
| 娄底市 | 18544 | 10.3 | 27916 | 8.9 | 11657 | 10.7 |
| 邵阳市 | 18010 | 10.1 | 27167 | 8.5 | 11857 | 10.2 |
| 怀化市 | 16789 | 10.6 | 26703 | 9.0 | 9811 | 11.1 |
| 张家界市 | 16465 | 9.5 | 24825 | 8.2 | 9562 | 10.0 |
| 湘西自治州 | 15442 | 10.7 | 24728 | 8.8 | 9183 | 11.0 |

（肖宇旻）

# 2018 年湖南农村居民收入增速加快

2018 年，湖南农村居民人均可支配收入 14093 元，比上年增长 8.9%，扣除价格影响，实际增长 6.8%。

## 一、农村居民人均可支配收入增速、质量双提升

### （一）增速明显加快，城乡差距进一步缩小

2018 年，农村居民人均可支配收入增速较上年提高 0.5 个百分点。一季度，人均可支配收入增速为 8.6%，上半年回升到 8.7%，前三季度为 9.0%，全年为 8.9%。

2018 年，农村居民人均可支配收入增幅较城镇居民高 0.8 个百分点。城乡居民人均可支配收入相对差距进一步缩小，由上年的 2.62∶1 缩小到 2.60∶1。

### (二)增收质量稳步提高,结构稳中趋优

从增收贡献情况看,增收贡献率最高的是工资性收入,为37.1%,经营净收入贡献率为36.0%,转移净收入贡献率为24.2%,财产净收入贡献率为2.7%。工资性收入和经营净收入较快增长是农村居民增收的主要动力。

四项收入占比呈"两升一平一降"格局。经营净收入和财产净收入占比均比上年提升0.2个百分点,转移净收入占比持平,工资净收入占比下降0.4个百分点。经营净收入和财产净收入的占比提高表明农民增收来源多样,后劲充足。

第三产业经营净收入占比持续提升。农村居民来自第三产业的经营净收入增长较快,占比持续提升。2018年农村居民第三产业经营净收入占经营净收入的比重为36.3%,比上年提升4.1个百分点,较2016年提升5.0个百分点。

**表1　近三年湖南农村居民经营净收入构成情况**

| 指标名称 | 金额(元) | | | 比重(%) | | |
|---|---|---|---|---|---|---|
| | 2018年 | 2017年 | 2016 | 2018年 | 2017年 | 2016年 |
| 人均经营净收入 | 4786 | 4369 | 4139 | — | — | — |
| 第一产业经营净收入 | 2619 | 2609 | 2492 | 54.7 | 59.7 | 60.2 |
| 第二产业经营净收入 | 430 | 353 | 350 | 9.0 | 8.1 | 8.5 |
| 第三产业经营净收入 | 1737 | 1407 | 1297 | 36.3 | 32.2 | 31.3 |

## 二、四项收入增长"一快三稳"

从全年农村居民四项收入的增速来看,财产净收入增长最快,增长21.0%,经营净收入、转移净收入和工资性收入平稳增长,分别增长9.5%、9.1%和8.0%。

**表2　2018年湖南农村居民收入情况**

| 指标名称 | 金额(元) | 比上年增加(元) | 名义增幅(%) | 贡献率(%) | 占比(%) |
|---|---|---|---|---|---|
| 人均可支配收入 | 14092 | 1157 | 8.9 | | |
| 其中:工资性收入 | 5769 | 429 | 8.0 | 37.1 | 40.9 |
| 经营净收入 | 4786 | 417 | 9.5 | 36.0 | 34.0 |
| 财产净收入 | 179 | 31 | 31.0 | 2.7 | 1.3 |
| 转移净收入 | 3358 | 280 | 9.1 | 24.2 | 23.8 |

### (一)财产净收入快速增长,农民增收渠道明显拓宽

人均财产净收入179元,增长21.0%,在四大项收入中增长最快,较上年提升17.4个

百分点。

1. 农业产业化和乡村旅游等产业发展助推农村居民土地流转和房屋出租等收入的增长。农村居民人均转让承包土地经营权租金收入31元，增长34.4%；农村居民人均出租房屋收入39元，对财产净收入增长的贡献率为49.0%。

2. 乡村金融的发展和农村投资理财观念的增强，助推农村居民获得的利息、红利收入增加。农村居民人均获得利息、红利收入81元，增长7.2%。

### (二)农村产业结构优化升级，经营净收入增长加快

在乡村振兴战略、农业供给侧结构性改革和产业扶贫的共同推动下，人均经营净收入4786元，增长9.5%，较上年提升3.9个百分点。

1. 粮食种植面积稳中调优。双季稻种植面积下降，一季粮食一季经济作物和“稻+鱼”“稻+虾”等综合种养面积提升。

2. 农产品加工、农村电商、乡村旅游等农村二、三产业发展较快。2018年，湖南农村居民人均二、三产业经营净收入分别达到430元和1737元，增长21.9%和23.5%。

### (三)扶贫攻坚、收入分配政策助推转移净收入较快增长

人均转移净收入3358元，增长9.1%，拉动人均可支配收入增长2.2个百分点。

1. 扶贫力度进一步加大，推动农村居民救济性收入增加。2018年，农村居民人均社会救济和补助收入225元，增长32.1%。

2. 农村居民基础养老金补贴标准提高，从每月70元调整到每月85元，提高了21.4%，推动农村居民养老金收入增长16.8%。

3. 农村转移支付力度持续加大，农村低保、医保报销标准稳步提高。2018年，湖南农村居民人均获得报销医疗费收入251元，增长34.5%。

### (四)工资性收入平稳增长

人均工资性收入5769元，增长8.0%，拉动人均可支配收入增长3.3个百分点，是最大增收动力。

1. 乡村振兴战略的逐步实施，农民本地就业机会增多。实施“创业兴湘乐业富民”工程，开展了19个县支持农民工等人员返乡创业国家试点工作。

2. 2017年7月1日起，湖南省进行了最低工资标准调整，调整后最高档次为1580元，最低档次为1130元，提高幅度分别为13.7%和9.7%。

3. 农民工工资稳步增长。

## 三、两大制约因素亟待重视

### (一)部分农产品价格走势低迷,制约农村居民经营净收入增长

受粮食库存充足和国家粮食最低收购价下调影响,湖南稻谷价格自三季度开始由升转跌,同时化肥、农药、机械作业费等投入成本上升,给农村居民种粮收入增长带来较大压力。2018年,农村居民人均农业收入为1848元,下降2.5%。

据农产品生产者价格调查结果显示,2018年,湖南畜牧业产品价格下降8.4%,其中生猪价格下降13.1%,影响农村居民牧业增收。2018年,农村居民人均牧业收入为458元,下降2.7%。

### (二)农民外出就业压力增大,工资性收入增长或将受限

受中美贸易摩擦和国内外宏观经济环境的影响,部分外向型企业务工人员选择回乡。目前,对湖南大多数地区农民工就业的不利影响尚未显现,但预计2019年会表现得更为明显。

(凌　媛)

# 深度透视

## 湖南区域居民收入差距及经济因素分析
### ——基于固定效应模型

## 一、引言

当前湖南省经济下行压力较大,各地区经济结构、增长动力不同,经济发展面临着不平衡不充分的问题,体现在收入方面则是居民收入差距的扩大。

关于居民收入差异的研究,主要集中在城乡居民收入、行业收入和区域居民收入三个方面。区域差异大、发展不平衡是我国的基本国情。推动区域协调发展,是推动经济高质量发展的必然要求,坚持“共享发展”是全面建成小康社会的题中之义。因此,分析和研究区域居民收入差距及其影响因素具有现实的意义和价值。影响区域居民收入增长的因素主要有经济因素、地理因素、制度因素等,从已有研究成果看,经济发展水平是最主要的因

素。本研究拟从经济方面,分析影响湖南各市州居民收入差距形成的原因,并就如何缩小区域居民收入差距提出有针对性的政策建议。

## 二、文献述评

一直以来,居民收入差距是学者和社会各界研究的热点,有不少度量收入差异的方法和指标,如离值差、离均差、标准差、变异系数、泰尔指数、基尼系数等。通过文献分析法发现,居民收入差距的影响因素通常被归纳为二元经济结构、区位差异、资源禀赋差异、基础设施差异、公共服务差异、城镇化率差异等。

严冀、陆铭和陈钊(2005)在省际面板数据的基础上,验证了经济开放、非国有化、财政改革等经济政策及其相互作用对我国地区经济增长和地区收入差距的影响,认为这些因素在地区之间的差异使得各地经济增长不同,从而导致了地区收入差距的扩大;张跃、王天龙(2005)通过设立一个关于地区收入差距的两地区模型,假设资本不能进行地区间的相互流动,结果表明地区间的禀赋差距和劳动力缺乏流动是我国区域收入差距产生的主要原因,政府的转移支付和劳动力的自由流动,对消除地区收入差距有着十分重要的意义;陆云航(2006)在《要素积累、政府政策与我国城乡收入差距》中基于省际面板数据进行分析得出,基础教育、城市化进程的推进有助于缩小城乡收入差距,而资金与人力资本向城市集聚、对外开放以及政府参与活动的扩大则进一步拉大了城乡收入差距;王志涛(2006)从地方政府公共支出竞争的角度考察了地区收入差距的成因,认为地方政府公共支出竞争加剧了地区收入差距,政府的公共支出政策要从以促进经济增长为核心转向以再分配为核心,并实现区域公共服务均等化;李萍(2007)在《中国贫富差距现状分析与对策研究》中提出,文化程度与收入差距之间存在显著关联;夏强(2010)在《中国金融发展对收入差距影响的实证研究》中指出,我国收入差距水平与金融发展程度间存在着密切关系,金融发展影响着我国收入差距的变化;刘美秀、彭庆环(2012)提出影响我国四大经济区域城乡居民收入差距扩大主要是城乡二元管理体制,加强国家政策和资金对农村的扶持可有效改善收入差距;刘书豪(2015)选取地理因素、资源禀赋、地方因素、城市引力、对外贸易等因素对我国城乡居民收入差距的区域影响进行分析。

## 三、区域居民收入差距的变化特征

### (一)绝对差距呈扩大趋势

由于经济发展水平、地理位置、资源禀赋不同,各区域间的居民收入存在着较大差距。从近 12 年的情况看,全省 14 个市州居民收入差距在逐步扩大。2006 年居民人均可支配收入最高的市州长沙为 10326.2 元,比全省高 4178.1 元,是全省的 1.68 倍,比收入最低的市州湘西州高6305.9元，是湘西州的2.57倍。2017年居民人均可支配收入最高的市州长沙为42558.9元，比全省高18871.7元，是全省的1.80倍，比收入最低的市州湘西州高27785.9元，是湘西州的2.88倍。无论是绝对值还是相对倍数都呈现扩大趋势。

从标准差①来看，2006年全省14个市州人均可支配收入的标准差从1750.1元扩大到2017年的7593.9元。从表1可以看出，2006—2017年14个市州居民可支配收入的离散程度较大，收入差距越来越明显。

**表1　2006—2017年全省14个市州居民可支配收入标准差**

| 年份 | 标准差(元) | 年份 | 标准差(元) |
|---|---|---|---|
| 2006 | 1750.15 | 2012 | 4613.97 |
| 2007 | 2098.20 | 2013 | 5487.85 |
| 2008 | 2467.93 | 2014 | 6028.62 |
| 2009 | 2787.22 | 2015 | 6543.81 |
| 2010 | 3396.69 | 2016 | 7069.18 |
| 2011 | 3934.72 | 2017 | 7593.92 |

## (二)相对差距在波动中趋于稳定

2007—2017年，14个市州居民人均可支配收入增速差距在波动中趋于稳定，2007年增速最快的永州与增速最慢的张家界相差12.33个百分点，2008年以后差距波动幅度呈扩大趋势，2013年增速最快的邵阳和增速最慢的永州相差20.36个百分点，达到差距最高点，此后年份相对差距趋于稳定。从年均增速看，2007—2017年，各市州居民人均可支配收入年均增速(扣除价格因素)最快的长沙为10.74%，最慢的张家界为8.07%，相差2.67个百分点。

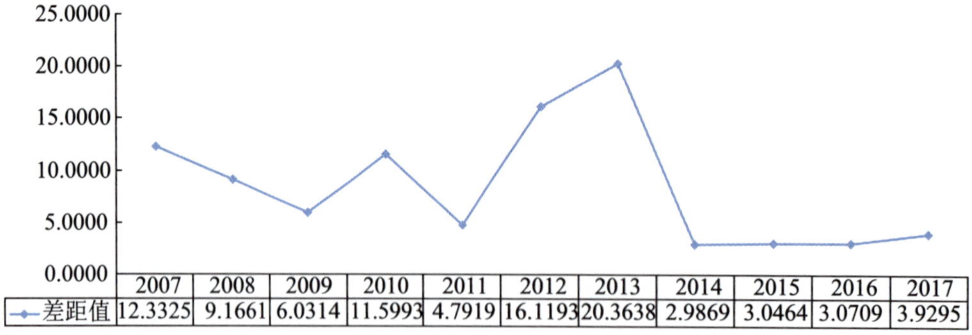


**图1　2007—2017年14个市州居民收入增速最高值与最低值差距**

① 标准差用以反映指标值与算数平均值的偏离程度，数值越大，说明收入的绝对差距越大。计算公式为：$s=\sqrt{\sum(x_i-\mu)^2/n}$。

14个市州居民人均可支配收入的变异系数①从2006年的0.2891扩大到2013年的0.3593，上升24.3%，呈逐步扩大趋势，2014年以后基本稳定在0.3364～0.3560的范围内。

这一变化特征与湖南经济发展形势是相吻合的。2014年开始，经济发展步入新常态，转向高质量发展阶段。湘西、邵阳等市州居民人均可支配收入有较快增长，长沙、株洲等市州居民人均可支配收入增速有所减缓，这种差距的缩小意味着扩大速度在减弱，但是总趋势仍是扩大的。

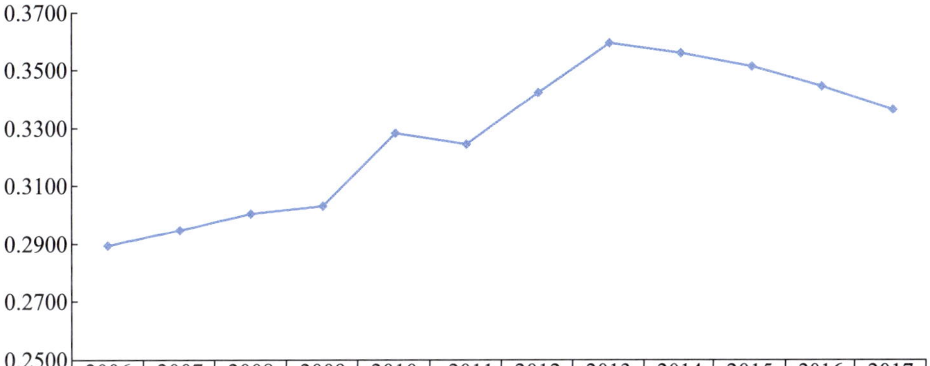


| | 2006 | 2007 | 2008 | 2009 | 2010 | 2011 | 2012 | 2013 | 2014 | 2015 | 2016 | 2017 |
|---|---|---|---|---|---|---|---|---|---|---|---|---|
| 变异系数 | 0.2891 | 0.2945 | 0.3003 | 0.3028 | 0.328 | 0.3241 | 0.3421 | 0.3593 | 0.356 | 0.3512 | 0.3446 | 0.3364 |

**图2　2006—2017年14个市州居民收入变异系数**

## 四、主要经济影响因素分析

影响区域间居民收入差距的因素有经济发展水平、地理位置、资源禀赋、制度因素等，其中，经济因素是造成地区间居民收入差距的一个重要原因。经济区位和经济基础好的地区，发展机遇相对较多，居民收入水平自然得以提高；经济区位和经济基础差的地区，就业机会少、收入来源窄，居民收入水平自然较低，区域间经济发展水平的差异最终会体现到地区居民收入差距上来。宏观上而言，影响居民收入差异的经济因素主要有产业结构、政府固定资产投资、财政制度、金融发展水平和城市化水平几个方面。

### (一)产业结构

产业结构是影响区域居民收入差距的一个重要因素，产业结构调整通过劳动力、资本等要素在各产业之间的分配，影响区域居民收入。产业结构的合理调整引起生产要素的转移和集聚，促进产业部门迅速发展，拉动居民收入增长，使区域居民收入趋于平衡化。但是，产业结构调整初期收入差距会呈扩大趋势，现代社会经济朝着第三产业经济方向发展，

---

① 变异系数由标准差计算公式中的收入水平标准化处理得到，用变异系数反映收入差别，其数值越大，表示收入差别越大。计算公式为：$V=\sqrt{\sum(x_i-\mu)^2/n}/\mu$。

虽然产业结构的升级和高级化给就业创造了更多机会和价值，但同时也对收入差距拉大造成了重要影响。

### （二）政府固定资产投资

政府固定资产投资通过调节资源在不同地区间的流动，深刻影响着居民收入分配格局：若长株潭地区政府固定资产投资较多，则资源向该地区集聚，就业机会增加、投资环境改善，私人部门投资得到刺激，有助于提高长株潭地区居民收入。若政府固定资产投资偏向于大湘西地区，也同样会刺激大湘西地区经济发展，加快地区建设，带来当地居民收入水平的提升。因此，可以通过调节政府固定资产投资的配置，调节居民收入，改善区域居民收入差距。

### （三）财政制度

财政制度是政府调节收入再分配的重要手段，在地区居民收入分配中发挥了重大调控作用，通过实现收入转移，有力抑制了地区间居民收入差异的无序扩张。例如，政府为实现特定的发展战略，对某些地区实行财政税收方面的倾斜政策，通过优惠政策，政府将在初次分配中把属于自己的部分让渡给了这些地区的部门和企业，这在很大程度上影响了地区间居民收入差距。

### （四）金融发展水平

金融发展不仅惠及经济增长，而且有利于居民收入分配的改善，缩小收入差距。一方面，随着银行体系经营效率的提高，信贷资源的分配将趋于多元化，更多的个人、民营企业将得到信贷支持，提高市场竞争力，从而促进居民收入水平的提高，并缩小收入差距。另一方面，金融市场发展越完善，越有利于降低股票、债券等金融市场的准入门槛，减少不必要的约束机制，让更多的人进入市场投资，提高收入水平。

### （五）城市化水平

城市化是通过工业化来缩小居民收入差距的，城市达到一定的集聚规模，促进新的经济活动的生长，从而促进区域经济的发展。一方面，农村居民流向城市，参加分工更加精细、程序更加流水化的工作，获得比之前更高的收入，同时提高了全社会的生产效率，创造更高的经济效益，从而提高收入水平，缩小收入差距。另一方面，随着农村居民进入城市，在教育、医疗、社会保险等方面将得到更多公平的机会和保障，这些都将有助于缩小居民收入差距。

## 五、实证分析

### （一）指标选取与数据来源

本研究采用《湖南统计年鉴》2006－2017年14个市州的年度数据，变量包括因变量和

5个自变量。本研究使用Eviews(版本8.0)对数据进行分析,由于数据计量单位不一致,为了消除异方差,估计变量系数之前对所有数据进行了对数化处理。

**表2 变量选择**

| 符号 | 单位 | 变量属性 | 变量名称 | 代表维度 |
|---|---|---|---|---|
| income | 元 | 因变量 | 居民人均可支配收入 | 居民收入差距 |
| str | 亿元 | 自变量 | 第三产业增加值 | 产业结构 |
| inv | 亿元 | 自变量 | 固定资产投资 | 政府固定资产投资 |
| fin | 万元 | 自变量 | 地方财政投入 | 财政制度 |
| sav | 亿元 | 自变量 | 人均住户存款 | 金融发展水平 |
| urb | % | 自变量 | 城市化水平 | 城市化水平 |

注:1. 由于从2013年开始住户调查采用新口径,为了保持口径的一致性,居民人均可支配收入由城镇和农村人口加权获得。

2. 从2011年起,由于固定资产投资起报点调整,2010年及以前的固定资产投资对应的指标为"全社会固定资产投资"。

3. 由于指标名称调整,"住户存款"在2011—2014年对应的指标为"个人存款",2010年以前对应"城乡居民储蓄存款",人均住户存款=住户存款/年末常住人口。

## (二)模型设定

先将模型设定为一般形式,则取常用对数的理论回归模型形式为:

$$\lg \text{income} = \beta_0 + \beta_1 \lg str + \beta_2 \lg inv + \beta_3 \lg fin + \beta_4 \lg sav + \beta_5 urb + \varepsilon$$

其中,income为居民人均可支配收入,str、inv、fin、sav、urb分别为第三产业增加值、固定资产投资、地方财政收入、人均住户存款和城市化水平。$\beta_1, \beta_2, \cdots, \beta_5$为各要素的弹性。

面板数据模型的选择通常有三种形式:混合估计模型、固定效应模型和随机效应模型。第一种,混合估计模型:若从时间上看,不同个体之间不存在显著性差异;从截面上看,不同截面之间也不存在显著性差异,则可以将面板数据混合在一起用普通最小二乘法(OLS)估计参数。第二种,固定效应模型:若对于不同的截面或者不同的时间序列,只是模型的截距项是不同的,则可以在模型中添加虚拟变量的方法估计回归参数。固定效应模型又分为个体固定效应模型、时点固定效应模型和双固定效应模型三种。第三种,随机效应模型:若固定效应模型中的截距项包括了截面随机误差项和时间随机误差项的平均效应,且这两个随机误差项都服从正态分布,则固定效应模型变成了随机效应模型。

## (三)模型估计

1. 单位根检验。为了避免伪回归问题,在进行回归之前要对面板数据进行单位根检验,以确保数据的平稳性。通常情况下,如果数据同时通过了LLC(Levin-Lin-Chu)检验和ADF检验,则序列是平稳的。从表2可以看出,在5%的显著性水平下,变量Lgstru、Lgsavings的原序列ADF-Fisher检验的P值大于0.05,此序列为非平稳,但其一阶差分后变量ΔLgstru和ΔLgsavings的LLC、ADF-Fisher检验的概率值都小于0.05,所以此序列为一阶平稳。

**表 3　面板数据的单位根检验**

| 变量 | LLC 检验 | ADF-Fisher | 平稳性 |
|---|---|---|---|
| lg income | −11.6493 | 65.9323 | 平稳 |
| | (0.0000) | (0.0001) | |
| Δlg income | −8.28114 | 74.0025 | 平稳 |
| | (0.0000) | (0.0000) | |
| lg str | −3.32847 | 26.8403 | 不平稳 |
| | (0.0004) | (0.5270) | |
| Δlg str | −11.0670 | 77.1732 | 平稳 |
| | (0.0000) | (0.0000) | |
| lg inv | −11.0961 | 61.2721 | 平稳 |
| | (0.0000) | (0.0003) | |
| Δlg inv | −12.0964 | 70.1487 | 平稳 |
| | (0.0000) | (0.0000) | |
| lg fin | −9.71550 | 54.8892 | 平稳 |
| | (0.0000) | (0.0000) | |
| Δlg fin | −4.16990 | 45.2717 | 平稳 |
| | (0.0000) | (0.0207) | |
| lg urb | −5.41935 | 41.9848 | 平稳 |
| | (0.0000) | (0.0435) | |
| Δlg urb | −19.7294 | 70.9474 | 平稳 |
| | (0.0000) | (0.0000) | |
| lg sav | −6.89292 | 29.3596 | 不平稳 |
| | (0.0000) | (0.3945) | |
| Δlg sav | −12.5405 | 87.4489 | 平稳 |
| | (0.0000) | (0.0000) | |

注：括号中的数值为各检验统计量 t 所对应的 P 值，Δ 表示对序列变量进行一阶差分。

2. 协整检验。如果用差分后的变量直接进行回归，则变量的意义将会有所改变，若仍然选择用原来的序列进行回归分析，则需要对原序列进行协整检验，以此判定变量之间是否存在长期均衡关系。由下表可知，面板数据 Kao 检验的概率值小于 0.05，结果显著拒绝了原假设，表示变量之间存在协整关系。所以对面板数据建立回归模型，进而分析之间的关系。

**表 4　面板数据的 Kao 检验**

| | t-Statistic | Prob. |
|---|---|---|
| ADF | −5.600000 | 0.0000 |

3. 模型估计。对面板数据是适合混合估计模型还是固定效应模型，通常采用 F 检验来完成，从 F 检验结果看，F=29.5142>F(13,138)，拒绝原假设。接下来，用 Husman 检

验模型是固定效应模型还是随机效应模型。结果显示应建立个体固定效应模型。模型结果如下：

$$\lg income=0.661+0.31\lg str+0.056\lg inv+0.154\lg fin+0.851\lg urb+0.036\lg sav$$

(5.756) (6.997) (2.717) (6.708) (9.465) (0.862)

$R^2=0.992$ $F=1037.8$

在该回归模型中，人均住户存款变量的系数P值为0.3902，变量不显著，这有可能是各个市州之间收入水平有较大差距，为此，根据个体固定效应模型中截距项的估计值，利用SPSS软件对各市州进行聚类，把截距项差异小的市州归为一组，再建立混合估计模型。

**表5 个体固定效应模型中各市州截距项估计结果**

| 地区 | C | 地区 | C |
|---|---|---|---|
| 长沙 | −0.283295 | 张家界 | 0.133269 |
| 株洲 | 0.006690 | 益阳 | 0.088188 |
| 湘潭 | 0.053761 | 郴州 | −0.027511 |
| 衡阳 | −0.047979 | 永州 | 0.026423 |
| 邵阳 | −0.006765 | 怀化 | −0.013578 |
| 岳阳 | −0.050806 | 娄底 | 0.049335 |
| 常德 | −0.059040 | 湘西 | 0.131306 |

第一组：长沙、株洲、邵阳、郴州、怀化

$$\lg income=-0.245-0.198\lg str+0.483\lg urb+1.01\lg sav$$

(−1.345) (−4.582) (4.068) (13.4)

$R^2=0.987$ $F=845.96$

通过模型可知，第三产业增加值、城市化水平和人均住户存款是这些市州居民可支配收入的显著影响因素。第三产业增加值的系数为负值，即第三产业增加值增加收入将减少，这可能与产业结构的非合理化有关系，以长沙、株洲为例，第三产业结构比重已经达到较高水平，高科技、高附加值的产业业态将扩大收入差距。而邵阳、怀化等地，产业结构处于调整初期，对收入差距的影响也是正向的。城市化水平变动1个百分点，收入将同向变动0.483个百分点；人均住户存款变动1个百分点，收入将同向变动1.01个百分点；固定资产投资和地方财政收入并没有对这些市州的居民收入产生显著影响。

第二组：湘潭、娄底、永州

$$\lg income=0.456+0.163\lg str+0.067\lg inv+0.168\lg fin+0.718\lg urb+0.209\lg sav$$

(5.259) (3.632) (2.043) (5.266) (12.227) (5.450)

$R^2=0.998$ $F=2417.9$

文章给出的五个指标都是影响湘潭、娄底、永州居民收入的显著因素。第三产业增加值变动1个百分点，将引起这三个市州居民收入同向变动0.163个百分点；固定资产投入变动1个百分点，将引起这些市州居民收入同向变动0.067个百分点；地方财政收入变动1

个百分点，将引起这些市州居民收入同向变动 0.168 个百分点；城市化水平变动 1 个百分点，将引起这些市州居民收入同向变动 0.718 个百分点；人均住户存款变动 1 个百分点，将引起这些市州居民收入变动 0.209 个百分点。

第三组：衡阳、岳阳、常德

$$\lg income = 1.065 + 0.202\lg inv + 0.099\lg fin + 0.735\lg rub$$

(4.168) (3.447) (2.283) (6.428)

$R^2 = 0.994$ $F = 1043.3$

通过以上模型可知，固定资产投资、地方财政投入和城市化水平是影响衡阳、岳阳和常德居民可支配收入的主要因素。固定资产投资变动 1 个百分点，居民可支配收入将同向变动 0.202 个百分点；地方财政投入变动 1 个百分点，居民可支配收入将同向变动 0.099 个百分点；城市化水平变动 1 个百分点，居民可支配收入将同向变动 0.735 个百分点。第三产业增加值和人均住户存款没有对这些市州居民收入产生显著影响。

第四组：张家界、益阳、湘西

$$\lg income = 0.648 + 0.106\lg inv + 0.958\lg urb + 0.202\lg sav$$

(2.317) (3.141) (4.552) (4.948)

$R^2 = 0.995$ $F = 1269.6$

张家界、益阳、湘西这几个市州，影响居民可支配收入的显著因素是固定资产投资、城市化水平和人均住户存款。由上述回归方程可知，固定资产投资每变动 1 个百分点，居民可支配收入将同向变动 0.106 个百分点；城市化水平每变动 1 个百分点，居民可支配收入将同向变动 0.958 个百分点；人均住户存款每变动 1 个百分点，居民可支配收入将同向变动 0.202 个百分点。第三产业增加值和地方财政投入没有对这些市州居民收入产生显著影响。

## 六、结论与建议

结论 1：影响居民收入差距的因素因地区而异，并非每个市州都相同，也并非每个市州均不同。基于个体固定效应模型的分组，不同于传统意义上的四大区域划分，湖南省四大区域的划分主要是基于战略发展机遇，而本研究的划分主要以经济影响因素为依据。从影响各区域居民收入差距的因素来看，第一组、第三组、第四组显著的影响因素各有三个，且并不相同，第二组模型选定的 5 个因素均是显著影响因素。

结论 2：城市化水平是显著的影响因素。从各组情况看，城市化率每上升 1 个百分点，都将至少拉动居民可支配收入上涨约 0.5 个百分点。这说明农村居民转移到城市后收入水平能得到较大提升，从而拉大与农村居民之间的收入差距，另一方面，这部分转移到城市的群体由于素质和能力差距，将导致城市居民收入差距更为明显。因此，在推进城镇化进程中应确立正确的原则和方向，避免盲目过度的城市化。

结论 3:产业结构合理化有助于缩小居民收入差距,产业结构合理化并不意味着产业结构高级化。不同地区产业结构对居民收入产生的效益有所区别,例如,长沙、株洲第三产业较为发达,产业结构高级,居民收入差距较大。而对于邵阳、怀化等西部市州来说,扩大第三产业提升产业结构的合理化,减小产业结构与就业结构的偏离度,更有利于缩小居民收入差距。

(张 蜜 张 毅)

# 2018 年湖南农村贫困监测报告

2018 年,湖南省委省政府按照党中央统一部署,把提高脱贫质量放在首位,强化责任落实、政策落实、工作落实,脱贫攻坚取得重大进展。据国家统计局湖南调查总队农村贫困监测调查,2018 年湖南贫困地区农民收入持续快速增长,贫困发生率明显下降,群众的获得感、幸福感、安全感进一步提高。

## 一、2018 年湖南农村减贫成效显著

### (一)脱贫规模居全国第一,贫困发生率降至 2%以下

按现行国家农村贫困标准测算,2018 年末,湖南农村贫困人口为 105 万人,较上年减少 127 万人,下降 54.9%,是 2013 年精准扶贫以来减贫人数最多的一年,脱贫规模继续保持全国首位。贫困发生率为 1.8%,较上年下降 2.3 个百分点,是近五年来下降幅度最大的一年。

党的十八大以来,湖南农村贫困人口由 2013 年末的 640 万人减少至 105 万人,累计减少 535 万人,下降幅度为 83.6%,平均每年减少 107 万人;贫困发生率由 2013 年末的 11.2%下降至 1.8%,累计下降 9.4 个百分点,平均每年下降 1.9 个百分点。

表 1 湖南历年农村贫困人口监测情况

| 年份 | 贫困人口 | | 贫困发生率 | |
|---|---|---|---|---|
| | 数量(万人) | 下降(万人) | 水平(%) | 下降(百分点) |
| 2013 | 640 | — | 11.2 | — |
| 2014 | 532 | 108 | 9.3 | 1.9 |
| 2015 | 434 | 98 | 7.6 | 1.7 |
| 2016 | 343 | 91 | 6.0 | 1.6 |
| 2017 | 232 | 111 | 4.1 | 1.9 |
| 2018 | 105 | 127 | 1.8 | 2.3 |

### (二)贫困地区减贫速度低于全省,脱贫任务仍然艰巨

按现行农村贫困标准测算,2018年末,湖南贫困地区的农村贫困人口82万人,比上年减少58万人,下降41.7%;贫困发生率4.1%,下降2.9个百分点。

脱贫攻坚越到最后骨头越难啃,贫困地区的贫困人口规模较大,贫困程度较深,减贫难度更大,面临的任务仍然十分艰巨。2018年末,湖南贫困地区农村贫困人口82万人,占全省的78.1%,比上年提高18.2个百分点;减贫速度为41.7%,比全省低13.2个百分点。

## 二、贫困地区农民收入持续快速增长

### (一)贫困地区农民收入增速快于全国、全省农村

2018年,湖南贫困地区农村居民人均可支配收入为9875元,比上年增长10.9%,较全国农村居民增速高2.1个百分点,较全省农村居民增速高2.0个百分点。

集中连片特困地区、国家扶贫开发工作重点县和深度贫困县的农村居民人均可支配收入增速均高于贫困地区。2018年,集中连片特困地区农村居民人均可支配收入9932元,增长11.3%,比贫困地区增速高0.4个百分点;国家扶贫开发工作重点县农村居民人均可支配收入9469元,增长11.0%,比贫困地区增速高0.1个百分点;深度贫困县农村居民人均可支配收入达到8736元,增长12.1%,比贫困地区增速高1.2个百分点。

### (二)贫困地区农村居民收入水平与全省农村相对差距进一步缩小

党的十八大以来,湖南贫困地区农村居民人均可支配收入年均名义增长11.6%,扣除价格因素,年均实际增长9.9%,实际增速比全省农村平均增速高2.2个百分点。2018年贫困地区农村居民人均可支配收入相当于全省农村平均水平的70.1%,比2012年上升10.0个百分点。

### (三)增收质量稳步提高,收入结构稳中趋优

1. 转移性收入和工资性收入是农民增收主要动力。2018年湖南贫困地区农村居民人均转移净收入2909元,比上年增加375元,增长14.8%,增速比全省农村高5.7个百分点,对贫困地区农村居民增收贡献率为38.8%,比上年提高0.6个百分点;人均工资性收入4161元,比上年增加355元,增长9.3%,增速比全省农村高1.3个百分点,对贫困地区农村居民收入增长的贡献率为36.7%,比上年提高7.6个百分点。

表 2　2018 年湖南贫困地区农村居民收入情况

| 指标名称 | 绝对值(元) | 增加值(元) | 名义增幅(%) | 贡献率(%) | 占比(%) |
|---|---|---|---|---|---|
| 人均可支配收入 | 9875 | 967 | 10.9 | — | — |
| 其中:工资性收入 | 4161 | 355 | 9.3 | 36.7 | 42.1 |
| 经营净收入 | 2707 | 212 | 8.5 | 21.9 | 27.4 |
| 财产净收入 | 99 | 26 | 35.4 | 2.7 | 1.0 |
| 转移净收入 | 2909 | 375 | 14.8 | 38.8 | 29.5 |

2. 贫困地区农村居民收入结构稳中趋优。2018 年湖南贫困地区农村居民收入构成有两大积极变化:

一是财产净收入快速增长。2018 年湖南贫困地区农村居民财产净收入比上年增长 35.4%,占人均可支配收入的比重由上年的 0.8%提高到 1.0%。

二是来自第三产业的经营净收入占比明显提升。2018 年湖南贫困地区农村居民第三产业经营净收入占经营净收入的比重为 32.8%,比上年提升 5.9 个百分点。

表 3　2017—2018 年湖南贫困地区农村居民经营净收入占比情况

| 指标名称 | 绝对值(元) | | 占比(%) | |
|---|---|---|---|---|
| | 2018 年 | 2017 年 | 2018 年 | 2017 年 |
| 人均经营净收入 | 2707 | 2495 | — | — |
| 第一产业经营净收入 | 1726 | 1752 | 63.8 | 70.2 |
| 第二产业经营净收入 | 92 | 72 | 3.4 | 2.9 |
| 第三产业经营净收入 | 889 | 672 | 32.8 | 26.9 |

## 三、贫困地区农民生活质量进一步提升

随着收入水平的持续增长和社会保障体系的日趋完善,湖南贫困地区农村居民生活消费能力逐步增强,生活质量稳步提升。2018 年湖南贫困地区农村居民人均生活消费支出 9644 元,增长 10.4%,比全省农村居民增速高 0.1 个百分点。

### (一)居住、交通支出增长较快

随着扶贫攻坚工作的持续深入推进,农村危房改造成果逐渐显现,交通通信网络不断完善,医疗保障体系日趋完善。2018 年,湖南贫困地区农村居民人均居住支出 2346 元,增长 32.0%;交通通信支出 956 元,增长 10.8%。

### (二)耐用消费品拥有量不断增加

2018 年末,湖南贫困地区农村居民家庭主要耐用消费品拥有量比上年有所增加,新型

耐用消费品需求较旺，中低端耐用消费品基本普及。一是交通类耐用消费品快速增加。每百户平均拥有汽车13.8辆，比上年增加6.1辆；摩托车70.4辆，增加7.6辆；二是移动电话、计算机等信息通信工具成为农民的“新农具”。每百户平均拥有移动电话275.9部，增加35.7部；计算机22.2台，增加2.7台；三是洗衣机、电冰箱和空调的普及率明显提高。每百户平均拥有洗衣机84.8台、电冰箱95.9台和空调31.5台，分别增加14.0台、15.6台和14.3台。

### (三)居住条件和卫生环境持续改善

1. 家庭住房更宽敞，更安全。2018年末，湖南贫困地区农村居民住房建筑面积户均为208.6平方米，比上年增长8.6%。从主要建筑材料看，74.0%的住房主要建筑材料以钢筋混凝土和砖混为主，比重分别为21.8%和52.2%，分别提高6.7和7.8个百分点。

2. 生活设施更便捷，更卫生。2018年末，93.1%的农户获取饮用水不存在困难，比上年提高2.4个百分点。从供水设施看，75.3%的农户家庭管道供水入户，提高13.1个百分点；从饮水来源看，40.3%的农户使用经过净化处理的自来水，提高7.5个百分点；43.1%的农户使用受保护的井水和泉水，提高6.5个百分点。98.1%的农户使用独用厕所，提高0.3个百分点；使用水冲式卫生厕所的比重为55.1%，提高27.7个百分点。

## 四、贫困地区社会事业快速发展

### (一)基础设施不断完善

2018年末，调查村中通公路的自然村达97.9%，比上年提高1.2个百分点；通电话的自然村达99.3%，提高0.8个百分点；通有线电视信号的自然村占90.1%，提高3.9个百分点；通宽带的自然村占89.9%，提高11.9个百分点；主干道路面经过硬化处理的自然村占89.5%，提高7.6个百分点；有健身器材的自然村占10.9%，提高3.4个百分点；饮用水经过集中净化处理的自然村占47.1%，提高9.9个百分点。

### (二)文化教育卫生建设持续加强

2018年末，调查村中91.0%的行政村有文化活动室，比上年提高2.1个百分点；51.4%的行政村有幼儿园或学前班，提高3.2个百分点；49.4%的行政村有小学且上学便利，提高0.5个百分点；94.5%的村有卫生室，提高6.7个百分点；95.5%的行政村有合法行医证医生，提高6.5个百分点。

### (三)扶贫项目社会效益稳步提升

1. 村级扶贫项目覆盖更广泛。2018年调查村中有57.0%的村当年有小额信贷组织或村民互助资金组织，比上年提高14.9个百分点；88.9%的村当年有村级扶贫规划，提高17.5个百分点；82.7%的村当年参加过扶贫项目，提高20.3个百分点。从资金投向上看，村通公路通畅、通达工程项目得到的资金最多，占23.6%；异地扶贫搬迁项目占17.3%；危房改造项目占9.6%；农业项目占8.4%。

2. 农民了解参与扶贫项目更深入。2018年调查户中有46.9%的农户参加过村务会议，比上年提高4.6个百分点；其中34.4%的农户为村级公共事务提过建议，提高4.1个百分点。在有村级扶贫规划的村中，有69.7%和36.6%的农户分别了解规划内容和参与规划制定，分别提高12.9和7.9个百分点。

在当年有新增扶持项目或扶贫资金的村中，有76.1%的农户是通过村务公开公告栏或通知了解本村的扶贫项目，提高2.5个百分点；有24.9%的农户参与村级扶贫项目选定，22.5%的农户参与扶贫项目户选定，分别提高5.0和4.7个百分点；当年有14.4%的农户参与了扶贫项目，提高1.8个百分点。

3. 易地搬迁项目让农户更有盼头。被问到最希望得到哪种扶贫项目时，首选仍然是种植业，占被调查农户的24.1%；其次是易地搬迁，占21.4%；再次是专业技能培训，占15.2%。值得一提的是，上年仅有5.5%的农户期待易地搬迁，2018年提高了15.9个百分点，这表明易地搬迁政策让农民尝到了甜头，产生了更大的盼头。

（凌 媛）

民生资讯站 MINGSHENGZIXUNZHAN

## 2018年湖南贫困地区农村居民收入保持快速增长

据国家统计局湖南调查总队调查，2018年湖南省全力推进精准扶贫和脱贫攻坚工作，贫困地区农村居民收入快速增长，脱贫攻坚成效明显。

**一、全省减贫127万人，贫困发生率降到2%以下**

按现行国家农村贫困标准测算，2018年末，湖南农村贫困人口为105万人，较上年减贫127万人，是2013年精准扶贫以来减贫人数最多的一年；贫困发生率为1.8%，较上年下降2.3个百分点，是近五年来下降幅度最大的一年，降到了2%以下。

**二、贫困地区农村居民收入增长11.0%，高于全省农村居民平均增速**

2018年全省51个贫困县农村居民人均可支配收入10285元，增长11.0%，增速较上年提高0.3个百分点，较全省农村居民平均增速高2.1个百分点，较全国农村居民平均增速高2.2个百分点。其中，37个未脱贫县农村居民人均可支配收入为9970元，增长11.1%。

**三、11个深度贫困县农村居民收入增速高于51个县的增速**

城步县、桑植县、麻阳县、通道县、泸溪县、凤凰县、古丈县、永顺县、花垣县、保靖县和龙山县为全省11个深度贫困县。2018年，11个深度贫困县农村居民人均可支配收入达到8736元，增长12.1%，比51个贫困县平均增速高1.1个百分点，比全省农村居民平均增速高3.2个百分点，比全国农村居民平均增速高3.3个百分点。

**四、18个2018年计划脱贫县农村居民收入较快增长**

2018年，平江县、安化县、宜章县、汝城县、安仁县、永定区、慈利县、新田县、江华县、辰溪县、会同县、芷江县、新晃县、靖州县、新邵县、绥宁县、武冈市、双峰县计划脱贫。2018年，18个计划脱贫县(市、区)农村居民收入实现较快增长，达到10320元，增长10.9%，比全省农村居民平均增速高2.0个百分点，比全国农村居民平均增速高2.1个百分点。

附注：

1. 农村贫困标准为：按照2010年价格水平每人每年2300元，按照2018年价格水平每人每年2995元。

2. 51个贫困县包括湖南40个国家扶贫重点县和11个省级扶贫重点县，包括14个已脱贫县和37个未脱贫县。

3. 国家统计局反馈并公布的各省贫困发生率与扶贫部门公布的贫困发生率不完全一致，主要原因是统计口径不同引起。国家统计局调查统计的贫困人口数是反映贫困总体情况和扶贫总体成效的法定数据，其减贫人口数据为当年净脱贫人口，即当年脱贫人口数减去当年返贫人口数。扶贫部门的建档立卡数据主要用于反映精准扶贫工作成效，建档立卡数据虽然每年进行动态调整，但由于调整需要特定的程序和流程，部分返贫人口很难被及时纳入建档立卡体系。

（方志红　凌　媛）

## 市县链接

### 永州市2018年城乡居民收入突破2万元

2018年以来，永州市委市政府坚决贯彻十九大精神，大力推进开放兴市、产业强市，有序推进各项惠民政策，城乡居民收入继续保持平稳的增长态势，消费结构优化升级，生活水平不断提高。

## 一、2018年永州城乡居民收入特点

### (一)收入增速高于全省平均水平

2018年永州市全体居民人均可支配收入突破2万元,达到20163元,同比增长9.8%,比全省平均增速高0.5个百分点;城镇居民人均可支配收入28470元,同比增长8.7%,比全省平均增速高0.6个百分点;农村居民人均可支配收入13924元,同比增长9.3%,比全省平均增速高0.4个百分点。

### (二)收入绝对值在同类市州中居第二

2018年永州全体居民人均可支配收入在全省7个2类市州中居第2,比益阳市低1680元,分别比娄底市、邵阳市、怀化市、张家界市、湘西州高1619元、2153元、3374元、3698元、4721元。

按城乡分,城镇居民人均可支配收入在全省2类市州中居第2,仅比益阳市低653元,分别比娄底市、邵阳市、怀化市、张家界市、湘西州高554元、1303元、1767元、3645元、3742元;农村居民人均可支配收入,也在全省同类市州中居第2,比益阳市低1929元,分别比邵阳市、娄底市、怀化市、张家界市和湘西州高2067元、2267元、4113元、4362元、4741元。

### (三)农村居民收入增长快于城镇,城乡差距不断缩小

全市农村居民收入增速高于城镇居民收入增速0.6个百分点。城乡收入比为2.04:1,较上年同期缩小了0.01,城乡收入差距进一步缩小。

## 二、居民收入增长情况及影响因素

### (一)工资性收入占比最高、增速稳定

2018年全市人均工资性收入8930元,同比增长10.0%。其中,城镇居民人均工资性收入14073元,同比增长9.4%,占城镇居民人均可支配收入的49.4%,对城镇居民收入的增收贡献率为53.0%,拉动城镇居民收入增长4.6个百分点;农村居民人均工资性收入5171元,同比增长10.0%,占农村居民可支配收入的37.1%,对农村居民收入的增收贡献率为39.8%,拉动农村居民人均可支配收入增长3.7个百分点。

工资增长的主要因素:一是城镇就业岗位增加。全市通过开展"春风行动""民营企业招聘周""高校毕业生就业服务"等公共就业服务专项活动,帮助失业人员和就业困难人员找到工作岗位,全市城镇新增就业人员6.02万人。二是农村本地务工工资稳步提高、村干

部收入大幅度提高、精准扶贫帮扶力度加大等因素带动工资水平稳步提高，工资性收入占比保持相对稳定的增长态势。如建筑业零工工资由去年同期的160元/天上涨至200元/天，上涨25%，农业生产小工由原来60元/天提高至80元/天，上涨33.3%。三是全市最低工资标准由原来的1130元增加到1280元，增长13.3%。

## (二)转移净收入增速加快，成为拉动收入增长的新动力

2018年全市人均转移净收入4816元，同比增长11.0%，增速比前三季度提高1.4个百分点。其中，城镇居民人均转移净收入6199元，同比增长7.9%，占城镇可支配收入的21.8%，对城镇居民收入的增收贡献率为20.1%，拉动城镇居民收入增长1.7个百分点；农村居民人均转移净收入3703元，同比增长11.2%，占农村可支配收入的26.6%，对农村居民收入的增收贡献率为31.4%，拉动农村居民收入增长2.9个百分点。

转移收入增长的主要原因：随着政府保障性投入的大幅增长，社会保障制度逐步健全和完善，使得民生保障的受益面不断扩大。城镇方面，一是最低生活保障标准提高到420元/月，同比增长27.2%。二是行政事业单位及企业离退休养老金持续增长。农村方面，一是农村居民基础养老金补贴从85元/月增加到103元/月，增长21.2%。二是外出务工寄回带回增加。2018年全市农村外出务工人数达到150.31万人，比上年增加2.3万人，随着外出务工人员增加，寄回带回收入相应增多。三是扶贫力度进一步加大，推动农村居民救济性收入增加。2018年农村居民人均社会救济和补助收入170元，同比增长15.6%。

## (三)经营净收入是增收的重要保障

2018年全市人均经营净收入5069元，同比增长9.2%。其中，城镇居民人均经营净收入5264元，同比增长9.2%，占城镇可支配收入的18.5%，对城镇居民收入的增收贡献率为20.1%，拉动城镇居民收入增长1.8个百分点；农村居民人均经营净收入4854元，同比增长7.3%，占农村可支配收入的34.9%，对农村居民收入的增收贡献率为27.8%，拉动农村收入增长2.6个百分点。

经营净收入增长的主要原因：在大众创业、万众创新等多种鼓励政策下，经营性收入开始显现对居民收入增长的拉动实效。经营性收入在近两年持续下降后首次开始企稳回升。分产业看，第三产业经营净收入在总量和增幅上均领先于其他两大产业。农业供给侧结构性改革不断深入，产业结构优化升级，农民经营结构也逐步由偏重第一产业的“重型化”向依靠第三产业的“轻型化”迈进。

## (四)财产净收入保持增长

2018年全市人均财产净收入1348元，同比增长6.1%。其中，城镇居民人均财产净收入2934元，同比增长5.5%，占城镇可支配收入的10.3%，对城镇居民收入的增收贡献率

为6.8%,拉动城镇居民收入增长0.6个百分点;农村居民人均财产净收入196元,同比增长6.5%,占农村可支配收入的1.4%,对农村居民收入的增收贡献率为1.0%,拉动农村收入增长0.1个百分点。

增长的主要原因:投资理财渠道拓宽和房屋出租价格上升。一是随着城镇房屋出租价格的上升,城镇居民来自房屋出租方面的收入增长。全年城镇居民人均房租收入同比增长8.7%。二是农业产业化、乡村旅游等产业发展助推农户土地流转和房屋出租等收入增长。三是城乡二、三产业的较快发展进一步拓宽了城乡居民投资理财渠道,助推利息、红利收入的增长。

## 三、居民消费支出量质齐升

随着收入不断增加,消费品质得到提升。2018年永州全体居民人均消费支出15406元,同比增长9.5%,平均消费倾向为76.4%。居住、交通通信、医疗保健消费支出增长较快,消费结构不断优化,呈现出量质齐升的态势,说明永州居民生活开始追求舒适与品质。

### (一)城镇居民消费支出全面增长

2018年永州城镇居民人均消费支出19445元,同比增长10.8%。从消费结构看,城镇居民八大类消费全面增长。其中,食品烟酒支出5983元,同比增长6.9%;衣着支出1173元,同比增长11.2%;居住支出3806元,同比增长11.7%;生活用品及服务支出957元,同比增长10.8%;交通通信支出2105元,同比增长22.3%;教育文化娱乐支出4073元,同比增长9.5%;医疗保健支出1180元,同比增长14.9%;其他用品和服务支出168元,同比增长6.3%。

### (二)农村居民消费支出呈“七增一减”格局

2018年永州农村居民人均生活消费支出12519元,同比增长8.4%。从消费结构看,农村居民八大类消费呈“七增一减”格局。食品烟酒支出4046元,同比增长6.7%;衣着支出476元,同比增长6.3%;居住支出2979元,同比增长12.2%;生活用品及服务支出672元,同比增长4.5%;交通通信支出962元,同比增长15.3%;教育文化娱乐支出2350元,同比增长6.0%;医疗保健支出889元,同比增长8.3%;其他用品和服务支出145元,下降0.7%。

## 四、三点建议

### (一)实施积极的就业政策,夯实城乡居民增收基础

工资性收入是城乡居民收入的主体,也是居民收入增长的主要动力。稳定居民就业,

需要积极的就业政策，加快统筹城乡就业，加强职业技能培训，支持劳动者多渠道就业、创业。

### （二）政策扶持继续加码，鼓励城乡居民双创增收

要继续贯彻落实“大众创业、万众创新”政策措施，加强政策宣传力度，加大政策扶持，积极为居民创业创新提供服务，引导与鼓励城乡居民创业增收，促进城乡居民经营净收入增长。

### （三）加大转移支付力度，力促低收入群体收入水平提高

政府转移支付的对象主要是离退休人员、低保人员、无劳动能力人员等低收入群体。提高职工最低工资标准、最低生活保障标准、失业保险金和退休人员基本养老金标准，提高低收入群体收入水平。政府转移支付的力度决定了他们收入的增速，也是缩小收入差距、促进居民收入总水平提高的重要因素。

（黄仕亮）

# 益阳市 2018 年居民收入情况分析

2018 年，益阳市坚持稳中求进总基调，扎实抓好稳增长、促改革、调结构、惠民生，经济社会发展稳中有进，居民收入水平稳步提高。全体居民人均可支配收入 21843 元，同比增长 9.0%；其中城镇居民人均可支配收入 29123 元，同比增长 8.1%；农村居民人均可支配收入 15853 元，同比增长 8.9%。

## 一、基本情况

从收入水平看，益阳居民人均可支配收入处于全省中等水平，其中农村居民人均可支配收入在全省排第五位。2018 年，益阳全体居民人均可支配收入 21843 元，在全省排第八位，在环洞庭湖中排第三位，较岳阳、常德分别低 2969 元、622 元。其中，城镇居民人均可支配收入 29123 元，在全省排第八位，在环洞庭湖区排第三位，较岳阳、常德分别低 3302 元、2003 元；农村居民人均可支配收入 15853 元，在全省排第五位，在环洞庭湖中排第一位，较岳阳、常德分别高 340 元、758 元。

从增长速度看，益阳全体居民人均可支配收入增长 9.0%，在全省排第八位。在环洞庭湖区，与岳阳持平，较常德低 0.3 个百分点。其中，城镇居民人均可支配收入增长 8.1%，

在全省排第九位，在环洞庭湖区排第二位，较岳阳高 0.1 个百分点，较常德低 0.2 个百分点；农村居民人均可支配收入增长 8.9%，在全省排第八位，在环洞庭湖区中排第二位，较岳阳高 0.2 个百分点，较常德低 0.1 个百分点。

从收入结构看，工资性收入是全体居民收入最主要的来源。2018 年，益阳市全体居民工资性收入 10139 元，占可支配收入的 46.3%；其次是经营净收入和转移净收入，分别占可支配收入的 26.4% 和 21.8%；占比最小的是财产性收入，为 5.5%。

从城乡差距看，城乡居民收入差距进一步缩小。2018 年全市城镇居民人均可支配收入 29123 元，农村居民人均可支配收入 15853 元，城乡居民收入相对差距由 2017 年的 1.850∶1 缩小到 2018 年的 1.837∶1。

## 二、增长因素分析

政策调资、经济发展向好、国家全面实施乡村振兴战略等带来诸多利好，拉动城乡居民收入稳步增长。

工资性收入较快增长。2018 年，全体居民工资性收入 10139 元，同比增长 11.4%，其中城镇居民工资性收入 14791 元，同比增长 7.7%；农村居民工资性收入 6312 元，比上年增长 14.4%。工资性收入增长的主要原因：一是机关、事业单位以及工作人员增资政策得到进一步落实；二是经济向好，工业经济增速明显加快，规模工业增速自 5 月份以来连续 8 个月领跑全省，工业用电量增长 19.8%，高于全省平均水平 11.1 个百分点；三是随着城市建设项目的增多，一大批重点项目的实施，提供了大量的本地就业机会；四是龙头企业带动能力不断增强。克明面业、华莱生物、顺祥水产、口味王槟榔等行业标杆企业都在扩大生产，将有力带动产业提质增效和农民就业增收。

经营净收入平稳增长。2018 年，全体居民经营净收入 5759 元，同比增长 4.7%，其中城镇居民经营净收入 5173 元，增长 12.4%；农村居民经营净收入 6241 元，增长 3.5%。增长主要因素：一是城镇化进程带来了更多增收机会。二是经营范围逐步打开，除了传统行业，电子商务、房地产、商务租赁等新兴行业也逐步兴起。三是深化商事制度改革，市场主体活力得到激发。四是优势特色产业稳定发展，特别是安化黑茶、南县小龙虾迅猛发展，有力促进了居民增速。五是以节会促消费、以消费促增收。益阳市先后成功举办“第四届湖南·安化黑茶文化节”“皇家湖首届风筝节”“湖南(南县)第二届国际涂鸦艺术节暨现代农业观光节”等活动，云梦方舟、云台山神仙岩、桃花江旅游度假区、茶乡花海、农业嘉年华等项目建设稳步推进，全市旅游人气、旅游收入呈现快速增长。

财产性收入显著增长。2018 年，全体居民财产净收入 1191 元，同比增长 15.4%。财产性收入成为居民家庭收入增加的重要部分，财产性收入包括利息、红利、房屋租金、土地承包转让租金等。特别是房地产市场的回暖，全市房地产开发投资和销售稳步增长，带动房屋租金进一步上涨。另一方面，由于财富的积累、城镇棚户区改造、农村征地拆迁等因素，部分居民手头有了较多的余钱，开始投资工厂、入股养殖场、民间借贷等，回报可观。

转移性净收入持续增长。2018 年，全体居民人均转移净收入 4757 元，同比增长 8.1%。其中，城镇居民人均转移净收入 6847 元，增长 5.4%；农村居民人均转移净收入 3031 元，增长 9.4%。政府一系列惠民政策的实施是转移净收入持续增长的主要原因。一是中央和省、市扶贫力度进一步加大。惠民、利民政策的落实，有力带动了城乡居民收入的增加。二是退休人员养老金待遇连续 14 年调整。三是城乡居民基本养老保险基础养老金最低标准统一提高 18 元，即由原每人每月 85 元提高至 103 元。四是社保兜底帮扶和医疗救助帮扶力度加大。

## 三、居民收入增长制约因素

经济总量相对偏弱，居民收入增长后劲不足。益阳经济总量不大，工业发展相对落后，居民收入持续增长后劲不足。2017 年，益阳 GDP 为 1484.2 亿元，全省为 31244.7 亿元，占全省比重仅为 4.8%；人均 GDP 为 33793 元，比全省低 11752 元。在环洞庭湖地区，益阳的人均 GDP 居末位，较岳阳和常德分别低 20292 元和 16774 元。2018 年 1—11 月，益阳地方财政收入 61.3 亿元，人均 1396 元，较岳阳和常德分别低 793 元和 1152 元。

益阳工资标准相对偏低。一是最低工资标准偏低。2017 年 7 月 1 日至今，益阳城区最低工资标准为 1280 元/月，区县市为 1130 元/月；常德和岳阳最低工资标准相同，均为城区 1430 元/月、区县市 1280 元/月。二是年终绩效奖相对偏低，益阳年终绩效奖不到长沙、株洲等发达地区的一半，与常德、岳阳相比，亦有较大差距。

环保整治对农村居民收入造成一定影响。一是环保监管执法力度进一步加大，对部分污染严重的企业造成了较大影响；二是洞庭湖区禁养以及沅江、大通湖、南县矮围拆除给农村居民增收造成一定影响，特别是沅江矮围拆除事件被央视记者报道后，造成了较大的社会影响。

粮食价格下跌。2018 年国家最低收购价的下调导致粮食市场价格下降，今年粮食收购价较去年同期下降明显。

经济环境给居民增收带来一定影响。农民外出就业压力增大。受中美贸易摩擦和国内外宏观经济环境影响，农村居民外出就业人数增幅和农民工工资水平增幅呈回落趋势。

10 月份桃江地区发生的非洲猪瘟，生猪禁止外调，对生猪养殖行业造成较大影响。

## 四、居民增收的建议

一是以稳定扩大就业为主要内容，进一步扩大城乡居民增收渠道。与就业相关的工资性收入和经营性收入，在2018年益阳全体居民收入中所占的比重达到72.8%。因此，稳定扩大就业是居民增收的关键。要加大对中小企业的扶持，进一步简化办事审批程序，减少行政收费，大力实施就业培训，大力培育各类创业主体，推进创业平台建设，引导各种生产要素积极支持创业。

二是完善社保机制，落实优惠政策，增加居民转移性收入。一是加快推进统筹城乡发展，全力扩大社保覆盖范围。要将各类符合条件的城乡居民纳入相应的社保范围，尤其要重点引导农民工、非公有制经济从业人员和自由职业者参加到社保中来，鼓励城乡居民参加养老保险和医疗保险，构建城乡统筹社会保障体系。二是要认真落实国家粮食直补、良种补贴、农机购置补贴和农资综合补贴等各项惠民政策，落实农业保险并实施保费补贴。

三是抢抓脱贫攻坚机遇，实现贫困地区居民脱贫增收。安化县为国家级贫困县，有常住人口86.36万人，占全市的19.6%，其中农村人口56.03万人，占全市农村人口的25.6%。要全面落实国家产业扶贫、教育扶贫、金融扶贫、危房改造等各项政策，建立与当地相适应的经济持续发展机制，重点扶持柑橘、黑茶、油茶、中药材和旅游等产业，支持企业和农民专业合作社对口衔接，做大做强，加强基础设施建设，实现贫困地区居民脱贫增收。

四是建立科学合理的工资增长机制，提高在岗职工工资标准和最低工资标准。按照国家提出的居民收入水平和国民经济发展同步增长的要求，建立地方津补贴正常增长机制，使在岗职工的工资水平与国民经济发展相协调、与社会进步相适应。

（林姝行）

## 平江县2018年农村居民收入增长较快

2018年，平江县农村居民人均可支配收入9580元，比上年增长10.2%，增速比上年提高1.5个百分点，高出全省平均增幅1.3个百分点。

### 一、增速回升，结构优化，增收质量较高

增速持续回升。近年来，平江县以打好三大攻坚战为总抓手，把产业项目建设放在重要位置，加快乡村振兴步伐，以跨越赶超的态势推动县域经济发展，农村居民收入持续增长。2017年，平江县农村居民人均可支配收入增幅为8.7%，2018年一季度和上半年提高到9.1%，前三季度上升到9.5%，全年为10.2%，增幅持续攀升，全年增幅在岳阳地区排名第一。

收入结构进一步优化，增收质量逐步提高。从收入比重来看，工资性收入、转移性收

入、经营性收入、财产性收入分别占比65.5%、20.8%、13.6%、0.1%，收入结构不断优化。从增收贡献情况看，平江县农村居民收入增长逐步摆脱了单纯依靠外出务工拉动的局面，转变成为工资性收入、经营性收入、外出务工收入“三轮驱动”。工资性收入、经营净收入、外出务工收入的增收贡献率分别为55%、24%、20%。

## 二、三项政策落实拉动收入增长

务实的就业服务政策推动了工资性收入增长。平江县通过专场招聘会、区域劳务协作、家门口就业工程、劳动技能培训、增加公益性工作岗位等就业服务政策和就业扶贫政策，推动农村劳动力就业。一是带动了农村居民人均工资性收入增长。2018年，平江县农村居民人均工资性收入达到5178元，增长10.4%，增收贡献率55%，是收入增长的主要来源。二是带动了外出务工寄回带回收入增长。2018年，平江县农村居民人均外出从业人员寄回带回收入2059元，增长8.6%，增收贡献率20%，是收入增长的重要来源。

落实产业扶贫政策带动了经营性收入增长。平江县打造“三重三动”产业扶贫模式，做实入股分红、带动就业、利润分成等利益联动机制，以高山有机茶、高产油茶、乡村旅游与休闲农业三大产业为重点，实施产业扶贫项目，成立贫困村扶贫专业合作社，带动农村居民经营性收入增长。2018年，平江县农村居民人均经营性净收入1303元，同比增长19.6%，增收贡献率24%，是收入增长的中坚力量。

落实社保政策促进转移净收入增长。平江县离退休人员退休金实现了“十四连调”，城乡居民养老保险基础养老金最低标准提高到每人每月103元，促进了农村居民转移性收入增长。2018年，平江县农村居民人均转移性收入3274元，同比增长1.0%，其中人均离退休费增长5.1%，人均新型农村养老保险费增长32.5%。

## 三、农村居民收入增长的制约因素

主要农产品价格不高。一是2018年国家最低收购价的下调导致粮食市场价格下降。二是受非洲猪瘟影响，生猪禁止外调，价格受挫，对生猪养殖行业造成较大影响。

外出务工形势比较严峻。受中美贸易摩擦和宏观经济环境影响，农村外出从业人数增幅和工资水平增幅都呈回落趋势。

（杨国庆）

# 2019湖南民生调查报告

# 消费篇

# 政策背景

近年来，消费对我国经济发展的基础性作用不断增强，消费作为保持经济平稳运行“压舱石”的作用进一步凸显。2018 年，全省国内生产总值 36425.8 亿元，比上年增长 7.8%，其中，最终消费支出对 GDP 增长的贡献率为 56.9%，比上年提高 3.5 个百分点。全省城镇居民人均消费支出 25064 元，增长 8.2%；农村居民人均消费支出 12721 元，增长 10.3%。随着消费品市场规模的持续扩大，消费结构不断优化调整，新兴业态不断涌现，供给市场逐步完善，消费正成为经济增长的第一驱动力。

2019 年，中央《政府工作报告》指出，要推动消费稳定增长。要求多措并举促进城乡居民增收，增强消费能力；顺应消费需求的新变化，多渠道增加优质产品和服务供给；稳定汽车消费，继续执行新能源汽车购置优惠政策；发展消费新业态新模式，促进线上线下消费融合发展；加强消费者权益保护，让群众放心消费、便利消费。湖南省政府以习近平新时代中国特色社会主义思想为指导，根据上级文件法规政策，在 2019 年《政府工作报告》中，将增强消费拉动力作为年度重点工作抓紧落实。提档升级吃穿用等实物消费，提质扩容服务消费，提速发展新兴消费。省政府以培育新消费、促进消费为重点，印发了《湖南省实施商贸流通“千百工程”工作方案》《湖南省人民政府办公厅关于推进服务业创新发展的意见》等文件，全力落实“增强消费拉动力”的年度工作任务。

本篇选取的文章，从不同角度客观真实地反映了 2018 年湖南城乡居民的消费现状，对改革开放以来居民消费水平的特点进行了总结和分析，总结了居民消费差异情况，对居民医疗消费、旅游消费、网络消费等热点进行了深入研究，并提出了可供借鉴的政策建议，为各级党政领导和有关部门了解社情民意，进行决策管理提供参考。

（张　蜜）

**民生小贴士 MINSHENGXIAOTIESHI**

### 有消费贷款影响房贷吗？这些贷款情形千万弄清楚！

在当今社会，越来越多的人开始通过贷款来满足自己的需求。很多人在日常消费时，会办理消费贷款，在买房时，会选择购房贷款。那么，有消费贷款影响房贷吗？

一般来说，如果大家在申请、使用消费贷款的过程中，在央行征信系统上留下征信记录的话，就很有可能影响房贷。大多数情况下，从商业银行、消费金融公司等渠道申请的消费贷款都会产生征信记录。一些小额网贷可能不会影响到征信，因为它们不查征信。以下汇总了消费贷款影响房贷的情形。

第一，大家办理了消费贷款后，每期都可以按时足额归还贷款，在征信记录上留下很好的借贷记录。这类情况有利于大家展示自己的个人信用和还款能力。不过，如果大家的未还款额还很多，就会影响房贷额度。

第二，还有大量的消费贷款没有归还，目前存在很大的压力，几乎没有能力归还新的贷款。这种情况下，银行会直接拒绝大家的房贷申请。

第三，往期的消费贷款出现逾期的情况，或者现有的消费贷款已经在逾期中，那么消费贷款必然成为大家申请房贷的拦路虎。

由上可知，消费贷款对大家的房贷申请影响很大。建议大家注意以下事项：

第一，在打算贷款买房的时候，尽量不要申请消费贷款，尤其是向上征信系统的金融机构贷款。

第二，如果目前有消费贷款在身，要尽快将消费贷款还清，并等待1～3个月以后再提出贷款申请。

第三，存在消费贷款违约记录的，在申请房贷时，还是补充抵押品或担保人为好。

第四，有消费贷款没有还清，要尽量减少房贷金额。

（来源：希财新金融）

# 全景扫描

## 2018年湖南城乡居民消费继续提质升级

2018年，湖南城镇居民人均生活消费支出25064元，增长8.2%，扣除价格因素实际增长6.2%；农村居民人均生活消费支出12721元，增长10.3%，扣除价格因素实际增长8.1%，农村居民消费支出名义增速较城镇居民快2.1个百分点。从消费结构来看，城乡居民八大类消费均呈现“七升一降”趋势。城乡居民消费继续提质升级，主要呈现以下特征：

## 一、医疗保健支出高速增长

在湖南城乡医疗保障体系逐步完善、居民健康意识整体增强和医疗保健类产品价格有所上涨的背景下，2018年湖南城乡居民人均医疗保健支出分别为2034元和1386元，分别增长20.2%和18.2%。城镇方面，普通门诊统筹进一步规范，分级诊疗就医格局逐步成型，居民人均医疗服务支出1377元，其中，门诊总费用支出543元。农村方面，乡村卫生院(所)及医疗站的普及，新医保制度带来的便利性以及医疗扶贫的推进，促使医疗器具及药品、医疗服务支出均呈现高速增长。其中，农村居民人均医疗器具及药品支出373元，增长30.5%；人均医疗服务支出1012元，增长14.3%。

## 二、交通消费支出快速增长

湖南交通综合网络进一步完善、全域旅游格局不断发展，周末自驾游和长假自由行成为流行的休闲方式，拉动城乡居民交通消费快速增长。2018年，城乡居民人均交通消费支出分别为2451元和988元，分别增长19.8%和21.3%。

## 三、通信行业提速降费效果显现

自国家加快高速宽带网络建设，推进网络提速降费以来，各大运营商推出的降费优惠举措落地实施。一方面，网络使用体验感提升促使城乡居民对通信设备进行升级。2018年，城乡居民人均购买通信工具支出分别为279元和157元，分别增长13.9%和30.9%。另一方面，通信资费明显降低。2018年，城镇居民通信服务支出490元，下降20.2%，降幅较上年扩大17.4个百分点；农村居民通信服务支出304元，增长1.5%，但增幅较上年回落7.2个百分点。

## 四、服务性消费潜力进一步释放

随着消费需求的多样化和个性化，居民服务性消费比重不断提升。2018年，湖南城乡居民人均服务性消费支出分别为11072元和5186元，分别增长11.6%和11.2%，增速分别高于消费支出3.4和0.9个百分点，占消费支出的比重较上年分别提高1.4和0.3个百分点。同时，随着品牌连锁店、特色餐饮店的数量不断增加，服务质量和服务水平不断提升，以外卖平台为代表的网络餐饮服务迅速兴起，城乡居民食品类服务性消费支出增长明显。

2018 年湖南城乡居民生活消费支出情况

| 项　目 | 城镇 | | 农村 | |
|---|---|---|---|---|
| | 绝对值(元) | 增速(%) | 绝对值(元) | 增速(%) |
| 人均生活消费支出 | 25064 | 8.2 | 12721 | 10.3 |
| 其中:食品烟酒 | 6849 | 4.0 | 3714 | 5.5 |
| 衣着 | 1823 | 8.4 | 624 | 18.4 |
| 居住 | 5061 | 16.3 | 2921 | 14.0 |
| 生活用品及服务 | 1636 | 9.6 | 757 | 17.7 |
| 交通通信 | 3220 | 10.9 | 1450 | 17.4 |
| 教育文化娱乐 | 3925 | −1.2 | 1679 | −1.9 |
| 医疗保健 | 2034 | 20.2 | 1386 | 18.2 |
| 其他用品和服务 | 516 | 7.7 | 191 | 17.1 |

（肖宇旻）

# 改革开放 40 周年　湖南城乡居民生活显著改善

改革开放 40 周年,湖南各级党和政府始终坚持发展这一执政兴国的第一要务,把保障和改善民生作为一切工作的出发点和落脚点。随着经济快速增长、居民收入大幅增长,城乡居民消费水平持续提高,生活发生了翻天覆地的变化。

## 一、消费水平大幅提升

改革开放初期,受经济发展条件和落后的生产力水平制约,居民生活消费水平整体偏低。1978 年,湖南城镇居民人均消费支出仅为 290 元,农村居民仅为 140 元。随着收入的逐步提高和扩大内需政策的大力推动,湖南城乡居民消费支出全面增长。2017 年,城镇居

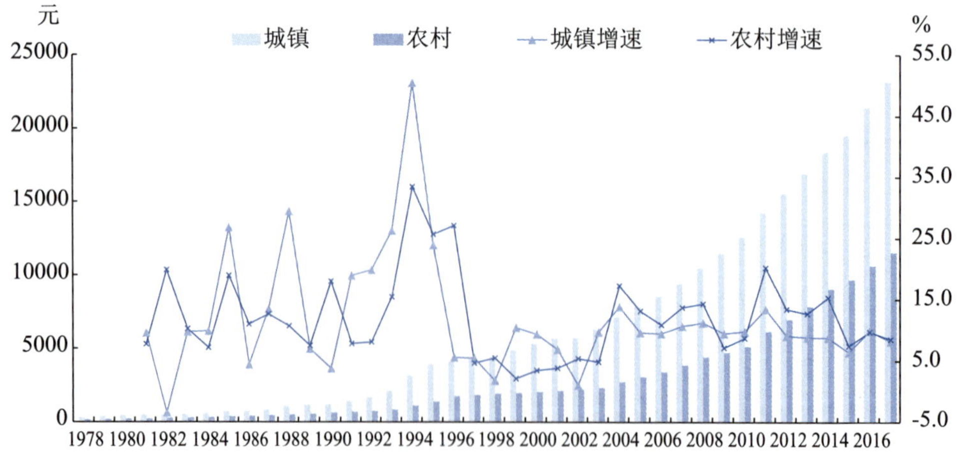


图 1　1980—2017 年湖南城乡居民人均消费支出及增速

民人均消费支出23163元，农村居民人均消费支出11534元，分别是1978年的80.0倍和82.3倍，年均分别增长11.9%和12.0%。

## 二、食品消费品质明显提高，恩格尔系数大幅下降

根据联合国以恩格尔系数为标准对生活水平的划分，平均来看，一户家庭恩格尔系数大于60%为贫穷；50%～60%为温饱；40%～50%为小康；30%～40%属于相对富裕，30%以下为富裕。如用这一标准衡量，改革初的1980年，湖南城镇居民家庭恩格尔系数为57.4%，基本处于温饱水平，接近贫穷水平。1993年下降到47.8%，基本达到小康。2017年城镇居民恩格尔系数为28.4%，比1980年下降29.0个百分点。1980年湖南农村居民家庭恩格尔系数高达66.3%，处于贫穷水平，自1996年起低于60%，农村居民总体上解决了温饱问题。之后恩格尔系数持续下降，至2005年降到49.5%，基本达到小康。2017年农村居民恩格尔系数为30.5%，比1980年下降35.8个百分点。从食品支出构成看，居民饮食越来越丰富，膳食结构更趋合理。一是主食消费量明显减少。2017年湖南城乡居民粮食消费量分别为103.5公斤和187.0公斤，比1980年分别下降34.4公斤和148.0公斤。二是油脂类、肉禽蛋类的消费量增加。1980年城镇居民人均油脂类、肉禽类、蛋类的消费量分别是3.9公斤、24公斤和4.0公斤，到2017年增长为13.2公斤、45.5公斤和8.1公斤。1980年农村居民人均油脂类、肉禽类、蛋类的消费量分别为4.5公斤、12.4公斤和1.1公斤，到2017年增长为11.6公斤、39.7公斤和7.9公斤。三是在外用餐比重提高。随着收入水平的提高和生活方式的转变，“出去吃”成为越来越多人的饮食选择。2017年湖南城镇居民人均饮食服务支出为1240元，占食品支出的比重达到26.6%。

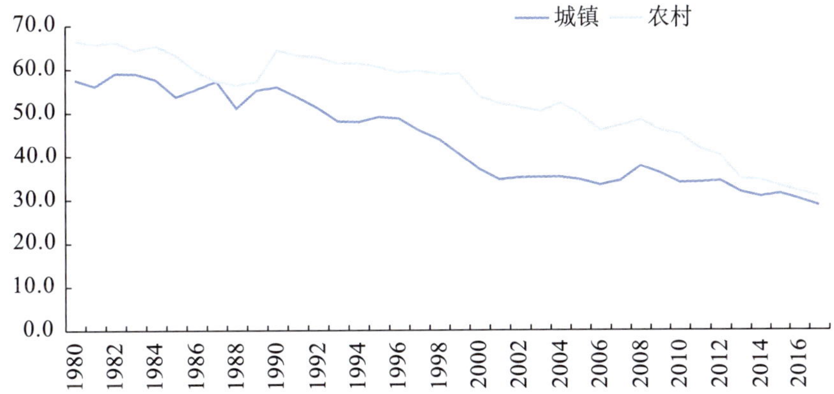


**图2　1980—2017年湖南城乡居民恩格尔系数变化情况**

## 三、衣着消费更讲究时尚化、个性化

服饰是时代的标志之一，百姓家中的衣橱里也折射着时代潮流的变迁。改革开放前，

城乡居民生活处于温饱线附近，“新三年，旧三年，缝缝补补又三年”是当时居民衣着消费水平的真实写照。改革开放40周年来，人们衣着的款式、风格、购物方式都发生了巨大变化。从当年的蓝绿白黑到如今多变的风格，从布票到网购，购物场所也由供销社变成超市、购物中心，再到城市综合体、网上购物、无人超市，居民的消费体验发生了巨大的改变。在农村地区，随着市场的繁荣，收入的增加，农村居民穿着越来越讲究美观、舒适，衣着质量档次不断提高，与城镇居民越来越接近。2017年，湖南城镇居民人均衣着消费支出1682元，是1980年的31.2倍；农村居民人均衣着消费支出527元，是1980年的25.8倍。

## 四、住房日益宽敞舒适，生活环境显著改善

改革开放以来，随着收入的增加和住房制度的改革，城镇居民家庭居住面积扩大，居住条件发生了质的变化。调查显示，1985年城镇居民家庭人均住房面积只有6.0平方米，至2017年扩大到46.5平方米，增长6.8倍。从居住空间样式看，2017年四居室及以上单元房的家庭占8.7%，三居室的占35.5%，二居室的占25.0%。从主要炊用能源看，截至2017年末，36.7%的城镇居民家庭使用罐装液化石油气，43.5%的家庭使用管道燃气。随着精准扶贫、人居环境改善、美丽乡村建设的推进，农村各地新楼拔地而起，村落旧貌换新颜。湖南农村居民人均住房面积由1985年的18.2平方米，增加到2017年的63.5平方米，增长2.5倍。截至2017年末，全省农村居民家庭中，76.1%的家庭住进了钢筋混凝土或砖混结构住房，54.2%的家庭使用水冲式厕所，41.2%的家庭使用液化石油气作为炊用能源，69.9%的家庭住宅外有水泥或柏油路面。

## 五、家用设备增长迅速，升级换代明显加快

改革开放以来，随着社会的快速发展，商品的更新换代，城乡居民享受到社会经济发展的成果，家庭耐用消费品不断汰旧换新，耐用品消费从自行车、手表、缝纫机、收音机“老四件”，到电视机、洗衣机、录音机、电冰箱、电风扇、影碟机“新六件”，再到抽油烟机、组合音响、空调、照相机、电脑等高档消费品。近年来，随着收入水平的不断提高、信息通信技术的发展及刺激消费政策的延续，居民消费潜力加速释放，家用电器升级换代加快，智能家电等各类电子产品广受青睐。截至2017年末，湖南城镇居民洗衣机、电冰箱、彩色电视机每百户拥有量分别为90.4台、98.1台和117.3台，比1985年分别增加37.8台、94.8台和104.7台。农村居民每百户拥有电视机、洗衣机由1985年的不到3.9台和不到1台分别增加到115.4台和80.2台。

## 六、交通通信飞速发展，居民生活更加便利

改革开放初期，城乡居民交通出行方式相对单一，普通居民几乎没有交通工具和通信工具，通信方式主要依靠邮政传递，居民交通通信支出少。改革开放以来，随着经济的快速发展，交通运输、信息网络等基础设施新增及改善，城乡居民追求安全便捷，交通通信方式的需求得到释放，现代化的交通和通信工具迅速进入普通居民家庭中。2017 年湖南城镇居民人均交通通信支出达到 2905 元，比 1980 年增长 456.4 倍；农村居民人均交通通信支出达到 1235 元，比 1980 年增长 2419.7 倍，是八项支出中增长最快速的一项。从占比看，2017 年城镇居民人均交通通信支出占生活消费支出比重为 12.5%，比 1980 年提高了 11.0 个百分点；农村居民人均交通通信支出占生活消费支出比重为 10.7%，比 1980 年提高了 10.4 个百分点。从交通工具和通信设备拥有量看，截至 2017 年末，全省城乡居民每百户分别拥有家用汽车为 23.3 辆和 12.5 辆，城乡居民每百户拥有移动电话 254.0 部和 267.2 部。

## 七、文化教育备受重视，精神生活日益丰富

改革开放后国家对教育事业的投入不断加大，经济社会的发展对人的素质也提出了更高的要求，城乡居民学文化、上名校、学技术的意识增强，对子女和自身教育培训舍得投资，更加注重文化教育。同时，随着生活水平提高，旅游成为居民消费新时尚，参加团体旅游、自驾游、出境游的人数不断增加，春节、国庆等黄金周假日旅游丰富多彩，居民旅游消费成为热点。2017 年湖南城乡居民文教娱乐支出分别为 3973 元和 1710 元，比 1980 年增加 120.1 倍和 225.8 倍。

## 八、保健意识不断增强，医疗水平大幅提高

改革开放以来，城乡医疗条件显著改善，居民医疗保障水平不断提高，尤其是随着城镇职工医疗保险、城镇居民基本医疗保险以及新型农村合作医疗制度在全国的建立和完善，基本医保和大病保险保障水平的提高以及医疗扶贫对农村贫困人口的扶助，居民看病较以前更加便利，更多得到政府补助，居民医疗保健支出明显增加。2017 年湖南城镇居民人均医疗保健支出达到 1693 元，比 1980 增长 612.4 倍；农村居民人均医疗保健支出达到 1182 元，比 1980 年增长 371.0 倍。

## 九、个性化消费日趋流行，其他类支出稳步增长

随着收入的增加，生活的改善，在满足衣食住行等基本生活需求之外，越来越多的城乡居民开始注重消费的层次化、多样化和个性化。美容、美发、化妆用品市场快速发展，金银珠宝饰品、手表、奢侈品等需求逐渐增加。2017 年湖南城乡居民人均其他用品及服务支出分别为 479 元和 163 元，比 1980 年增加 20.6 倍和 54.6 倍。

注：[1]文中增速除特别说明外，均指名义增速。

[2]因 1980 年以前消费支出分项数据不完整，文中历史数据对比多以 1980 年做基期。

（林　嘉）

民生加油站 MINSHENGJIAYOUZHAN

### 商家被 12315 投诉有什么后果？12315 投诉商家有用吗？

商场里的商品眼花缭乱，能够满足消费者的各种需求，但是一些情况下也不可避免遇到商家侵权的行为，一旦发现商家在侵害自己的正当权益，作为消费者，有多种解决方法可以解决纠纷。消费者拨打 12315 热线进行投诉就是其中一种维权方式。那么，消费者拨打 12315 投诉商家有用吗？商家被消费者拨打 12315 投诉有什么后果呢？

一、商家侵犯消费者权益，被消费者拨打 12315 投诉的结果有：

（一）商家侵犯消费者权益，消费者到 12315 投诉后，消协（12315 是消协的电话）会组织商家去协商解决。若商家与消费者协商不好，消协会将此事报给工商行政管理；其实，12315 只是工商局内设的消费者申诉处理机构，也就是站在公平公正的角度处理消费者的申诉，一般只做调解处理，不会做任何处罚。

（二）商家被投诉侵犯消费者权益，工商行政管理会对商家的行为进行调查，并依据调查结果对商家（企业、商户）进行行政处罚。包括吊销营业执照、罚款、没收违法所得、责令停业等等。

（三）如果商家侵犯消费者权益，消费者可能会到法院向商家（企业、商户）提起民事诉讼，要求商家各项赔偿。

当然，如果商家的行为违反了相关的工商行政管理法律法规，在调解的同时或之后，12315 也会转给工商局的其他内设（派出）机构进行处罚，不过这种例外很少。

12315也会受理消费者的举报，但实施处理的依然不是12315。同时，12315是消费者协会，本身不是行政单位，没有行政处罚权。

它主要是起舆论监督作用，“12315”热线要满足某些情形才可以受理，如果无法解决，12315会给您提供解决思路，而且12315电话直接打到市里边，然后再分到各个区，您可以继续拨打12315，提出无法得到满意的解决方案，请求再次协助处理。

二、商家侵犯消费者权益，消费者拨打12315需要具备的条件：

（一）有明确的被诉方（投诉前一定要了解清楚具体的商家信息，如店名、地址、电话等）；

（二）有具体的申诉请求、事实和理由；

（三）属于工商行政管理机关管辖范围（管辖范围可以分为：负责市场监督管理和行政执法的有关工作。管辖范围涉及：职能和属地两个方面。）；

（四）消费者因生活消费需要购买、使用商品或者接受服务。

以上就是关于商家被12315投诉有什么后果的相关内容，消费者在遇到商家侵犯消费者权益的时候，可以及时拨打12315热线进行投诉，消费者协会就会对双方当事人进行调解。不过消费者还可以通过其他途径进行解决，因为12315热线主要是起到舆论监督的作用，并没有行政执法权，所以消费者可以保留相关重要的证据，寻找专业律师让其帮忙起诉商家侵犯消费者权益的行为。

（来源：法律快车）

# 深度透视

## 长沙居民文化消费现状及发展研究

### 一、文化消费的含义

文化消费最早源于社会学领域，不同的学者从不同的研究角度开展了深入的研究。我国对文化消费的研究起步较晚，直到1985年召开的全国消费经济研讨会上才首次提出“文化消费”一词，到1987年前后，文化消费开始成为消费经济学研究领域的一个重要课题。

国内外学者们对其概念的理解大同小异，一般认为文化消费是指人们通过对物质和劳务的消费来满足自身文化生活的需要，即文化消费主要包括文化产品和文化服务两个方面。在仅能满足基础物质消费的经济条件下，文化消费是最先被舍弃的消费，但在物质消费能够充分被满足的经济条件下，文化消费会大大提升人们物质消费的质量。因此，文化消费是以物质消费为依托和基础，受制于社会生产力发展水平的一种非“必需”但又“必要”的消费，具有较高的收入弹性，易受收入等变量的影响。

## 二、居民文化消费影响因素研究

### （一）收入对居民文化消费的影响

马斯洛需求层次理论把人类需求像阶梯一样从低到高分成生理需求、安全需求、社交需求、尊重需求、自我实现需求五层，认为人们在满足了基本的生理需求之后，就会产生更高层次的精神需求。与生活必需品相比，文化产品属于满足精神需求的消费产品，只有居民收入达到一定程度后并不断增加才能进行更多的文化消费。不少学者对文化消费的影响因素进行了回归分析，结果表明，收入水平是影响文化消费支出的关键因素，两者之间成一定的正相关性，收入水平越高，文化消费量也就越大，消费质量也相对较高。

### （二）意识对居民文化消费的影响

文化消费较于一般生活消费具有非必需性、非实物性、快速性、即时性等特点。影响个人文化消费意愿和行为的因素具有一定的独特性，个人消费观念和消费意识在其中发挥着举足轻重的作用。

特有的国情决定了我国居民有偏好储蓄的习惯，消费意识尤其是文化消费意识还不够强烈。2017 年中国国民储蓄率为 47.0%，远高于世界平均储蓄率的 26.5%，也远高于发展中经济体和发达国家的平均水平，2018 年我国国民储蓄率为 44.91%，仍保持高位。较高的储蓄率并不能说明中国老百姓的富有，因为这些储蓄主要集中在少数的高收入阶层，而他们对消费的拉动作用远比不上为数众多的中低收入消费阶层，并且高收入阶层的储蓄中有相当一部分是用作遗赠储蓄（即储蓄的动机不是为了自己的消费，而是为了给自己的后代留一份财产）。在我国的中低收入阶层的储蓄中，又有相当一部分是作为预防性储蓄（用于应对教育、医疗、养老、住房、失业等），他们会强化这方面的储蓄，以便增加对未来的应变能力，以降低这些方面的风险。较高的储蓄率，不可避免地会对消费产生挤出效应。

### （三）政府对居民文化消费的影响

理论上，财政支出对居民消费的影响主要有两种，即挤出效应和挤入效应。一般来说，不同国情和不同时期，财政支出对居民消费的影响是不同的。不少学者对我国财政支出与居民消费的影响做了相关研究，主流观点认为：目前中国的财政支出对居民消费的挤入效应要大于挤出效应，即财政支出的增加会提升居民消费水平。

## 三、长沙居民文化消费概况

据原文化部测算，我国文化消费潜在规模为4.7万亿元，而实际消费仅约1万亿元，存在逾3万亿元的潜力，未来发展空间巨大。近年来，随着全市经济的持续快速发展，人民生活水平的不断提高，长沙市文化消费市场呈现出欣欣向荣、百花齐放的良好态势。

### (一)文化消费总量稳步增长

1. 长沙居民文化消费总量不断扩大。2018年长沙城乡居民人均文化消费(含教育)支出5910.6元，比2013年增长3.18倍，年均增长26.0%。分城乡来看，2018年长沙城镇居民人均文化消费(含教育)支出6876.5元，比2013年增长2.75倍，年均增长22.4%；2018年长沙农村居民人均文化消费(含教育)支出3563.0元，比2013年增长3.21倍，年均增长26.3%(如图1所示)。

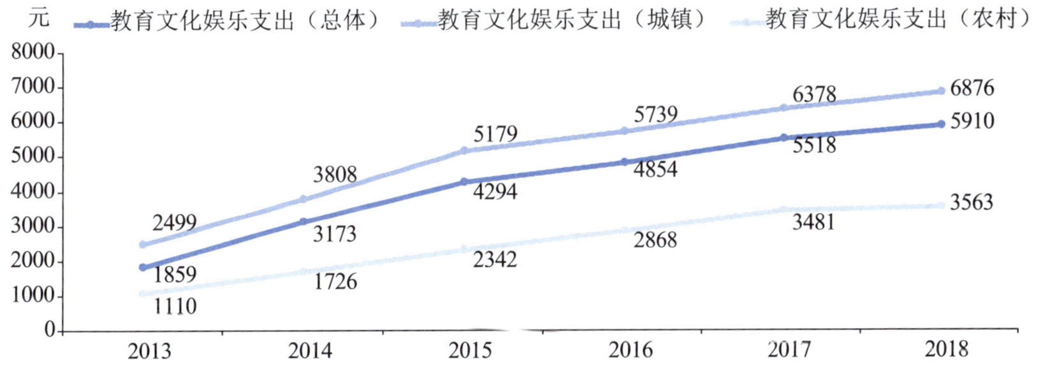


**图1 2013—2018年长沙居民文化消费情况**

2. 长沙居民文化消费占消费支出比重不断上升。2018年长沙城乡居民文化消费支出占消费支出比重为18.4%，比2013年增加7.7个百分点。分城乡来看，2018年长沙城镇居民文化消费支出占消费支出比重为18.7%，比2013年增加7.5个百分点；2018年长沙农村居民文化消费支出占消费支出比重为17.0%，比2013年增加7.4个百分点(如图2所示)。

3. 长沙居民文化消费支出保持快速增长。2018年全市实现地区生产总值(GDP)11003.4亿元，是2013年的1.54倍，年均增长9.0%；人均GDP达13.89万元，是2013年的1.39倍，年均增长6.8%。2017年长沙文化产业实现增加值902.6亿元，是2013年的1.51倍，年均增长10.9%。城乡面貌显著改善，居民收入逐年增加，2018年长沙城乡居民人均可支配收入44647元，比2013年增加27236元，增长1.64倍，年均增长10.4%。恩格尔定律说明：随着居民收入的增加，在全部支出中用于食物支出所占的比重会下降，而用于

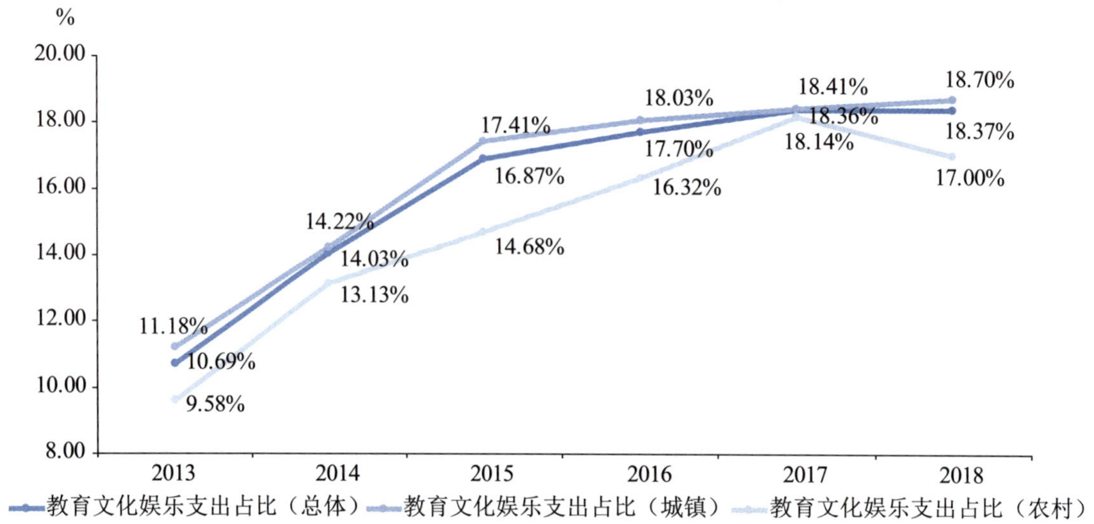


**图 2　2013—2018 年长沙居民文化消费占比情况**

文化消费方面的支出会逐步上升。2018 年长沙城乡居民恩格尔系数 25.8%，比 2013 年下降了 3.2 个百分点；2018 年长沙城乡居民消费支出 32164.8 元，比 2013 年增长 1.85 倍，年均增长 13.1%，2018 年长沙城乡居民人均文化消费（含教育）支出 5910.6 元，比 2013 年增长 3.18 倍，年均增长 26.0%。如图 3 所示：

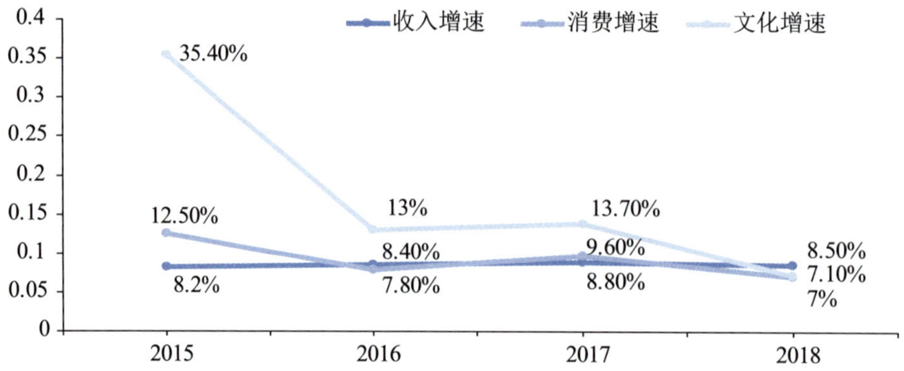


**图 3　2015—2018 年长沙居民收入、消费、文化消费增速情况**

## (二)文化消费领域不断拓宽

随着城乡居民收入和生活水平不断提高，旅游、体育健身、教育培训、文化娱乐等精神消费受到更多人的喜爱和推崇。居民家庭信息化程度大幅度提高，电视、家用电脑、照相机、手机等各种电子产品不断更新换代，高档乐器、健身器材也开始步入平常百姓家庭。2018 年，长沙城镇居民家庭平均每百户拥有彩色电视、移动电话、家用电脑、中高档乐器和健身器材分别为 118、262、92、11 台和 10 套，比 2013 年分别增加 2、41、13、7 台和 6 套。2018 年，农村居民家庭平均每百户拥有彩色电视、移动电话、家用电脑、中高档乐器和健身器材分别为 126、290、47、4 台和 3 套，比 2013 年分别增加了 2、30、18、3 台和 3 套。其中，农村居民家庭平均每百户接入有线电视网的彩色电视机为76台，比2013年增加4台；接入互联网的家用电脑和移动电话分别为37和211台，是2013年的3.1倍和1.6倍。

### (三)公共文化服务规模不断扩大

长沙市2013年成为全国首批公共文化服务体系示范区以来，不断加大公共文化服务投入，夯实公共文化服务基础，全市公共文化服务水平走在全国前列。2017年长沙获评"国家公共文化服务标准化示范地区"，成为全国获得此殊荣的六个省市中的一个，也是中部地区唯一一个。在公共文化服务基础设施建设方面，2017年末全市共有艺术表演团体12个，文化馆10个，公共图书馆12个，博物馆(纪念馆)15个，档案馆14个。全市广播综合人口覆盖率达99.48%，电视综合人口覆盖率达99.13%。在公共文化服务政府投入方面，2017年全市 公共财政预算中，文化体育与传媒支出16.9亿元，同比增长4.0%，占公共财政预算总支出的比重为1.4%。在具体文化民生工程方面，2017年，市、区县两级不断推出各类文化民生活动，如第五届公益电影月开展了"十万群众进影厅""长沙电影回顾展"和"优惠观看同步商业片"等电影惠民系列活动，全市17家商业院线、83家商业影城共提供680余场、总价值400多万元的十万余个公益观影席位，在全市街道、社区等100个公益电影固定放映点送映10部精选优秀国外影片600余场，为市民送上了电影惠民的文化大餐；"书香长沙"全民阅读活动以"阅读点亮梦想，文化塑造城市"为主题，以"书香七进"为主线，开展了"书香长沙 · 文化东亚"全民阅读系列论坛、"书香长沙"公益大课堂、"阅读与我"主题演讲比赛、"为你读书"系列公益文化活动，进一步促使长沙居民爱读书、想读书、会读书，营造了良好读书氛围。截至2017年9月底，长沙市图书馆新馆两年内接待读者382万人次。

### (四)文化创新驱动力进一步增强

长沙作为历史文化名城，有着深厚的文化底蕴，依托山水洲城，借助创新驱动，不断刷新文化名城新高度。2014年，长沙市成功入选原文化部国家公共文化服务标准化试点地区；2016年，长沙市跻身第一批国家文化消费试点城市；2017年，长沙市提升为国家示范地区。"文化"名片的不断放大，离不开长沙市"文化创新"这个强大推力。近年来，为保持传统优势，刺激新的消费点，长沙文化产业以创新为驱动，不断丰富产品供给，推动产业升级。

### (五)居民文化消费支出及占比在中部六省会城市排名第一

与其他中部六省省会城市比较，2017年长沙城镇居民家庭人均文化消费支出为6378元，排第一位，超出排第二位的合肥3409元，超出排最后一位的郑州3852元；长沙农村居民家庭人均文化消费支出为3481元，排第一位，超出排第二位的郑州2076元，超出排最后一位的南昌2735元，从占比来看，2017年长沙城镇居民家庭人均文化消费支出占总消费支出的比重为18.4%，排第一位；农村居民家庭人均文化消费支出占总消费支出的比重为

18.1%，排第一位。与全国全省比较，2017年长沙城镇居民人均文化消费支出超出全国平均水平3531元，超出全省平均水平2405元；其占总消费支出的比重比全国平均水平高6.8个百分点，比全省平均水平高1.2个百分点；农村居民人均文化消费支出超出全国平均水平2310元，超出全省平均水平1771元；其占总消费支出的比重比全国平均水平高7.4个百分点，比全省平均水平高3.3个百分点。

**表1　2017年中部六省会城市居民消费支出情况**

| | 城镇居民 | | | 农村居民 | | |
|---|---|---|---|---|---|---|
| | 消费支出（元） | 文化消费支出（元） | 占比（%） | 消费支出（元） | 文化消费支出（元） | 占比（%） |
| 全国 | 24445 | 2847 | 11.6 | 10955 | 1171 | 10.7 |
| 湖南 | 23163 | 3973 | 17.2 | 11534 | 1710 | 14.8 |
| 武汉 | 31201 | 2969 | 9.5 | 17520 | 1354 | 7.7 |
| 合肥 | 23311 | 2627 | 11.3 | 11667 | 1320 | 11.3 |
| 郑州 | 24973 | 2780 | 11.1 | 14849 | 1405 | 9.5 |
| 南昌 | 24275 | 2876 | 11.8 | 10240 | 746 | 7.3 |
| 太原 | 18234 | 2526 | 13.9 | 11546 | 1334 | 11.6 |
| 长沙 | 34645 | 6378 | 18.4 | 19189 | 3481 | 18.1 |

## 四、长沙居民文化消费特点

为进一步了解长沙市居民文化消费偏好、构成等情况，以便帮助企业、政府部门根据居民消费需求制定长远发展规划，调研组对1019名长沙居民开展了文化消费问卷调查，调查结果如下：

### （一）“看电视”“看电影”“看书报”是居民业余主要文化娱乐活动

关于“业余主要的娱乐活动”，调查结果显示，53.7%的居民选择“网络电视节目及电子游戏”，50%的居民选择“看数字电视节目”，46.5%的居民选择“去电影院看电影”，43.1%的居民选择“看书读报纸”，21.8%的居民选择“观看话剧、舞台剧或音乐会”，21.5%的居民选择“旅游”，19.3%的居民选择“参加体育活动或健身”，18.6%的居民选择“买CD或影碟”，16%的居民选择“参观博物馆或文化古迹”。此外，也有部分居民选择参加讲座和展览、参加教育或艺术培训、参加文艺社团活动及摄影绘画创作活动等娱乐活动项目。从分城乡来看：农村居民业余主要的娱乐活动排在前三位的分别是“看数字电视节目”“网络电视节目及电子游戏”和“看书读报纸”，比例分别为59.5%、49.2%和44.1%；城镇居民业余主要的娱乐活动排在前三位的分别是“网络电视节目及电子游戏”“去电影院看电影”和“看数字电视节目”，比例分别为55.6%、51.6%和45.8%。如表2所示：

表 2 分城乡居民业余主要活动

单位：%

| 城乡属性 | 看数字电视节目 | 网络电视节目及电子游戏 | 看书读报纸 | 去电影院看电影 | 买 CD 或影碟 | 观看话剧、舞台剧或音乐会 | 参加讲座、展览 | 参观博物馆或文化古迹 | 参加教育或艺术培训 | 参加文艺社团活动及摄影绘画创作活动 | 旅游 | 参加体育活动或健身 |
|---|---|---|---|---|---|---|---|---|---|---|---|---|
| 全体居民 | 50.0 | 53.7 | 43.1 | 46.5 | 18.6 | 21.8 | 15.1 | 16.0 | 12.5 | 6.2 | 21.5 | 19.3 |
| 城镇居民 | 45.8 | 55.6 | 42.7 | 51.6 | 18.8 | 23.9 | 16.0 | 16.5 | 11.9 | 6.5 | 21.9 | 18.8 |
| 农村居民 | 59.5 | 49.2 | 44.1 | 35.0 | 18.3 | 17.0 | 13.2 | 14.8 | 13.8 | 5.5 | 20.6 | 20.6 |

### (二)“提高文化知识”“锻炼身体”“拓宽视野”是居民参加文化娱乐活动的主要目的

调查结果显示，在被问及参加文化娱乐活动的主要目的时，73.8%的居民选择“提高文化知识，促进自身能力的提高”，68.8%的居民选择“锻炼身体，促进身心健康”，49.8%的居民选择“拓宽视野，增长见识扩大人际交往”，42.3%的居民选择“娱乐消遣，打发时间”，9.9%的居民选择“提升个人的形象问题”。从调查结果来看，绝大多数人进行文化消费更多的是为了满足精神上的需要，这与文化消费的理论是相匹配的。

### (三)“工作繁忙，没有时间消费”是影响居民文化消费的最大因素

调查结果表明大部分受访者“工作繁忙，没有时间消费”对其文化消费的影响最大，随着生活水平的提高，人们越来越重视自我的发展和内心的需要。同时快节奏的工作生活模式也制约了受访者的文化消费方式，居民文化休闲时间偏少，64.1%的人平均每天文化娱乐活动时间在 1～2 小时之间，16.1%的人在 1 小时以下，而活动时间在 2～3 小时之间的只占到 15.5%。多数人会根据自己的兴趣爱好和闲暇时间选择价格实惠的文化消费项目来进行娱乐休闲。收入低也是影响居民文化消费的主要因素，有 54.4%的居民选择，除此之外，53.6%的居民选择“城市文化气息稀薄，缺乏进行文化消费的整体氛围”，33.1%的居民选择“文化产品不是生活必需品，没有强烈的意愿”，21.6%的居民选择“与文化消费相匹配的文化基础设施落后”。

### (四)“旅游参观”“话剧、舞台剧或音乐会”“教育及艺术培训”位居居民最期待的文化生活前三位

随着生活水平的提高，人们已经不满足于停留在家附近进行娱乐活动，倾向于走得更远来追求更开阔的视野，摆脱单调的生活，获得更多精神层面的满足感。2018 年长沙城乡居民人均旅游花费总额为 2009 元，比上年增长了 8.1%。调查结果显示，在最期待的文化生活方面，25.8%的居民选择“旅游参观”，另外，19.2%的居民选择“话剧、舞台剧或音乐会”，18.8%的居民选择“教育及艺术培训”，13.3%的居民选择“电影”，13.2%的居民选择

“购买书籍、杂志”，9.0%的居民选择“体育健身”。

### （五）市民文化消费习惯相对稳定，文化消费能力向中高收入群体倾斜

调查结果显示，56.4%的居民2018年文化消费支出在2000～10000元，23.5%的居民文化消费支出在10000～30000元，14.3%的居民文化消费支出在2000元以下，5.8%的居民文化消费支出在30000元以上，居民文化消费能力向中高收入倾斜。60.5%的居民文化消费支出占消费支出比重在20%～40%，31.6%的居民文化消费支出占消费支出比重在20%以下，7.9%的居民文化消费支出占全市消费支出比重在40%以上。说明目前长沙市市民有较稳定的文化消费能力和习惯，并且年均20%左右的文化消费支出比例，为文化产业的发展提供源源不断的动力。但个体文化消费能力和水平两极分化较明显，这种消费能力的差异与收入水平正相关，是收入水平的差异所致。

### （六）居民对长沙的文化消费总体较为满意

在文化消费氛围满意度方面，超八成居民表示满意。调查结果显示，在对长沙的文化消费氛围满意度方面，45.9%的居民选择“较好，对大众的消费有积极影响”，35.7%的居民选择“很好，完全符合大众的要求”，13.3%的居民选择“一般，不太符合大众的要求”，4.5%的居民选择“较差，缺乏政府的有序引导”。

在对目前自己文化消费情况方面，七成以上居民较为满意目前自己文化消费情况。调查结果显示，36.1%的居民对目前自己文化消费情况表示“满意”，37.7%的居民对目前自己文化消费情况表示“比较满意”，22.2%的居民对目前自己文化消费情况表示“一般”，仅3.9%的居民对目前自己文化消费情况表示“不太满意”和“不满意”。

在对文化消费细项满意度方面，如下表所示，居民对八大细项的文化消费满意度均达到了七成以上。

**表3　文化消费细项满意度**

单位：%

| | 满意及比较满意 | 一般及不满意 |
|---|---|---|
| 文化消费产品种类的丰富程度 | 77.6 | 22.4 |
| 文化消费产品价格的满意程度 | 71.7 | 28.3 |
| 文化消费产品场所设施健全 | 72.1 | 27.9 |
| 文化消费产品场所安全设施的健全 | 77.0 | 23.0 |
| 文化消费场所的公共秩序 | 79.8 | 20.2 |
| 文化消费产品的服务质量 | 76.6 | 23.4 |
| 文化消费产品的市场管理 | 73.2 | 26.8 |
| 文化消费产品的总体满意度 | 77.1 | 22.9 |

## 五、存在的主要问题

### (一)文化消费占比不高

发展经济学家钱纳里的研究认为:在人均 GDP 超过 1000 美元以后,居民文化消费支出在总消费支出中的比重将不断上升;当人均 GDP 达到 3000 美元时,居民文化消费支出应达到总消费支出的 23%;在人均 GDP 超过 3000 美元以后,居民文化消费支出的比重将持续增加。2018 年,长沙市人均 GDP 为 13.89 万元人民币,约合 2.07 万美元,已大大超过 3000 美元的标准。但长沙市住户收支与生活状况调查数据显示,近 6 年来,长沙市人均教育文化娱乐支出占比远远低于 23%的国际经验。2018 年全年长沙居民人均生活消费支出为 32165 元,其中教育文化娱乐支出 5911 元,占比也仅为 18.4%。

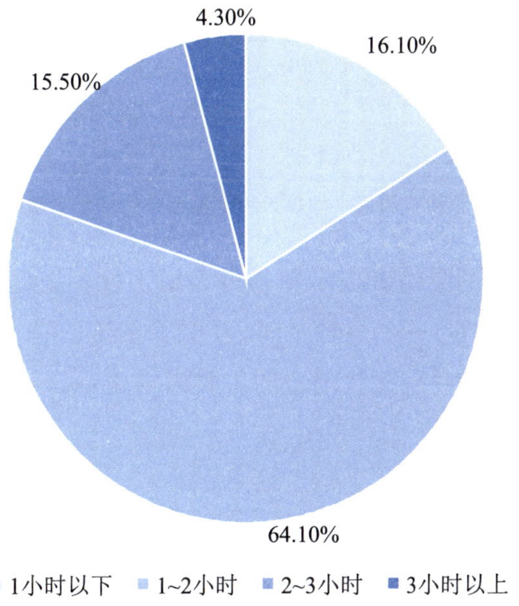


**图 4　2013—2018 年长沙市人均教育文化娱乐支出占比**

如图 4 所示,近 6 年来,虽然长沙市人均教育文化娱乐支出占比总体呈上升趋势,但比重仍偏低,仍有巨大上升空间。问卷调查显示,有五成的受访者表示最近一年用于教育文化娱乐的消费支出未超过 1 万元。有 54.4%的受访者认为收入低是制约其进行文化消费的主要因素之一。

### (二)文化消费时间较少

2018 年我国法定节假日有 11 天,在全球范围内属于中等水平,但我国的带薪年假时间较少,综合来看,每年的假期时间低于世界主要国家的平均水平。除此之外,不少上班族无法完整享受到国家法定假日的福利。一是私企无双休日、违反法定假日规定的情况较为普遍；二是政府机关、企事业单位基层干部身处于“上面千条线，下面一根针”的大环境下，基层干部加班已成常态化，挤占了部分休息时间；三是中国人口基数大，法定节假日各种道路拥挤、景点人满为患，不少人宁可待在家也不愿意出门旅游。

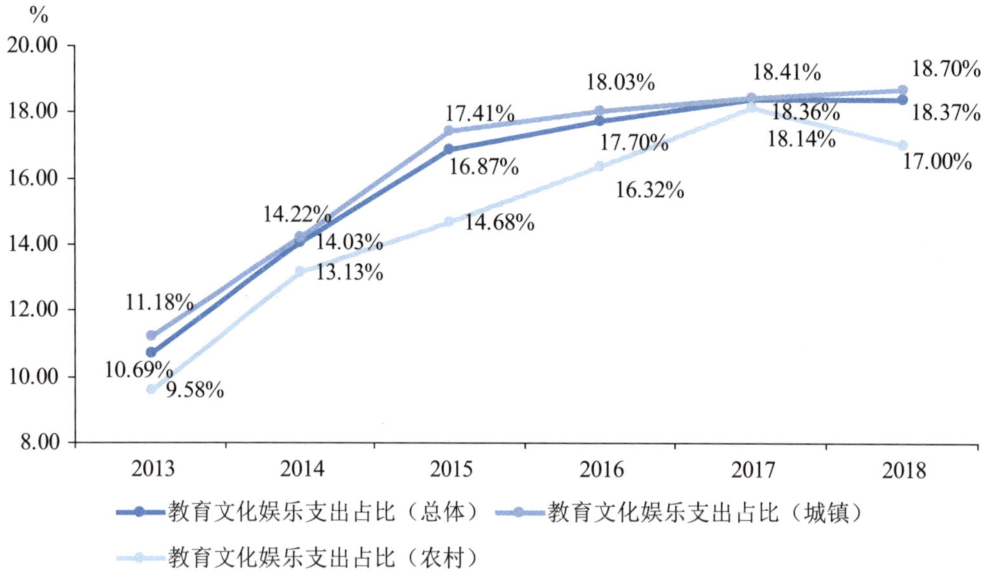


**图 5　长沙市居民平均每天用于教育文化娱乐活动时间**

如图 5 所示，有 16.1%的受访者表示平均每天用于教育文化娱乐活动时间在 1 小时以下；有 64.1%的受访者表示在 1～2 小时之间，占据了主流。有 59.2%的受访者认为工作繁忙，没有时间消费是制约其进行文化消费的主要因素之一。

## 七、对策建议

### （一）不断提升居民收入，逐步缩小城乡差距

认真落实十九大报告提出的“坚持在经济增长的同时实现居民收入同步增长、在劳动生产率提高的同时实现劳动报酬同步提高”精神。在制度的顶层设计上，要健全税收制度及财政支出结构，加大财政、税收在收入初次分配和再分配中的调节作用，创造让更多居民受惠的条件。要在富民、惠民方面出台更多政策，对住房保障、医疗、教育、菜篮子等刚性消费支出进行控制，同时大力促进创业、就业和招商引资，稳步提升居民可支配收入，从而扩大文化消费支出的空间。

### （二）正确引导消费意识，树立健康消费观念

通过电视网络、书籍报刊等多种大众媒体宣传形式，将丰富多样、内容积极健康的文化消费产品进行推广，加强主流文化消费理念引导，树立合理的文化消费态度。

通过学校教育和家庭教育等形式加强文化消费观念的培养，形成健康向上、科学绿色

的文化消费风尚和文化消费氛围。把文化消费教育融入普通国民教育和成人教育体系，融入各级各类学校学生学习的课程中，向全民普及文化消费教育。

通过培育有创意的、群众喜闻乐见的新兴文化消费热点，引导居民扩大文化消费，提升文化消费层次和质量。

### (三)发挥政府行政手段，助力文化市场繁荣

近年来国家引导城乡居民扩大文化消费试点工作及支持国家文化消费试点城市建设取得了较好成绩。地方政府要趁热打铁，对文化消费市场实施精准有效的政策扶持。

### (四)坚持文化创意创新，打造特色文化之都

运用一个平台。充分发挥长沙市文化创意产业协会的功能作用，建立健全长沙市文化创意产业综合性公共服务平台，进一步挖掘并整合文化创意产业优势资源，充分调动市场积极性，助力长沙建成“文化名城、创意中心”。

建立一个链条。建立一个以市场为主体的、龙头企业为主力的文化产业链条。摆脱依靠政府推动、政策刺激等传统的方式，转向依靠市场自有的纠偏机制、依靠企业自身的原生动力。充分利用文化消费试点合作单位的典型示范和辐射作用，在主链条的拉动下，不断丰富支链条，逐渐形成具有长沙特色的文化消费品牌集群。

形成一个格局。进一步优化文化产业布局，推动形成“一核”(湘江新区文化创意产业核心区)、“两带”(湘江文化创意产业带，浏阳河文化旅游产业带)、“三圈”(环岳麓山文化创意产业圈，环烈士公园、火车站、贺龙体育场中心城区文化创意产业圈，环马栏山北城文化创意产业圈)，“四极”(雨花、望城、宁乡、浏阳文化创意产业增长极)的总体格局。围绕长沙市建设国家创新创意中心和国际文化名城的总体目标，狠抓文化创意产业的创新发展、融合发展、集聚发展，坚持“提总量、优结构、强主体、树品牌”的总方针，不断提升文化产业综合实力。

探索一条道路。不断推动创意和科技在文化产品和服务中的融入，在内容、形式、意义等多方面提升文化供给质量。企业要重视新产品的研发，加大在新科技、新创意上的研发投入，建立一支优秀的研发团队，将最前沿的新技术、新思路融入艺术产品和创意中。市场要探索出一条以“文化＋创意＋科技”为发展模式的道路，打造出一张张闪亮的长沙文化名片，为长沙文化市场发展增添动能。

(张立军　龙志群)

民生加油站 MINSHENGJIAYOUZHAN

## 消费升级，以蓬勃内需推动长期增长

消费为经济发展提供了持续可靠的动力，不仅凸显了中国经济指标和内在结构的积极变化，也成为中国经济品质改变和“颜值”提升的生动缩影。

经过40多年的快速发展，中国不仅形成了超大规模的消费市场，而且形成了更加追求创新和变化、更加偏好新产品和新体验的消费文化。

观察中国经济，消费是个至关重要的窗口。春节黄金周，新兴消费亮点纷呈：休闲旅游、观影观展等体验式消费表现突出；绿色食品、智能家电等标注更高消费品质；三、四线城市年货消费增速超过一、二线城市……春节消费在数量基础上更注重高品质，在存量基础上更有新增量，折射出中国经济蓬勃的内需潜力。

春节黄金周的消费亮点，契合了人们的微观感受，也映照着中国整体的消费情况。去年，我国社会消费品零售总额38.1万亿元，保持平稳较快发展势头。消费的基础性作用更加显著，最终消费支出对经济增长的贡献率达到76.2%，比上年同期提高18.6个百分点，连续5年成为经济增长第一动力。规模逐步扩大、水平稳步提高、结构不断改善、升级态势持续，消费为经济发展提供了持续可靠的动力，不仅凸显了中国经济指标和内在结构的积极变化，也成为中国经济品质改变和“颜值”提升的生动缩影。

数据背后，消费升级的精彩故事每天都在人们身边上演：吃年夜大餐，不必亲自下厨，动动手指就能预约厨师上门定制；看院线大片，无需排队买票，手机订票还能选座位；到景区旅游，不再走马观花，扫二维码就能收听景点介绍。在历年的“双11”电商促销活动中，也有这样一个对比：2009年，最受欢迎的家用电器是电热水壶和电热毯，到了2017年，人们最喜欢的家用电器变成了净水器和扫地机器人。一位归国的留学生感叹：短短几年，连校门口的煎饼摊都用上了移动支付，这样的速度恐怕只能在供给日新月异、需求持续迸发的中国市场才能实现。从传统消费转向新兴消费，从商品消费转向服务消费，消费需求逐步由模仿型、同质化、单一化向差异化、个性化、多元化升级。消费结构升级，为中国经济转向高质量发展提供了动力支撑。

作用大，关注度也高，消费数据的波动总会引发很多关注。关于去年我国社会消费品零售总额的增速有所下滑，就有不少讨论，关键是如何形成正确的认识。实事求是地说，去年我国消费市场发展面临一定压力，但社会消费品零售总额增速下滑，主要体现的是“消费结构优化中实物消费占比下降、增速回落”的发展规律。去年，我国服务性消费占总消费支出的比重已经达到49.5%，这“半壁江山”在社会消费品零售总额中并没有体现。正如商务部相关负责人所言，“社会消费品零售总额主要统计实物消费，消费预计仍将是经济的主要驱动力，主要增长点在服务消费”。

从多个维度看，我国消费市场今后潜力更大。近14亿人口的庞大市场、4亿中等收入群体的强大购买力，是任何国家都无法比拟的巨大消费力量，成为中国消费市场持续发展的最可靠保障。在消费升级的大趋势下，新产品、新服务具有巨大的想象空间。在国内某景区，自动定位、自动播报的电子导游解说服务，每天能卖出几万份。一个细节说明，经过40多年的快速发展，中国不仅形成了超大规模的消费市场，而且形成了更加追求创新和变化、更加偏好新产品和新体验的消费文化。近14亿人组成的超大规模市场，将会释放源源不断的消费潜力，足以支撑中国的高质量发展。

促进形成强大国内市场，进一步激发消费潜力，有利条件很多，努力空间也很大。产品质量还有提升空间，新兴消费还需发展壮大，消费环境还能继续改善，消费能力还要持续提升……踏踏实实化解这些难题，让老百姓吃得放心、穿得称心、用得舒心，亿万中国消费者的潜力就能汇小溪成大河，成为拉动经济增长的更强动力。

（来源：《人民日报》）

# 市县链接

## 常德：城乡居民消费差距成因及对策分析

全面建成小康社会和农村脱贫攻坚随国民经济的迅速发展不断深入，加之国家乡村振兴战略的实施，当前农村居民生活水平有了很大提高，但与城市居民相比，农村居民消费水平依然存在较大差距。调查显示，2018年常德城乡居民人均生活消费支出分别为24766元和13960元，城乡差距达10807元，农村居民消费水平仅相当于城镇居民消费水平的56%。

### 一、八大类消费均存在较大差距

#### （一）食品烟酒消费

2018年，常德城镇居民人均食品烟酒消费支出7310元，农村居民人均食品烟酒消费支出4008元，消费额相差3122元，农村居民消费水平仅相当于城镇居民消费水平的56%，其中，烟酒占比最高，饮食服务占比最低（见表1）。

**表1　2018年常德城乡居民人均食品烟酒消费支出对比**

单位:元

| 指标名称 | 城镇 | 农村 | 差额 | 占比(%) |
| --- | --- | --- | --- | --- |
| 食品烟酒 | 7130 | 4008 | 3122 | 56 |
| 1. 食品 | 3998 | 2714 | 1284 | 68 |
| 2. 烟酒 | 785 | 641 | 144 | 82 |
| 3. 饮料 | 98 | 77 | 21 | 79 |
| 4. 饮食服务 | 2249 | 576 | 1673 | 26 |
| (1)食堂用餐 | 238 | 71 | 166 | 30 |
| (2)其他在外饮食 | 2004 | 492 | 1512 | 25 |

## (二)衣着消费

2018年,常德城镇居民人均衣着消费支出1808元,农村居民人均衣着消费支出749元,消费额相差1060元,农村居民消费水平相当于城镇居民消费水平的41%。其中,衣类消费城镇人均1526元,农村人均613元,消费额相差913元,农村居民仅相当于城镇居民的40%;鞋类消费城镇居民人均283元,农村居民人均136元,消费额相差147元,农村居民消费水平相当于城镇居民消费水平的48%。

## (三)居住消费

2018年,常德城镇居民人均居住消费支出4797元,农村居民人均居住消费支出3160元,消费额相差1637元,农村居民消费水平相当于城镇居民消费水平的66%,其中,占比最高的是水电燃料及其他,占比最小的是租赁房房租(见表2)。

**表2　2018年常德城乡居民人均居住类消费支出对比**

单位:元

| 指标名称 | 城镇 | 农村 | 差额 | 占比(%) |
| --- | --- | --- | --- | --- |
| 居住 | 4797 | 3160 | 1637 | 66 |
| 1. 租赁房房屋 | 85 | 39 | 46 | 46 |
| 2. 住房维修及管理 | 715 | 416 | 298 | 58 |
| 3. 水电燃料及其他 | 901 | 716 | 185 | 80 |
| 4. 自由住房折算租金 | 3097 | 1989 | 1108 | 64 |

## (四)生活用品及服务消费

2018年常德城镇居民人均生活用品及服务消费支出1444元,农村居民人均生活用品及服务消费支出915元,消费额相差529元,农村居民消费水平相当于城镇居民消费水平的 63%，其中，占比最高的是家具及室内装饰品，占比最低的是家庭服务（见表 3）。

表 3　2018 年常德城乡居民人均生活用品及服务消费支出对比

单位：元

| 指标名称 | 城镇 | 农村 | 差额 | 占比(%) |
| --- | --- | --- | --- | --- |
| 生活用品及服务 | 1444 | 915 | 529 | 63 |
| 1. 家具及室内装饰品 | 134 | 130 | 4 | 97 |
| 2. 家用器具 | 375 | 330 | 44 | 88 |
| 3. 家用纺织品 | 145 | 74 | 72 | 51 |
| 4. 家庭日用杂品 | 319 | 223 | 96 | 70 |
| 5. 个人用品 | 349 | 129 | 220 | 37 |
| 6. 家庭服务 | 122 | 30 | 92 | 25 |

## (五)交通通信消费

2018 年，常德城镇居民人均交通通信消费支出 2735 元，农村居民人均交通通信消费支出 1550 元，消费额相差 1185 元，农村居民消费水平相当于城镇居民消费水平的 57%（见表 4）。

表 4　2018 年常德城乡居民人均交通通信消费支出对比

单位：元

| 指标名称 | 城镇 | 农村 | 差额 | 占比(%) |
| --- | --- | --- | --- | --- |
| 交通通信 | 2735 | 1550 | 1185 | 57 |
| 1. 交通 | 2156 | 1090 | 1066 | 51 |
| (1)交通工具 | 593 | 133 | 460 | 22 |
| (2)交通费 | 339 | 207 | 131 | 61 |
| (3)交通工具用燃料 | 688 | 475 | 213 | 69 |
| (4)交通工具使用及维修 | 536 | 275 | 261 | 51 |
| 2. 通信 | 579 | 460 | 119 | 79 |
| (1)通信工具 | 162 | 111 | 51 | 69 |
| (2)通信服务 | 417 | 349 | 68 | 84 |

## (六)教育文化娱乐消费

2018 年，常德城镇居民人均教育文化娱乐消费支出 4584 元，农村居民人均文化娱乐消费支出 2035 元，消费额相差 2549 元，农村居民消费水平相当于城镇居民消费水平的 44%（见表 5）。

**表5　2018年常德城乡居民人均教育文化娱乐消费支出对比**

单位：元

| 指标名称 | 城镇 | 农村 | 差额 | 占比(%) |
|---|---|---|---|---|
| 教育文化娱乐 | 4584 | 2035 | 2549 | 44 |
| 1. 教育 | 2274 | 1525 | 749 | 67 |
| (1)学前教育 | 336 | 200 | 136 | 60 |
| (2)小学教育 | 509 | 222 | 287 | 44 |
| (3)初中教育 | 297 | 212 | 85 | 72 |
| (4)高中教育 | 256 | 251 | 5 | 98 |
| (5)中专及以上教育 | 876 | 640 | 236 | 73 |
| 2. 文化娱乐 | 2310 | 510 | 1800 | 22 |
| (1)文娱耐用消费品 | 140 | 67 | 73 | 48 |
| (2)其他文娱用品 | 407 | 250 | 157 | 61 |
| (3)文化娱乐服务 | 1764 | 193 | 1571 | 11 |

### (七)医疗保健消费

2018年，常德城镇居民人均医疗保健消费支出1757元，农村居民人均医疗保健消费支出1335元，消费额相差422元，农村居民消费水平相当于城镇居民消费水平的76%(见表6)。

**表6　2018年常德城乡居民人均医疗保健消费支出对比**

单位：元

| 指标名称 | 城镇 | 农村 | 差额 | 占比(%) |
|---|---|---|---|---|
| 医疗保健 | 1757 | 1335 | 422 | 76 |
| 1. 医疗器具及药品 | 604 | 379 | 225 | 63 |
| 2. 医疗服务 | 1152 | 956 | 196 | 83 |
| (1)门诊总费用 | 552 | 403 | 149 | 73 |
| (2)住院总费用 | 600 | 554 | 46 | 92 |

其他用品和服务消费支出511元，农村居民人均其他用品和服务消费支出208元，消费额相差303元，农村居民消费水平相当于城镇居民消费水平的41%。

## 二、影响城乡居民消费差距的主要因素

### (一)收入差距是城乡居民消费差距的主导因素

收入是消费的前提，当前城镇居民的收入总体高于农村居民的收入，2018年常德城镇居民人均可支配收入31126元，农村居民人均可支配收入15095元，城乡居民收入比为

2.06∶1，说明1个城镇居民的收入相当于2个农村居民的收入。

### (二)环境差异是城乡居民消费差距的重要原因

消费环境为消费提供更多可能，优质的消费环境提供便捷的服务，更利于优化消费结构，提高消费水平。当前城乡之间的消费环境差异较大，城镇交通条件便利，公共设施发达，市场体系良好，消费电子化信息化，舒适快捷方便，而农村特别是偏远山区，基础设施环境、金融环境及信息环境均比较差，消费难和消费不便的问题较为突出，如石门县西北山区偏远困难地区当地农民商品消费率很低。

### (三)消费观念是加剧城乡居民消费差距的内在动力

改革开放以来，农村青壮年劳动力大部分外出务工，留守人员以中老年居民为主，由于这些留守在农村的中老年群体文化层次不高，根深蒂固的勤俭节约、艰苦朴素的习惯难改，消费观念比较保守，消费意愿和消费能力与城镇居民活跃、超前的消费观念对比，差异明显，直接影响城乡居民消费。

## 三、缩小城乡消费差距的对策建议

### (一)千方百计增加农民收入

抢抓国家乡村振兴战略和脱贫攻坚的大好机遇，优化农村农业产业结构，发展农村新兴高效产业，促进农民增产增收；加大土地流转，鼓励农民面向市场组织生产，完善农产品的流通机制，引导农业走向市场化、专业化和现代化，促进农民收入增长。

### (二)大力改善农村消费环境

抢抓全面小康和扶贫攻坚的大好机遇，大力开展农村水、电、路、网等基础设施建设；加大对农村文化教育医疗的投入和政策扶持，切实解决农村教育和医疗资源弱化的问题；加大农村促“消”力度，让更多的超市、电商、现代物流覆盖到农村去；拓展农村金融服务，为农村居民消费提供资金支持，加快农村消费升级；加快农村社会保障体系建设，减轻农民负担，促进消费增长。

### (三)更新农村居民消费观念

加强对农村消费者消费观的引导，鼓励农村居民树立新型的、科学的、文明的现代消费观。提倡消费方式多样化、时尚化、现代化，信息化、电子化，培养农村居民的现代消费理念。

（杨腾旗）

# 株洲:医疗保健体系日趋完善 居民健康幸福感日益增强

党的十八大以来,株洲市委、市政府不断深化医药卫生体制改革,全面建立特色基本医疗卫生制度、保障制度和优质高效的医疗卫生服务体系,加强基层医疗卫生服务体系和全科医生队伍建设,人民健康获得感不断增强。2018 年,株洲市城乡居民人均医疗保健消费 1651 元,增长 19.3%,其中,城镇居民人均医疗保健消费 1156 元,增长 15.3%;农村居民人均医疗保健消费 239 元,增长 11.9%。从近五年的数据来看,株洲市居民医疗保健消费支出呈现快速发展态势。

## 一、健康服务圈的建成促推医疗保健消费支出快速增长

一直以来,株洲市委、市政府大力推进医疗卫生基础设施建设,着力改善人民群众就医条件。截至 2018 年,新建或改扩建医院(含公卫机构、乡镇卫生院和社区卫生服务中心)达 114 家,建成了"1 个市级医疗中心,4 个区域医疗中心,5 个县域医疗中心"和"一街道一中心、一社区一卫康室,一乡一院、一村一室"的健康服务圈。居民在 15 分钟内就可得到基本医疗服务。2018 年,株洲市城乡居民人均医疗保健消费 1651 元,增长 19.3%,较城乡居民收入增速(8.7%)和生活消费支出增速(7.8%)快了 10.6 和 11.5 个百分点(见图 1)。分城镇和农村来看,医疗保健消费增速也均快于收入和消费。

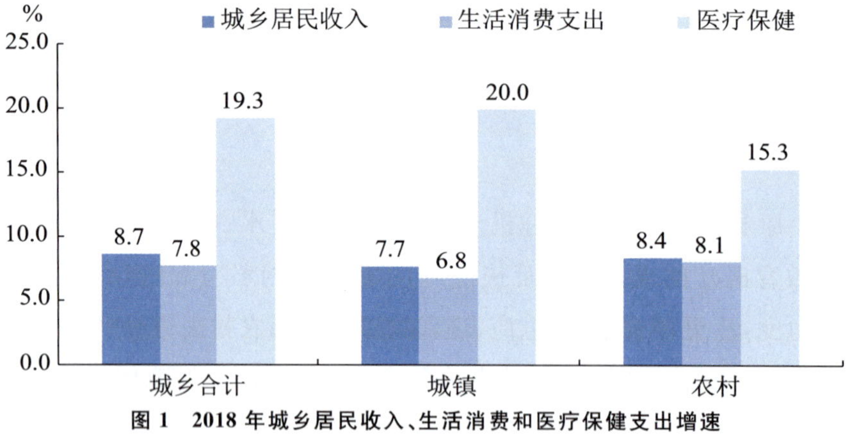


**图 1 2018 年城乡居民收入、生活消费和医疗保健支出增速**

近 5 年来,株洲市城乡居民医疗保健消费年均增长 16.4%,分别快于收入和消费年均增长速度 7.5 和 4.4 个百分点。

## 二、医疗卫生服务能力提升促使医疗保健消费比重加大

从 2013 年开始,株洲市启动 135 人才工程,市财政每年专项预算 300 万元,用于引进、

选拔、培养学科领军人才、学科带头人和学科骨干。2014 年和 2017 年，分批次开展了临床医学重点专科建设，市级财政每年安排 1000 万元给予扶持，并分别与北京、上海等国内顶级医院建立长期合作关系。

这一系列投入建设，基本上满足了株洲市老百姓在家门口“看得好病”的需求，让老百姓对株洲的医疗卫生服务满意度提升，在医疗保健消费支出上的投入也更多，促使医疗保健消费支出占生活消费的比重也逐年提高。2018 年，株洲市城乡居民人均医疗保健消费占生活消费支出的比重为 7.2%，较上年提高 0.7 个百分点。从近 5 年的数据来看，医疗保健消费占比呈现整体上升趋势（见图 2）。

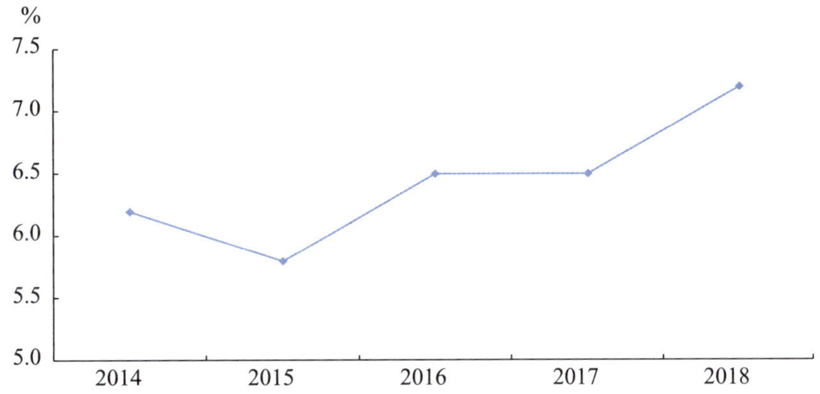


图 2　近 5 年来医疗保健消费支出占生活消费支出比重

## 三、分级诊疗力推农村居民医疗保健消费支出快速增长

2013 年，株洲市作为湖南省唯一的医联体试点城市，2016 年，被确定为全国首批分级诊疗制度建设试点城市之一。截至目前，全市已组建各类医疗联合体 27 个，如中心医院，上与北京阜二医院、上海华山医院协作，下与各县人民医院组建“对口帮扶医院”，县人民医院又与乡镇中心卫生院组建特色专科的医共体。让老百姓，特别是农村居民，在家门口就可以得到来自北京、上海、长沙等地专家的诊治。

五年来，全市农村居民医疗保健消费支出快速增长，年均增长 14.7%，较城镇居民医疗保健消费支出增长快 0.6 个百分点，农村居民医疗保健消费支出增速快于城镇居民。

## 四、健康扶贫推动贫困群众医疗保健消费支出快速增长

2016 年，株洲市大力实施健康扶贫工程，对全市建档立卡贫困人员精准识别，对国家明确的 4 类 9 种疾病患者进行集中救治，贫困对象住院患者实行“一站式”服务，县域内住院费用实际报销比例达到 91.71%。各县也纷纷出台了一系列健康扶贫政策。如炎陵建档立卡贫困人口参加新农合个人缴费部分由财政给予全额补贴；实行大病保险制度，对低

保困难群众、建档立卡贫困户大病补助起付线降低 50%；实施便民服务保障，全县所有建档立卡贫困户全部实行签约服务，“因病致贫、因病返贫”签约率 100%，重点人群签约率 100%。这一系列政策的实施，让贫困群众充分感受到各级政府给予的关心和帮助，思想观念发生改变，敢于有病就医、无病保健。

从茶陵、炎陵两县住户调查数据来看，近五年来，两县农村居民医疗保健消费支出年均增速均超过 60%，其中，茶陵年均增长 68.2%，炎陵年均增长 66.3%。2018 年，茶陵、炎陵两县农村居民人均医疗保健消费支出分别达到 465 元、572 元，分别占农村居民人均可支配收入的 4.9%和 6.4%。

## 五、需要关注的问题

虽然农村居民医疗保健消费支出增长速度快于城镇居民，但从消费金额来看，农村居民在医疗保健消费支出上，与城镇居民差距逐年扩大。2018 年，农村居民医疗保健消费支出 1156 元，比城镇居民医疗保健消费支出(1965 元)低 809 元。5 年间，城乡居民医疗保健消费支出差异由 2014 年的 360 元扩大到 2018 年的 809 元。

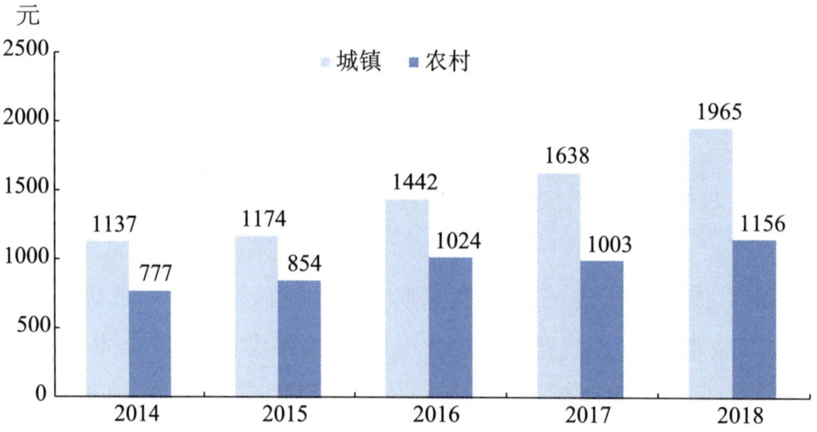


**图 3　2014—2018 年城镇、农村居民医疗保健支出**

（周　沁）

# 郴州：2018 年城乡居民消费呈现五大亮点

2018 年，郴州市城镇居民人均生活消费支出 21082 元，比上年增长 9.1%；农村居民人均生活消费支出 12862 元，比上年增长 17%。从消费构成来看，郴州城乡居民八大类消费均呈“六增两减”特征(见表)，农村居民生活消费增速快于城镇，城乡居民消费差距不断缩小，主要呈现出五大亮点。

**2018年郴州城乡居民生活消费情况**

| 指标名称 | 城镇居民 | | | 农村居民 | | |
|---|---|---|---|---|---|---|
| | 本年(元) | 增加(元) | 增幅(%) | 本年(元) | 增加(元) | 增幅(%) |
| 人均生活消费支出 | 21082 | 1764 | 9.1 | 12862 | 1869 | 17.0 |
| (一)食品烟酒 | 6198 | 216 | 3.6 | 3676 | 231 | 6.7 |
| (二)衣着 | 1444 | −248 | −14.7 | 584 | 3 | 0.5 |
| (三)居住 | 4096 | 920 | 29.0 | 3113 | 662 | 27.0 |
| (四)生活用品及服务 | 1231 | 25 | 2.1 | 725 | 30 | 4.3 |
| (五)交通通信 | 2674 | 250 | 10.3 | 1509 | 503 | 50.0 |
| (六)教育文化娱乐 | 3596 | 297 | 9.0 | 1642 | −93 | −5.4 |
| (七)医疗保健 | 1469 | 349 | 31.2 | 1486 | 569 | 62.1 |
| (八)其他用品和服务 | 375 | −44 | −10.5 | 127 | −37 | −22.6 |

## 一、农村生活消费提速,城乡居民消费差距缩小

当前农村正处于消费转型升级的快速发展阶段,随着乡村振兴战略的稳步推进,乡村经济发展增添了新的动力,消费潜力逐步激发,且消费理念日益改善,消费领域不断拓宽,农村居民网购人群大幅增长。

2018年,城镇居民人均生活消费支出21082元,月人均1757元,年人均消费增加1764元,增长9.1%;农村居民人均生活消费支出12862元,月人均1072元,年人均消费增加1869元,增长17%。

## 二、健康意识强烈,医疗保健支出大幅增长

随着城乡医疗保障体系日益完善,居民健康意识进一步增强,加之受医疗服务价格上涨、人口老龄化等因素影响,郴州城乡居民医疗保健支出大幅增长,增速均居八大类消费支出首位。

2018年,城镇居民人均医疗保健支出1469元,人均消费增加349元,增长31.2%;农村居民人均医疗保健支出1486元,人均消费增加569元,增长62.1%。

## 三、住房改善意识增强,居住消费支出快速增长

居住消费支出增长有三方面原因:一是居民住房改善意识增强;二是受建材、人工、水电、燃气、物业、房租等价格上涨影响,居民居住支出被动增加;三是政策力量驱动。近年来受危房改造、农村易地扶贫搬迁等政策因素影响,郴州城乡居民居住类消费支出快速增长。城镇居民居住支出居城镇八大类消费支出第二位,农村居民居住支出居农村八大类支出消

费第三位。

2018年,城镇居民人均居住消费支出4096元,人均消费增加920元,增长29%。农村居民人均居住消费支出3113元,人均消费增加662元,增长27%。

### 四、农村汽车需求旺盛,交通通信支出较快增长

随着城乡居民收入的提升与交通通信网络的日益发达,居民对交通出行方式、通信方式的要求也相应提高。与城镇相对饱和的状态比较,农村居民对交通工具、通信网络的需求更加旺盛。城乡居民交通通信消费支出较快增长,城镇交通通信支出居城镇八大类消费支出第三位,农村交通通信支出居农村八大类消费支出第二位。

2018年,郴州城镇居民交通通信人均消费支出2674元,增长10.3%;其中交通工具人均消费支出为924.7元,增长33.7%,百人家庭汽车拥有量较去年增长24.5%。农村居民交通通信人均消费支出1509元,增长50%;其中,交通工具人均消费支出为447.8元,增长227.5%,百人家庭汽车拥有量较去年增长92.8%。汽车消费需求的不断增长,特别是农村汽车拥有量的不断增加,拉动全市交通通信消费支出较快增长。

### 五、消费结构升级,衣着、其他用品消费回落明显

2018年,郴州城乡居民消费结构升级特征明显,食品消费价格平稳、网络购物成本降低等因素使得城乡居民传统生存型消费支出增速进一步放慢,衣着、其他用品消费需求下降。2018年,郴州城镇居民人均衣着消费支出1444元,人均衣着消费支出同比减少248元,下降14.7%;人均其他用品及服务消费支出375元,人均减少44元,下降10.5%。农村居民人均衣着消费支出584元,人均衣着消费支出增加3元,增长0.5%;人均其他用品及服务消费支出127元,人均减少37元,下降22.6%。随着消费结构的升级,郴州城乡居民衣着、其他用品消费回落明显,增速放缓。

(曹成茜)

## 长沙:居民旅游消费偏好研究

近年来,我国经济增长迅速,2017年人均GDP超8800美元,消费结构明显升级,交通出行、旅游住宿、餐饮外卖等新兴消费迅速兴起,休闲度假旅游呈爆发性增长态势,全民休闲旅游时代已经到来。为研究新形势下长沙居民的旅游消费状况,调研组在长沙地区发放

调查问卷1879份,调查显示,长沙居民各类旅游消费支出活跃,餐饮消费、购物和娱乐方面消费水平较高,个人旅游消费、商品化旅游消费已渐成为主流。长沙居民爱玩爱买,省内游发展潜力巨大。

## 一、长沙居民旅游消费偏好分析

### (一)从出行方式来看,自助游是首选

在出游方式选择方面,有26.54%的被访者选择随团旅游,超过70%的被访者选择了自助旅游或半自助游,随着生活条件的向好,有2.98%的被访者选择了私人定制旅行。近年来国内部分景点旅行社导游宰客、侵犯旅游者权益的事情屡遭媒体曝光,人们对于旅行社的感观越来越差,更多的人在旅游时会选择自己或家人自助旅游而不是去找旅行社。且随着网络的普及和发展,旅游形式呈现出多样化局面,自助游和自驾游受到热捧,网络信息和导向成为人们出游的冲动源,越来越多的游客崇尚更加自由、个性化的旅游方式。另一方面,自驾游对高品质住宿、餐饮、娱乐等需求也带动了餐饮娱乐市场。今年五一期间,全市自驾车游客占到60%以上,成为长沙市旅游市场的主流;且城区餐馆高朋满座,餐厅利用率高于平时2倍,乡村餐馆和农家饭店生意红火,座无虚席。

### (二)从旅游时间来看,3~4天是主流

在此次调查中,调研组将出游即市内无住宿旅游从外出旅游中分离开来。调查发现,长沙居民每年大约有3~7天的在外住宿旅游时间。具体的,有43.34%的被访者每年旅游在外住宿时间约为3~4天;选择5~7天的被访者约占33.9%,两项合计近八成。另外,有10.14%的被访者选择了1~2天,有9.15%的被访者选择了8~15天。

### (三)从购物选择来看,长沙人出游爱购物

与设想不同,长沙人外出游玩特别喜欢购买纪念品。有45.13%的被访者表示"愿意经常购买纪念品",有46.72%的被访者表示"愿意偶尔购买",两项合计超九成被访者有出游购物偏好。但从购物选择来看,虽然很多居民外出旅游总要购买一些当地有特色的物品或食品回来送赠给亲朋好友,但无论是购旅游纪念品还是购旅游地的土特产品或名牌产品,很多游客都不会选择在旅游景区购买,而改为专门花时间去超市、商场购买。一些年轻的旅游者甚至表示,出去旅游就是以玩为主,送赠亲友的当地特色商品一般会选择直接在机场免税店购买。

### (四)从旅游消费水平来看,年人均旅游消费支出不高,上升空间巨大

在旅游消费中,主要有住宿、交通、饮食、购物等基本旅游消费。当问及"年人均旅游消

费支出为多少"时，选择年人均旅游消费额在2001～5000元之间的被访者最多，约占32.9%；选择年人均旅游消费额在5001～8000元之间的被访者约占23.26%。从数量上来看，长沙居民人均旅游消费支出数额不高，仍有巨大消费潜力可供挖掘，但同时也发现，约有5%的被访者年人均旅游消费在12000元以上，远高于目前长沙居民年消费一般水平，且限于调查获得高端样本的困难度，预计长沙居民高端旅游消费市场空间巨大。

进一步将旅游消费支出和收入项进行交叉分析发现：不同的收入水平其年均旅游消费支出不同，中低收入者（月收入低于2000）的年均旅游消费支出集中在年1000～2000元之间，基本以省内游和周边游为主，年内长距离、长时间旅游极少；中等收入组（月收入在2000～8000元之间）的年均旅游消费集中在5000～8000元之间；而在高收入组（月收入15000元以上）中，旅游消费支出活跃，年均旅游消费支出多在2万元以上，约占选择该收入组的33.33%；同时，还有三成该收入组被访者年人均旅游消费为8000～12000元，约占30.30%。

### （五）从旅游目的地的选择来看，省内游逐成热门

将湖南省内游与出省旅游区分开来，有48.41%的被访者表示每年省内游的比例为20%～40%，有28.93%的被访者表示每年省内游的比例为40%～60%，省内的乡村游、生态游深受欢迎。以"五一"小长假为例，全市各大星级农庄借助传统民俗、农家风情文化、乡村饮食等农家特色旅游体验活动，吸引了大量城市游客的到来。据长沙市旅游局统计，2018年"五一"小长假期间，长沙周边的千龙湖、灰汤、金太阳农庄接待游客超过8.8万人次，实现旅游收入超过1300万元。

调查发现，收入水平和省内游的比重呈正向相关，月收入水平越高，其省内游比例越高（如图1所示）。

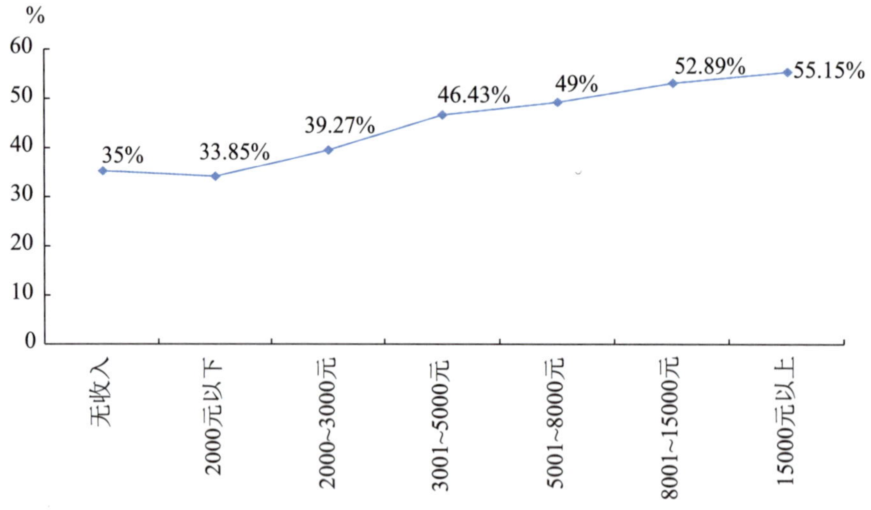


**图1　按收入分组的省内游平均百分比**

具体来看，中低收入者（月收入低于2000元），年人均旅游消费中省内游的比例在35%

左右；且随着收入的增加，省内游的比例越来越高，中等收入者(月收入在 2000～8000 元之间)省内游比例能达到 50％左右；而在高收入组(月收入 15000 元以上)省内游比例在 55％左右，即当月收入超过一定水平后，约在 8000～15000 元的收入水平，省内游的选择倾向更为平缓，其上升速度略有下降。究其原因，这可能和高收入人群的闲暇时间有关，当收入增加到一定程度，闲暇时间有一定程度的减少，很多高收入者并没有太多闲暇时间用于出外游玩，反而是月收入在 8000～10000 元的人群，既有钱又有闲，出游消费能力高。

### (六)休闲旅游是未来旅游消费的主要市场

当问及“湖南省内最具吸引力的旅游景点是哪一个”时，“张家界”成了省内的首位。湘西凤凰古城、长沙、包括长沙城区内的岳麓山、橘子洲头也成了大家选择比较多的选项。

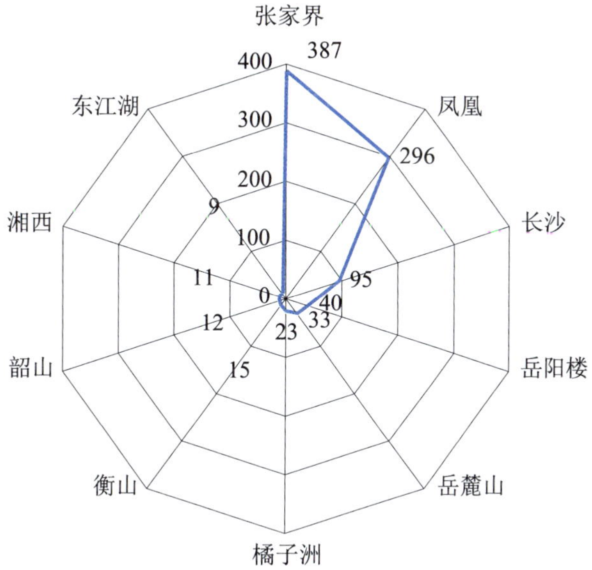


**图 2　湖南省内最具吸引力的景点雷达分布图**

将所有被访者的有效答案进行了汇总，选取被访者心中最具吸引力前十的景点排序(具体结果可见图 2)，可以看到，很多旅游景点都在城市及其周边，人们不再一味追求远距离的长期旅行，而以多次旅游和一地重游为主，郊区及乡村休闲旅游消费已成为整个消费对经济拉动的主体。

## 二、长沙居民旅游消费发展的主要问题

人们的消费水平和消费结构随着经济的发展发生了变化，越来越多的人产生了享受需求和发展需求，个人旅游消费、商品化旅游消费已渐成为主流。但与国内主要旅游发达城市相比，长沙的旅游市场尚在发育中，旅游消费还没有形成很大规模，旅游企业经营行为相对于旅游业实际发展而言，有一定滞后性。

### （一）服务配套问题明显

当问及“当前湖南旅游存在的最显著的问题”时，住宿餐饮配套服务差（选择该项的被访者为38.17%，下同）、交通往来便利性差（37.97%）、安全游乐设施差（33.8%）、景区服务体验差（32.6%）成为居民选择最多的四大问题，这些问题都暴露了长沙旅游发展不平衡，很多旅游项目开发出来以后，服务和配套延伸较差，影响了游客们的旅行体验。

### （二）特色旅游产品缺乏

缺乏特色的旅游产品，也是在调查中发现得比较多的问题。长沙旅游资源十分丰富，但5A级景区很少，更没有世界遗产，从旅游资源来看，长沙缺少世界级的旅游吸引物和国际旅游品牌。长沙“山水洲城”的特色定位提出来以后，打造并不完善，且全市旅游产品的整体包装串联也不够，而没有形成成串的“珍珠链”。缺乏鲜明长沙特色的旅游产品，无法吸引不同层次的消费群体。

### （三）旅游服务质量不高

目前长沙拥有旅行社330家、旅游服务网店886家、分社89家，总计1305家。由于旅行社数量多，个别旅行社经营相对欠规范，近年来针对旅行社和导游的投诉高发。2017年，长沙市旅游质监所共收到12301平台、12345市民热线、市信访局等转办旅游投诉和旅游投诉553件。归纳来看：针对旅行社，其主要问题为行程中未严格履行合同造成争议纠纷；针对景区，其主要问题为工作人员服务态度、服务水平差；针对星际酒店，投诉主要集中在星级饭店因告知不清晰，或是约定不明确，导致的产品质量问题。

访谈中也发现，很多游客反映由于临时调整行程、住宿和用餐等问题，旅行社没有完全按照当初合同履约，甚至有个别导游在带团过程中，为了获取更高的利益，大力推荐自费项目、多次带着游客进店购物，游客不购物或购物少就挖苦、漫骂、奚落游客的问题多发。

## 三、政策建议

### （一）重视全域旅游发展，增加休闲供给

省内旅游消费，尤其是近距离的郊区旅游已经成为居民生活的必需品，要进一步加强省内购物旅游资源的开发力度，发展适销对路的旅游精品。要重视湖南省内旅游商品的设计和研制，大力依托已具规模的山水旅游、红色旅游特色，开发更多能激发旅游者美好回忆、显示旅游者生活经历、适应旅游者精神消费需求的旅游商品，并开发一些有特色、具有文化内涵、消费水平较高的专项旅游，不断增加区域内旅游产品供给，提高旅游者消费层次。

### (二)健全旅游法规,培育旅游业专业人才队伍

当前省内旅游市场经营秩序较混乱,假日旅游中不规范现象尤其突出。健全旅游法规,逐步规范旅游企业经营行为,创造和维护良好的旅游环境已显得尤为迫切。另一方面,培育和发展旅游导游人才队伍,开展旅游消费者教育,帮助旅游者形成对产品和服务的合理评价和预期,充分考虑旅游者的需求,提高消费者的满意度,对企业形成良好的印象,满足消费者的需求。

### (三)加强景区和其他渠道的融合,提升旅游业营销模式

旅游产业对相关产业例如住宿、餐饮、交通运输、金融、娱乐、通信有着巨大的带动作用,应以城镇化建设为抓手,注重旅游产业结构的优化,大力培育旅游产业集群,促进城乡居民收入分配公平,释放制度红利、刺激内需。并进一步借助互联网平台和大数据、云计算等发展智慧旅游,注重培育与游客线上、线下互动的营销模式,利用微信公众号、app 等挖掘有价值的游客信息,对游客提供私人订制版的旅游服务,最大限度地提升旅游消费对经济增长的贡献程度。

(任　为)

# 衡阳:网络消费让人欢喜让人愁

## ——2018 年衡阳市居民网络消费情况调查分析

近年来,网络消费作为一种新型消费模式快速发展,为消费者提供了更加多元、方便、快捷的购物体验,但网络的虚拟性、高技术性特征也使消费者在网络交易中面临着诸多新问题。为了解衡阳市居民网络消费现状和特点,国家统计局衡阳调查队近期在衡阳市 4 个城区开展了衡阳市居民网络消费情况问卷调查。

### 一、调查对象基本情况

此次调查主要集中在衡阳市雁峰区、石鼓区、蒸湘区、珠晖区四个城区,共 450 名调查对象,其中,男性占 35.1%,女性占 64.9%,年龄阶段主要集中在 18～45 岁,占 65.1%,月收入为 2000～4000 元占 69.3%。调查方式主要采取在公园定点调查和街道随机拦截调查两种方式。

## 二、当前衡阳居民网络消费现状

### (一)超六成居民每月网购两次以上

网络消费的兴起呈现出刺激消费的作用,同时改变了居民的日常消费习惯。据调查,网络消费带来的生活变化首先是购物频率的不断上升,有六成以上的受访者表示只要有需要便会进行网购,且每月网购频率为两次以上。调查中,有一位80后的受访者表示,网购足不出户就能任意挑选海量商品,不需要讨价还价,并且快递还能送货上门,网络购物现在已经成为年轻人“买买买”的主要途径。

### (二)“衣食住行”类消费占衡阳市居民网购产品半壁江山

当前,网络消费市场上的商品和服务种类繁多,从食品、服装鞋帽、日用百货、电子产品、化妆品等商品,到餐饮、票务、酒店预订等服务,产品形式多样,可以满足消费者的多样化需求。调查结果显示:服饰鞋帽、食物、生活用品、交通出行等“衣食住行”类商品依然是居民网购的主要商品,消费金额占网购总消费的一半以上。

### (三)网购群体多元化,新兴力量在崛起

在很多人看来,网络消费的主力军一直都是年轻人,但如今,随着互联网的发展,网络也成为中老年人一种消遣方式,网购早已不再是年轻人的专利,越来越多的中老年人也爱上了网上购物。调查中,有34.9%的受访者的年龄为45岁以上,其中,有六成以上的受访者表示自己使用过或接触过网络购物,中老年人正在逐渐成为网络消费的新兴力量。在网购商品类,他们更倾向于购买服饰鞋帽和家庭日杂等实用性用品。调查中,有一位60多岁的退休阿姨表示:“自打学会网购之后,我已经在网上‘淘’到了不少好东西,比如打折的床品四件套、纸巾等,前两天刚刚淘到一瓶蓝月亮洗衣液,商家促销活动满99减50,算下来才40多元一瓶,比超市还便宜20多元。”

### (四)低价、便利是网购的优势所在

由于网络平台的电子商务模式和快递行业的不断发展,相较于实体营销模式具有明显的成本和运输优势,因此在价格和运输方面,网络平台具有较明显的优势。调查显示,价格实惠、方便快捷是吸引消费者进行网络消费的主要因素,有84%的受访者表示喜欢网购最主要的原因就是价格便宜,另外有44.5%的受访者表示网购省时省力,快捷方便是吸引他们网上购物的主要原因。

### (五)商品质量是消费者网购的首要考虑因素

调查显示,消费者网上购物会考虑的因素中,质量仍然是首要考虑因素,占到65.8%,

这说明，消费者在选择网络消费时，并非只受低价影响，物美价廉的商品和服务才是消费者所真正追求的。

### （六）支付宝、微信等网上支付备受青睐

随着互联网的蓬勃发展，作为网络消费特征之一的网上支付，也得到了越来越多消费者的认同和信任。调查显示，与现金支付相比，有近八成的受访者表示日常更喜欢使用支付宝、微信等网上支付方式进行付款，占了78%，此外，绝大多数受访者对网上支付的安全性和便捷性表示较为满意。

## 三、网络消费中存在的问题

### （一）消费者知情权不能得到保障，网络诚信问题凸显

在网络消费中，消费者可根据卖家的销量、买家评价进行购物选择。然而现在一些商家为了追求销量，人为刷销量、刷信誉，侵害消费者的知情权，“店家虚假宣传”“商品与实物描述不符”“商品以次充好”“网购售假”等网络失信行为屡屡出现，损害了消费者权益。网购平台出于对自身利益的考虑，往往对商家售假行为睁一只眼、闭一只眼，使得网购假冒伪劣现象难以得到有效遏制。2017年的“网购平台打假第一案”虽然拉开了网购打假的序幕，但网络诚信问题依旧是影响网购体验的第一大因素。据调查显示，网络诚信问题仍是消费者集中反映的问题，大多数网购消费者都遭遇过网络失信带来的不愉快经历。而在“不喜欢网上购物的原因”这项调查中，62.7%的受访者是由于“害怕上当，质量不好”而放弃网购。

### （二）网络消费中消费者的隐私权和个人信息泄露，网上消费存在安全隐患

信息安全涉及个人隐私和资金安全，对消费者影响重大。网络消费中消费者将自己的地址、手机号、支付宝账号等透露给卖家和快递人员，在商品购买及运输过程中，消费者的隐私权和个人信息不能得到有效保护。调查中，有不少受访者反映，网购填写的通信地址、联系方式等信息存在被泄露的情况。主要表现在：一是购物后会莫名收到很多营销短信和营销电话，影响消费者的正常生活；二是有不良商家将消费者的手机号等个人信息出售给不法分子，引起其他诈骗行为；三是消费者对有些商家提供的货品或服务如果没有及时给出好评，商家会对消费者进行不间断骚扰，给消费者带来困扰。据调查，有17.3%的受访者对互联网消费环境不够满意，其中“担心个人信息被泄露”是影响满意度的一个重要原因。

### （三）网络消费中消费者权益维护存在举证困难，售后服务难以得到保障

网络消费由于自身的特性，消费者并不是直接对所购买的商品进行甄别，而是通过快

递等物流服务收到所购买的商品，因此，消费者往往存在举证困难、售后服务得不到保障等问题。如网购约定在签收前可以拆开验货，但在现实生活里，快递员往往并不是将快递直接送给消费者，而是送到消费者所在的单位或者小区门卫。通过他们转交给消费者，消费者在打开时才发现所购买的商品出现瑕疵或者在运输过程中损坏，在这种情况下，由于消费者已经签收，在卖家看来已经视为商品无任何问题，因此拒绝退换货或者赔付。据调查，有28.4%的受访者因为“担心售后服务保障”而放弃选择网购，尤其在购买家电等大型贵重物品时，举证和售后更是显得尤为重要。在调查中，有一些受访者反映：他们在网上购买的家电，存在实际功能与网购说明不符、缺少配件、无法正常使用等问题，如果要退换货，除了时间长和手续比较麻烦外，还需要承担昂贵的退货运费。而在售后服务方面，网络卖家除了在网上给予一些回复外，难以提供像实体店家一样的上门维修等售后服务。

## 四、促进居民网络消费的几点建议

### （一）政府建立健全网络消费法律保护体系

目前，《电子商务法》正在紧锣密鼓的制定中，政府有关部门还需要制定完善相关配套和监管法规，对网络交易市场的信息发布、准入资格、买卖细节、信息保护都进行明确的界定和规范。一是对购物网站销售假冒、劣质商品的行为加大处罚力度；二是制定网络信息保护制度，保障消费者的隐私权。政府有关部门出台专业管理和规范网络消费信息保护的法律制度，网络商家需要承担保护客户信息隐私的责任，对客户的隐私权、信息权负责，对于违法出售、泄露客户信息的商家，必须进行严厉打击，使得商家的失信成本高于违约利益，做到有法可依，有规可循，从根本上解决电商失信行为的发生。

### （二）电子商务平台经营者切实履行法定义务和责任

电子商务平台经营者应当切实承担主体责任，加强对平台内经营者的资质审核、加强对广告发布和商业促销的监督、加强对商品服务展示信息的检查、加强对自营进货渠道的控制、加强对平台内经营者的进货指导、加强对消费者评价信息的管理、加强对知识产权的保护、加强对消费者投诉的分析处理、加强对违法行为的举报制裁等，采取有效措施，杜绝网络假冒伪劣行为。平台经营者拥有的大数据技术手段，应当优先用于对平台内经营者经营行为的监督管理，以科技进步造福广大消费者，以诚信尽责赢得消费者的青睐。

### （三）消费者在网络消费中树立科学消费观念

消费者从自身做起，主动履行“选正品、重质量、拒假货”的消费责任，自觉抵制网络假冒伪劣商品，消除其生存、泛滥的空间，不为低价利诱所动，首选安全质量，保障消费品质，发现假冒伪劣行为，要及时举报、投诉，通过有效监督、依法维权，做对自己、对社会负责的消费者，共同推进网络消费市场净化，让假冒伪劣产品无处容身。

（王 思）

民生小贴士 MINSHENGXIAOTIESHI

## 网络消费时常见的诚信问题你都了解吗？

**一、实际商品与宣传严重不符**

作为网购者，最关心的就是商品的质量问题。网上购物与现实生活中购物有很大的区别，最明显的就是网上购物不能像现实生活中购物那样，能够对所购商品进行实际的选择、鉴别、查验，而只能通过商务网站上提供的商品信息来了解商品并做出是否购买商品的决定。

这样，网上商品购买者确实难以把握商品的真实情况。不少电子商务经营者就利用这一特点，恶意出售与网上商品宣传所不相符的瑕疵商品，或是贴牌和翻版商品。结果是，网购者在网上购买商品时感到非常满意，而收到商品时却垂头丧气。

电子商务经营者这些违背诚信的行为，严重打击了网购者继续在网上购物的积极性和自信心，致使网购者在进行网上购物时顾虑重重，甚至完全放弃了网上购物的念头。

**二、用户隐私及信息泄露**

担心个人信息被盗和泄露隐私，是目前大家广泛关注的问题，也是挑战网络安全的主要大敌。要在网上成功交易，买家必须输入自己的姓名、电话、地址、银行账号等隐私信息。一些卖家为了扩大销售额，不惜将以前消费者的信息建立数据库，根据其经济状况、上网习惯等不停轰炸消费者的邮箱以推销自己的产品。

更有甚者，为了眼前的经济利益将消费者的信息卖给他人。此外，消费者的信用卡账号、密码被篡改、被盗也是常有的事。这些信息的安全性常常是买家最担忧的问题，与卖家关系重大的账号也存在巨大安全隐患。

**三、卖家无法兑现售后服务**

很多情况下，网购消费者往往面临商家承诺的售后服务无法兑现的问题。比如商品在运输途中产生的损坏，究竟由谁来承担尚无定论。许多卖家往往在“买家必读”里注明“如无质量问题概不退换，请购买前仔细斟酌”，而究竟什么算是质量问题，并没有相关部门出示的统一标准，很难判断。即使买家在收货后感觉有缺陷、有残缺，也自觉证据不足而息事宁人。

对于手机、数码相机等电子类产品，其售后服务主要限于店内三包，仅仅限于店家的口头承诺，如果真的出现问题，店家完全可以翻脸不认人。

当产品交到消费者手中以后发现损坏，到底是交付的时候就已经损坏了，还是运输的过程当中损坏，往往也很难判断。所以消费者不知道找物流方索赔还是找卖家索赔，最后也就导致了消费者权益无法得到保障。而有些情况下，商品出了问题卖家能推则推，就算有售后服务也只是表面应付一下，许多问题根本得不到实质解决。

**四、网托的大量存在**

与普通消费者相比，网购消费者最大的劣势是通常无法直接看到商品，因此他人尤其是已选购同类商品的消费者，就成了他们参考的对象。

一些商贩利用消费者的这一心理，雇用“网托”或让网店工作人员充当“网托”，通过网络进行商品宣传，一些“网托”还替网店刷信誉，只要网店店主付钱，他们就会与店主进行虚假交易，给店主好评。

用这种形式帮网店刷信誉，评语也写得十全十美，一个好评售价从0.1至1元不等。一些新开的网店为了积聚人气，也愿意花钱“买好评”。这样网购者所参考的店铺信誉度就不真实，不能作为诚信度的参考依据，同时也加大了网购者“劳动强度”，降低了网上交易的可能性。

（来源：中金在线）

# 2019湖南民生调查报告

# 住房篇

# 政策背景

2018年，房地产政策以“房住不炒，因城施策”为主基调。

中央强调楼市调控不放松，引导预期回归理性。一方面，中央强调楼市调控不放松，坚决遏制房价上涨。2017年12月召开的中央经济工作会议提出，要完善促进房地产市场平稳健康发展的长效机制，保持房地产市场调控政策连续性和稳定性，分清中央和地方事权，实行差别化调控。2018年3月，两会政府工作报告提出，启动新的三年棚改攻坚计划，坚持房子是用来住的，不是用来炒的定位，落实地方主体责任，继续实行差别化调控，建立健全长效机制，促进房地产市场平稳健康发展。5月19日，住建部印发《住房城乡建设部关于进一步做好房地产市场调控工作有关问题的通知》，提出坚持房地产调控目标不动摇、力度不放松。7月31日，中央政治局会议强调下决心解决好房地产市场问题，坚持因城施策，促进供求平衡，合理引导预期，整治市场秩序，坚决遏制房价上涨。加快建立促进房地产市场平稳健康发展长效机制。8月7日，住建部在辽宁召开部分城市房地产工作座谈会，会上提出要严格督查，对工作不力、市场波动大、未能实现调控目标的地方坚决问责。10月28日，住建部发布《关于巡视整改进展情况的通报》，要求坚决落实“坚持房子是用来住的，不是用来炒的定位，加大分类调控、精准施策力度，加快推进住房制度建设。另一方面，中央加大房地产市场监管力度，完善房地产市场监管体系。6月28日，住建部等七部委联合印发《关于在部分城市先行开展打击侵害群众利益违法违规行为 治理房地产市场乱象专项行动的通知》，决定于2018年7月初至12月底，在30个城市先行开展治理房地产市场乱象专项行动。7月31日，住建部公布一批各地查处的违法违规房地产开发企业和中介机构名单。9月14日，住建部再次要求各地要持续深入开展专项行动，通过部门联合执法，把打击侵害群众利益违法违规行为，作为整治房地产市场乱象工作的重中之重。11月8日，住建部重拳治理房地产市场失信行为，拟将101种违法违规行为“拉黑”。

地方继续落实因城施策，保障市场平稳运行。2018年7月，湖南省住建厅印发《湖南省住房和城乡建设厅关于进一步稳定房地产市场的通知》，实施分类调控。长沙市继续严格执行限购等调控政策，坚决遏制投资投机性住房需求，确保房地产市场基本稳定。商品住宅库存去化周期低于6个月的其他市州、县市，要重点抓好控房价、防风险，防止房价过快增长；商品住宅库存去化周期处于6～15个月的，要关注商品住宅销量、价格和库存的变化情况，确保房地产市场基本平稳；商品住宅库存去化周期超过15个月的县市要继续实施去库存政策。9月4日，湖南省直公积金中心出台《关于调整部分公积金政策的通知》，规定缴存职工与单位解除或终止劳动关系的，在其他公积金中心继续缴存且原个人账户封存满半年，方可办理异地转移接续业务；缴存职工与单位解除或终止劳动关系的，且未在其他公积金中心继续缴存，一律账户封存满半年后方可提取，不再区分本地、外地户籍情况。9月14日，省住建厅印发

《湖南省房地产市场经营主体严重失信名单管理暂行办法》的通知，加强全省房地产市场诚信体系建设，健全失信惩戒机制。同日，省住建厅联合9个部门出台《湖南省打击侵害群众利益违法违规行为治理房地产市场乱象专项行动方案》。决定即日起至12月底，在全省开展打击侵害群众利益违法违规行为治理房地产市场乱象专项行动。作为全省唯一二线城市的长沙市房地产政策频出。3月6日，湖南省公证协会长沙市联络处印发《关于办理新建商品住房销售摇号排序现场监督公证的指导意见（试行）》的通知，规范办理新建商品住房销售摇号排序现场监督公证。3月27日，市住建委印发《关于实施差别化购房措施的通知》，对限购区域内商品住房销售实行差别化调控措施。5月23日，市住建委印发《关于实施差别化购房措施操作细则的通知》，明确房地产开发企业在进行刚需房源销售时，应按照申报方案、公示方案、集中登记、制订申请名册、选房销售、报备确定名单等六大步骤进行。6月25日，长沙市出台《长沙市人民政府办公厅关于进一步加强房地产市场调控工作的通知》（长政办函〔2018〕75号），从项目监管、土地出让、购房资格、户籍管理、严禁炒作等方面对市场进行调控。6月27日，市住建委印发《关于执行长政办函〔2018〕75号文件细则》，明确购房资格审查和项目销售管理的相关内容。6月28日，市住建委表示，对于按长沙市青年人才筑梦工程落户长沙，且在长沙市范围稳定就业，并正在长沙缴纳城镇职工社会保险的青年人才（含留学归国人员），由市公安局、市人社局出具证明，可购买首套住房。6月29日，长沙住房公积金管理委员会发布《关于调整住房公积金业务政策有关事项的通知》，严格执行贷款额度与缴存额度挂钩的规定；严格执行职工购买家庭第二套住房申请公积金贷款首付比例的规定。8月25日，长沙市人民政府办公厅印发《加快发展住房租赁市场工作实施方案的通知》，以构建租购并举住房制度，多层次满足人民群众住房需求。10月30日，长沙市住房公积金管理委员会印发《关于调整住房公积金贷款政策有关问题的通知》，暂停住房公积金异地贷款（铁路分中心按原政策规定执行），职工家庭在长沙市、浏阳市、宁乡市区域范围内购买自住房同样执行《关于调整住房公积金业务政策有关事项的通知》的规定。

（梁　可）

## 全景扫描

# 湖南省房地产市场形势分析

## 一、2018年全省房地产市场基本情况

2018年，受房地产调控供需双向调节的影响，商品房供应快速增长，销售增速逐步回

落，供求关系发生逆转，市场逐渐进入下行调整期，房价涨幅、新开工、用地供应、房地产开发贷款增速等指标均出现持续回落。

### （一）全省商品房销售面积增速回落，长沙市近期销售出现较大下降

全年商品房销售面积9239.15万平方米，比上年增长8.3%，增速较1—11月回落1.9个百分点，较2017年提高2.8个百分点，高于全国增速7.0个百分点。总量、增速在全国均排第8位，在中部均排第3位；销售金额5353.99亿元，比上年增长20.0%，增速较1—11月回落4.8个百分点，较2017年提高1.1个百分点。

市州方面，1—12月，长沙市商品房销售面积2392.44万平方米，比上年增长5.9%，增速较1—11月大幅回落11.8个百分点；11月以来市场增速明显放缓，11月同比下降5.1%，12月同比降幅大幅扩大至36.9%，带动全省销售面积增速回落；销售金额1953.57亿元，比上年增长12.5%，增速较1—11月回落12.4个百分点。三四线城市商品房销售面积6846.71万平方米，比上年增长9.1%，增速较1—11月提高1.4个百分点；商品房销售金额3400.42亿元，比上年增长24.8%，增速与1—11月持平。

### （二）房地产开发投资较快增长，住宅投资增速明显快于非住宅

1—12月，全省完成房地产开发投资3945.95亿元，比上年增长15.2%，增速较1—11月回落0.2个百分点，较2017年回落0.7个百分点，高于全国增速5.7个百分点，总量、增速分别在全国排第13位、第9位，在中部排4位、第2位。分类来看，住宅完成开发投资2764.48亿元，占全省房地产开发投资的70.1%，比上年增长26.0%，增速较1—11月回落0.6个百分点；非住宅完成投资1181.47亿元，比上年减少4.1%，降幅与1—11月持平。其中，办公楼完成投资124.16亿元，减少18.2%；商业营业用房完成投资590.65亿元，减少7.5%；其他非住宅完成投资466.67亿元，增长5.6%。

分市州看，长沙市完成房地产开发投资1502.40亿元，居全省首位，占全省的38.1%；株洲市、常德市分别完成房地产开发投资399.57亿元、279.06亿元，分别居全省第2位、第3位。增速方面，有13个市州房地产开发投资实现正增长，增幅较大的为湘西自治州（121.8%）、张家界市（77.5%）和衡阳市（45.5%）；有1个市房地产开发投资出现负增长，为郴州市（—30.3%）。

### （三）新建商品住宅供应明显快于销售，市场近期明显供大于求

省住房城乡建设厅数据显示，1—12月，全省新建商品住宅供应8959.31万平方米，比上年增长56.2%；网签8716.50万平方米，比上年增长13.3%；住宅供销比为1.03，供略大于求。但是，随着11月以来市场明显放缓，11月、12月网签分别同比下降10.8%、6.3%；但同期供应同比分别大幅增长了40.4%、49.2%；住宅供销比由11月的1.34大幅扩大到

12月的1.69,处于明显供大于求的区间。

### (四)长沙房价环比涨幅大幅收窄,岳阳房价近年来首次出现下跌

省统计局数据显示,1—12月,全省新建商品住宅均价5473元/平方米,全国排名第26位。国家统计局数据显示,12月,长沙市新建商品住宅价格环比上涨0.4%,涨幅较11月提高0.1个百分点,较7月峰值水平大幅收窄2.3个百分点。常德环比上涨1.0%,增速较11月回落0.1个百分点;岳阳新建商品住宅价格出现近两年来首次下跌,环比下跌0.2%,跌幅较11月扩大0.5个百分点。

### (五)新开工面积增速高位回落,竣工面积增速由负转正

商品房施工面积35781.53万平方米,比上年增长12.9%,增速较1—11月提高0.3个百分点,较2017年提高7.8个百分点;其中,新开工面积11127.65万平方米,比上年增长35.1%,较1—11月回落3.8个百分点,较2017年提高24.9个百分点。新开工面积总量、增速分别在全国排名第7位、第3位,在中部地区排名第2位、第1位。竣工面积4160.98万平方米,结束了连续4个月的负增长,增速由负转正达到1.9%,较1—11月提高3.3个百分点,较2017年提高11.8个百分点。

### (六)房地产用地供应量、价大幅增长,但增速逐步回落

全省房地产用地供应6187.40公顷,比上年增长37.8%,增速较2018年1—11月回落7.6个百分点,较2017年提高49.3个百分点;其中,住宅用地供应4550.67公顷,增长44.8%;商服用地供应1636.74公顷,增长21.4%。价格方面,全省房地产用地出让均价3390.4元/平方米,比上年上涨30.8%,涨幅分别较2018年1—11月、2017年回落10.6个、12.4个百分点。其中,住宅用地出让均价3665.66元/平方米,上涨40.7%;商服用地出让均价2815.49元/平方米,上涨9.8%。

### (七)房地产开发贷款增速回落,个人住房贷款增速保持平稳

截至2018年12月底,全省房地产贷款余额11631.75亿元,占全部贷款的31.9%,同比增长28.3%,增速较11月底提高0.8个百分点,较2017年底提高0.2个百分点。房地产贷款增长主要受保障性住房开发贷款和个人住房贷款拉动,两类贷款新增分别占全部贷款新增额的13.2%、34.0%。从贷款投向来看,开发贷款余额3528.23亿元,同比增长27.0%,增速较11月底提高0.5个百分点,较5月峰值大幅回落12.5个百分点;个人住房贷款余额7264.46亿元,同比增长27.5%,增速较11月底提高0.8个百分点,下半年增速一直稳定在27%左右。

### (八)企业到位资金增幅回落,房地产开发企业资金压力较大

全省房地产开发企业到位资金5312.08亿元,比上年增长11.5%,增速较2018年1—11月、2017年分别回落1.5个、2.9个百分点。其中,国内贷款577.91亿元,减少8.2%,跌幅较2017年扩大28.5个百分点,占房地产开发企业到位资金的比重由去年初的19.8%下降到目前的10.9%;与此同时,房地产开发企业对销售资金的依赖明显增强,定金及预售款、个人按揭贷款等销售回款占比从42.8%提高到57.3%。如果商品房销售增速持续回落,企业将面临更大的资金压力。

### (九)房地产税收增速回落

全省完成房地产税收收入1029.04亿元,比上年增长18.8%,增速较2018年前三季度回落5.1个百分点,较2017年回落4.0个百分点,占一般公共预算收入的比重为21.3%,占税收总收入比重为26.1%;其中,房地产税收地方分享部分818.32亿元,占地方税收收入比重为41.8%。

(湖南省住建厅供稿)

# 2018年湖南城乡居民居住水平继续提升

提升居住水平是改善人民生活质量的关键。随着城乡居民收入水平的持续提高,人民群众改善居住条件的愿望更加迫切。湖南各级党委和政府多措并举改善城乡居民的居住条件,生活环境明显优化,城乡居民的居住水平进一步提升。

## 一、城镇居民居住质量不断改善

### (一)居住面积持续增加

居住面积是体现居住质量的一个重要指标。截至2018年底,湖南城镇居民人均现住房建筑面积为50.4平方米,比上年增加3.9平方米。从空间样式看,拥有单栋楼房的居民从25.3%提高到33%,提高了7.7个百分点。湖南城镇居民家庭购买商品房率为43.9%,提高了4.0个百分点。在较快的城镇化过程中,住房需求依然存在。

### (二)居住舒适度不断提升

生活水平的日益提高,城镇居民的居住舒适度都明显改善。2018年,95.2%的家庭使用水冲式卫生厕所,提高0.2个百分点;92.4%的家庭使用自装热水器,提高2.6个百分

点，无洗澡设施的家庭比重由4.4%下降到2.8%；38.6%和40.8%的家庭主要炊用能源为罐装液化石油气和管道天然气。

### （三）家用电器更新换代加快

智能时代的到来，收入的持续增加，使家用电器的升级换代步伐加快。2018年每百户城镇居民家庭拥有洗衣机103.7台，比上年增加2.9台；拥有电冰箱104.1台，增加1.6台；拥有彩色电视机119.8台，增加0.7台；拥有空调179.9台，增加20.1台；拥有热水器103.3台，增加5.1台；拥有排油烟机77.6台，增加3.4台；拥有移动电话272.7台，增加7.4台 。

## 二、农村居民居住水平不断提升

### （一）住房质量继续提高

2018年湖南农村居民人均现住房建筑面积为64.1平方米，比上年增加0.6平方米。2018年湖南农村住房建材为钢筋混凝土和砖混材料的占比83.8%，比上年提高7.7个百分点。

### （二）居住环境持续改善舒适度提高

近年来，持续推进美丽乡村建设，深化危房改造工程，农村环境整治成效显著。2018年湖南农村管道供水入户率达到68.4%，比上年提高0.5个百分点；饮用净化处理的自来水和受保护的井水和泉水的农户分别占比35.4%和45.1%，分别提高0.4和6个百分点；使用水冲式厕所的农户占比64.5%，提高16.3个百分点；主要炊用能源为罐装液化石油气的占比51.6%，提高10.4个百分点；77.4%的住宅外道路为水泥或柏油路面，提高7.5个百分点。

### （三）家用电器逐年增加

2018年每百户农村居民家庭拥有洗衣机86.5台，比上年增加4.3台；拥有电冰箱99.7台，增加6.3台；拥有空调65.8台，增加19.9台；拥有热水器73.7台，增加14.7台；拥有排油烟机28.3台，增加7.4台；拥有移动电话285.6台，增加18.3台 。

（凌　媛）

# 2018年长沙、岳阳和常德住宅价格上涨

2018年，长沙、岳阳和常德新建商品住宅价格分别比上年上涨7.7%、8.5%和7.8%。

12 月底，三市新建商品住宅可售面积同比增加。

## 一、价格变化情况

### （一）新建商品住宅

同比价格方面，三市下半年涨幅高于上半年。长沙新建商品住宅价格 1—4 月涨幅逐月下降，4 月达到低谷，涨幅为 3.8%，5 月后快速上扬，9 月涨幅达 10.9%，10 月后涨势趋缓，涨幅维持在 11%左右，12 月涨幅为 11.1%；岳阳新建商品住宅价格 2 月份小幅上扬，3—6 月涨幅逐月下降，6—7 月达到低谷，涨幅为 7.4%，8—9 月快速上扬，9 月涨幅达 9.7%，10—12 月逐月回落，12 月涨幅为 8.5%；常德新建商品住宅价格 1—7 月涨幅呈逐月下降态势，7 月达到最低点，涨幅为 4.4%，8 月后逐月上涨，12 月达到最高，涨幅为 10.7%。

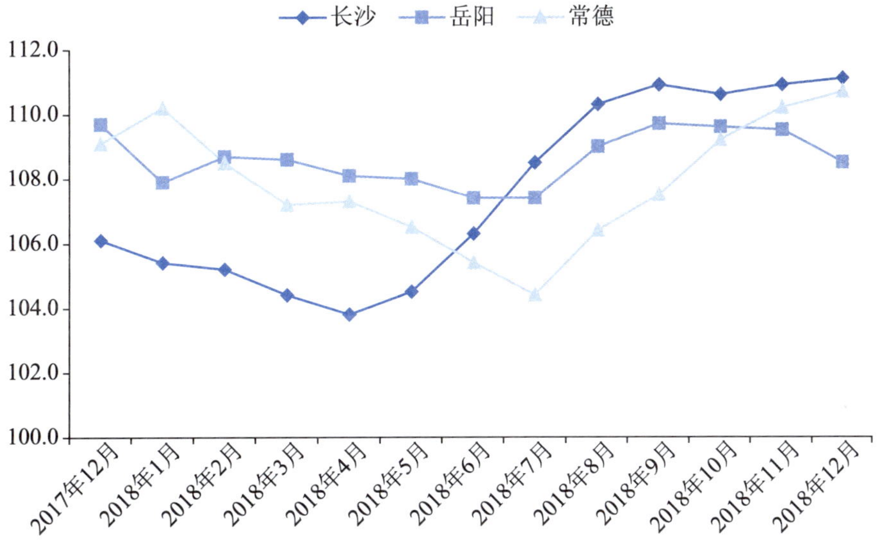


**图 1　三市新建商品住宅月度同比价格指数（2017 年 12 月—2018 年 12 月）**

环比价格方面。2018 年，长沙新建商品住宅价格前 4 个月微涨，涨幅在 0.2%—0.4%之间，5—8 月涨幅扩大，7 月达到最高，涨幅为 2.7%，8—10 月逐月回落，10 月涨幅为 0.1%，11—12 月份小幅上涨，12 月涨幅为 0.4%。岳阳新建商品住宅价格 1—8 月振荡上涨，8 月最高，涨幅为 2.3%，9—12 月涨幅缩小并逐月回落，12 月环比下降 0.2%，两年来首次出现环比下跌。常德新建商品住宅价格 1—7 月趋势平稳，各月涨幅低于 0.7%，2 月甚至出现微跌，8 月涨幅扩大，为 2.7%，9 月后一直保持较高的涨幅，12 月涨幅为 1.0%。

### （二）二手住宅

同比价格方面。长沙二手住宅价格 1—5 月涨幅逐月回落，5—6 月达全年低点，涨幅

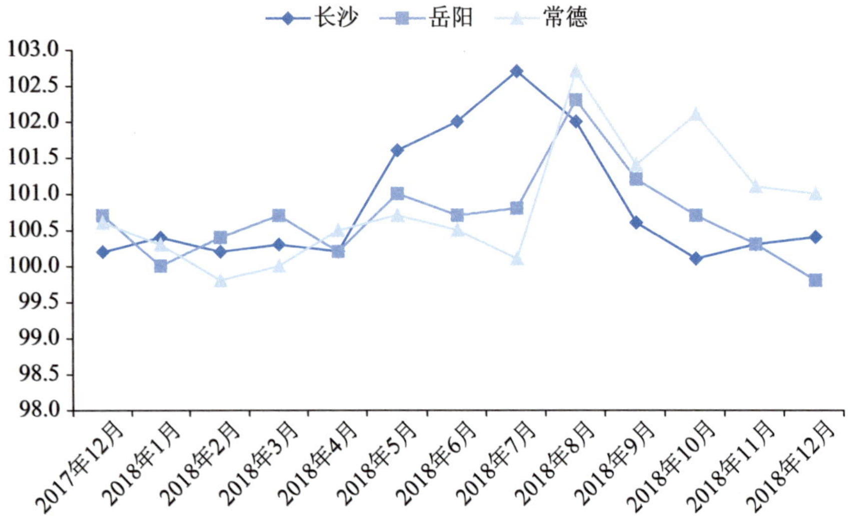


**图 2　三市新建商品住宅月度环比价格指数(2017 年 12 月—2018 年 12 月)**

为 4.0%，7—8 月后涨幅回升，8 月份涨幅达到 8.0%，9—12 月涨幅维持在 8%左右，12 月涨幅为 8.0%；岳阳 1—7 个月涨幅在 4.4%—4.8%之间，8—9 月快速上扬，9 月涨幅达到全年最高，为 8.0%，10 月后逐月缓慢回落，12 月涨幅为 6.9%。常德前 7 个月涨幅在 3.1%—4.3%之间波动，8 月份加快上涨，9—12 月持续在 7%以上高位运行。

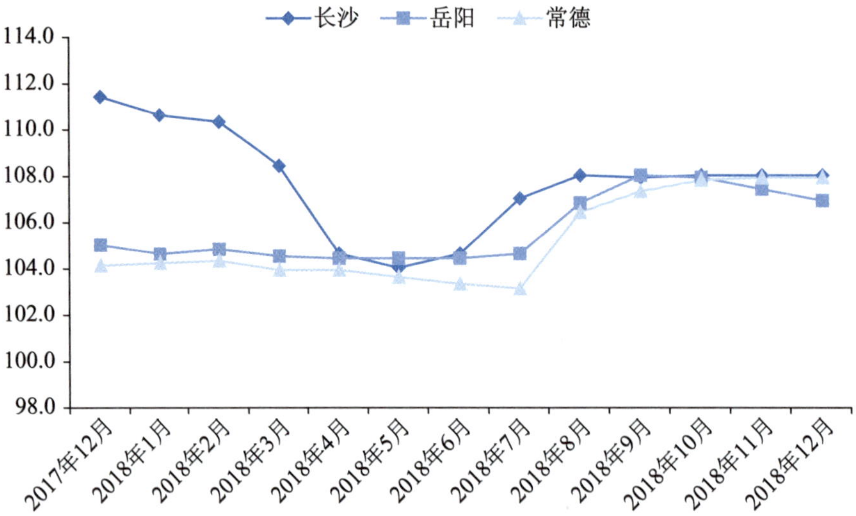


**图 3　三市二手住宅月度同比价格指数(2017 年 12 月—2018 年 12 月)**

环比价格方面。三市二手住宅 1—6 月份价格平稳，各月涨幅持平或小于 1.0%，7 月后出现分化，长沙二手住宅价格 7 月份达到最高，涨幅为 2.2%；岳阳和常德二手住宅价格 8 月份达到最高，涨幅分别为 2.3%和 3.2%。9—11 月，三市二手住宅环比价格涨幅呈回落态势，12 月，长沙上涨 0.1%，岳阳下降 0.1%，常德上涨 0.2%，岳阳一年来出现首跌。

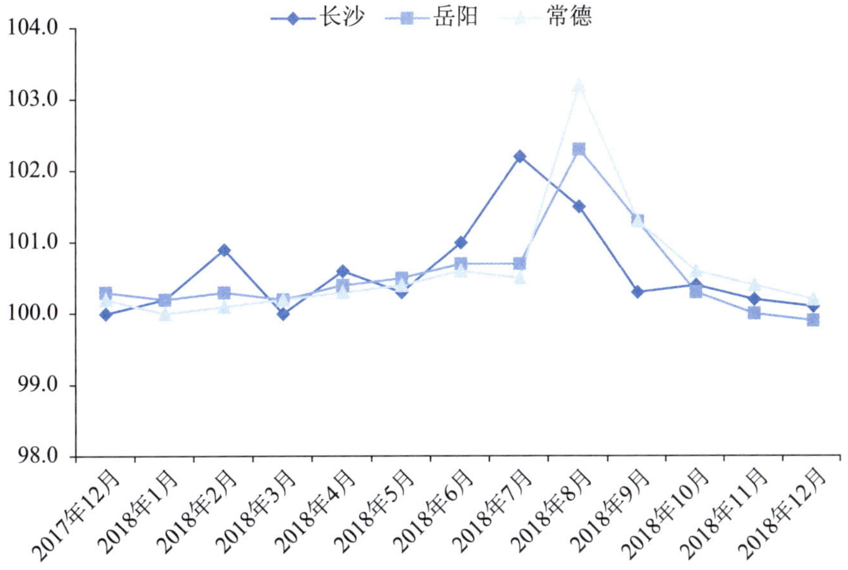


**图 4 三市二手住宅月度环比价格指数(2017 年 12 月—2018 年 12 月)**

## 二、新建住宅成交量变化情况

2018 年,三市新建住宅成交量呈两增一降态势。长沙和常德分别成交 1586.9 万平方米和 235.8 万平方米,分别比上年增长 32.2%和 16.8%。岳阳成交 195.7 万平方米,比上年下降 18.7%。与 2017 年比较,长沙和常德新房供应紧张状况得到缓解,销量增加明显,岳阳销售较上年明显降温,销量下降。分月份看,三市各月成交虽然有波动,但总体比较平稳,常德下半年供应大幅增加,销量比上半年增长明显。

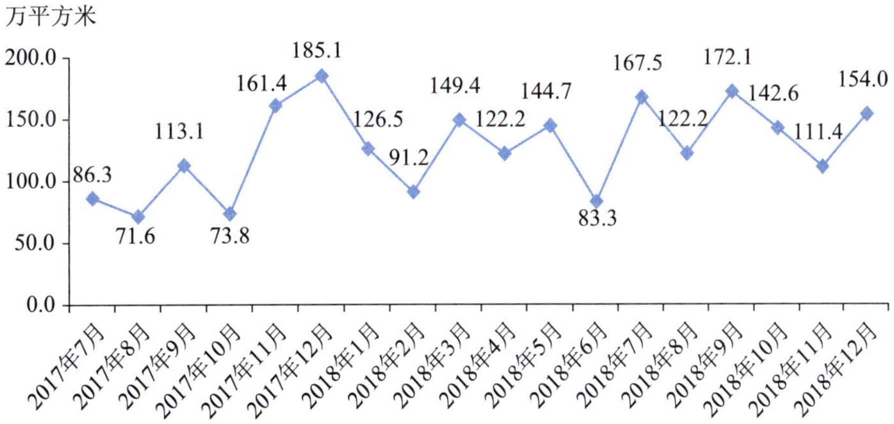


**图 5 长沙新建住宅月度销售面积**

## 三、新建商品住宅可售面积变化情况

2018 年 12 月底,三市新建商品住宅可售面积呈两增一平态势。长沙新建商品住宅可

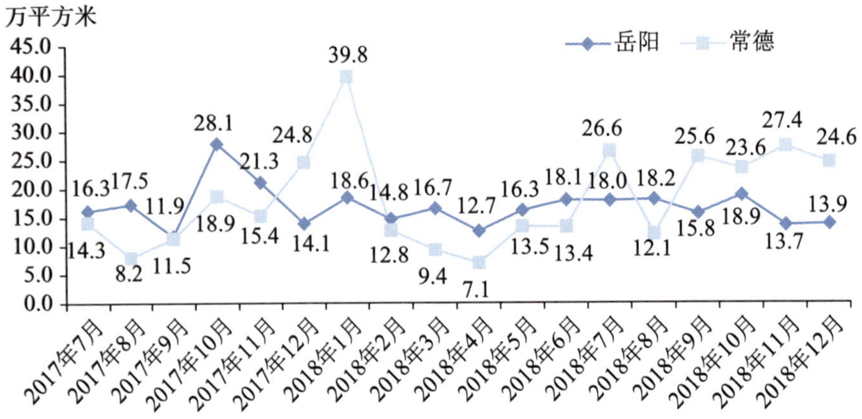


**图 6　岳阳、常德新建住宅月度销售面积**

售面积为 537.8 万平方米，连续 8 个月持续增长，同比增长 60.8%，创全年新高，库存接近 2016 年 10 月调控前的水平；常德为 274.3 万平方米，同比增长 233.0%，新建商品住宅可售面积大幅增加，创 2016 年 10 月调控以来新高；岳阳为 105.3 万平方米，同比增加 2.4%，全年新建商品住宅可售面积保持平稳。

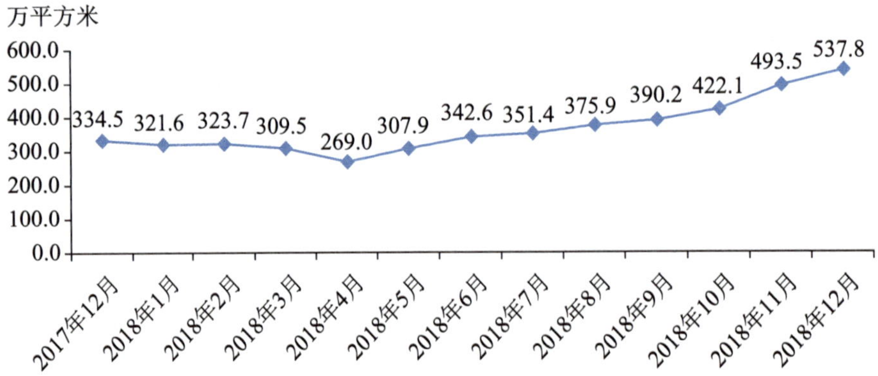


**图 7　长沙新建商品住宅月度可售面积**

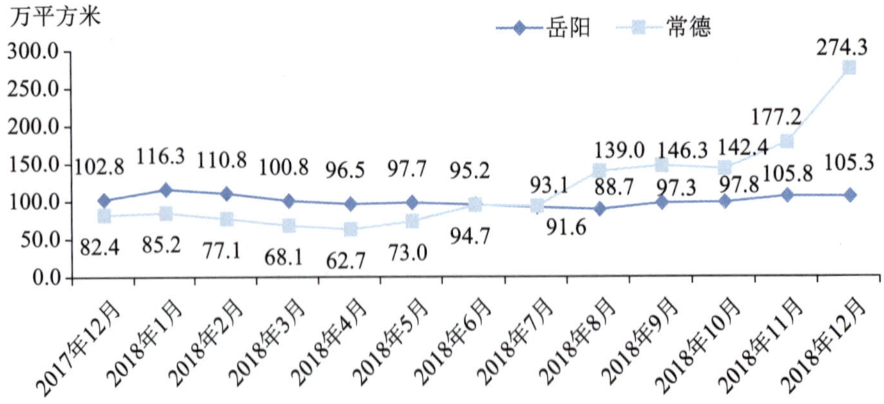


**图 8　岳阳、常德新建商品住宅月度可售面积**

（易立华）

他山之石 TASHANZHISHI

## 海南:住房租赁合同最长期限一般不得超过5年

2019年4月,海南省住建厅等9个部门联合印发了《关于支持和规范住房租赁市场发展的通知》,多渠道支持住房租赁经营,同时为防范以租代售行为,规定住房租赁合同最长期限一般不得超过5年。

通知提出,要充分发挥市场作用,形成个人、中介机构、住房租赁企业、房地产开发企业、住房租赁平台公司等多主体参与的住房租赁市场发展格局。支持市场主体以共享经济的理念和模式,推动售后空置房源进入租赁市场。鼓励发展分时度假、在线租赁、房屋分享等各类共享型居住产品。鼓励房地产开发企业、住房租赁企业、中介机构等市场主体及个人,利用共享信息技术,通过互联网平台将空置房屋资源进行优化配置,提高利用效率,满足多元化的住宿需求。

在用地方面,符合规划的前提下,允许存量商品住宅用地转型建设租赁住房,在年度住房实施计划中单列。利用存量商品住宅用地转型建设租赁住房的,可按市场评估价差额补缴或退还出让价款。租赁住房用地的基准地价可暂按现行商品住宅用地基准地价的60%执行。产业园区内的产业用地可配套建设租赁住房等生活服务设施,其建筑面积比例不超过总建筑面积的15%,按原用途使用土地,但不得分割转让。

为更好地提供住房租赁市场服务,通知提出,加快建立政府住房租赁服务平台,向社会提供房源核验等对外服务,并可链接各类市场主体的租赁服务平台,不断丰富服务功能。各部门根据共享的住房租赁合同网签备案信息,依法依规提供居住证、子女入学、社保、住房保障等公共服务。

通知还规定出租住房以原规划设计为居住空间的房间为最小出租单位,且人均租住使用面积不宜低于6平方米。

同时,为防范以租代售行为,规定住房租赁合同最长期限一般不得超过5年。此外,规定住房租赁企业不得自行开办“租金贷”等金融业务,金融机构开展“租金贷”业务时,应确保承租人作为金融消费者的知情权。

(来源:新华社)

# 深度透视

## 长沙房地产市场平稳健康发展长效机制研究

2016年下半年长沙房价快速上涨，成交量大幅上升。长沙市委、市政府坚持“房子是用来住的，不是用来炒的”新定位，因地制宜、分类施策，持续加强房地产调控力度，切实改善供需关系，调整优化市场结构，取得了“反炒房”攻坚战的阶段性胜利，长沙房地产市场总体保持平稳健康发展。但仍存在住房供需关系有待平衡、市场结构有待优化、房地产调控体系有待进一步完善等问题。因此，切实保障住房的居住和民生属性，坚决防范化解房地产市场风险，建立长沙房地产市场平稳健康发展长效机制迫在眉睫。

房地产市场平稳健康发展长效机制是对房地产市场的状况及其供求总量和结构进行动态调整和监督的一系列政策，涉及土地供应、监测评估等一系列政策工具及调整措施，其目的是实现房地产市场平稳健康长远发展，防范房地产市场风险。

### 一、本轮房地产宏观调控以来，长沙房地产市场变化特点

#### （一）本轮房地产市场宏观调控历程及价格变化情况

2016年新房市场快速上涨，房地产调控正式启动。2017年房地产市场多轮调控，房价上涨势头有效控制。2018年房地产市场大幅波动后迅速降温，新房市场价格基本稳定。截至2019年4月，房价环比指数基本控制在100.5及以下，价格基本稳定。

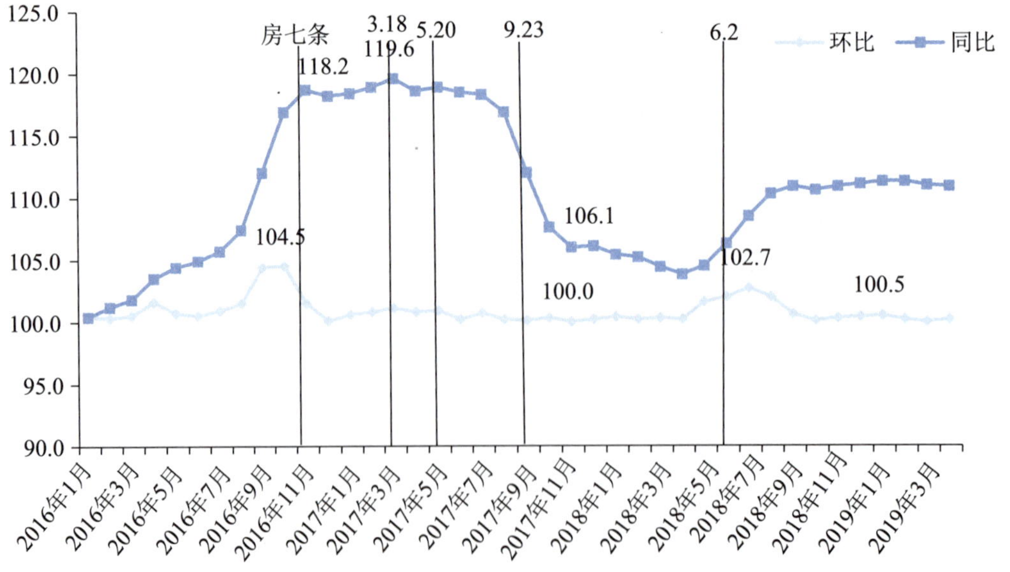


**图1 长沙市新建商品住宅价格走势图**

### （二）本轮房地产调控期的交易量及去化周期变化情况

近三年随着调控不断加码，新房交易量冲高回落。2016 年至今，新房市场成交量先增后降，其间有所波动，出现了历史新高和近年最低。2016 年长沙（内六区，下同），网签新建住宅 19.0 万套，创下了单周、单月和年度的历史新高。2017 年长沙网签新建住宅套数比 2016 年减少 42.6%，2018 年比 2017 年增加 25.7%。2019 年前 4 个月，网签新建住宅均未超过 1 万套，2 月不到 3700 套，为近几年最低值。

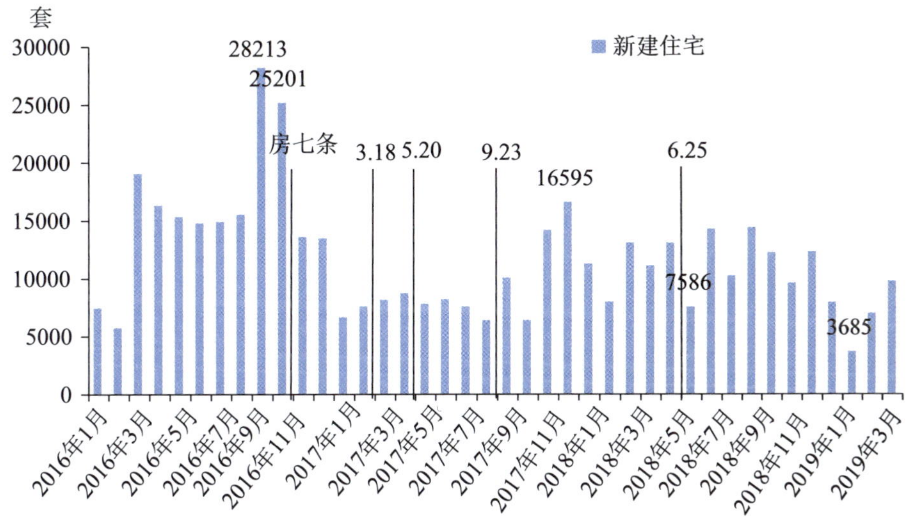


图 2　长沙市网签新建住宅网签量走势图

去化周期先降后升，持续保持紧平稳。从 2016 年 1 月起，长沙新建住宅的去化周期总体呈现下降的趋势。2016 年长沙新建住宅去化周期从 1 月份的 12.1 个月逐月下跌至 12 月份的 3.3 个月，全年呈现持续下跌的态势。2017 年去化周期年中到达最低点后逐渐小幅回升。2018 年，长沙新建住宅去化周期走势相对平稳，至 10 月开始逐渐走高，12 月去化周期达到 4.1 个月，为全年最高月份。2019 年，长沙新建住宅去化周期继续增长，4 月份去化周期为 4.8 个月，达到 31 个月以来的最高点。

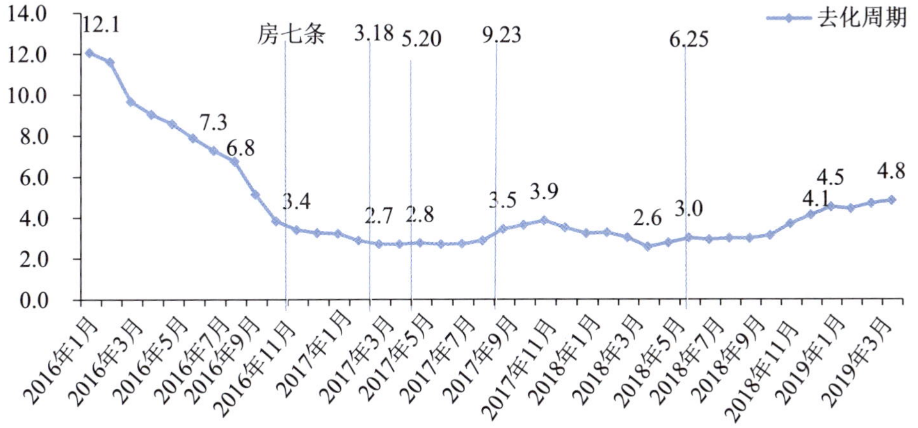


图 3　长沙市新建住宅去化周期走势图

## （三）长沙房地产市场与周边省会城市对比研究

本轮调控周期长沙新建商品住宅价格上涨启动较晚、持续时间较短、涨幅相对较小。将长沙、郑州、武汉新建住宅价格月环比指数对比发现，长沙 2016 年价格上涨启动时间比郑州、武汉晚了两至三个月。虽上涨启动时间相对较晚，但长沙 2016 年 9 月起新建商品住宅环比指数快速回调，至 11 月左右与武汉、郑州等城市几乎同步回落。可见长沙新建住宅市场价格 2016 年上涨行情持续时间相对武汉、郑州等城市明显较短（如图 4）。从国家统计局公布的新建商品住宅定基指数（基期为 2015 年）来看，2019 年 4 月长沙，武汉、郑州、合肥的指数分别为 142.5、150.7、144.3 和 158.8，长沙涨幅相对较低。

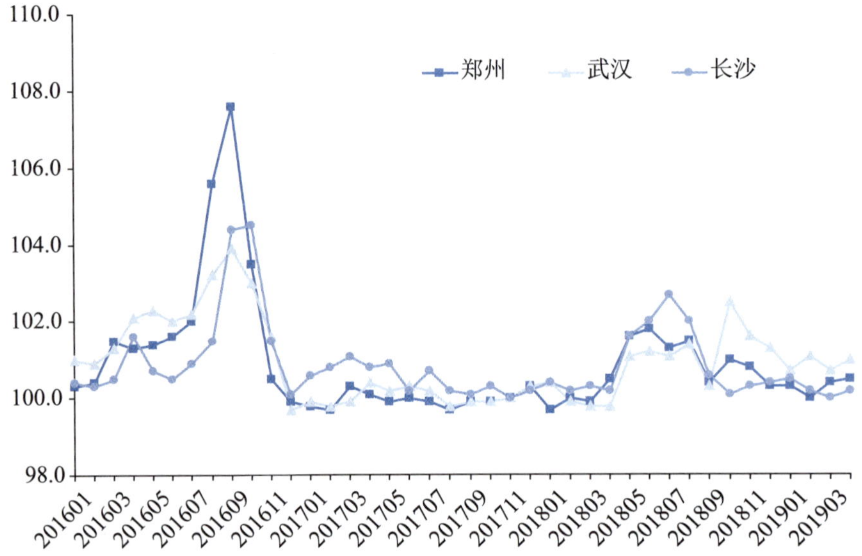


**图 4　长沙、武汉、郑州三市新建商品住宅价格环比指数对比图**

长沙新建住宅销售网签量相比周边省会城市偏低。从 2015 年至 2018 年间，长沙、郑州、成都、南昌四城新建住宅销售网签套数差别明显。成都、郑州网签量明显高于长沙，仅南昌比长沙较低。长沙在经过 2016 年迅速增长后，网签量有了明显回调，2017 年和 2018 年的年均网签量与 2015 年前相当，下降速度明显快于成都、郑州等城市，从 2019 年前四月的趋势看，长沙新建住宅网签量继续保持相对较低水平的趋势。

长沙新建住宅库存及去化周期相比周边省会城市偏低和偏短。2017 年以来，长沙的新建住宅库存和去化周期始终保持在较低水平，2017 年、2018 年，长沙新建住宅库存月均分别约为 3.7 万、3.4 万套，去化周期约在 3 个月。相比而言，郑州的月均库存维持在长沙的 3 倍左右，去化周期约为 8 个月。南昌库存虽然不如长沙，但其去化周期大约为长沙的 2 倍。因此可见长沙市场供需相比周边城市趋紧。

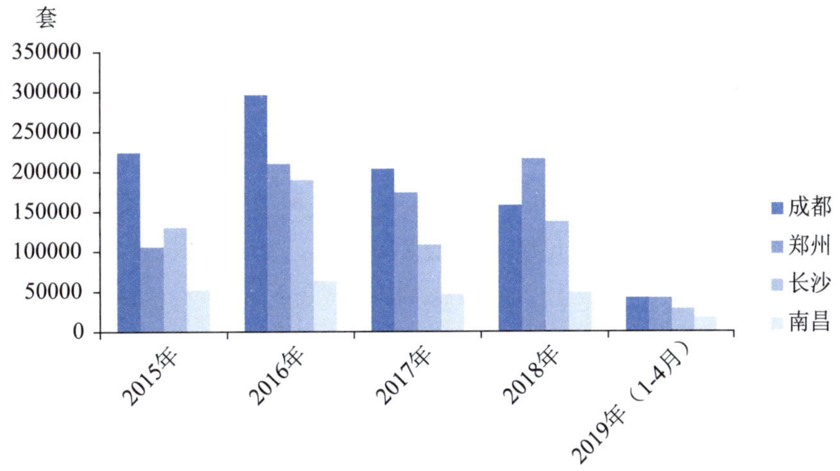


**图 5　中部四城新建商品住宅年成交量对比图**

**表 1　中部四城主要调控政策对比表**

| 城市 | 主要限购措施 | 其他限购措施 | 限售 |
| --- | --- | --- | --- |
| 武汉 | 本地户籍 2 套、外地户籍 1 套(主城区及热点板块) | 暂无 | 部分核心区域(长江新城起步区)限售 3 年 |
| 郑州 | 本地户籍 2 套、外地户籍 1 套(城区) | 注册时间超过 3 年的企业有购房资格 | 取得产权证后 3 年后才能出售(政策从 2017 年 5 月开始执行) |
| 南昌 | 本地户籍 1 套、外地户籍 1 套(仅限主城区) | 暂无 | 除"三限房"(福利性住房等)外,暂无限售政策 |
| 长沙 | 本地户籍 2 套、外地户籍 1 套(城区),首套房拿证后 4 年才能购买第二套 | 夫妻离异后 2 年内限购、父母随子女迁入后 2 年内限购期、新迁入户口需要提供 1 年社保及工作证明获得购房资格、公司无购房资格。 | 取得产权证后 4 年后才能出售 |

长沙市调控政策与周边省会城市相比更严厉。长沙本轮房地产宏观调控政策始于 2016 年 11 月,经一系列政策出台,长沙形成了"限购、限贷、限房价、限地价、限售"的政策体系,起到了打击投机性购房,限制投资性购房,保障刚需性购房的作用。相比长沙的调控政策,周边省会城市相对"宽松"不少。

## 二、长沙房地产市场当前面临的形势和存在问题

目前长沙房地产市场总体保持平稳健康发展态势,近半年新建商品住宅价格指数环比涨幅均不高于 100.5,呈现温和上涨的状态。但同时,长沙的房地产市场仍旧存在结构不够完善、供需不够平衡等问题。

### (一)房价收入比低,房地产洼地效应犹存

长沙在全国大中城市中,房价收入比一直处于较低的水准。根据调查数据测算,长沙

2018年房价收入比为7.2，在中部省会城市中最低。在全国范围内，根据易居房地产研究院发布的《2018年全国50城房价收入比报告》，长沙的房价收入比在全国受监测的50个城市中也排名最末。长沙人均住房建筑面积相对较高。长沙2017年城镇人均住房建筑面积为45.5㎡，与中部其他主要城市相比，明显高于南昌(35.5)、合肥(35.9)和郑州(38.4)，与武汉(45.5)持平，总体处于较高水平。长沙社会经济发展较快。2018年长沙市GDP为11003.41亿元，全国排名第13，近五年平均增长9.4%。2018年长沙市城镇人均可支配收入为50792元，为中部省会城市之首，近五年平均增长8.5%。

### (二)政策刚性调控力度大，市场调节功能相对较弱

长沙调控措施力度大。长沙本轮调控自2016年11月起，出台相关政策和配套措施等29条，从限贷、限购、限售、限价进行全方位调控，且力度在全国均居前列。行政手段在调控政策中占主体。长沙本轮调控动用了不少行政手段。如进行价格监制，对预售楼盘的销售均价通过成本法进行测算，结合周边在售楼盘进行价格拟定。再如开拍双限地，对土地价格和住宅销售价格均进行限制。长沙住宅产品价格差异性较小。在地域方面，除望城区均价保持在6000～7000元，内五区住宅均价基本差距在2000元以内，未形成明显的价格差异。类型方面，由于价格使用成本法进行监制，价格差距不大，产品稀缺度、周边配套、建筑品质、开发商品牌等对价格均不会产生较大的影响。

### (三)市场供应相对偏紧，价格走高势能较为明显

长沙去化周期长期保持在四个月左右。2017－2018年有23个月去化周期在四个月以内。这说明长沙的商品房市场整体供应相对紧张。在供需关系还不够平衡、产品价差较小情况下，购房者通常集中选择性价比高的产品，导致“日光盘”现象时有发生。长沙住宅价格与同类城市相比偏低。目前长沙商品住宅销售均价仍在10000元以下，在中部省会城市中绝无仅有，在与长沙经济发展、人口、收入水平相当的城市中更是难得一见。楼面地价等成本持续上涨。当前长沙住宅用地的楼面地价虽整体仍相对较低，但持续攀升。如阳光尚东湾和绿地城际空间站两个楼盘均为城南高铁板块，相距2～3公里，尚东湾拿地时间为2016年6月，楼面地价约为2000元，而绿地城际空间站的拿地时间为2018年4月，楼面地价已为3040元，上涨幅度超过50%。

### (四)产品同质化趋势明显，市场发展品质受限

高层中大户型住宅占比较高。2017－2018年长沙市新建住宅成交共约24.6万套，其中楼层高于15层的高层住宅占比为91.26%，成为长沙市新建住宅的绝对主力。在户型方面，建筑面积大于90平方米的中大户型新建住宅占比为77.33%，由于调控政策，购房者格外珍惜购房资格，购房时更倾向于一次到位，中大型户型更为购房者青睐，开发商根据市场

需求，在设计时也倾向于中大户型。成品房占比相对较低。当前长沙成品房占比约三至四成，相对周边其他省会城市明显偏低。如武汉目前销售的新建商品住宅中成品房占比已达70%～80%，而郑州虽比武汉稍低，但也达到50%～60%的水平。大比例的毛坯房入市，更使得住宅产品无法体现差异性，购房者的选择趋同性进一步加大。高品质住宅开发动力不足。长沙房地产市场目前使用成本法进行价格监制，再加上双限地的出现，开发商利润空间基本被锁死，失去定价权的开发商认为进行高品质楼盘开发一则会提高成本，进一步压缩自身利润，二则销售速度会降低，进一步增加金融成本和资金风险。这使得长沙目前正在开发的高品质楼盘比例较低，甚至已有原本计划开发高品质楼盘的开发商放弃之前计划，改为开发普通品质的快销楼盘。

### (五)保障性住房政策稳步推进，但存在问题仍不容忽视

长沙保障性住房结构较为完善。长沙目前已经基本形成公共租赁住房为主体，经济适用房(及其补贴)、限价刚需住房为补充的保障性住房结构。公租房管理存在问题。一是受限于建设资金和进度压力，公租房建设中的隐患问题近年逐渐显现。二是属地管理不顺，运营压力增大。由于大量存在跨区安置的情况，人户分离导致保障对象的社保、子女教育等公共服务无法兑现。租住公租房的保障对象大量收入没有保障，按时按量缴纳物业费十分困难，加之相关执法存在力度小周期长的情况，退出机制难以落实，更给物业运营管理造成巨大压力。经济适用房补贴标准相对较低。目前长沙的经济适用房补贴标准系2008年制定，至今已有将近11年时间。2008年8月至2018年8月，内五区商品住宅销售均价涨幅高达155%，而经济适用房的补贴标准仍是无房户8万元/户、住房困难户5万元/户。这个标准已经明显不适应目前的住房价格，使得该补贴对保障对象的支撑力度逐渐降低。

## 三、长沙房地产市场平稳健康发展长效机制的建立

### (一)长沙房价合理性分析

结合房价收入比(即住房价格与城市居民家庭年收入之比，可以简单理解为一个家庭几年的收入可以购买一套住房)，综合历年城镇居民可支配收入、新建商品住宅价格涨幅和GDP发展速度进行分析，利用统计分析模型，预产未来房价发展变化的合理区间。房价收入比计算方法如下：

$$\text{房价收入比}=\frac{\text{每户住房总价}}{\text{每户家庭年总收入}}$$

$$=\frac{\text{人均住房面积}\times\text{每户家庭平均人口数}\times\text{单位面积住宅平均销售价格}}{\text{每户家庭平均人口数}\times\text{家庭人均全部年收入}}$$

$$=\frac{\text{人均住房面积}\times\text{单位面积住宅平均销售价格}}{\text{家庭人均全部年收入}}$$

在计算房价收入比时，用城镇居民人均居住面积来表示人均住房面积，用城镇居民人均可支配收入来表示家庭人均全部年收入，用城区的新建商品住宅均价来表示单位面积住宅平均销售价格。国际上一般认定的合理标准则是4～6之间，在国内，对于房价收入比的合理标准一般认定为6～8之间。根据搜集的数据显示，长沙2015－2018年的房价收入比处于6.8～7.2之间，处于房价收入比的合理范围。

**表2　中部六省省会城市房价收入比**

| 年份 | 城市 | | | | | |
|---|---|---|---|---|---|---|
| | 长沙 | 太原 | 郑州 | 武汉 | 南昌 | 合肥 |
| 2015 | 6.8 | 10.4 | 10.5 | 8.8 | 9.2 | 8.8 |
| 2016 | 6.9 | 9.9 | 11.2 | 10.4 | 9.2 | 10.4 |
| 2017 | 6.9 | 10.4 | 9.2 | 9.8 | 9.5 | 11.2 |
| 2018 | 7.2 | 11.7 | 8.9 | 9.3 | 9.5 | 10.5 |

长沙房价收入比与其他中部省会城市相比数值最低，2015－2018年保持在6.8～7.2之间，虽然逐年上升，但是长沙房价收入比是中部六省省会城市最低的，也是唯一处于合理区间的中部六省省会城市。这为长沙建设创新创业人才高地，营造了良好的经济发展以及创新创业的环境，为长沙全面实现高质量发展也提供了最坚实的保障。

## (二)长沙房价指数涨跌幅度合理区间分析

要对长沙房价指数涨跌幅度合理区间做一个科学合理的判断，应先对房价指数合理涨跌幅度的标准进行合理的定位，再对长沙房价指数涨跌幅度水平合理与否进行科学准确的判断。

1. 通过经济增长水平参考房价指数涨跌幅度上限

合理的房价指数涨跌幅度的上限应不大于当地经济增长水平或者城镇居民收入的增长水平，否则会影响本地区经济的持续良好运行和居民生活水平质量的提高。选用经济增长水平来参考房价指数涨跌幅度上限，推算2019、2020和2021年的经济增长水平在8%～9%之间，测算以8.5%为房价指数涨跌幅度上限控制。

2. 通过居民消费水平参考房价指数涨跌幅度下限

合理的房价指数涨跌幅度的下限应该大于土地增值幅度、物价上涨幅度、通货膨胀率等加权综合。如果房价指数涨跌幅度低于这个下限水平，虽然房价表面上上涨，实质上是不断下降的，房地产处于衰退期。利用居民消费价格指数来参考房价指数涨跌幅度下限，推算2019、2020和2021年的居民消费价格指数在1%～3%之间，测算以2%为房价指数涨跌幅度下限控制。

3. 通过房价收入比明确房价指数涨跌幅度的区间

假定初期房价收入比处于合理水平条件，要确定房价指数涨跌幅度处在合理区间，则需要保证长沙房价收入比保持稳定，否则会影响居民生活水平，也会导致房地产泡沫。

根据以上理论，首先假定 2019、2020 和 2021 年的长沙房价收入比保持稳定不变，然后根据近几年长沙城镇居民收入、城镇居民人均住房建筑面积增长水平，推算 2019、2020 和 2021 年的长沙城镇居民收入增长水平保持在 7.5%～8.5%之间，城镇居民人均住房建筑面积增长保持在 0.5%～1.0%之间，从而推算长沙房价指数涨跌幅度的合理区间。

4. 长沙房价指数涨跌幅度的区间测算

根据推算结果，在保持长沙房价收入比保持稳定不变的前提下，2019－2021 年长沙房价指数平均涨幅为 7.2%，指数涨跌幅度上限分别为 8.0%、9.5%和 11.1%，指数涨跌幅度下限分别为 6.4%、4.9%和 3.5%。同时根据经济增长水平设定 8.5%为房价指数涨跌幅度上限控制，根据居民消费价格指数设定 2.0%为房价指数涨跌幅度下限控制，推算结果具体见下图 6(表)。

| | 2015 年 | 2016 年 | 2017 年 | 2018 年 | 2019 年 | 2020 年 | 2021 年 |
|---|---|---|---|---|---|---|---|
| 房价指数涨跌幅度上限 | — | — | — | — | 108.0 | 109.5 | 111.1 |
| 房价指数平均涨跌幅度 | 99.5 | 118.2 | 106.1 | 111.1 | 107.2 | 107.2 | 107.2 |
| 房价指数涨跌幅度下限 | — | — | — | — | 106.4 | 104.9 | 103.5 |
| 房价指数涨跌幅度上限控制 | 109.9 | 109.4 | 109 | 108.5 | 108.5 | 108.5 | 108.5 |
| 房价指数涨跌幅度下限控制 | 101.1 | 101.9 | 101.3 | 101.6 | 102.0 | 102.0 | 102.0 |

注：房价指数平均涨跌幅度中 2015－2018 年为新建商品住宅价格同比指数实际数，2019－2021 年为推算房价指数涨跌幅度区间平均值。

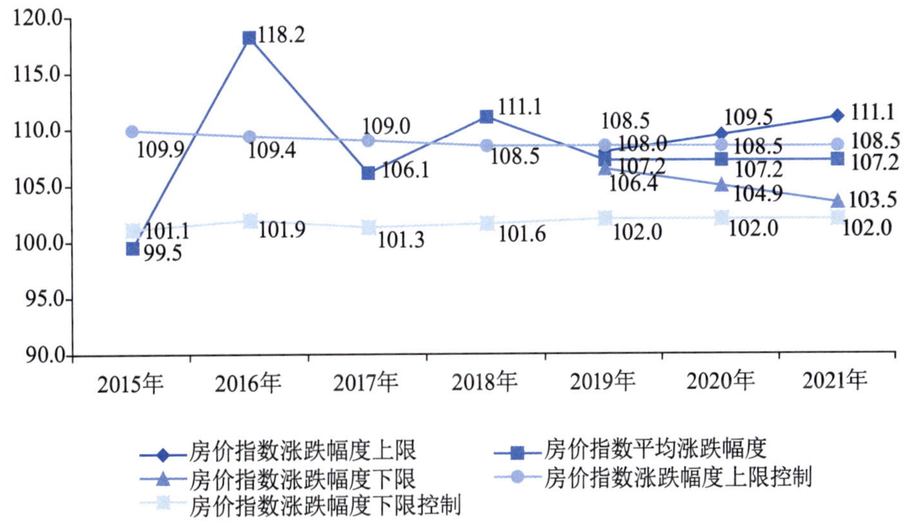


**图 6　2019－2021 年长沙市房价指数涨跌幅度合理区间测算**

5. 长沙房价合理性和指数涨跌幅度的区间情况小结

从房价合理性来看，全国大多数城市房价都已经过高，长沙是唯一处于房价合理区间的中部六省省会城市。从房价指数涨跌幅度合理区间来看，近年来，长沙房价指数波动幅度较大，2015 年房地产市场过于低迷，而 2016 年、2018 年都超过了指数涨跌幅度合理区间。

放眼未来，判定长沙市房地产市场是否处于平稳健康发展状态，应同时满足以下四个条件。一是价格合理，即房价收入比相对稳定，不超过临界值。二是涨跌稳定，即房价涨跌幅度不高于上限（参考经济增长水平或居民收入涨幅）和不低于下限（参考居民消费价格指数）。三是供给充足，即土地供给、商品房存量和去化周期在合理范围，市场能正常通过价格进行供需调节。四是结构优化，即不同面积段、不同地域、不同档次的产品结构合理，市民住房面积有保障、住房品质有提升。

## 五、确保长沙房地产市场平稳健康发展长效机制实施的政策建议

### （一）加速建立房地产市场稳定健康发展的评价体系

按照“一城一策”的要求，加快建立科学的监控体系，确保数据及时、准确、全覆盖，加快建设以大数据为基础的全国房地产市场监测系统，为分析研判房地产市场形势和开展有效调控提供技术支撑。一是建立房地产持续稳定健康发展的评价体系。建立住宅价格波动评价体系，以新建商品住宅为核心，加之新建商品住宅和二手住宅销售均价等为辅助指标，对长沙房地产市场运行情况实施日常监测。建立供给需求的评价体系，通过商品房库存和去化周期等情况关注长沙房地产市场短期的供需形势。通过人口净流入、新建住宅开工面积、土地成交面积等数据来分析长沙房地产市场长期的供需平衡。建立与房地产市场高质量发展相应的指标体系，引导项目开发从同质化向差异化、品质化转向，提高建造水平和实体质量。二是建立房地产持续稳定健康发展的预警机制。建立价格预警机制。及时监测每月环比价格指数和月度均价等数据变动情况，对出现价格环比指数和月度均价大幅上涨或连续上涨的情况进行快速预警。建立供需预警机制。重点监测新建商品住宅供销比、库存量、去化周期和每月网签成交情况。建立分区县、分区域预警机制。对房地产的热点区域进行重点监控。三是建立房地产持续稳定健康发展的考核机制。制定房地产市场调控评价考核办法，对房地产市场运行和目标完成情况进行评价考核，从目前更重视短期的单项考核逐步转向与中长期发展目标相适应的常规性、全面考核。

### （二）进一步完善市场监管制度

保持房地产调控定力，推进房地产调控长效机制有关文件的出台，形成长效、稳定、全方位的调控体系。全力保障市场刚性需求，优先保障本地中等偏下收入家庭和新市民的住

房需求和首套刚需居民家庭住户需求。适当满足改善性住房需求，提高房地产开发品质，引导项目开发企业提高建造水平和实体质量，满足改善性住房购房者对楼盘品质、学区和交通等多方面的住房需求。坚决遏制投机炒房需求，通过限购、限贷、限价、限售等调控措施，坚决遏制投机炒房行为，确保房地产市场总体运行平稳。

### (三)完善住房供应机制

加强住房及用地供应管理。完善土地供应机制，合理确定住房用地供应量，把握供应节奏，既要防止出现短期内供地过多带来的供过于求、库存高企问题，也要避免热点地区严格控制土地供应量带来的土地价格高企、房价暴涨等问题，确保土地需求预期的稳定。优化住宅、商业和办公用地供应的结构。土地供应机制向住房供求矛盾突出的区域倾斜，优先满足住宅用地需要，做到保障性住房用地做到应保尽保。提高存量住宅用地利用效率。落实盘活存量住宅用地、提高存量土地利用效率的有关规定，加强住宅用地出让合同履约监管，严查闲置囤地等行为。

### (四)完善住房保障制度

健全住房保障制度体系，健全配租型的公租房和配售型的共有产权住房构成的城镇住房保障体系，保障城镇中等偏下及以下收入住房困难家庭、新就业无房职工和在城镇稳定就业的无房外来务工人员的住房需求。加快发展公共租赁住房，加大对公共租赁住房专项投入，引导各类用人单位通过建设、租赁员工公寓等有效措施解决本单位职工的居住问题，并大力吸引社会资本投资、筹建和运营公共租赁住房。加强对公共租赁住房的综合管理，推进市场化运营，把公共租赁住房后续管理服务外包给专业租赁公司，从而实现公共租赁住房市场化、专业化的后续管理。

### (五)完善住房租赁制度

细化管理细则，规范市场行为。健全住房租赁市场管理办法及相关细则，规范和约束租房市场供需双方参与者的行为。加强租赁市场合同管理，规范住房租赁成交行为。制定优惠政策，培育市场主体。积极培育和发展公寓出租公司，尤其是加大对公寓出租公司的扶持，充分发挥其专业化、规模化的高质量服务优势。稳定发展个人出租者，构建个人出租者和机构出租者相结合的房屋租赁主体结构，搭建住房租赁信息官网平台，与相关部门实时共享。

（邓　杰）

民生小贴士 MINSHENGXIAOTIESHI

## 长沙住房公积金:线上线下均可办理公积金提取

租房要怎么提取住房公积金?对冲还款如何办理?2019年4月8日,长沙住房公积金发布3月份网络热点问题月报,公积金提取等问题上榜。

根据长沙住房公积金管理中心的集中回应,住房公积金提取业务可通过服务网点或网上办理。在网点办理时,职工携各类提取对应的所需资料,至就近管理部(办事网点)提出申请,各管理部窗口审核后申请人签字确认,即可快速提取金额至职工提供的银行卡。而网上办理提取时,职工登录官网网上业务大厅(www.csgjj.com.cn)或手机app或微信公众号(长沙住房公积金),上传相关提取资料照片并提出申请,经管理中心审核后即可提取金额至职工提供的银行卡。

对于住房公积金按月对冲还款的办理流程,该中心回复称,申请的住房公积金贷款放款后,借款人及其配偶可以与管理中心签订《住房公积金对冲还贷协议》,从签订协议后下一期还款开始执行。因租房需提取住房公积金的,要求职工家庭在本市行政区域内无自有产权住房,每年可申请提取1次,每次提取须间隔12个月以上。职工需携带本人身份证、婚姻状况证明和本人建设银行、交通银行、长沙银行、工商银行、农业银行任一有限一类借记卡前往管理部前台办理即可。

(来源:长沙晚报)

民生小贴士 MINSHENGXIAOTIESHI

## “以房养老”重在提质(财经观)

发展“以房养老”对完善多层次社会保障体系、丰富养老保障资源而言,具有积极意义。展望未来,让真正的“以房养老”发挥作用,需要改善供给,除了“扩量”,更需要“提质”。

北京市公安局海淀分局日前发微博称,辖区内有多名老人落入了所谓的“以房养老项目”骗局,犯罪嫌疑人借“以房养老”之名实施违规房屋抵押借贷,上当受骗的老人将房产证处置权交给项目运营方,最初能每月收到高额的投资回报,但没过多久,就钱房两空。

近年来，各种打着“以房养老”旗号的骗局层出不穷，真正依法合规的“以房养老”却少为人知。有统计显示，唯一一家有实际业务的“住房反向抵押养老保险”项目，5年来仅仅签单133户。

为什么“李鬼”横行，“李逵”反倒籍籍无名？

一则，“以房养老”也只是适合少数老年群体的小众产品，比如丁克老人、单身老人，或者拥有多套住房的老人，并不适用于所有老年群体。数据显示，美国开展住房单项抵押贷款50多年来，这项业务在62岁以上老人中的渗透率也仅有0.9%左右。“以房养老”相较其他金融产品或养老计划，市场认知度低，也并不奇怪。

二则，与目标群体的“以房养老”需求相比，目前市场供应严重短缺。售房、租房、反向抵押都属于“以房养老”，银行、保险公司、房屋租赁企业以及大型养老机构都可参与其中。但在我国，这个市场严重发育不良。这其中，一方面有行业起步晚、政策扶持力度小的原因；另一方面，我国房价近年来总体上处于上升周期，很多居民出于投资目的购置、持有房产，舍不得反按揭给商业机构；再有，利率风险、房价波动风险、现金流动性风险、舆论及法律政策风险、房屋处分风险等皆如达摩克利斯之剑高悬，给银行、保险机构带来较大挑战；更为重要的是，“养儿防老”的传统思想观念深入人心，大多数老人再节衣缩食，也不愿拿房子改善自己的生活，而是想作为财富传承给后人，“留个念想”。在多种因素的影响下，机构推广、营销的积极性不高，消费者对“李逵”认知度低，让“李鬼”钻了空子。

数据显示，2017年底，65岁及以上人群达1.58亿人，占总人口11.4%。发展“以房养老”对完善多层次社会保障体系、丰富养老保障资源而言，具有积极意义。展望未来，让真正的“以房养老”发挥作用，还有很多工作亟待改进。

改善供给，除了“扩量”更应“提质”。目前银行的“住房反按揭”业务几近停滞，保险公司的“反向抵押保险”，还没有第二家保险公司的业务跟进落地，相对于需求端来说，供给端还有很大的改进和提高的空间，比如适应房价走势，提高产品设计的灵活度，在支付、计价、期限等方面进行改进。

与其他一些国家相比，我国开展“以房养老”还面临基层法律环境、社会诚信体系、中介服务机构质量等环境和政策短板。在国家政策层面，需要将老年人住房反向抵押纳入我国养老保障体系的制度安排之中，并提供相应的政策支持。很多国家都直接对提供住房反向抵押产品的承保人予以一定的税收减免，改善目前保险公司参与积极性不高、供给能力不足、参与意愿低下等很多现实问题，以满足构建多层次的养老保障制度的需要。

在法律环境层面，我国目前的继承法、物权法、担保法等还有待完善，存在一些法律衔接的空白点，亟须修订相关法律条文。如果相关公司未来开发出更多的产品，也可能会遇到更多的法律环境难题，尤其是如果未来进入的保险公司数量增加、产品种类繁多，就有可能遇到很多其他法律问题。

在舆论层面，媒体需要正确引导，对“以房养老”这个新生事物，既不要扩大它的适用人群范围，模糊其作为“小众产品”的面目，也不可因噎废食，将部分诈骗案件混同于正规的“以房养老项目”，吓坏了真正有需求的老年人。

（来源：《人民日报》）

# 市县链接

## 株洲：农民工居住环境稳步改善　进一步融城还需加力

株洲作为全国64个经济活跃城市，对周边县城、市州均有较强辐射影响力，吸引着外来农民工涌入。据2018年10月对150户农民工家庭调查显示，51.3%的受访农民工来自株洲本土区县，较2015年提高了8.9个百分点；本省其他地（市）和外省农民工受访者占比分别为40.8%和7.9%。进城打工的农民工长期处于人户分离状态，难以获得以户籍制度为基础的城市住房保障及相关公共服务。农民工是城市新移民的主体、城市经济建设的重要贡献者，妥善解决他们的居住困难，是当前城市住房保障制度设计的迫切任务之一。

### 一、居住环境稳步提升

农民工若要在城市扎根发展，首选要解决的是安身之所，扎寨之地。稳定、良好的居住条件也是中国百姓执着的传统追求。通过政府、企业、社会多方关怀，及农民工自身不懈努力，2018年株洲市农民工居住环境总体较好，居住满意度为70.7分，较前三年分别提高了

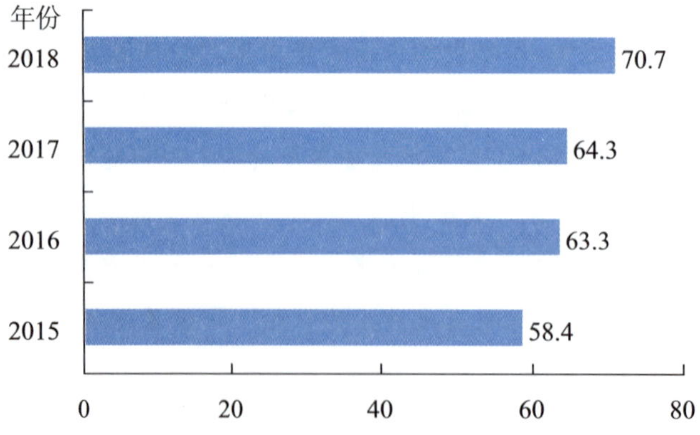


**图1　2015—2018年受访农民工居住环境满意度得分**

12.3、7.4 和 6.4 分，呈逐年上升趋势。不过人均居住面积小，公租房、廉租房申请难等问题依然存在。

## （一）住房以单元楼为主

调查显示，受访农民工居住的实际样式以单元楼为主，占比达 79.3%；为方便出工，以及节省住房租金，18.7%居住在集体宿舍；1.3%居住在建筑工地或工棚上；0.7%居住在筒子楼。无一人居住平房和地下室等地方。

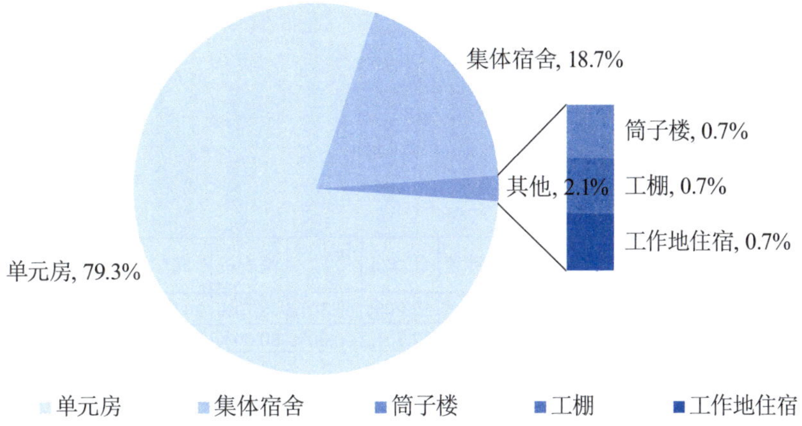


**图 2　2018 年受访农民工实际居住样式情况**

## （二）生活设施完善

受访农民工生活设施较齐全。87.3%的受访农民工家庭装有洗澡设施；78%的拥有供暖设备；洗衣机、冰箱、电视机、可使用的计算机拥有率分别为 80%、76.7%、74%、52.7%。值得一提的是，随着生活水平的提高，汽车作为代步工具在许多家庭中逐渐普及，拥有汽车的农民工比例达 38%，比 2015 年提高了 18 个百分点。

## （三）居住设施提升

调查显示，82.7%的受访农民工家庭拥有本户独用的厕所，84%的拥有本户独用的厨房，较 2015 年分别提高 10 和 54 个百分点；98.7%的使用经过净化处理的自来水，较 2015 年提升 2 个百分点，居住类设施条件得到较大改善。

## （四）上班距离近

在交通日益拥堵的情况下，单程上班时间的长短直接关系着居住便捷度。2018 年受访农民工上班单程花费时间平均为 17.6 分钟，其中 32.7%的单程在 10 分钟以内；58.7%的在 10～30 分钟。

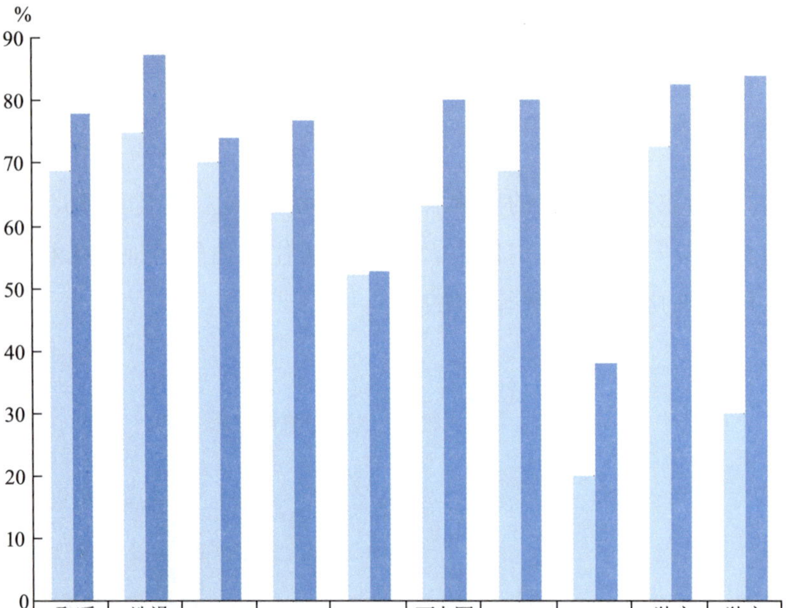


| | 取暖设备 | 洗澡设施 | 电视机 | 电冰箱 | 计算机 | 可上网设备 | 洗衣机 | 汽车 | 独立厕所 | 独立厨房 |
|---|---|---|---|---|---|---|---|---|---|---|
| 2015年 | 68.70% | 74.70% | 70.00% | 62.00% | 52.00% | 63.30% | 68.70% | 20.00% | 72.70% | 30.00% |
| 2018年 | 78.00% | 87.30% | 74.00% | 76.70% | 52.70% | 80.00% | 80.00% | 38.00% | 82.70% | 84.00% |

**图3　2018年受访农民工居住房屋设施配套情况**

## 二、问题困难依然存在

### (一)人均居住面积无明显提高

随着农民工在城市安定下来后，不少人选择将配偶、子女也接入城市共同生活。大量人口的涌入冲击着他们本来就狭窄的住房面积。2018年农民工人均住房面积为23.2平方米，不仅远低于同期城镇居民的人均面积，同时较前三年分别减少了1.8、1.7和2.3平方米。

### (二)公租房、廉租房申请难

与城镇居民固定住所不同的是，进城务工人员在城市的住房性质较为复杂。30%的选择了自购商品房；22%的由用人单位(雇主)安排住房；32.7%的租赁私房。在收入有限、集体宿舍不适宜家庭居住、私房租赁性价比不高等情况下，政府的保障房显得尤为珍稀。但当前由于申请廉租房、公租房需要本地城镇户口，且“僧多粥少”，大面积实现农民工理想的保障住房还有相当长的一段过程。

## 三、意见和建议

### (一)多渠道提供农民工居住场所

一是用人单位要改善农民工的居住条件,要积极主动,广开渠道,妥善安排,为招用的农民工提供符合基本条件的居住场所,改善其居住条件。二是招用农民工较多的企业,应充分利用自有职工宿舍或通过租赁、购置等方式筹集农民工住房房源。三是农民工自行安排居住场所的,用人单位应给予一定的住房租金补助,并可在劳动合同中予以明确。

### (二)加强政策扶持,强化监督指导

一是长期在城市就业与生活的农民工居住问题,要纳入城市住房建设规划,相关部门要指导和督促用人单位切实负起责任,妥善安排农民工居住问题。二是对享受政府优惠建设的农民工集体宿舍和住房,擅自按商品房出售、出租或改作其他用途的,相关部门不得为其办理相关手续,要依照法律法规进行查处。三是农民工居住区域,相关部门要加强规划和管理,强化治安及环境治理,加大公共交通等建设力度,提高公共基础设施保障能力,方便农民工生产生活,营造良好居住环境,维护和谐稳定社会秩序。

(三)完善农民工保障性住房和廉租房制度

实现"居者有其屋"的社会住房保障目标。由于农民工自身的复杂性和城镇保障性住房廉租房制度的局限性,希望保障性住房和廉租房保障制度能惠及农民工群体。

(郭 佳 易继中)

# 衡阳:房地产市场蓬勃发展 居民购房思维悄然转变

从 1978 到 2018 年,我国走过了 40 年改革开放的风雨路程,人民的生活得到了天翻地覆的改变。衡阳房地产业在时代的巨变中,经历了从无到有,从小到大,现已成为推动衡阳经济发展的重要力量,居民的购房意识也经历了从满足基本居住需求到改善居住环境的转变。

## 一、衡阳房地产业发展的历史进程

在 1978 年以前,计划经济体制下的城市住房由国家统一建设,建成后按照标准对居民进行实物分配。改革开放以后,房地产业初登历史舞台,1979 年开始实行向居民全价售房的试点,中央拨款给西安、柳州、梧州、南宁四市,建房向居民出售。1980 年试点扩大到 50

个城市，1981年又扩大到23个省、直辖市、自治区的60多个城市及部分县镇。改革的春风吹进了房地产业，自此之后，中国房地产业经历了从诞生到飞跃再到有序发展的40年改革发展之路。

在全国性房地产发展浪潮的推动下，衡阳的房地产业也悄然发生着变化。80年代中期前，衡阳市住房制度实行按等级分配的供给制和低租金的福利制。80年代末90年代初，衡阳作为全国房改试点城市之一，1991年出台了《衡阳市住房制度改革实施方案》，开始试行出售公房和集资房。1995年建立住房公积金制度。1997年成为全国安居工程住房建设88个试点市之一。住房的商品化、私有化和市场化，极大地推动了房地产业的发展，到1998年，房地产企业由初期的13家发展为70多家，城镇人均居住面积从1978年的人均4平方米提高到16平方米，提高了3倍。1999年开始全面实行货币分配，初步建立了以经济适用房为主体的新的住房供应体制。2001年以后随着住房市场化，商品化改革进一步深入，市委、市政府加快城镇化战略的实施，衡阳房地产市场迎来了快速发展时期，房地产投资规模逐年增加、房地产开发企业蓬勃发展，住房均价节节攀升。2016年，房地产市场利好政策频出，契税新政、降准以及二孩政策的放宽给市场带来了明显转变，衡阳市人民政府办公室发布《关于积极化解商品房库存促进房地产市场平稳健康发展的实施意见》(衡政办〔2016〕25号)，从10个方面明确了商品房去库存的方向，促进了衡阳房地产市场的发展。

## 二、房地产市场变化与特点

1. 房地产企业发展迅速。40年来，衡阳房地产企业如雨后春笋，数量和质量都取得了飞跃。据统计数据，1997年，衡阳市房地产开发公司个数为63家，2002年为126家，2007年为198家，房地产企业数量快速增加。同时，衡阳作为新三线城市的代表，经济效益日益明显，全国知名的地产开发商纷纷落子衡阳，如碧桂园集团、佳源集团、美的地产等，打造出的品质大盘获得市民青睐和肯定。

2. 商品房销售日益火爆。改革开放以来，房地产业飞速发展，商品房销售火热。2000年衡阳市商品房屋销售面积25.52万平方米，2007年为123.62万平方米，2013年为384.35万平方米，2016年达到506.83万平方米。从2000年到2016年，销售面积增长18.86倍。2017年衡阳房地产市场火爆，在12月份网签成交数达到全年峰值5306套。政府去库存的政策影响，加上二孩政策的放开，购房者改善住房条件需求促进了楼市的升温，而城市化不断推进和返乡置业的需求又为衡阳2017年房市添了一把火。

3. 房地产拉动经济效果日益凸显。随着销售的日益增加，商品房销售额也持续增加，对衡阳经济发展的推动作用也日趋明显。2000年衡阳商品房屋销售额2.34亿元，2007年为17.80亿元，2013年为125.51亿元，2016年达到184.03亿元。销售额持续走高，拉动了衡阳经济的增长，直接、间接带动了建筑、建材、水泥、钢材、装修等行业的发展，为国民经济的发展发挥了作用。

4．房地产行业发展日趋规范。40年以来，国家对房产行业先后出台了一系列法律法规，市有关部门严格按照相关法律法规要求，规范了房地产业管理。严把预售许可和初始登记关，加强预售资金监管、建立房地产交易有形市场，开通房产交易网上查询、网上登记备案系统，规范市场交易行为，开展房地产市场专项整治行动，重点打击一房多卖、违规售房、违规挂靠开发等行为，狠抓企业诚信建设，交易市场愈趋规范化、法制化。

## 三、居民购房需求变迁与思维转变

改革开放40周年，随着房地产业的发展，居民生活水平的提高，居民的购房模式、购房需求也发生着潜移默化的改变。

从购房模式上说，改革开放以前，老百姓还没有听说过“房地产”这个词，人们居住在单位提供的房屋里。1991年，衡阳市开始试行出售公房和集资建房，人们购房观念开始形成，单位职工纷纷开始购买自己住房，从现在的眼光来看，选择范围相对单一，公房和集资建房相对来说面积较小，设施较为简单，购房款一般一次性付清，资金来源大多为自己的积蓄和亲朋借款。1997年衡阳住房朝商品化、市场化、私有化方向改革，房地产开发企业开始兴起，现在，衡阳的商品房市场活跃，购房者选择方式多样，既可购买新建住宅，也可购买二手住宅，购房者大部分采用公积金或按揭贷款的方式购买商品房。

从购房需求上说，改革开放以前，人们的观念里，住在单位的集体房屋内，会觉得房子太挤太小，但是因为观念的限制，并未想过要购买属于自己的房屋。公房和集资建房开始出售以后，购房者开始接受买房的思想，但是购买的只是基本能满足居住需求的房屋，对于房屋的户型结构，房屋的周边环境和配套设施没有过多的要求。但随着房地产业的发展，购买商品房成为大势所趋，同样，随着居民生活水平的提高，人们购房的心理需求也正发生着日新月异的变化，人们不是只单纯考虑居住需求，更多的是改善性的购房需求。二孩政策的放开，还有人们对于居住舒适度的要求，促使购房者开始考虑面积较大的房屋。同时购房影响因素也从单纯的价格扩展到楼盘品质，楼盘的位置、户型、周边环境、配套设施也成为考虑的因素，一些知名房地产公司的高品质楼盘成为部分购房者的首要选择。

改革开放40周年，衡阳市房地产业的发展有目共睹。习总书记在党的十九大报告中再次强调“房子是用来住的，不是用来炒的”。目前，衡阳市新建商品住宅的均价已经突破六千元大关，如何针对各类需求实行差别化调控政策，满足首套刚需、支持改善需求、遏制投机炒房成为衡阳房地产市场急需思考的问题。相信在党中央的领导下，政府有关部门积极出台应对措施，与房地产企业联动，必定能推动衡阳房地产持续、稳定、健康发展。

（段　韬）

# 2018年邵阳市房地产市场运行情况

为了解2018年邵阳市房地产市场运行情况，岁末年初，国家统计局邵阳调查队会同邵阳市住房和城乡建设局、邵阳市房产局等单位就2018年邵阳房地产市场运行情况和走势预测进行座谈。运用调查数据结合座谈情况进行综合分析得出：邵阳新建商品住宅呈量价齐升的快速增长态势，房地产市场去库存成效明显，整体平稳健康发展。

## 一、邵阳市2018年房地产市场情况

2018年以来，国家坚持“房子是用来住的，不是用来炒的”这一定位，全国房地产市场受到密集的调控政策影响，市场秩序得到了一定规范，大中城市出现降温。邵阳市作为四五线城市，购房者多为刚性需求，受调控影响较小，加上二手住宅市场成交量减少，新建商品住宅呈量价齐升的快速增长态势，去库存成效明显，整体平稳健康发展，开发商及购房者持谨慎乐观态度。

### (一)新建商品住宅量价齐升

据网签备案数据统计，2018年邵阳市新建住宅网签成交总面积为222.49万平方米，比上年的180.80万平方米增长23.06%。12月新建商品住宅成交均价为4843.88元/m²，相比上年12月均价4214.09元/m²上涨14.94%。

### (二)二手住宅市场成交量减少

由于受新建住宅价差小、交易成本较高等因素影响，二手商品房市场降温，访客量大幅减少，成交量下滑，2018年二手住宅网签成交2613套，网签成交面积29.5万平方米，下半年同比减少21.66%(2017年6月前无二手房数据)。

### (三)去库存成效明显

随着近两年新建商品住宅成交量大幅增长，新建商品住宅库存总量明显减少。截至2018年12月底，邵阳市新建商品住宅去化周期为6.07个月，新建商品住宅可供销售套数为9034套，同比下降31.78%；新建商品住宅可售面积109.41万平方米，同比减少49.58万平方米，下降31.18%。

### (四)消费者购房考虑因素增多

为了解购房者意愿及考虑因素，邵阳调查队随机抽取57名有购房意愿的居民进行了

问卷调查。结果表明：在住宅类型选择上，63.64％的市民倾向于选择 90～144 平方米的户型；68.42％的市民倾向于三居室；73.68％的市民倾向于买毛坯房。市民在购房时考虑最多的为价格和户型，均占 70.18％；其次为交通和周边配套设施均占 52.63％。在楼盘选择上，80.70％的市民会关注开发商口碑和知名度。市民认为导致房价持续上涨的原因有：炒房现象、通过房产实现保值升值、土地不足会导致地价上涨、建筑材料上涨、消费者需求增加等。

### (五)金融机构房贷管理渐严

为了“稳楼市”，确保房地产市场健康有序发展，当前邵阳市金融机构房贷管理渐严，对于房地产开发贷的投入更为谨慎。邵阳房价从 2016 年 10 月均价 3593.32 元/$m^2$开始大幅上涨，两年时间均价上涨了 37.06％，截至 2018 年 10 月末全市个人购房贷款 246.65 亿元，同比增长 40.15％，高出全市贷款增速 29.76 个百分点。据农业银行信贷管理部经理表示，邵阳存在泡沫但不大，基于前几年不良贷款多的现象，楼市仍需“挤泡沫”，银行应有序发放贷款，投放给紧要、合适的优质项目。

对于企贷，支持力度下降体现在控制贷款规模、多设限制条框、实行名单制管理，如邵阳市工商银行贷款主要发放给恒大、碧桂园、中梁这一类品牌项目。对于个贷，银行信贷会优先支持二手房按揭贷款。据建设银行信贷部经理表示，邵阳市二手房市场发展尚未成熟，目前二手房首付款比例为 30％，但有市场普遍的逾期和坏账的风险。各银行对二手房贷款的风险管理和控制机制仍未建立完备，银行有推出针对交易中不规范现象的专业房屋交易资金托管业务，如建设银行的“房易安”，为客户提供更安全、方便、快捷的资金管理渠道。

## 二、邵阳房地产市场当前存在的问题

### (一)供应端问题

1. 受国家房地产政策调控影响，各金融机构强化房地产风险防控，部分开发商资金压力加大。2018 年下半年邵阳房地产市场出现降温，且中小楼盘较品牌楼盘造成不良贷款的概率更大，为加强房地产信贷管理，金融机构采取收紧银行贷款规模、缩小银行开发贷比例、名单制管理、规范按揭业务操作流程等举措，贷款对象逐渐向品牌项目集中，部分开发商融资在一定程度上受限。

2. 市场管理制度仍需健全，一些企业供应质量欠佳、供应效率不高。房地产行业准入门槛不高，一些综合实力不强、抗风险能力较弱的企业涌入市场，盲目追求开发数量，而忽视提升房屋品质，致使新建商品房同质化现象严重，不能满足购房者日益多元化的需求。

银行对二手房贷款的风险管理和控制机制尚不够完善。一是借款人按揭贷款融资制定双份合同，二是中介机构存在诚信风险，三是二手房贷款金额相对较小，手续烦琐、复杂，收齐资料后上报并逐级审批过程耗费长。二手房市场正由卖方市场向买方市场转型，制度不完善将阻碍二手房市场回暖。

3. 地方经济增长面临压力，土地市场呈现降温态势。据湖南魏源投资置业有限公司刘董事长表示，邵阳经济增长面临内生动力不足的压力，短期内基础配套设施和教育医疗水平难有较大的提高，势必会影响到资金与人才的引进，对外地群体和本地外出工作群体的吸引力不够，外加楼市降温、地价日益高涨等行业趋势，使得开发商热情减退，拿地放缓。

### （二）需求端问题

1. 房价持续上涨抑制需求。土地资源有限以及生产成本提高等各方面因素令房价持续上涨；在经济增长放缓的环境下，购房者的信贷渠道受限，让原本消费水平在全省排中下的群众对住宅需求减弱。

2. 消费者购房观念日趋理性。一是房地产投资黄金时代已过去，尤其对于四五线城市的房产，目前房地产投资回报率降低、利润空间相对缩小，在房地产保值增值的问题上，居民持谨慎态度。二是市场供过于求的局面悄然出现，房地产开发商面临进入差异化营销时代，某些楼盘的变相降价，让购房者对于未来房价预期不乐观，受“买涨不买跌”的消费心理影响，购房者更倾向于持币观望。尤其是部分已购房者因为对房屋价格或质量，找开发商进行维权甚至“房闹”，都会影响邵阳市房地产形象，降低居民购房意愿。

## 三、建议

### （一）坚持“因城施策”，建立供需平衡、价格平稳的机制

适时根据变化进行调整，主基调为满足刚需、支持改善、遏制投机的差别化调控。乾道地产张总经理建议调整土地供应节奏，确保土地合理有序供应，有计划、分次分批推出土地，避免盲目投资导致买方市场供过于求，出现库存压力。要保持市场需求和供给达到平衡，房价才能够稳定。政府应制定适宜本地区房地产市场发展长期规划并严格执行，多借鉴其他地方经验，创新政府部门工作方法。

### （二）借助经济增长与基础配套设施完善释放更多潜在购房需求

以土地谋发展的城市融资模式不可持续。新经济增长点、基础配套设施齐全及城市经济发展带动房地产繁荣，房地产拉动内需、拉动经济，两者形成良性循环。要想吸纳潜在群体，释放购房需求，提高购房意愿，需通过提高城市综合竞争力来增加城市吸引力，统筹规划，推动优势产业，发展支柱产业，完善住房周边基础配套设施建设，群众对于商品住宅的满意度也会随完善的商业配套和良好的生活环境而上升，减少房屋纠纷发生概率。

### (三)充分利用地方政策制度,高效去库存

周边农民群体同样也是去库存的重要力量,改善百姓居住条件能激发购买力;发挥房地产带动经济增长,进而推动城市化进程。鼓励和支持农民工进城买房,一是加快城镇户籍制度改革,二是可实行差别化首付比例、给予购房补贴、推进信贷优惠政策如“安家贷”业务。

### (四)完善房地产市场及金融信贷政策制度

政府出台规范性政策,加强房地产市场监管力度,提高行业准入门槛,确保有一定抵御风险能力的开发商和诚信守法的中介机构进入市场,扶持实力较强、声誉较好的企业,加大违法违规情况的惩处力度,倡导诚信经营,改善房地产行业良莠不齐的状况。银行需完善贷款制度,一是及时清收不良贷款,选择性投放贷款;二是优化贷款审批流程,提高办事速度。

### (五)开发商应顺应大势,及时转型升级

开发商应坚持以消费者需求为向导,适应当下消费者更为多元理性消费理念和追求高品质高服务的生活理念。实行差异化竞争,提升房企品牌溢价能力。清晰认识到房地产市场发展主要靠自身经营,政府只能起辅助作用。

(邓黎黎)

# 2019湖南民生调查报告

# 价格篇

# 政策背景

2018年，湖南认真落实党中央国务院和省委省政府决策部署，扎实做好价格调控、改革、监管等各项工作。

加强价格形势分析和调控。做好重要商品和服务价格监测，认真执行生猪价格调控预案和稻谷最低价收购政策，强化汛期和重点节假日价格监管，全年居民消费价格总水平温和上涨2.0%，比全国平均涨幅低0.1个百分点，居中部第4位，全国第21位，实现年初预期调控目标。

纵深推进重点领域价格改革。按照成熟一项放开一项的要求，放开车用天然气、跨县及民航道路班线价格及2项服务收费审批，商品和服务价格市场化程度进一步提高。继续推进居民阶梯水价改革，全省有77个市县区完成了阶梯水价改革任务。推进农业水价综合改革，改革项目区从2013年的4个县扩大到了32个县，完成产权制度改革16万余处，得到国家发改委充分肯定。出台天然气配气价格指导意见，核定了通管道天然气9省辖市配气成本。对学校、医院等用户实行灵活的峰谷分时电价政策，保障了民生用电。会同省交通厅推进高速公路差异化收费试点和高速公路路况服务质量与收费标准挂钩改革，高速公路通行效率和服务质量有效提升。强化按病种收费政策落实，有效控制了医疗费用。

有效降低企业用能和收费成本。通过降低一般工商业电价、利用祁韶价差、扩大市场交易、实行天然气门站价格并轨等措施，全省电价气价减负35.48亿元。取消城市规划技术论证等8项服务收费，减轻企业负担约2亿元。出台降低进出口货物合规成本的一揽子价格政策，预计减负约32.5美元/箱。推动全省44个景区(点)降低门票价格，平均降幅为21%，为游客减负2.85亿元以上。全面实施收费目录清单制度，省、市、县三级同步动态更新2018年版服务收费目录清单，并实现省级涉企行政事业性项目"清零"目标，在国家会议上做经验推介。

完善绿色发展价格机制。出台《关于创新和完善促进绿色发展价格机制实施意见》，推动湖南省污水处理收费、固体废物处置收费等方面机制创新。在岳阳市污水处理收费改革试点，促进各地污水处理收费标准合理调整。继续实施燃煤发电脱硫、脱硝、除尘加价政策和钢铁等行业差别电价、阶梯电价政策，促进企业节能减排和转型升级。

落实依法治价要求。不断完善政府定价制度，制定出台了十多项资源能源、教育、交通运输、景区门票等领域专项价格管理办法。引导鼓励社会各界参与和监督政府制定价格，召开《湖南省高速公路差异化收费试点实施方案》等价格听证会，促进了政府定价阳光、透明、公正、公开。

（来源：湖南省发改委）

# 全景扫描

## 2018年湖南CPI温和上涨

2018年，湖南省牢牢把握稳中求进的工作总基调，统筹推进“五位一体”总体布局，协调推进“四个全面”战略布局，经济运行总体稳中向好，高质量发展态势进一步显现。全年CPI处于温和上涨区间，低于3%左右的预期目标。预计2019年CPI将继续保持在可控区间运行，涨幅较2018年将有所扩大。

### 一、全年CPI运行特点

#### （一）全年CPI涨势温和

2018年，湖南CPI上涨2.0%。其中，食品烟酒价格上涨0.8%，非食品烟酒价格上涨2.5%；消费品价格上涨1.7%，服务项目价格上涨2.4%；扣除食品和能源价格的核心CPI上涨2.0%，涨幅与上年持平。

#### （二）八大类价格全面上涨

分类来看，CPI的八大类商品及服务价格呈全面上涨的态势。其中，居住价格上涨3.6%，交通和通信价格上涨2.8%，医疗保健价格上涨2.5%，衣着价格上涨1.9%，教育文化和娱乐价格上涨1.5%，生活用品及服务价格上涨1.3%，食品烟酒价格上涨0.8%，其他用品和服务价格上涨0.6%。

**表1　2018年湖南CPI八大类商品与服务项目价格涨跌及总指数影响程度**

单位：%

| 类　别 | 价格涨跌幅 | 对总指数的影响 |
|---|---|---|
| 一、食品烟酒 | 0.8 | 0.26 |
| 二、衣着 | 1.9 | 0.14 |
| 三、居住 | 3.6 | 0.76 |
| 四、生活用品及服务 | 1.3 | 0.08 |
| 五、交通和通信 | 2.8 | 0.33 |
| 六、教育文化及娱乐 | 1.5 | 0.18 |
| 七、医疗保健 | 2.5 | 0.20 |
| 八、其他用品和服务 | 0.6 | 0.01 |

## （三）分月同比涨幅呈"M"形走势

总体来看，全年 CPI 呈现"M"型的运行态势。分月来看，2 月份受春节"错月"影响，上涨 2.4%，涨幅较 1 月份扩大 1.1 个百分点。3－5 月份涨幅逐步回落至 1.8%、1.6%和 1.5%。6－10 月份受食品价格回暖影响，CPI 同比涨幅开始逐步回升，分别上涨 1.6%、1.6%、2.0%、2.4%和 2.8%。11－12 月份，随着秋、冬季鲜菜上市期重叠，涨幅再次开始收窄，分别上涨 2.6%和 2.0%。

## （四）月度环比波动区间较上年有所扩大

分月来看，全年 CPI 环比受季节等因素影响，涨跌互现，幅度在－0.9%～0.8%之间窄幅振荡，月环比最高与最低涨幅之间差距为 1.7%，波动范围大于上年。其中，1 月和 2 月分别上涨 0.5%和 1.0%；3－6 月分别下降 0.9%、0.1%、0.1%和 0.1%；7－10 月份分别上涨 0.4%、0.7%、0.8%和 0.5%；11－12 月份均下降 0.3%。

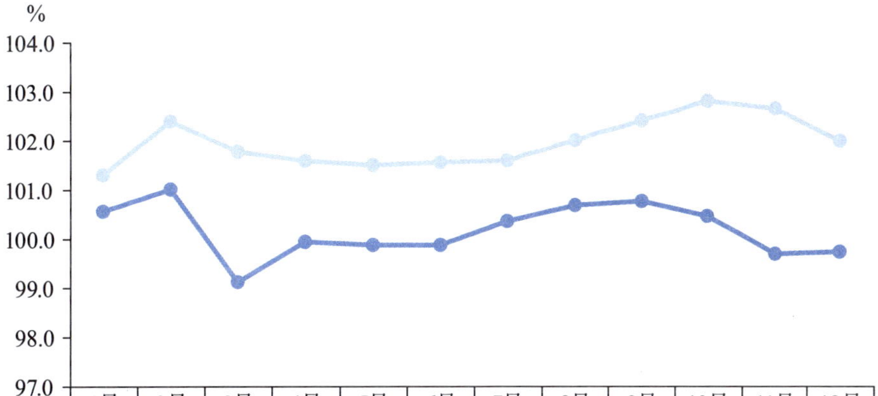


| | 1月 | 2月 | 3月 | 4月 | 5月 | 6月 | 7月 | 8月 | 9月 | 10月 | 11月 | 12月 |
|---|---|---|---|---|---|---|---|---|---|---|---|---|
| 环比 | 100.5 | 101.0 | 99.1 | 99.9 | 99.9 | 99.9 | 100.4 | 100.7 | 100.8 | 100.5 | 99.7 | 99.7 |
| 同比 | 101.3 | 102.4 | 101.8 | 101.6 | 101.5 | 101.6 | 101.6 | 102.0 | 102.4 | 102.8 | 102.6 | 102.0 |

**图 1　2018 年湖南 CPI 环比和同比指数变动趋势**

## （五）城市涨幅低于农村

城市上涨 1.9%，农村上涨 2.0%，城市比农村涨幅低 0.1 个百分点。原因主要有三点：一是鲜菜价格涨幅差距较大，城市涨幅高于农村 7.8 个百分点。二是农村居住价格涨幅高于城市，农村涨幅为 5.4%，而城市为 2.7%。三是农村医疗保健价格涨幅高于城市 1.4 个百分点。

**表 2　居民消费八大类商品与服务项目城乡涨幅情况**

单位：%

| 类　别 | 城市 | 农村 | 城市比农村 |
|---|---|---|---|
| 居民消费价格 | 1.9 | 2.0 | －0.1 |
| 其中：一、食品烟酒 | 1.6 | －0.7 | 2.3 |

续表

| 类　别 | 城市 | 农村 | 城市比农村 |
|---|---|---|---|
| 二、衣着 | 1.9 | 2.0 | −0.1 |
| 三、居住 | 2.7 | 5.4 | −2.7 |
| 四、生活用品及服务 | 1.3 | 1.4 | −0.1 |
| 五、交通和通信 | 2.7 | 3.0 | −0.3 |
| 六、教育文化及娱乐 | 1.5 | 1.5 | 0.0 |
| 七、医疗保健 | 2.0 | 3.4 | −1.4 |
| 八、其他用品和服务 | 0.6 | 0.5 | 0.1 |

### (六)涨幅略低于全国平均水平

2018年,全国CPI上涨2.1%,湖南比全国低0.1个百分点,在全国31个省(自治区、直辖市)位列第21位,在中部六省中排第4位。CPI涨幅低于全国,主要原因是受医疗保健类的翘尾因素影响。

## 二、影响价格变动的六大因素

### (一)居住价格持续上涨

居住价格上涨3.6%,影响CPI上涨0.76个百分点。在居民消费的八大类商品及服务价格中,涨幅及对总指数影响程度均为最高。居住价格总体延续自2016年下半年以来的上涨态势,涨幅较上年扩大了0.1个百分点。居住价格持续上涨的原因主要有以下四个方面:一是省内各地商品住房价格持续上扬,上游传导影响推高了租赁房房租和自有住房价格。二是棚改政策持续推进,致使大量棚改居民进入住房租赁市场寻求“过渡”,房屋租赁市场持续扩容,推动住房租赁价格上涨。三是受各地限购政策持续高压的影响,部分不具备购房资格的居民延后购房计划,转为向房屋租赁市场寻求安居,房屋租赁需求增加,也是住房租赁价格上扬的原因之一。四是受去产能政策推进与环保整治关停不达标企业的双向影响,部分住房装修材料市场供给减少,价格随之上涨。其中水泥、瓷砖价格涨幅较大,分别上涨14.6%和6.1%。

### (二)交通价格总体上涨

交通价格上涨4.4%,影响CPI上涨0.33个百分点。受国际油价变动影响,交通价格尤其是汽、柴油价格先涨后跌,总体呈上涨态势。汽、柴油价格宽幅震荡的原因有三个方面:一是欧佩克从2017年1月开始执行减产协议,加速了全球原油供需恢复平衡的进程,支撑国际油价波动区间整体上移。二是在原油供需基本恢复平衡的背景下,地缘政治因素对国际油价的冲击明显加大。三是在美国对原油市场的影响下,原油库存超预期增长,原油市场供应预期转向宽松，国际油价后期大幅回落。同时，受汽、柴油价格总体上涨的影响，长、短途公交车运营成本随之上升，省内部分市县上调了公交车票价，带动交通费价格上涨。

### （三）食品价格涨幅较小

食品价格上涨0.8%，影响CPI上涨0.17个百分点。食品中14个中类价格“十一涨三跌”。其中，菜、禽肉和干鲜瓜果类价格分别上涨6.0%、5.8%和3.7%，直接影响CPI上涨0.35个百分点，是支撑食品价格上涨的主要推手；畜肉类跌幅最大，下跌5.9%，影响CPI下跌0.30个百分点，成为抑制食品价格涨幅的主要因素。

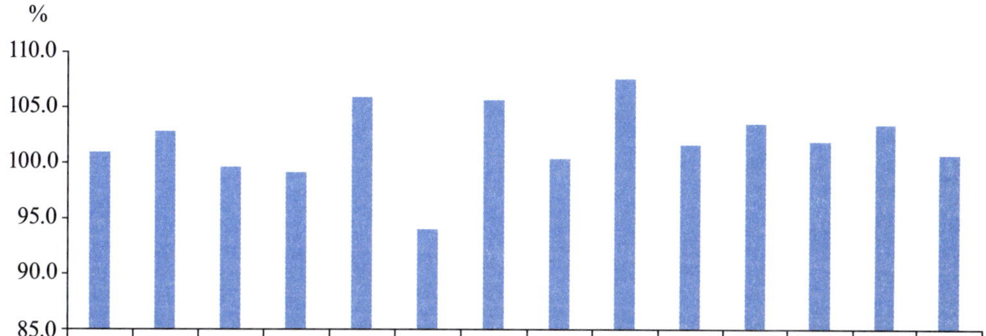


| 粮食 | 薯类 | 豆类 | 食用油 | 菜 | 畜肉类 | 禽肉类 | 水产品 | 蛋类 | 奶类 | 干鲜瓜果类 | 糖果糕点类 | 调味品 | 其他食品类 |
|---|---|---|---|---|---|---|---|---|---|---|---|---|---|
| 101.1 | 102.9 | 99.7 | 99.2 | 106.0 | 94.1 | 105.8 | 100.5 | 107.7 | 101.7 | 103.7 | 102.0 | 103.6 | 100.8 |

**图2 2018年湖南食品14个中类同比指数对比**

1. 鲜菜价格高位震荡。2018年，鲜菜价格上涨6.5%，影响CPI上涨0.17个百分点。鲜菜价格上涨，原因有五点：一是2018年夏季气温居高不下，省内部分地区出现了干旱现象，影响了本地鲜菜的生长，上市量减少。二是湖南鲜菜供应大部分依靠外地输入，北方蔬菜基地前期遭遇洪涝灾害，加之台风“山竹”侵袭广东、广西等地，鲜菜的产量、运输均受到

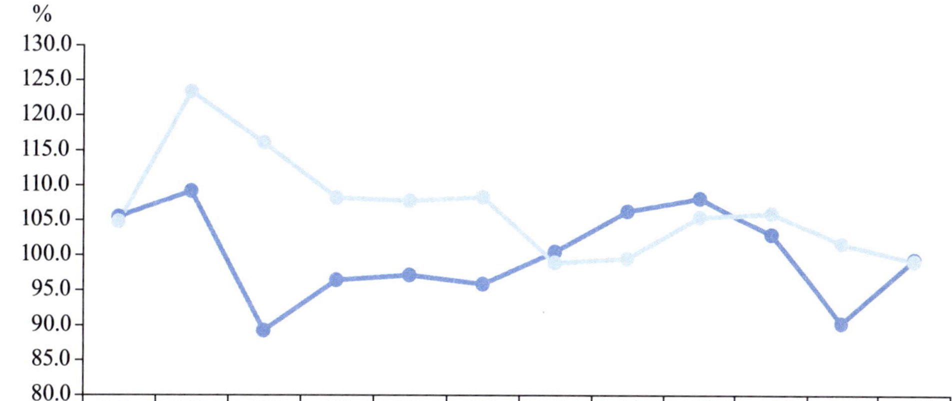


| | 1月 | 2月 | 3月 | 4月 | 5月 | 6月 | 7月 | 8月 | 9月 | 10月 | 11月 | 12月 |
|---|---|---|---|---|---|---|---|---|---|---|---|---|
| 环比 | 105.5 | 109.3 | 89.3 | 96.5 | 97.2 | 95.9 | 100.5 | 106.4 | 108.2 | 103.0 | 90.3 | 99.4 |
| 同比 | 104.8 | 123.4 | 116.1 | 108.3 | 107.8 | 108.4 | 99.0 | 99.6 | 105.5 | 106.0 | 101.7 | 99.2 |

**图3 2018年湖南鲜菜价格环比和同比指数变动趋势**

不同程度影响，价格上扬。三是受夏季高温和强降雨的影响，部分蔬菜品种由于极端天气推迟种植，致使秋季鲜菜供应出现青黄不接的“空窗期”，市场供应量不足，叠加国庆节日效应，加大了鲜菜价格的上涨压力。四是2月份受春节“错月”影响，涨幅较大。五是受上年暖冬效应影响，同期鲜菜价格偏低，翘尾因素影响较大。

2. 禽肉类价格涨幅较大。2018年1－12月，禽肉类价格上涨5.8%，影响CPI上涨0.09个百分点。其中，鸡和鸭价格分别上涨4.9%和9.9%。随着环保整治力度的不断加大，省内小型养殖场陆续关停，鸡、鸭养殖量下滑，市场供应量萎缩是价格上涨的主要原因。同时，今年以来作为禽类饲料主要原料的玉米和豆粕价格小幅上涨，禽类养殖成本增加，也进一步助推禽肉类价格走高。

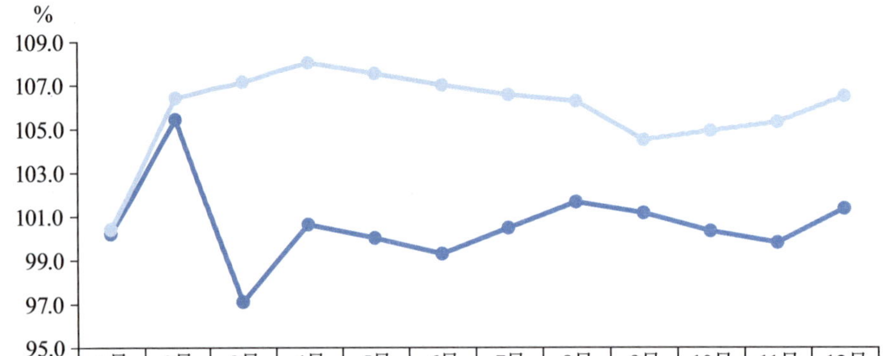


| | 1月 | 2月 | 3月 | 4月 | 5月 | 6月 | 7月 | 8月 | 9月 | 10月 | 11月 | 12月 |
|---|---|---|---|---|---|---|---|---|---|---|---|---|
| 环比 | 100.1 | 105.4 | 97.0 | 100.5 | 99.9 | 99.2 | 100.4 | 101.6 | 101.1 | 100.2 | 99.7 | 101.3 |
| 同比 | 100.3 | 106.4 | 107.1 | 108.0 | 107.5 | 106.9 | 106.5 | 106.2 | 104.4 | 104.8 | 105.2 | 106.4 |

**图4　2018年湖南禽肉类价格环比和同比指数变动趋势**

3. 鲜瓜果价格走高。全年鲜瓜果价格受市场供应量下滑影响，上涨4.8%，影响CPI上涨0.08个百分点。一方面，广东、广西等鲜果生产基地夏季遭受特强台风“山竹”侵袭，香蕉等鲜果产量受损，产地货源供应量不足。另一方面，苹果等北方水果为生产“小年”，产量较上年大幅减少，上市量下滑。

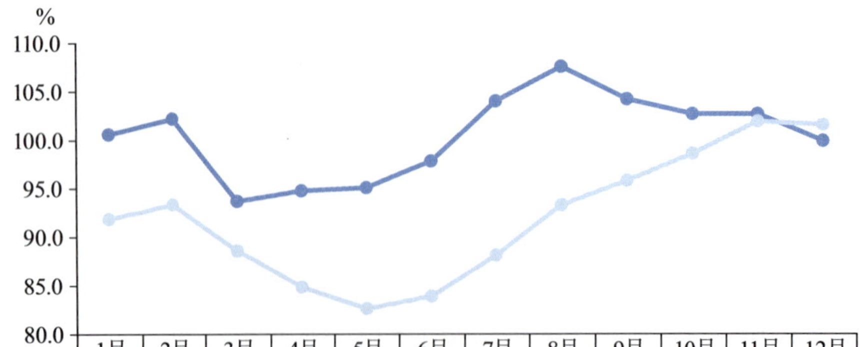


| | 1月 | 2月 | 3月 | 4月 | 5月 | 6月 | 7月 | 8月 | 9月 | 10月 | 11月 | 12月 |
|---|---|---|---|---|---|---|---|---|---|---|---|---|
| 环比 | 100.4 | 102.0 | 93.5 | 94.5 | 94.8 | 97.6 | 103.8 | 107.3 | 104.0 | 102.5 | 102.5 | 99.6 |
| 同比 | 91.6 | 93.1 | 88.3 | 84.6 | 82.4 | 83.6 | 87.9 | 93.1 | 95.6 | 98.3 | 101.7 | 101.3 |

**图5　2018年湖南猪肉价格环比和同比指数变动趋势**

4. 猪肉价格长时间低位运行。2018 年，猪肉价格下降 8.3%，影响 CPI 下降 0.27 个百分点。猪肉价格持续走低的主要原因是由于前期生猪产能已逐渐释放，产业前端生猪价格明显下降，并部分传导至消费终端，加之进口低价冷冻猪肉的冲击，导致猪肉价格持续走低。11－12 月份，全国受非洲猪瘟疫情影响，生猪跨地区转运基本停滞，加之省内各疫区大规模灭杀生猪，猪肉市场供应量骤减，价格重回上升通道，分别上涨 1.7%和 1.3%。但受前期猪肉价格疲软的影响，全年猪肉价格涨幅仍然“告负”。

### （四）医疗保健价格坚挺

医疗保健价格上涨 2.5%，影响 CPI 上涨 0.20 个百分点。其中，中药价格上涨 5.8%，西药价格上涨 6.1%。涨幅最大的是西药中的消化系统用药和心血管系统用药价格，分别上涨 12.5%和 10.3%。西药价格持续走高，原因有三个方面：一是在取消药品政府定价和湖南医保目录调整等多因素的叠加影响下，湖南省低价药价格总体上涨。二是国家加大环保督查力度，责成各原料药生产企业提高生产工艺，使得原料药生产成本增加。三是部分处方药转非处方药（OTC）、处方药购买渠道限制的影响，OTC 市场需求上升，导致 OTC 药品价格上涨明显。

### （五）服务项目价格刚性上涨

服务项目价格上涨 2.4%，拉动物价总水平上涨 0.84 个百分点。当前我国劳动成本递增效应仍在持续，是成本推进型通胀压力的重要因素；加之居民消费结构的不断升级，致使服务项目价格始终保持着稳步增长态势，成为物价持续上涨的主因之一。

### （六）翘尾因素影响超三成

在 2018 年 CPI 的涨幅中，翘尾因素影响约为 0.69 个百分点，占比 34.5%；新涨价影响因素约为 1.31 个百分点，占比 65.5%。

（王　璐）

**民生资讯站 MINGSHENGZIXUNZHAN**

为规范药品市场价格秩序，根据湖南省公立医疗机构价格改革的相关政策和省发改委等七部门《关于转发国家发展改革委等七部委＜关于印发推进药品价格改革意见的通知＞的通知》（湘发改价服〔2015〕372 号），湖南省发改委于 2018 年 7 月将药品销售差率和低价药品价格管理等有关问题进行了明确规定。

关于药品销售差率问题，公立医疗机构销售药品（含二类疫苗，中药饮片除外），以实际购进价格为基础，实行零差率销售。公立医疗机构销售中药饮片，以含税出厂价格（批发价格）为基础，按顺加不超过30%的加价率制定销售价格。销售价格尾数保留到角，角以下四舍五入。非公立医疗机构和社会零售药店药品加价率由医疗机构和药店自主制定，并向社会公示药品价格。

关于低价药品价格管理问题，调整湖南省低价药品价格管理方式，取消清单制管理。以药品实际交易价格计算，凡符合低价药品日均费用标准的（西药不超过3元、中成药不超过5元），均可执行国家关于低价药品相关政策；凡不符合低价药品日均费用标准的，不得执行低价药品相关政策。药品生产经营企业可自行选择是否进入低价药品管理。凡参与湖南省药品集中采购的各医疗机构和单位，均应按照国家低价药品相关规定和湖南省药品集中采购相关规则，开展低价药品挂网采购工作。

医疗机构制剂价格由医疗机构自主定价，并在收费场所进行公示，价格水平保持一定时期相对稳定。

各级价格主管部门要加强监督检查，对不遵守加价率规定和低价药品价格管理政策等违法行为依法查处，确保药品价格管理政策的执行到位。

（来源：湖南省发改委）

# 2018年湖南工业生产者价格平稳上涨

2018年，在水泥、钢材、成品油等主要生产资料价格上涨的影响下，湖南工业生产者价格平稳上涨。其中，工业生产者出厂价格（PPI）上涨3.2%，工业生产者购进价格上涨3.5%。

## 一、工业生产者价格运行特点

### （一）工业生产者价格同比涨幅震荡回落

分月数据显示：1—12月，工业生产者出厂价格同比分别上涨3.7%、3.5%、3.2%、3.3%、3.7%、4.2%、4.2%、3.7%、3.1%、2.8%、2.4%和1.1%。1—12月，工业生产者购进价格同比分别上涨4.6%、3.8%、3.5%、3.3%、4.0%、4.3%、4.2%、3.7%、3.1%、2.9%、2.8%和1.7%。

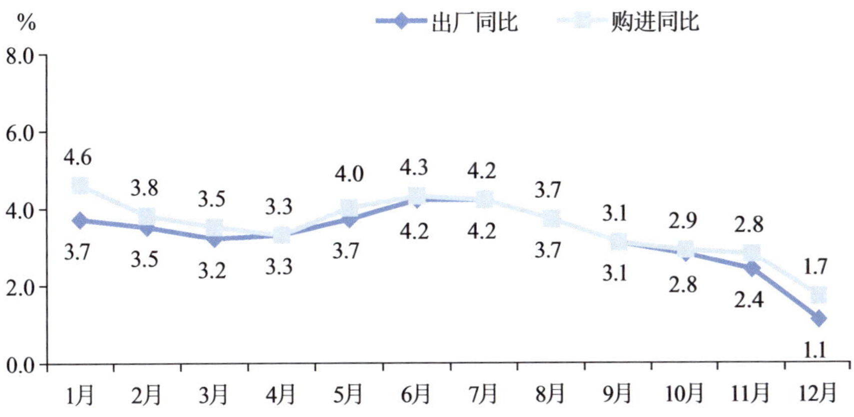


图 1　2018 年 1—12 月工业生产者价格涨跌情况

## (二)工业生产者价格环比先扬后抑

分月来看,1—2 月,工业生产者出厂价格环比分别上涨 0.2%和 0.1%,3 月持平,4 月下降 0.3%,5—6 月均上涨 0.3%,7 月持平,8—10 月份分别上涨 0.3%、0.4%和 0.3%;1 月工业生产者购进价格环比上涨 0.7%,2—3 月持平,4 月价格下降 0.4%,5—11 月价格分别上涨 0.3%、0.2%、0.1%、0.5%、0.3%、0.4%和 0.1%,12 月下降 0.4%。工业生产者出厂价格和购进价格环比窄幅波动,在年末均出现回落。

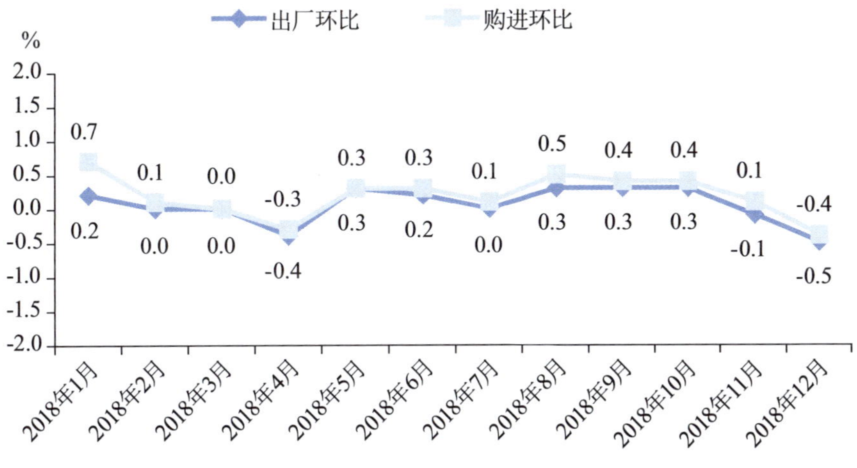


图 2　2018 年 1—12 月工业生产者环比价格涨跌情况

## (三) 生产资料价格涨幅高于生活资料

2018 年,生产资料价格比上年上涨 4.0%,影响湖南工业生产者出厂价格总水平上涨约 3.1 个百分点。其中,采掘工业价格上涨 7.3%,原材料工业价格上涨 3.5%,加工工业价格上涨 4.0%。生活资料价格上涨 0.6%,影响湖南工业生产者出厂价格总水平上涨约 0.1 个百分点。其中,食品价格上涨 0.6%,衣着价格上涨 0.6%,一般日用品价格上涨 1.1%,耐用消费品价格下降 0.3%。

### （四）近八成大类行业价格上涨

在调查的37个大类行业中，有29个大类行业价格上涨，上涨面达到78.4%。其中，废弃资源综合利用业、石油煤炭及其他燃料加工业、造纸和纸制品业、非金属矿采选业、非金属矿物制品业、黑色金属冶炼和压延加工业等6个大类价格涨幅均超过10%；烟草制品业出厂价格持平；计算机、通信和其他电子设备制造业、化学纤维制造业等7个大类行业价格出现不同程度下降，降幅均在5%以内。

## 二、影响工业生产者出厂价格上涨的主要原因

### （一）主要大类行业价格涨多降少

2018年，化学原料和化学制品制造业、有色金属冶炼和压延加工业、非金属矿物制品业、黑色金属冶炼和压延加工业、石油煤炭及其他燃料加工业、造纸和纸制品业价格比上年分别上涨3.7%、1.8%、11.6%、10.4%、14.0%和12.9%，影响工业生产者出厂价格上涨0.32、0.17、0.90、0.45、0.33和0.25个百分点。计算机、通信和其他电子设备制造业比上年下降4.7%，影响工业生产者出厂价格下降0.22个百分点。

### （二）宏观调控政策影响

2018年，国家推出的一系列稳增长、促改革、调结构、惠民生、防风险政策效应显现，特别是持续推进供给侧结构性改革，工业企业淘汰落后产能、去库存成效明显，企业经营情况有所好转。2018年，全省固定资产投资比上年增长10%；实现社会消费品零售总额15638.26亿元，增长10%；规模工业增加值增长7.4%。全省投资、消费以及工业经济主要指标继续保持较快增长，市场对水泥、钢铁、石化等产品的需求增加，推动相关产品价格走高。此外，各地环保部门加大了督察力度，对污染类企业进行联网监控，实行限排、限产等措施，迫使部分造纸、废弃资源综合利用企业减产、限产，造成部分产品市场供应减少，价格上涨。

### （三）原材料购进成本上升

工业企业购进原材料价格上涨直接增加了企业生产成本，促使企业提高相关产品出厂价格。2018年，9大类原材料购进价格呈普涨态势。其中，燃料动力类、建筑材料及非金属类、黑色金属材料类购进价格涨幅均超过5%，分别上涨6.6%、6.5%和5.3%。

### （四）翘尾因素影响

2018年，工业生产者出厂价格上涨3.2%，其中翘尾因素影响达到2.8%，对工业生产者价格上涨的贡献率为75%。

## 三、与全国平均水平及中部省份的比较

2018年，全国工业生产者出厂价格比上年上涨3.5%，湖南工业生产者出厂价格涨幅比全国平均水平低0.3个百分点，在31个省（自治区、直辖市）中与广西、内蒙古并列居第18位，在中部六省中列第5位。2018年，全国工业生产者购进价格上涨4.1%，湖南工业生产者购进价格涨幅比全国平均水平低0.6个百分点，在31个省（自治区、直辖市）中与吉林并列，居第21位，在中部六省中列第5位。

**2018年全国及中部六省工业生产者价格指数**

（以上年同期为100）

| 地区 | 出厂价格指数 | 购进价格指数 |
|---|---|---|
| 全国 | 103.5 | 104.1 |
| 山西 | 106.7 | 105.5 |
| 安徽 | 103.0 | 105.3 |
| 江西 | 104.2 | 103.2 |
| 河南 | 103.6 | 104.0 |
| 湖北 | 104.2 | 104.8 |
| 湖南 | 103.2 | 103.5 |

（傅磊峰）

民生加油站 MINSHENGJIAYOUZHAN

### 湖南旧版规定6周岁以下或1.3米以下进景区免票 新规14周岁以下免票

孩子长得高，进景区不得不买全票？2019年，湖南省景区门票及相关服务价格管理办法印发，孩子不满14周岁免票，14周岁到18周岁半票。2016年的试行版中，这一规定是不满6周岁或身高1.3米以下免票。对比可知免票范围扩大。

《湖南省景区门票及相关服务价格管理办法》（以下简称《办法》）自4月10日起施行，有效期5年。《办法》明确，实行政府指导价管理的景区，对14周岁（不含14周岁）以下的儿童、65周岁（含65周岁）以上老年人、残疾人、现役军人、军队离退休干部凭有效证件实行免门票优惠。相较于2016年印发的试行版，文件将实行免票优惠的范围进一步扩大。

**取消身高衡量标准，扩大免票范围**

儿童票到底是看身高还是看年龄？一直是大家关注的问题。当前，国内很多景区、场馆和行业都以儿童身高作为依据。

湖南省发改委2016年11月7日印发了《办法》试行版，实行政府指导价管理的景区，对6周岁（不含6周岁）以下或身高1.3米（含1.3米）以下的儿童、70周岁（含70周岁）以上老年人、残疾人凭有效证件实行免票；对6周岁（含6周岁）～18周岁（不含18周岁）未成年人、全日制大学本科及以下学历在校学生、60周岁（含60周岁）至70周岁（不含70周岁）的老年人凭有效证件实行半票。

《办法》在门票优惠方面完全取消了身高衡量标准：实行政府指导价管理的景区，14周岁（不含14周岁）以下的儿童、65周岁（含65周岁）以上老年人、残疾人、现役军人、军队离退休干部凭有效证件实行免票优惠；14周岁（含14周岁）～18周岁（不含18周岁）未成年人、60周岁（含60周岁）～65周岁（不含65周岁）的老年人、全日制大学本科及以下学历在校学生凭有效证件实行半票优惠。

对比可知，不满14周岁的孩子都可以免票，满了65周岁的老人也可以免票，免票范围明显扩大了。

**如何证明不满14周岁是难题**

新规实施后，如何核实孩子不满14周岁，可以灵活处理。

首先，儿童可以出示学生证或身份证，通过证件证明自己未满14周岁，即可免费进入景区。如果出游时，儿童未办理或未携带相关证件，则需要考验工作人员的灵活应变能力。如果通过目测，可以判断孩子在14周岁以下，即可人性化处理。如果肉眼无法判定，可通过询问儿童，或通过其父母的年龄，推断孩子本身年龄，从而判断孩子是否可以免费进入景区。

长沙世界之窗、长沙海底世界等相关旅游收费景点并未在实行政府指导价管理的景区范畴内。目前长沙市世界之窗景区是1.3米以下儿童免票，1.3米至1.4米儿童半价。

**哪些人可以免票**

实行政府指导价管理的景区，凭有效证件免票：

14周岁（不含14周岁）以下的儿童

65周岁（含65周岁）以上老年人

残疾人、现役军人、军队离退休干部

景区内宗教活动场所所属宗教教职人员及其工作人员，与景区内宗教活动场所所属的宗教是同一宗教的宗教教职人员，凭有效证件进入景区前往宗教活动场所免收门票。

**不得强制游客购买景区联票**

对于景区门票价格的制定和调整，《办法》也进一步明确。制定或调整政府指导价景区门票及交通运输服务价格应举行价格听证会；降低景区门票价格可按有关规定采取简易程序;景区实行免费开放的,应及时向社会公告,不需履行其他定价程序。提高景区门票和相关服务价格,应提前6个月通过政务网站或相关媒体向社会公布,同时报告上一级价格主管部门。

《办法》规定,景区门票原则上实行一票制。为方便旅游者和加强对重要旅游资源的保护,对实行重点保护性开放的特殊旅游资源可单独设置门票。景区内的普通门票和特殊旅游资源门票或相邻的景区门票可合并成联票,但联票价格应低于各种门票价格相加的总和,并保留所涵盖各景区单独门票同时出售。和2016年的试行版文件相比,新规在此特别增加了一句话:不得强制购买景区联票。

**景区交通工具1.2米以下免票**

在价格监督管理方面,《办法》也比试行版文件更加细化。

根据《办法》,所有景区应严格落实明码标价规定,在其网站和收费场所等醒目位置公示门票价格、与门票相关的收费项目和收费标准、门票减免具体范围和标准以及单独收费等相关服务价格;设有通票、联票的景区,其通票、联票价格及与通票、联票相关的收费项目、收费标准,减免具体的范围和标准也应一并公示。

这其中,门票相关收费标准、减免标准,通票、联票收费内容都是《办法》新增的表述。

两版文件都规定,实行政府指导价的景区,景区内交通运输工具价格,对门票优惠对象实行半价优惠。新规还规定,对1.2米以下不占座的儿童免票。

(来源:潇湘晨报)

## 2018年湖南农业生产资料价格上涨2.7%

2018年,湖南农业生产资料价格上涨2.7%,涨幅较上年扩大1.7个百分点。分月看,6—10月价格同比涨幅在3.0%～3.5%之间,其他月份同比涨幅均保持在3.0%以下。价格变动主要有五个特点。

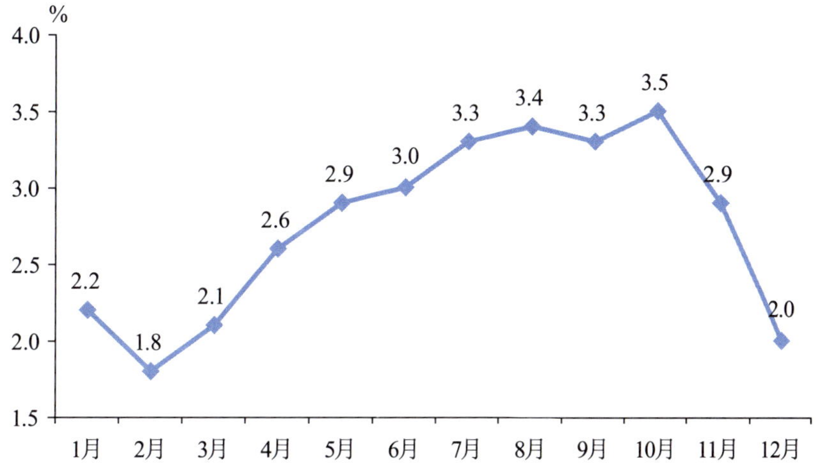


**2018年湖南农业生产资料价格月度同比涨跌幅**

## 一、十大类价格“九涨一跌”

农业生产资料十个大类中，除仔畜幼禽及产品畜价格下跌9.9%外，其他九个大类生产资料价格均有不同程度上涨。其中，农机用油价格上涨13.8%，化学肥料价格上涨6.4%，农药及农药器械价格上涨5.2%，机械化农具价格上涨4.8%，半机械化农具价格上涨2.2%，农业生产服务价格上涨2.0%，其他农用生产资料价格上涨1.6%，农用手工工具价格上涨1.5%，饲料价格上涨1.2%。

## 二、农机用油价格涨幅明显

农机用油价格上涨13.8%，影响农业生产资料价格总水平上涨0.42个百分点。受国际原油价格影响，农机用油价格涨幅较大。分月来看，除12月价格同比持平外，1—11月份价格同比均保持上涨态势，分别上涨9.4%、8.4%、6.7%、11.2%、17.8%、19.2%、22.1%、19.3%、20.3%、22.0%和11.6%。

## 三、化学肥料价格是影响变动的主要因素

化学肥料价格上涨6.4%，影响农业生产资料价格总水平上涨1.50个百分点。主要原因是受原材料价格普遍持续上涨和环保整治影响，化肥企业生产运营成本增加。分类来看，氮肥价格上涨10.7%，复合肥价格上涨2.8%，磷肥价格上涨2.2%，钾肥价格上涨0.3%。

## 四、农药及农药器械价格小幅上涨

农药及农药器械价格上涨5.2%，影响农业生产资料价格总水平上涨0.37个百分点。分类来看，农药价格上涨5.5%，农药器械价格上涨0.6%。在环保整治的压力下，成本增加和产能下降是农药价格上涨的主因。

## 五、仔畜幼禽及产品畜价格下降

仔畜幼禽及产品畜价格下降9.9%，影响农业生产资料价格总水平下降0.61个百分点。受市场行情、环保整治和“非洲猪瘟”等因素的影响，2018年仔畜幼禽及产品畜的分月价格同比呈持续下跌态势。其中，1—3月价格跌幅逐步扩大，分别下降9.7%、13.9%和17.3%；4—12月价格跌幅逐渐收窄，分别下降15.5%、14.0%、12.1%、9.4%、7.0%、

5.0%、4.1%、4.3%和3.5%。分类来看,幼禽价格上涨7.1%,仔畜价格下降16.0%,产品畜价格下降10.8%。

(王湘杰)

## 2018年湖南农产品生产者价格下跌4.6%

2018年湖南农产品生产者价格比上年下跌4.6%。四大类农产品除林业产品价格上涨1.4%外,种植业、畜牧业和渔业产品价格均有所下降,降幅分别为1.8%、8.4%和4.2%。

全年4个季度农产品价格均呈下跌态势,1至4季度跌幅分别为5.2%、10.2%、6.6%和1.4%。

### 一、畜牧业产品生产者价格下跌明显

四大类农产品中,畜牧业产品价格下跌幅度最大,达到8.4%。分季度看,1—3季度均呈下跌走势,跌幅分别为12.8%、17.5%和5.8%,4季度止跌回升,上涨4.1%。

畜牧业产品价格主要受生猪价格的影响,两者走势基本一致。生猪价格全年下跌13.1%,1季度下跌18.4%,2季度跌幅最大,达到27.2%,3季度跌幅缩小为10.6%,4季度受各种因素影响,走出“七连跌”态势,上涨4.8%。

其他畜牧业产品中,牛价格下跌2.1%,羊、活鸡、活鸭价格分别上涨10.9%、9.4%和2.1%;鸡蛋、鸭蛋价格分别上涨14.7%和22.5%。

**表1　2018年主要畜牧业产品生产者价格涨跌情况**

单位:%

| 产品＼报告期 | 1季度 | 2季度 | 3季度 | 4季度 | 全年 |
|---|---|---|---|---|---|
| 生猪 | −18.4 | −27.2 | −10.6 | 4.8 | −13.1 |
| 牛 | 0.1 | −6.8 | 4.8 | −2.1 | −2.1 |
| 羊 | 7 | 7.2 | 14.9 | 14.6 | 10.9 |
| 活鸡 | 21.6 | 28.8 | 5 | −14.3 | 9.4 |
| 活鸭 | −1.7 | 0 | 3.2 | 7.1 | 2.1 |
| 鸡蛋 | 35.3 | 13.4 | 11.2 | 5.5 | 14.7 |
| 鸭蛋 | 19.6 | 30.6 | 25.3 | 15.7 | 22.5 |

### 二、种植业产品生产者价格小幅下跌

种植业产品价格下跌1.8%。其中,稻谷、豆类、棉花、水果价格有所下降;薯类、油料、

蔬菜、茶叶价格有所上涨。

**表2　2018年主要种植业产品生产者价格涨跌情况**

单位：%

| 产品＼报告期 | 1季度 | 2季度 | 3季度 | 4季度 | 全年 |
|---|---|---|---|---|---|
| 稻谷 | 5.5 | −0.3 | −17 | −9.4 | −1 |
| 薯类 | 6.4 | 4 | 0.5 | 23.2 | 10.1 |
| 油料 | 9.4 | 0.8 | −0.4 | −1.3 | 0.7 |
| 豆类 | −11.1 | −13.8 | −12.4 | −4 | −10.3 |
| 棉花 | −16.6 | — | −7.7 | 7.3 | −6.1 |
| 蔬菜 | 1.5 | 7.7 | −11.1 | −7.4 | 0.3 |
| 水果 | 6.8 | −20.4 | 15.1 | −22.5 | −8.7 |
| 茶叶 | 3.1 | −2 | 11.1 | −0.7 | 1.9 |

受2018年粮食收购价格下调影响，稻谷价格下跌1.0%。其中晚籼稻和中籼稻价格分别下跌3.5%和5.2%，早籼稻价格上涨2.7%。

蔬菜价格上涨0.3%。其中叶菜类、白菜类、甘蓝类、瓜菜类、豆类、莴苣类和葱蒜类蔬菜分别上涨6.3%、3.2%、3.0%、1.4%、1.3%、15.5%和3.5%；根茎类、茄果类蔬菜价格分别下跌6.4%和1.0%。

水果产品价格全线下跌。其中桃和葡萄价格下跌幅居前两位，分别下跌17.8%和11.5%；梨、柑橘类和瓜类水果价格分别下跌3.6%、9.3%和5.9%。

## 三、渔业产品生产者价格有所下跌

渔业产品价格下跌4.2%。常见淡水养殖鱼类中鲤鱼、草鱼分别上涨8.5%和2.9%，鳙鱼、青鱼、鲢鱼、鲫鱼价格分别下跌1.3%、7.9%、2.6%和10.0%。

**表3　2018年主要渔业产品生产者价格涨跌情况**

单位：%

| 产品＼报告期 | 1季度 | 2季度 | 3季度 | 4季度 | 全年 |
|---|---|---|---|---|---|
| 养殖淡水鲤鱼 | 5.7 | 13.6 | 5.7 | 8.8 | 8.5 |
| 养殖淡水草鱼 | 5.3 | 6.9 | −1.7 | 1.6 | 2.9 |
| 养殖淡水鳙鱼 | 0.2 | −0.1 | −2.4 | −3.6 | −1.3 |
| 养殖淡水青鱼 | — | −10.6 | −17.8 | −1 | −7.9 |
| 养殖淡水鲢鱼 | −5.6 | 0.3 | −2.3 | −2.6 | −2.6 |
| 养殖淡水鲫鱼 | −11.5 | −14 | −10.7 | −4.2 | −10 |

## 四、林业产品生产者价格止跌回升

林业产品价格经历了从 2015 年 1 季度至 2018 年 2 季度连续“14 连跌”之后，2018 年 3 季度开始同比上涨，4 季度保持上扬趋势，涨幅 9.3%，全年上涨 1.4%。其中，木材采伐产品（原木）和林产品价格分别上涨 2.8%和 4.0%，竹材采伐产品（毛竹）价格下跌 6.1%。

木材价格上涨的主要原因：一是环保政策持续影响。2018 年中央环保督察对全国各大板材基地施加重压，95%以上的板材企业临时停产整改，市场供应量减少。二是国外原木出口禁令导致原木供应缩减。中国最大的桦木原木进口国俄罗斯、橡胶木进口国马来西亚等国相继出台禁伐令或禁止原木出口政策对我国原木市场产生严重影响，导致原木价格整体攀高。

**表 4　2018 年主要林业产品生产者价格涨跌情况**

单位：%

| 报告期<br>产品 | 1 季度 | 2 季度 | 3 季度 | 4 季度 | 全年 |
|---|---|---|---|---|---|
| 木材采伐产品（原木） | — | −4.5 | 13.3 | 2.8 | 2.8 |
| 竹材采伐产品（竹材） | −2.8 | −7.4 | −9.1 | −5.3 | −6.1 |
| 林产品 | 0.2 | −1.8 | 13.2 | 20.2 | 4 |

（曾　郁）

# 2018 年湖南医疗保健类价格平稳上涨

2018 年，湖南医疗保健类价格比上年上涨 2.5%，涨幅收窄 2.5 个百分点，比居民消费价格总水平高出 0.5 个百分点，影响居民消费价格总水平上涨 0.2 个百分点。

## 一、药品及医疗器具价格全面上涨

药品及医疗器具价格上涨 5.5%，涨幅较上年扩大 0.9 个百分点。其中，西药价格上涨 6.1%，涨幅收窄 0.3 个百分点；中药价格上涨 5.8%，涨幅扩大 3.0 个百分点；滋补保健品价格上涨 4.1%，涨幅扩大 1.6 个百分点；保健器具价格微涨 0.2%，涨幅收窄 0.3 个百分点；医疗卫生器具价格小幅上涨 0.1%，涨幅收窄 0.4 个百分点。

西药 14 个基本分类仅有治疗精神障碍药价格下跌，其他西药中价格涨幅较大的有消化系统用药、心血管系统用药、呼吸系统用药、维生素矿物质类药以及泌尿系统用药，分别上涨 12.5%、10.3%、7.6%、6.1%和 5.7%。

中药分类中，中成药价格上涨 7.2%，涨幅扩大 5.0 个百分点；中药材价格上涨 2.7%，

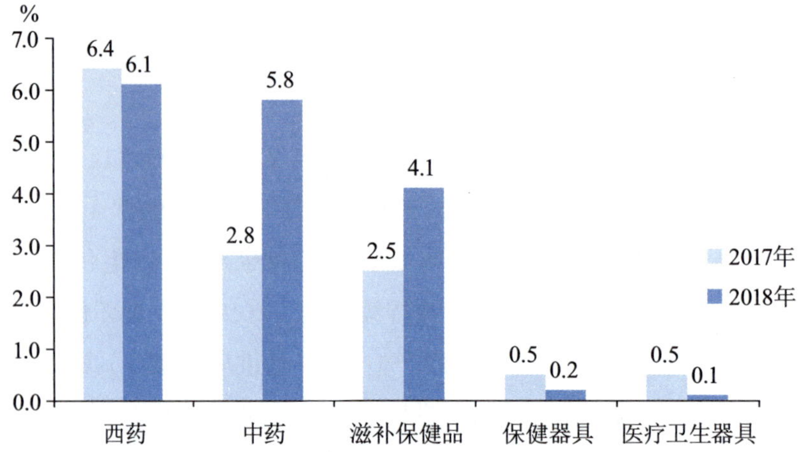

**图1　2017—2018年药品及医疗用具类价格涨幅对比图**

涨幅收窄1.5个百分点。

药品价格持续走高的原因主要有三个方面：一是取消药品政府定价以来，湖南省低价药品价格总体上涨；二是部分原料药生产企业为达到环保要求改善生产工艺，使得原料药生产成本增加；三是非处方药（OTC）市场需求上升，导致OTC药品价格上涨明显。

## 二、医疗服务价格温和上行

2018年，随着湖南城市公立医院综合改革的深入，医疗服务价格呈温和上行态势，上涨0.7%，涨幅收窄4.4个百分点。其中，综合医疗类价格上涨1.5%，涨幅收窄9.8个百分点；其他医疗服务价格上涨0.8%，涨幅收窄3.3个百分点；治疗类价格与康复类价格均上涨0.5%，涨幅分别收窄4.2个百分点和5.9个百分点；诊断类价格上涨0.2%，涨幅扩大0.6个百分点；中医医疗服务类价格上涨0.1%，涨幅收窄4.2个百分点。

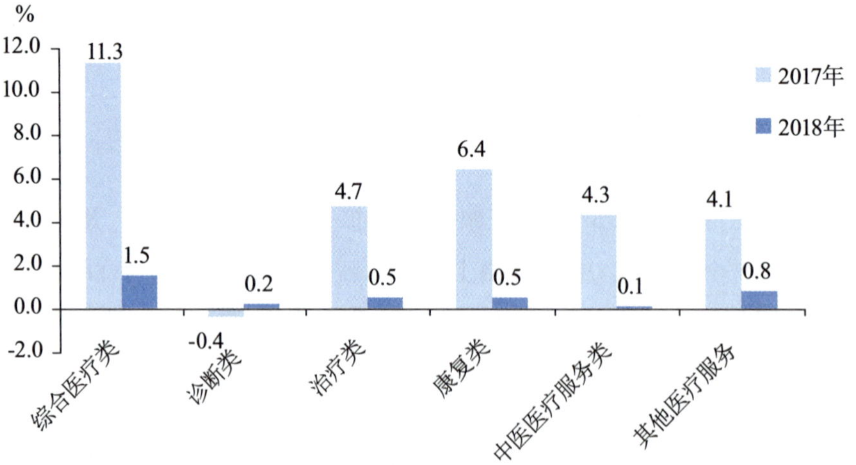

**图2　2017—2018年医疗服务类价格涨幅对比图**

（王湘杰）

# 深度透视

## 湖南 CPI 与 GDP 的关系及影响研究

物价关系国计民生，物价是否稳定直接影响一个国家或地区的经济发展和社会稳定。当前，我国经济进入高质量发展阶段，受国际贸易保护主义和单边主义的影响，经济下行压力加大，经济发展的不确定性增加。因此，正确处理好物价稳定和经济发展之间的关系，对保持经济健康稳定发展具有重要的意义。居民消费价格指数（Consumer Price Index，CPI）是反映居民购买并用于消费的商品和服务价格水平的变动趋势和变动幅度的指标，可以在一定程度上反映一个国家和地区的通货膨胀或通货紧缩水平以及宏观经济运行状况。而国内生产总值(Gross Domestic Product，GDP)则是指按市场价格计算的一个国家(或地区)所有常住单位在一定时期内生产活动的最终成果，是核算体系中一个重要的综合性统计指标，也是我国新国民经济核算体系中的核心指标，它反映了一国(或地区)的经济实力和市场规模。改革开放以来，湖南 GDP 得到了快速增长，特别是近年来，湖南省 GDP 和 CPI 运行都呈现新的特点。全面分析改革开放以来特别是 21 世纪以来湖南经济增长和 CPI 的变动特点、原因和趋势，通过与全国平均水平比较，研究 GDP 和 CPI 联动之间的关系，分析各要素的特点和变动规律，研究变量之间内在的关联影响程度，对省委、省政府制定湖南社会经济发展规划和发展战略，全省各级党委政府因地制宜制定促进经济发展的措施有一定的参考价值。(反映经济增速变化的指标种类较多，考虑到数据收集的完整性和连续性，本研究主要采用全国、湖南 GDP 名义增速与湖南居民消费价格指数 CPI 进行研究)

### 一、CPI 与 GDP 的变动趋势分析

改革开放以来，我国经济经历了数轮波动。以 1996 年为分水岭，主要经历了两个比较大的阶段。在 1996 年以前，经济的高速增长往往伴随着物价的明显上涨。如 1985 年湖南 GDP 增长 12%，CPI 同期上涨 10.9%。有时物价涨幅甚至超过 GDP 增幅，如 1994 年 CPI 涨幅超过 GDP 增幅 14.7 个百分点。1996 年以后，湖南 CPI 涨幅相对平稳，一直低于 GDP 增幅，平均低 8.6 个百分点。即使是在经济增长最快的 2007 年(GDP 增长 15.1%)，物价仅上涨 5.6%，近些年一直保持 2.0%以下的涨幅。

#### (一)第一阶段：市场经济体制的改革探索和尝试(1978—1996 年)

该阶段正处于我国由计划经济向市场经济的探索和转型阶段，社会主义市场经济制度体系初步建立。转型需要从根本上重新构筑新的经济制度体系，涉及面广、难度大，因此对

市场价格的变动造成了较为明显的影响。同时，这一阶段，全国、湖南 GDP 名义增速和湖南 CPI 运行均呈现出大幅度震荡的特点。但由于湖南地处中部，地理区位优势不明显，在改革开放初期，经济发展速度低于沿海地区。因此，该阶段湖南 GDP 名义增速大多低于全国。对这一阶段 CPI 与 GDP 的波动进行周期划分，有代表性的周期共有四次。

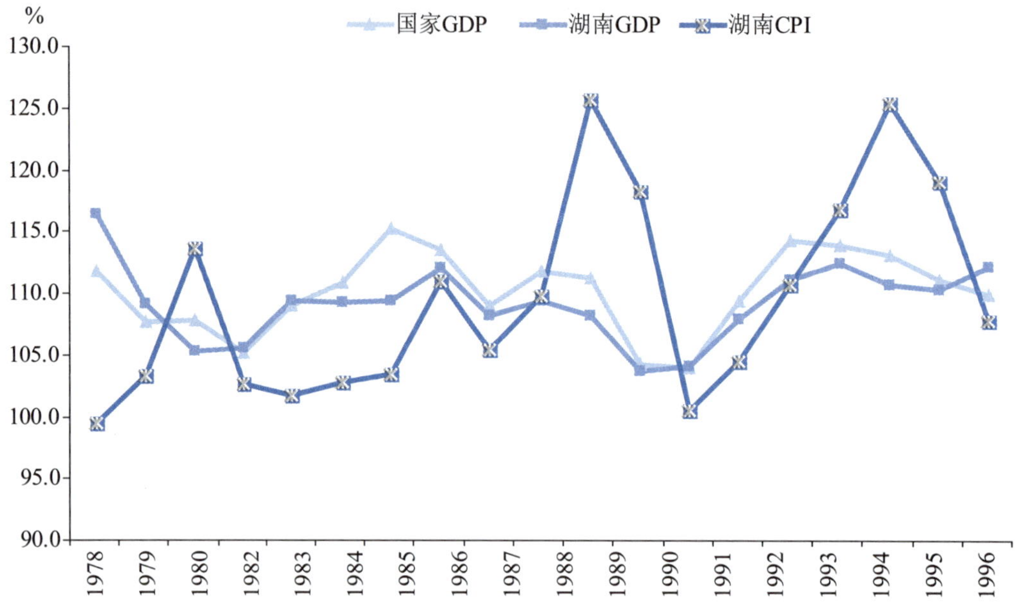


**图 1　1978—1997 年全国、湖南 GDP 名义增速和湖南 CPI 走势图**

1. 第一次波动周期（1978—1982 年）。在这一轮周期中，我国经济体制改革主要采取“以调为主，调放结合”的方法，在实践中探索市场经济价格体制模式。全国、湖南 GDP 名义增速主要呈高位回落态势，而物价则在国家政策的调整下，迎来了一波上涨。1979 年初，全国统一提高了粮食、棉花等 18 种主要农产品收购价格。同时，为了保证职工生活的基本安定，发给职工每人每月副食品价格补贴 5 元。受其影响，湖南 CPI 在 1980 年出现了这一轮 CPI 周期的峰值，涨幅为 13.6%，周期的峰谷落差为 14.2%。

2. 第二次波动周期（1982—1986 年）。从这一轮周期开始，我国经济体制改革进入新的阶段，财政体制“放权让利”式改革逐步推进。1984 年 10 月，党的十二届三中全会通过了《中共中央关于经济体制改革的决定》，全面放开价格有效活跃了市场，加之国家实行宽松的货币政策和财政政策，我国宏观经济开始回暖，全国、湖南名义 GDP 增速开始扩大。同时，1985—1989 年全面实行“双轨制”，全国经济尤其是工业生产得到较快发展，工业原材料及轻工业产品价格上涨明显。受其影响，湖南 CPI 在 1985 年出现了这一轮 CPI 周期的峰值，涨幅为 10.9%，周期的峰谷落差为 9.3%。

3. 第三次波动周期（1986—1990 年）。此时我国正处于价格改革期，国家进行了多次的价格调整。由于价格的逐步放开，促进了经济的进一步增长，在供求关系不对称的情况下，导致价格水平的不断攀升。1988 年，我国尝试取消价格“双轨制”，各项价格改革措施开始相继出台。这次价格波动涉及范围广泛，湖南从一般日用消费品到生产资料再到文教卫生等服务类行业,各领域市场价格均呈上涨态势。受其影响,全国、湖南名义 GDP 增速在 1987、1988 两年达到了阶段性的较高水平,而后开始回落。而湖南 CPI 也在 1988 年出现了这一轮 CPI 周期的峰值,涨幅达到 25.6%,峰谷落差为 20.3%。

4. 第四次波动周期(1990—1996 年)。这是该阶段持续时间最长的一次物价周期。这段时期,我国经济发展的特征是 GDP 高速增长和 CPI 大幅震荡并存。1992 年起,全国各地掀起了新一轮经济建设热潮。重工业化进程加快推进、公共服务领域的市场化进程加快和城乡居民收入增长较快带动消费需求明显增加等,成为拉动 GDP 与 CPI 大幅度上涨的主要因素。尤其是 1994 年,国家对外汇体制进行重大改革与农业生产遭受严重自然灾害等多方面原因叠加,GDP 名义增速与 CPI 出现"双高"。受其影响,湖南 CPI 在 1994 年出现了这一轮 CPI 周期的峰值,涨幅达到 25.3%,峰谷落差为 24.9%。

### (二) 第二阶段:市场经济体制的建立和完善(1996—2018 年)

这一阶段,我国经过改革开放以来的探索和努力,市场经济体制已经建立并进入了完善时期,社会主义市场经济杠杆的调节作用得到充分体现。除了部分资源类及垄断类产品仍然处于政府调控范围内,其他商品价格基本由市场进行自主调节,价格改革进入良性运行阶段。随着经济的发展,居民消费的重点逐步转移到住房消费、教育消费、医疗保险和休闲。但由于 CPI 构成的限制,尤其是居民对住房需求快速上升,和房地产市场价格快速提高,在 CPI 中几乎得不到任何反映。另外,在此期间中国的经济在绝大多数领域已摆脱了短缺经济的束缚,而成为一个供应充足甚至供应过度的经济。因此,该阶段我国经济保持平稳较快运行,而物价则长时间保持基本稳定,但总体走势大体一致。

该阶段,全国、湖南 GDP 名义增速和湖南 CPI 波动区间小于第一阶段。这段时期,湖南地理区位优势开始展现,湖南 GDP 名义增速开始超过全国。对这一阶段 CPI 与 GDP 的波动进行周期划分,可分为两个有代表性的周期。

1. 第一次波动周期(1996—2012 年)。该周期内由于市场经济体制还不够完善,国家整体实力还不够强大,GDP、CPI 受外力因素影响较为明显,指数整体运行呈现震荡调整态势。1998—2002 年,受亚洲金融危机的影响,我国经济承受了巨大的压力,消费市场低迷,物价甚至出现回落。2003 年以后,整个国民经济处于新一轮经济周期的上升阶段,工业化、城市化建设步伐加快。但由于经济的快速增长,生产行业出现产能过剩现象,形成供大于求的格局。经济运行出现了"高增长,低物价"的运行态势。2008 年次贷危机爆发,资本主义国家和社会主义市场经济体制的中国都受到巨大冲击,受其影响,2009 年湖南 CPI 再次出现下跌。之后,我国积极应对世界金融危机,在实行适度宽松货币政策和积极财政政策及一系列扩大内需政策措施刺激下,2010 年湖南 CPI 实现"船"形反转,市场价格逐步稳定,并在 2011 年达到了该阶段 CPI 涨幅的最后一个峰值。

2. 第二次波动周期(2012—2018 年)。党的十八大以后,我国经济由高速增长转为中

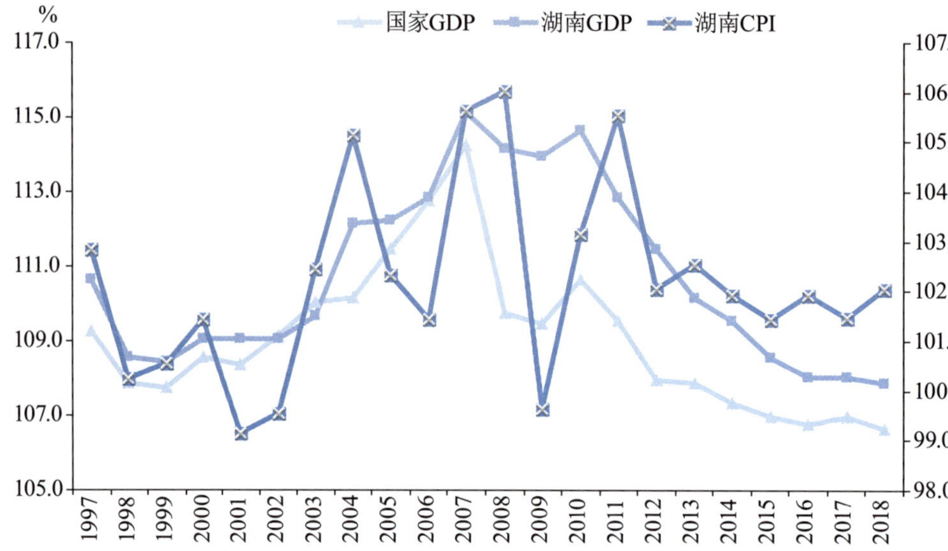


**图 2　1996—2018 年全国、湖南 GDP 名义增速和湖南 CPI 走势图**

高速增长，在世界主要国家中名列前茅，国内生产总值稳居世界第二。随着供给侧结构性改革的深入推进，经济结构不断优化，我国市场经济体制建设逐步完善，价格改革进入深水区。该周期内湖南 CPI 波动区间最小，总体逐步趋于平稳。分年来看，涨幅最高的年份为 2013 年，涨幅最低的年份为 2015 年和 2017 年。

## 二、GDP 增长与 CPI 增速之间关系变化分析

### （一）经济与价格均保持增长态势

1978—2018 年湖南经济和物价均呈上涨态势。2018 年与 1978 年比较，物价上涨了 7.6 倍，GDP 由 147 亿元增长到 36426 亿元。

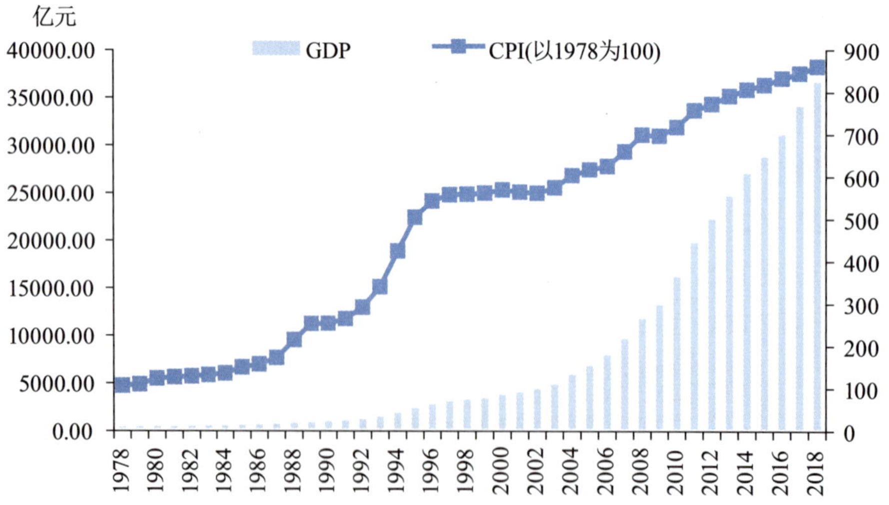


**图 3　1978—2018 年湖南 GDP 与 CPI 走势图**

### （二）和经济增长比较，CPI 涨幅回落更快

以 1996 年为分界点，1978—1996 年，湖南经济和物价起伏较大。GDP 年均增长 8.7%，物价年均上涨 9.8%。1997—2018 年，湖南 GDP 年均增长 10.6%，比 1978—1996 年上升了 1.9 个百分点；CPI 涨幅为 2.1%，比 1978—1996 年回落了 7.8 个百分点。CPI 回落较快，2012 年后基本保持平稳态势。

### （三）物价涨幅由滞后经济增长转为与经济增长基本同步

1996 年以前，湖南物价上涨基本滞后经济增长一年，如 1989 年 GDP 增长达到相对低点，经济增长 3.6%，CPI 在次年达到相对低点，物价上涨 0.4%；1993 年 GDP 增长达到相对高点，经济增长 12.4%，CPI 在次年达到高点，物价上涨 25.3%。1996 年后，年度物价涨幅基本滞后经济增幅的情况有所改变，物价上涨基本与经济增长同步。

### （四）CPI 对经济增长的敏感度要弱于 PPI 和固定资产投资价格等价格指数

近年来，投资成为经济中最活跃的因素。与经济快速增长同时出现的是投资价格和生产资料价格的较快上涨。一般来说，经济增速的高低较快地反映在工业品出厂价格指数、和固定资产价格指数变化上，但对 CPI 的影响要滞后一些。从图 4 可以看出，2010 年后，随着经济的调整，PPI 和固定资产投资价格的变动幅度更大，和 GDP 变动更趋一致。

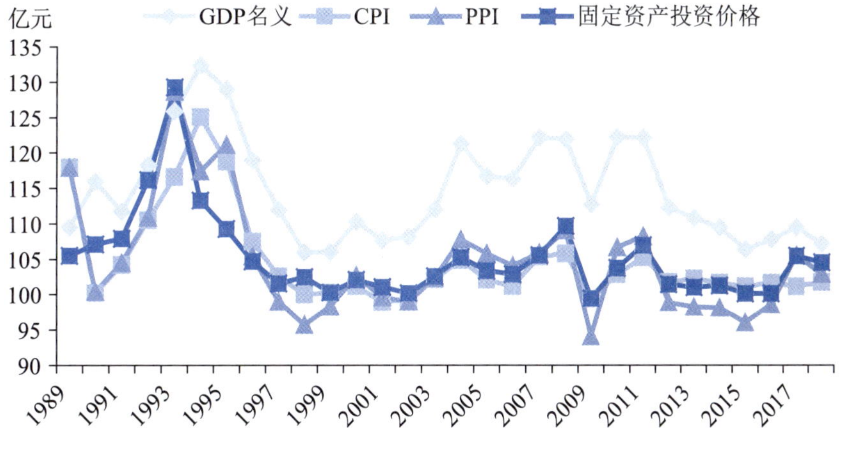


**图 4 1978—2018 年湖南 GDP 名义增速与 CPI、PPI、固定资产投资价格走势图**

### （五）消费是影响物价的主要因素

消费需求旺盛时期往往伴随着物价的高增长，从下图数据可以看出，社会消费品零售总额增长快的年份，物价也上涨较快，社会消费品零售总额增长慢的年份，物价涨幅回落。近年来，GDP 增速和投资增速基本同步变动，物价涨幅和消费基本同步变动。

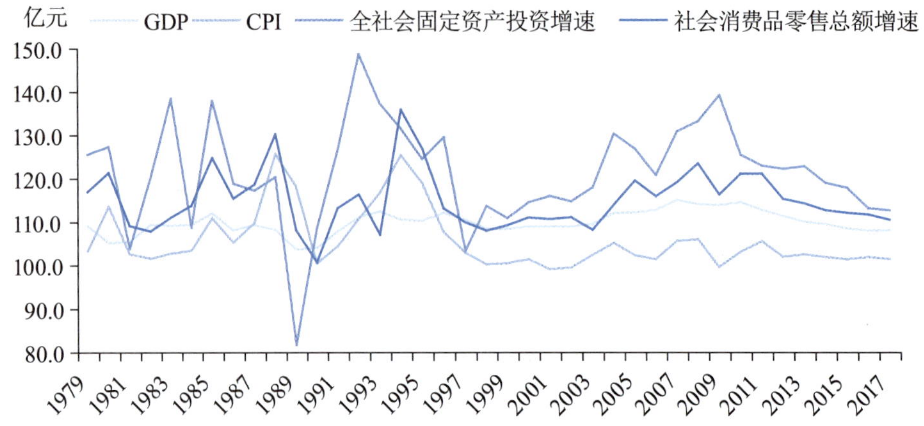


**图 5　1978－2018 年湖南 CPI、GDP、固定生产投资增速与社会消费品零售总额增速走势图**

## 三、CPI 增长与 GDP 增长关系实证分析

为更好地分析 CPI 与 GDP 之间的数量关系，利用数学模型对 CPI 与 GDP 实际增速、名义 GDP 增速进行实证研究。本研究建立的偏最小二乘模型主要包含五个变量，即 GDP 实际增速、名义 GDP 增速为因变量，选取 CPI、全社会固定资产投资增速、社会消费品零售总额增速为自变量。模型中数据分别为 1978 年－2018 年以来湖南 GDP 实际增速、名义 GDP 增速、CPI、全社会固定资产投资增速、社会消费品零售总额增速。数据主要来自国家统计局湖南调查总队编辑出版的《湖南调查资料》与湖南省统计局出版的《湖南统计年鉴》。本研究采用的统计学软件为 R 程序。

### （一）数量分析

1. 名义 GDP 与当年物价有关系，而实际 GDP 增长与上年物价有关系。

为了便于分析，将地区生产总值简单地分为消费品 $Q_1$ 和非消费品 $Q_2$，相应地，价格分为消费品价格 $P_1$ 和非消费品价格 $P_2$。以上年为基期。

当年的地区生产总值即名义 GDP 可以表示为：$GDP = Q_1P_1 + Q_2P_2$　　(1)

上年的名义 GDP 可以表式为：$GDP_{t-1} = Q_{1_{t-1}}P_{1_{t-1}} + Q_{2_{t-1}}P_{2_{t-1}}$　　(2)

与上年对比的实际 GDP 应为扣除了物价因素影响后的 GDP，即不考虑价格上涨因素，$GDP_0 = Q_1P_{1_{t-1}} + Q_2P_{2_{t-1}}$　　(3)

其中，$P_{1_{t-1}}$ 和 $P_{2_{t-1}}$ 为上年的消费品价格和非消费品价格。

将本年的实际 GDP 与上年的名义 GDP 进行比较，即得到实际 GDP 增长率。

即　$$GDP\text{ 实际增长率} = \frac{GDP_0}{GDP_{t-1}} = \frac{Q_1P_{1_{t-1}} + Q_2P_{2_{t-1}}}{Q_{1_{t-1}}P_{1_{t-1}} + Q_{2_{t-1}}P_{2_{t-1}}} \tag{4}$$

通过公式(1)(2)可知,名义 GDP 与当年物价有关,通过公式(3)(4)可知,实际 GDP 增长与上年物价有关。

2. 物价增长刺激消费增长,进而刺激经济增长

虽然实际 GDP 增长与上年物价有关,但当年的物价通过影响消费品数量影响 GDP。从图 3 也可看出,社会消费品零售总额增长快的年份,物价也增长较快。当消费品数量和价格均保持增长,GDP 必然随之上涨。

3. GDP 平减指数体现市场整体价格的变动,CPI 通过平减指数影响 GDP

将名义 GDP 与实际 GDP 比较,可得到一个地区的整体价格,即为平减指数。

$$GDP\text{ 平减指数}=\frac{GDP}{GDP_0}=\frac{Q_1P_1+Q_2P_2}{Q_1P_{1_{t-1}}+Q_2P_{2_{t-1}}} \tag{5}$$

当 $Q_1$ 和 $Q_2$ 一定的情况下,$P_1$ 通过平减指数影响 GDP。

## (二)模型分析

结合前文的分析,选取 1996 年后 GDP 实际增速、名义 GDP 增速为因变量,选取 CPI、全社会固定资产投资增速、社会消费品零售总额增速为自变量进行计量分析。为了保持数据的一致性,将所有的增长速度指数化。如 GDP 增长 8.7%即指数化为 108.7。

由于因变量之间、自变量之间、因变量与自变量之间存在复杂的相关关系,如果运用普通的最小二乘法进行模型构建,会存在共线性。因此,采用偏最小二乘法进行模型构建。

1. 偏最小二乘

设自变量为 $X$,因变量为 $Y$,记 $Y$ 标准化后的矩阵为 $F_0$,记 $X$ 标准化后的矩阵为 $E_0$。记 $t_1$ 是 $E_0$ 的第一个成分,$t_1=E_0w_1$,且 $||w_1||=1$。$w_1$ 是矩阵的最大特征值对应的特征向量。$E_1$、$F_1$ 为残差向量,用矩阵 $E_1$、$F_1$ 取代 $E_0$、$F_0$,照上述方法计算下去。用留一法交叉验证得到预测均方误差根(RMSEP)最小的值所对应的成分个数作为最终模型提取的成分个数,记为 $m$,并记 $m$ 个成分为 $t_1,t_2,\cdots,t_m$($m<A$,$A=$秩$(X)$),即可得到 $F_0$ 关于 $t_h$ 的回归模型:

$$F_0=t_1r_1+t_2r_2+\cdots+t_mr_m+F_m$$

由于 $t_1,t_2,\cdots,t_m$ 都是 $E_0$ 的线性组合,因此最后可得到 $F_0$ 关于 $E_0$ 的表达式:

$$F_0=E_0\left[\sum_{j=1}^{m}w_j{}^*r_j\right]+F_m\text{,其中 }w_j{}^*=\prod_{k=1}^{j-1}(1-w_kp_k^T)w_j$$

2. 模型构建

由于价格对地区生产总值的影响是直接的,先考察其对名义 GDP 的影响。

根据以上算法结合 R 软件计算 PLS,用留一法得到的 RMSEP 值可以看出,当成分个数为 2 时,RMSEP 值最小,对自变量 X 和因变量 Y 的累计解释能力分别为 89.98%和 85.76%,均大于 85%,由此选取 2 个主成分。

不同数量主成分对变量的解释能力

| | 1 comps | 2comps |
|---|---|---|
| X | 71.42 | 89.98 |
| Y | 83.72 | 85.76 |

考察名义GDP增速与CPI的关系，模型结果如下：

$$GDP = 0.50CPI + 0.18TZ + 0.40XF$$

模型解释变量的系数均为显著。

模型结果表明：CPI对GDP名义增长具有直接的影响，当价格上涨1个百分点时，经济名义增长0.50个百分点。

为验证价格对经济增长的间接影响，以实际GDP为因变量进行模型分析。同样的，选取两个主成分，模型的运行结果如下：

$$GDP_0 = 0.11CPI + 0.41TZ + 0.49XF$$

模型各系数均通过显著性检验。

模型的结果表明，当CPI变动1个百分点时，经济实际增长同向变动0.11个百分点。适当的物价增长将刺激经济的快速增长。模型的结果和一般经济规律相吻合。

值得注意的是，当运用1996年及以前的数据进行模型分析时，得到模型结果：

$$GDP_0 = -0.008CPI + 0.69TZ + 0.15XF$$

物价和实际GDP增长呈现反向变动。这说明在物价波动较大的时期，物价对经济增长具有抑制作用。

### （三）主要结论

综上，可以看出CPI对经济的发展具有积极的正向作用。其中，CPI变动对名义GDP和实际GDP的影响程度不一样。当价格上涨1个百分点，经济名义增长0.50个百分点；当价格上涨1个百分点时，经济实际增长0.11个百分点。说明CPI除了直接影响GDP，也通过市场调节间接影响GDP增长。同时，在物价波动较大的时期，物价对经济增长具有抑制作用，保持物价合理增长对经济增长具有重要的意义。

## 四、意见和建议

通过分析发现，居民消费价格总水平保持稳定增长，有利于国民经济稳中向好的发展趋势。因此，进一步加强物价调控，稳定市场经济发展，将是湖南各级党委政府制定社会经济发展规划和发展战略时的必由之路。

### （一）深化价格体制改革，坚持稳定价格的政策

目前，湖南市场部分商品和服务项目的价格形成和管理机制依然有待进一步改革和完

善。因此,要进一步推进价格改革,坚持以市场为导向,放开竞争性环节价格,适当引进市场竞争,逐步打破资源市场寡头垄断格局,确保其价格基本稳定。同时,坚持“底线思维”,深化改革与稳定发展相协调。根据市场行情调节资源产品价格时,要适应新时期价格运行趋势的变化,把改善投资和消费环境、保持社会稳定作为最重要原则,制定完善的配套措施,把控价格变动幅度,大力整顿和规范市场价格秩序,努力促进经济发展和社会稳定。

### (二)缩小城乡收入差距,提高居民消费能力

当前,湖南低收入群体尤其是在农村地区占人口总数的比重较大是导致整体消费水平不高的主要原因。建议各级党委政府进一步加大对“三农”的扶持和农业保险的投入力度,积极推进农业结构转型升级,减小自然灾害对农业收入的影响。一是不断提高低收入群体的生活保障水平。建立长效的低收入群体收入增长机制,加强扶贫造血力度,加快低收入群体脱贫步伐。进一步健全城乡最低生活保障、失业保险标准等与物价波动挂钩的联动机制。二是加大农村居民的帮扶力度。加强农民职业和就业培训,不断提高农民的综合素质和就业能力。加快农村综合改革,促进农民增产增收。三是完善价格补贴机制。高度关注物价波动尤其是生活必需品价格波动对居民生活带来的影响,适时提高补贴标准,扩大补贴范围。四是强化社会保障体系建设。进一步完善医疗保险、养老保险、失业保险和社会救助制度,不断保障和改善民生。同时,制定合理的价格政策,保持农产品的价格相对稳定,调整城乡之间居民收入的分配格局,减少不同区域间和群体间的收入差距,从而提高社会居民的整体消费能力和消费水平。

### (三)完善价格调控机制,保持市场物价平稳

物价水平直接影响居民的消费水平,物价持续波动和上涨容易导致居民购买力的下降。因此,完善价格调控和监管机制,保持物价平稳显得尤为重要。一是切实搞好农产品生产供应。加大农产品生产投入和扶植力度,巩固、完善和落实支农惠农政策,夯实农产品生产基础。改善农产品流通状况,降低农产品流通成本。二是完善大宗农产品储备制度和调节机制,保障供应和价格稳定。三是加强市场价格监测,及时应对特殊情况下的物价波动。建立重要民生商品、主要农产品、重要工农业生产资料监测预警机制,密切关注其价格走势。完善有效防范和应对价格异常波动预案和措施,加强价格应急各项措施的储备和演练。同时,对春节及重大节假日、冰雪等极端天气等特殊时期的农产品价格进行补贴,稳定市场价格水平。

### (四)加快产业转型升级,转变居民消费观念

大力调整优化产业结构,支持企业技术改造和设备更新,加快传统产业转型升级,着力培育发展新兴产业。发挥创新引领发展第一动力作用,形成线上与线下协同的创业创新格

局。对那些产品有市场、经营有效益但暂时遇到困难的企业，要予以扶持，加强技术改造和市场拓展，力争升级做强。同时，加强宣传，引导居民在满足发展资料消费需求的同时，结合自身经济收入水平，合理追求精神层面的消费，理性消费，主动提高自身的消费水平和生活质量。

（陈志　陈浩　汪涛　王璐　王湘杰　钟莉　傅磊峰）

# 市县链接

## 长沙：2018 年居民消费价格温和上涨

2018 年长沙居民消费价格指数（CPI）为 102.0，同比上涨 2.0%，在全国 36 个大中城市中与重庆、长春、合肥、天津并列排名第 21 位；其中食品价格上涨 2.3%，非食品价格上涨 1.8%，消费品格上涨 2.2%，服务价格上涨 1.6%。

### 一、各月 CPI 同比涨幅波动较大

2018 年长沙各月 CPI 同比均呈上涨趋势，但各月涨幅不一，波动较大。1 月份受上年翘尾因素影响，CPI 同比上涨 0.9%。2 月份受春节因素影响，CPI 同比上涨 2.3%。3 月份 CPI 同比涨幅逐渐收窄至 1.6%，4、5、6、7 月份涨幅平稳，CPI 同比上涨在 1.2%～1.4% 之间。

受夏季炎热天气影响，8、9 月份鲜活食品价格大幅上涨，新涨价因素扩大，推动 CPI 同比涨幅逐渐走高，9 月份上涨至 2.8%。从 10 月份开始，由于食品（主要是鲜菜）、衣着、居住、成品油价格上涨等因素影响，CPI 同比涨幅逐步扩大，当月涨幅 3.4%。11 月份受鲜菜价格大幅回落影响，CPI 同比涨幅收窄至 3.1%。12 月在房租、成品油价格回落等因素影响下，CPI 同比涨幅继续回落至 2.3%。

### 二、八大类商品及服务价格全面上涨

2018 年 1—12 月，构成 CPI 的八大类商品及服务价格全面上涨，其中，涨幅在 2%及以上的有食品烟酒、衣着、居住、交通和通信等四个大类，分别上涨 2.2%、2.5%、2.0%、2.2%；涨幅介于 1%～2%的分别为生活用品及服务、教育文化和娱乐、医疗保健三个大类，分别上涨 1.3%、1.4%、1.6%；其他用品和服务涨幅为 0.9%。

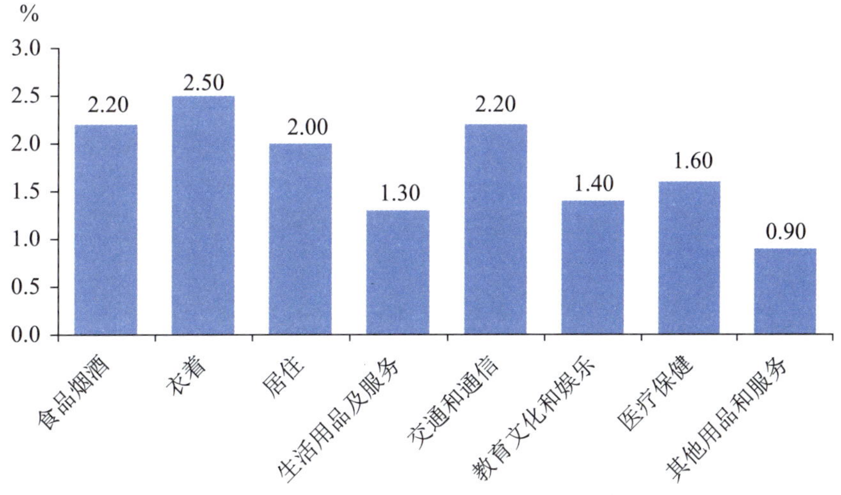


**2018 年 1—12 月长沙 CPI 八大类商品及服务价格涨幅**

## 三、影响 CPI 同比上涨的主要因素

一是鲜菜价格上涨。2018 年鲜菜价格上涨 12.4%，影响 CPI 上涨 0.35 个百分点。主要原因是广东、广西等蔬菜产区因干旱影响，夏季菜减产，秋季菜推迟上市，导致市场供应减少，而长沙蔬菜主要靠外调，本地菜供给率低，导致 2018 年下半年有 5 个月蔬菜价格环比上涨。

二是鲜瓜果价格上涨。2018 年鲜瓜果价格上涨 7.1%，影响总指数上涨 0.17 个百分点。主要原因是 2018 年夏季广东、海南等地受台风影响，香蕉等热带水果减产导致价格明显上涨，2018 年下半年有 4 个月鲜瓜果价格环比上涨。

三是住房租赁价格上涨。2018 年自有住房租金上涨 2.5%，影响 CPI 上涨 0.21 个百分点。主要原因是受 2018 年初以来商品房销售市场火爆，“蛇宝宝”“龙宝宝”集中就读小学的影响，住房租赁价格上涨，尤其是暑假期间学区房租金价格上涨明显。以毗邻长沙麓山国际实验小学的恒大华府二期 90 平方米三居室为例，2018 年上半年月租金约为 2200～2400 元，7—9 月上涨至 2400～2800 元。虽然 11、12 月份住房租赁价格环比有所回落，但由于此时是租赁淡季，成交数量少，价格回落幅度较小。

四是燃气价格上涨。根据长发改价商[2018]198 号文件，长沙民用天然气（第一档）价格从 2018 年 9 月份开始，由每立方米 2.45 元上调至 2.65 元，全年上涨 2.7%。另外在成品油价格上涨影响下，液化石油气价格全年上涨 12.0%。两者影响 CPI 上涨 0.1 个百分点。

五是交通工具燃料价格上涨。根据国内成品油调价机制，2018 年汽油、柴油价格经历了“十涨六跌八搁浅”，分别上涨 12.9%、14.2%，另外，车用天然气上涨 6.0%。三者共同影响 CPI 上涨 0.25 个百分点。

六是教育服务价格上涨。2018 年教育服务价格上涨 2.5%，影响 CPI 上涨 0.16 个百分点。主要是私立幼儿园和私立中小学学费上涨，导致学前教育收费上涨 5.3%，小学初中教育收费上涨 6.9%。以长沙广益实验中学为例，其初中一年级学费由原来的每学期 10800 元上调至 13800 元，上涨 27.8%。

（陈建华）

# 常德 CPI 持续温和上涨

——2018 年常德市居民消费价格形势分析

2018 年常德市居民消费价格指数(CPI)上涨 2.0%，与全国、全省价格运行态势基本一致，总体保持在温和可控的合理区间，涨幅较上年同期(1.7%)扩大 0.3 个百分点。其中：服务价格指数上涨 1.5%；消费品价格指数与工业品价格指数各上涨 2.3%。

## 一、常德市 CPI 总体运行情况

### (一)环比涨跌互现，同比呈震荡爬坡态势

从环比看，各月价格指数波动不大，没有出现大起大落现象，均在 99.0%～101.0%区间运行。其中除 3—6 月、12 月环比呈现下跌外，其余各月价格均为上涨，跌幅最大为 3 月，涨幅最高为 2 月。

从同比看，各月价格指数均在上涨区间运行，上半年受猪肉价格持续下跌和景点门票下调影响，在 5 月呈现全年最低点；下半年随着生猪出栏减少和非洲猪瘟叠加影响，使猪肉价格止跌回升，致 11 月达到全年最高峰值(见图 1)。

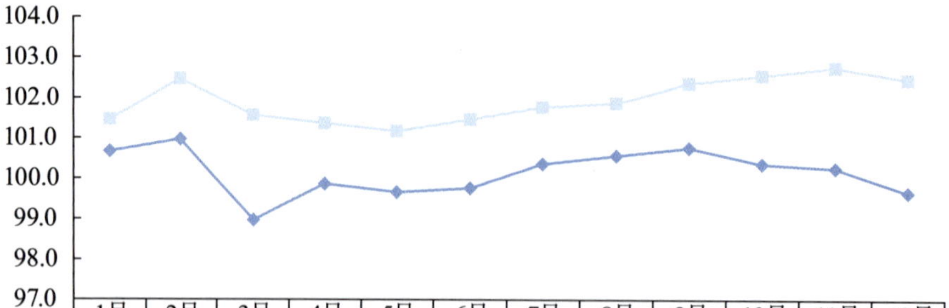


| | 1月 | 2月 | 3月 | 4月 | 5月 | 6月 | 7月 | 8月 | 9月 | 10月 | 11月 | 12月 |
|---|---|---|---|---|---|---|---|---|---|---|---|---|
| 2018年 环比 | 100.7 | 101.0 | 99.0 | 99.9 | 99.7 | 99.8 | 100.4 | 100.6 | 100.8 | 100.4 | 100.3 | 99.7 |
| 2018年 同比 | 101.5 | 102.5 | 101.6 | 101.4 | 101.2 | 101.5 | 101.8 | 101.9 | 102.4 | 102.6 | 102.8 | 102.5 |

**图 1　2018 年常德市 CPI 各月环比、同比走势图表**

### (二)八大类商品及服务价格全线上涨

从所调查的八大类商品及服务价格看，呈“全线飙涨”态势。其中：医疗保健类上涨

3.0%；食品烟酒类上涨2.3%，居住类上涨1.9%；衣着类、交通和通信类、教育文化和娱乐类均上涨1.8%；其他用品和服务类上涨1.3%；生活用品及服务类上涨0.8%。在八大类中，食品烟酒和居住类是拉动2018年常德市居民消费价格指数上涨的主要因素，两项共拉动总指数上涨1.04个百分点(见表1)。

**表1 2018年八大类商品及服务价格涨跌幅度对总指数影响程度及排位**

| 类　别 | 涨跌幅度(%) | 对总指数影响程度(百分点) | 对总指数影响排位 |
|---|---|---|---|
| 一、食品烟酒 | 2.3 | 0.67 | 1 |
| 二、衣着 | 1.8 | 0.14 | 6 |
| 三、居住 | 1.9 | 0.37 | 2 |
| 四、生活用品及服务 | 0.8 | 0.05 | 7 |
| 五、交通和通信 | 1.8 | 0.22 | 5 |
| 六、教育文化和娱乐 | 1.8 | 0.24 | 4 |
| 七、医疗保健 | 3.0 | 0.25 | 3 |
| 八、其他用品和服务 | 1.3 | 0.04 | 8 |

## (三)CPI走势与全国、全省基本一致

2018年常德市CPI上涨2.0%，涨幅与全省持平，较全国仅低0.1个百分点，而且八大类商品价格与全国、全省走势也完全一致。在全省14个地州市中位居中上游，与长沙、衡阳、自治州并列排第四位(见图2)。

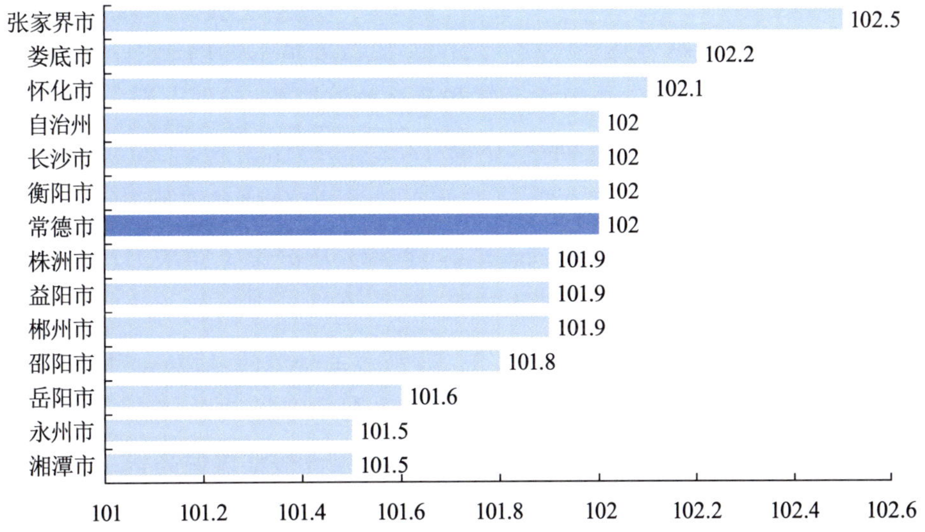


**图2 2018年湖南省各地州市居民消费价格指数及排位**

### (四)新涨价因素占主导地位

2018年常德市居民消费价格指数上涨2.0%,全年中新涨价因素影响CPI上涨1.3个百分点,所占比重为65%;翘尾因素影响CPI上涨0.7个百分点,所占比重为35%。2018年新涨价因素影响力明显增强,从8月开始占主导地位,此后,翘尾因素影响随即逐渐减弱至消失(见图3)。

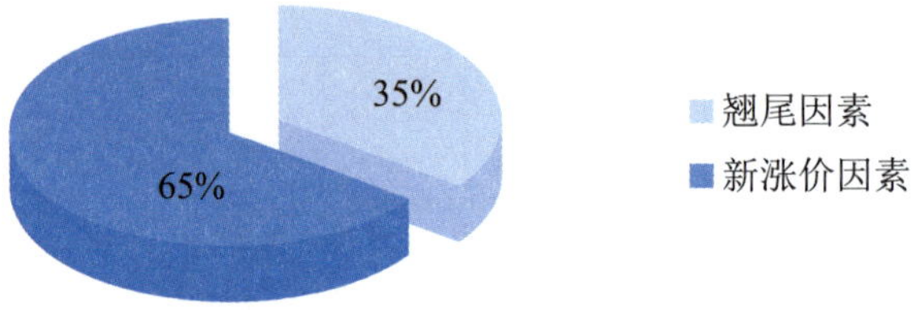


**图3 2018年常德市CPI涨幅中新涨价与翘尾因素占比图**

## 二、常德市居民消费价格变动情况

### (一)食品类价格主推CPI上涨

2018年,常德市食品烟酒类价格由负转正,上涨2.3%。其中:食品类价格重回上升通道,上涨2.8%,拉动总指数上涨0.55个百分点,在食品烟酒类涨幅中比重达82%,成为CPI上涨主推手;在构成食品价格变动的14类商品中呈现"10涨4跌",其中以鲜菜和鲜瓜果价格上涨最为明显。

1.鲜菜价格由负转正。2018年,常德市鲜菜价格上涨10%,较上年相比,涨跌幅度为23.8个百分点,对食品类贡献率达45.5%,是拉动食品价格上涨的主因。从环比看,鲜菜价格呈现涨跌互现态势,1、2月份受雨雪天气和节日效应影响,分别上涨11.7%和16.2%;3月份随节日效应消失,价格呈大幅回落,下降12.2%;4—7月份,大量鲜菜上市,价格持续下滑;8月份由于高温天气给鲜菜的储运带来不利影响,价格稍有回升;9、10月份因"中秋""国庆"节气因素影响,分别上涨11.4%和2.9%;11月份受冬储菜上市影响,价格明显下滑,12月份由于冬季气温下降,本地菜上市量减少,价格呈现反弹。从同比看,各月鲜菜价格均呈现上涨,其中,2月份受春节错峰影响,涨幅为全年最高月份,上涨23.0%。

鲜菜价格上涨原因:一是常德阴雨连绵天气频出与季节性波动较大,影响了本地蔬菜的生长与正常供应,产量较往年明显减少,以致全年蔬菜价格整体偏高;二是本地蔬菜供应不足,大多靠外地菜补充市场,而受供应地气候和流通环节等因素的影响,使外地菜价格波动较大;三是农药、化肥、种子等农业生产资料价格不同程度上涨,以及成品油价格、人工费用不断上涨,同时助推了蔬菜的种植成本和运输成本上涨。据对常德市甘露寺蔬菜批发大市场的调查了解:2018年市场蔬菜共完成交易量30288.78万公斤,同比上升了7.9%,其中：本地菜完成交易量11048.31万公斤，同比下降了4.1%；外地菜完成交易量19240.47万公斤，同比上升了16.2%，全年蔬菜混合均价2.91元/公斤，同比上涨了16.2%。

2. 鲜瓜果价格持续上涨。2018年，常德市鲜瓜果价格上涨7.3%，拉动总指数上涨0.14个百分点。其中，以苹果、香蕉价格上涨为主，由于今年春季陕西、甘肃等地气温比往年要低，以致坐果率差，加上苹果的主产区山东遭遇冰雹天气等因素影响，使产量下降，导致苹果价格上涨；而香蕉种植地广东沿海一带又遭受台风"山竹"袭击，产量也较往年明显减少，以致香蕉价格持续上涨。

3. 猪肉价格跌幅收窄。2018年，常德市猪肉价格下降3%，降幅较上年收窄7.1个百分点。从环比看，1、2月份受春节影响猪肉价格略涨3.3%和6.6%；随后4个月连续下滑，7—11月份猪肉价格呈现回升，尤其是10月底自桃源县发生非洲猪瘟疫情后，导致11月份猪肉价格大幅上扬，涨幅为20.1%；12月份因疫区解除封锁，市城区猪肉供应量大幅增加，猪肉价格明显回落。从同比看，猪肉价格延续上年低迷态势，1—9月持续下降，10月份猪肉价格结束了连续20个月下跌态势由负转正，11、12月份猪肉价格呈现大幅上涨，涨幅分别为24.6%和23.6%。

### (二)居住类价格助推CPI上涨

2018年，常德市居住类价格上涨1.9%，拉动总指数上涨0.37个百分点。推动居住类价格上涨主因是自有住房价格上涨较快，较去年同期相比上涨2.5%，拉动总指数上涨0.23个百分点；次因是租赁房房租、住房保养维修及管理和水电燃料类价格均有不同程度上涨，三项共拉动总指数上涨0.15个百分点。

### (三)服务项目价格稳步上扬

随着消费升级步伐的加快及人工成本上升等因素影响，服务类价格十多年来始终保持稳步上扬态势。2018年，常德市服务项目价格上涨1.5%，涨幅较上年同期回落2.6个百分点，拉动总指数上涨0.52个百分点。其中：私房房租上涨2.7%，住房装潢维修上涨2.6%，自有住房上涨2.5%，家政服务上涨3.3%，车辆修理与保养上涨8.3%，飞机票上涨6.4%，课外教育上涨11.4%，旅行社收费上涨8.0%，城乡居民基本医疗保险上涨20%，以上项目共拉动总指数上涨0.62个百分点。

### (四)工业品价格涨幅创七年新高

2018年，常德市工业品价格上涨2.3%，较上年扩大0.6个百分点，拉动总指数上涨0.79个百分点，涨幅创七年来新高。其中：烟酒类价格上涨2.3%，衣着类价格上涨1.8%，住房装潢材料价格上涨1.7%，燃气价格上涨2.9%，汽油和柴油价格分别上涨12.9%和14.2%，书报杂志价格上涨4.4%，中药和西药价格分别上涨9.9%、7.5%，母婴用品价格上涨6.0%，以上项目共拉动总指数上涨0.76个百分点。

（何　霞）

民生小贴士 MINSHENGXIAOTIESHI

## 长沙发布机动车停车服务收费新规

24小时内进出实行指导价的同一公共停车场如何收费？长沙新规2019年2月起实施。

**停车15分钟内免费，最高收50元**

长沙市《关于贯彻<湖南省机动车停放服务收费管理办法>的实施细则（试行）》（简称《实施细则（试行）》）二年试行期已到。为充分发挥价格杠杆的调节作用，合理调控道路交通需求、缓解停车难问题，规范收费行为，长沙市发改委、长沙市公安局等三部门已联合下发《关于长沙市机动车停放服务收费有关事项的通知》（简称《通知》）。

对比《通知》与《实施细则（试行）》，两者在定价、收费标准等方面基本差不多。据《通知》，在长沙执行政府指导价的公共停车场，停车不超过15分钟仍免费。对于核心区域，按计时方式收费的，白天时段首小时内2元/半小时，首小时后3元/半小时，夜间时段（20:00—次日7:00）1元/小时；按计次方式收费的，每次15元；24小时最高限价50元。长沙各县（市）可根据本地实际在不高于全市统一标准的原则上制定本地区停车收费标准。

不同的是，针对24小时内多次进出同一停车场的计费问题、残疾人驾驶的车辆免费问题等，《通知》进行了具体细化。

**【定价】商业场所停车实行市场调节价**

《通知》表示，在长沙，停车场停车收费按照不同类别分别实行政府定价、政府指导价和市场调节价。

其中，道路临时停车泊位（含主干道、次干道、支路）、背街小巷的机动车停放服务收费实行政府定价。

车站、码头、公交枢纽站及轨道交通换乘站、旅游景点配套停车场，国家机关、社会团体及其他公益、公用企事业单位面向公众开放的内设停车场，政府投资兴建的公共停车场和市政工程附属停车场实行政府指导价。

商业场所配套的停车场或停车泊位，商业投资建设的专业停车场，向社会开放的企业单位内设停车场，物流中心、专业批发市场配套的停车场实行市场调节价。

政府和社会资本合作建设停车设施，由政府出资方与社会投资者协议确定收费标准。

**【计费】同一停车场只采取一种计费方式**

《通知》仍明确，具备计时收费条件的停车场应采取计时方式，以加快车位周转，暂不具备计时条件的可采取计次方式收费。和过去一样，同一个停车场只能采取一种计费方式。

其中，城区道路（含主干道、次干道和支路）停车实行计时收费，背街小巷临时停车泊位实行计次收费，计次收费每次以12小时为限。

机动车停放服务收费按占用的停车泊位数收取，不同车型按相应标准计算停车泊位。其中小车（载重2吨以下含2吨或载客20座以下含20座机动车）按一个车位收取，大车（载重2吨以上至10吨含10吨或载客20座以上40座以下含40座机动车）按两个车位收取，超大型车（载重10吨以上的货车或载客40座以上的机动车）按三个车位收取。

长沙城区执行政府指导价的公共停车场可按计时或计次收费，停车不超过15分钟免费；车站、码头配套停车场，进入未设置即停即走专用通道的停车场，即停即走或停放15分钟以内车辆免费；实行市场调节价的停车场，停车15分钟内也免费。

**【浮动】重要节假日，重点路段、景区停车费可上浮**

据介绍，“公共停车场和道路临时停车泊位收费实行城市中心区域高于非中心区域、路内高于路外、干道高于支路、白天高于夜间、长时间高于短时间、高峰时段高于非高峰时段的差别价格政策。”

城市交通枢纽、轨道交通换乘站停车场实行优惠收费政策，具体标准由长沙价格主管部门根据实际另行核定。

国家机关、社会团体、事业单位及公益、公用企事业单位对来本单位办理业务的人员的车辆，在办理业务的合理时间段内不得收取停车费。

公立医院对与就诊有关车辆停放的免费时间以及优惠条件，由各医院根据车辆停放的周转情况合理确定并公示。

为了缓解重要节假日、重大活动期间重点路段、重点景区交通压力，执行政府定价、政府指导价的重点路段和景区在重要节假日（元旦、春节、清明、五一、端午、中秋、国庆）、重大活动期间停车收费可实行上浮，但上浮幅度最高不得超过50%。

**解读**

**多次进出限价的同一停车场24小时内最高收费50元**

《通知》与《实施细则（试行）》相比有啥不同？长沙市发改委收费和服务价格管理处有关负责人介绍，对《实施细则（试行）》实施过程中存在的争议性问题，如24小时内多次进出同一停车场的计费问题、残疾人驾驶的车辆免费问题等，《通知》及附件内容进一步予以了明确。

关于15分钟停车免费问题，《通知》明确，对进入未设置即停即走专用通道的停车场（独立专业机械立体停车楼除外），即停即走或停放15分钟以内的车辆，也免收机动车停放服务费。

关于残疾人驾驶的车辆停车免费问题,《通知》规定,公共停车场、道路、支路临时停车泊位等公共停车场所对持有合法残疾证的残疾人驾驶的残疾人专用车辆,免收机动车停放服务费,也就是说,"残疾人驾驶的车辆"这次明确为残疾人专用车辆。

长沙市发改委收费和服务价格管理处该负责人表示,24小时的最高限价是指车辆在某一计费期间首次进入停车场算起,24小时内多次进出或连续停放24小时的最高限价(最高50元)。对同一台车辆在24小时内多次进出同一停车场的,可分次按标准收费,但不得超过24小时最高限价。对多次进出背街小巷且使用临时停车泊位的车辆,24小时内最多按2次收取停车费,具体标准按对应区域的收费标准执行。

**提醒:付费停车不妨先看公示牌颜色**

停车场经营者要做好价格公示,在停车场入口处和交费处醒目位置悬挂由价格主管部门统一监制的《机动车停放服务收费公示牌》,标明停放收费单位、收费类型、收费标准及价格举报电话"12358"等。

根据不同的定价形式,公示牌分三种颜色:执行政府定价的停车场采用绿色公示牌,执行政府指导价的停车场采用蓝色公示牌,执行市场调节价的停车场采用黄色公示牌。价格主管部门将严肃查处违规收费行为。对没有取得停车收费资格实施停车收费的,价格主管部门将联合交警部门及时依法处理。

(信息来源:湖南日报)

# 2018年怀化工业生产者价格呈振动向下走势

2018年1—12月,怀化工业生产者出厂价格累计上涨3.2%,较去年同期(5.8%)回落了2.6个百分点;购进价格累计上涨3.5%,较去年同期(7.2%)回落了3.7个百分点。

## 一、工业生产者价格变动主要特征

1. 同比低位运行

从月度指数来看,2017年怀化PPI全年保持高位上涨态势,月度指数振荡频率高、振幅强。2018年1月,PPI以同比上涨3.7%低位开局,随后2—3月涨幅小幅震荡,分别上涨3.5和3.2%。4—7月PPI恢复性上涨,但涨幅较为平稳,分别上涨3.3%、3.7%、4.2%、4.2%。8—12月涨幅持续缩小,分别上涨3.7%、3.1%、2.8%、2.4%、1.1%。

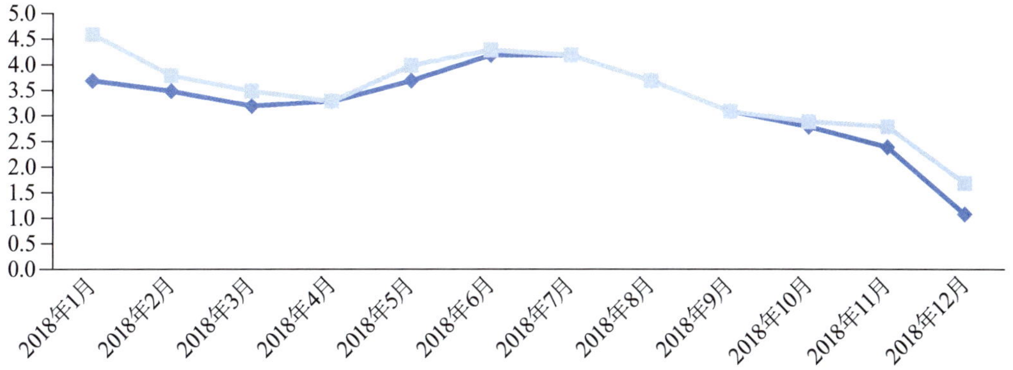


| | 2018年1月 | 2018年2月 | 2018年3月 | 2018年4月 | 2018年5月 | 2018年6月 | 2018年7月 | 2018年8月 | 2018年9月 | 2018年10月 | 2018年11月 | 2018年12月 |
|---|---|---|---|---|---|---|---|---|---|---|---|---|
| PPI | 3.7 | 3.5 | 3.2 | 3.3 | 3.7 | 4.2 | 4.2 | 3.7 | 3.1 | 2.8 | 2.4 | 1.1 |
| IPI | 4.6 | 3.8 | 3.5 | 3.3 | 4.0 | 4.3 | 4.2 | 3.7 | 3.1 | 2.9 | 2.8 | 1.7 |

**图 1　2018 年 PPI、IPI 同比涨跌幅**

2. 环比震荡运行

从 2018 年 5 月开始至 10 月，怀化 PPI、IPI 环比由负转正，结束了自 2018 年开局以来的下跌趋势。但 12 月，PPI 环比下跌 0.5%，IPI 环比下跌 0.4%。

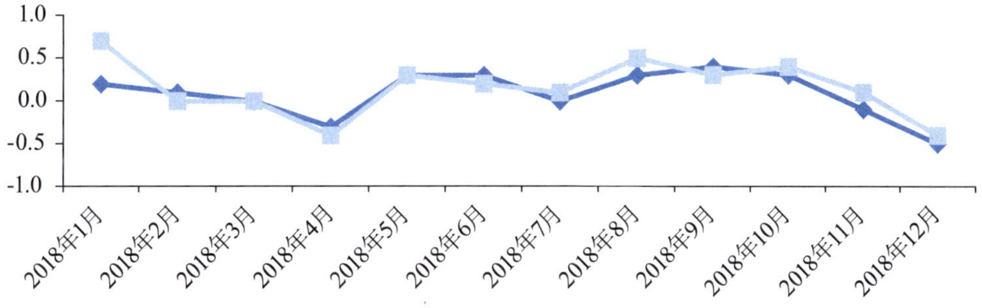


| | 2018年1月 | 2018年2月 | 2018年3月 | 2018年4月 | 2018年5月 | 2018年6月 | 2018年7月 | 2018年8月 | 2018年9月 | 2018年10月 | 2018年11月 | 2018年12月 |
|---|---|---|---|---|---|---|---|---|---|---|---|---|
| PPI | 0.2 | 0.1 | 0.0 | -0.3 | 0.3 | 0.3 | 0.0 | 0.3 | 0.4 | 0.3 | -0.1 | -0.5 |
| IPI | 0.7 | 0.0 | 0.0 | -0.4 | 0.3 | 0.2 | 0.1 | 0.5 | 0.3 | 0.4 | 0.1 | -0.4 |

**图 2　2018 年 PPI、IPI 环比涨跌幅**

3. 行业上涨面扩大

从工业生产者价格调查涉及的 36 个行业大类看，2018 年 1—12 月有 29 个行业工业品出厂价格同比上涨，有 6 个行业同比下降，上涨面为 80%。从行业累计同比指数看，2018 年 1—12 月废弃资源综合利用业、石油煤炭及其他燃料加工业、造纸和纸制业品、非金属矿采选业、黑色金属冶炼和压延加工业、涨幅超过 10%，同比分别上涨 28.9%、14.0%、12.9%、12.2%、10.4%。

## 二、怀化主要行业价格变动原因

1. 黑色金属冶炼和压延加工业价格回落。1—12月，黑色金属冶炼和压延加工业价格同比上涨10.4%，比2017年的26.0%回落15.6百分点。12月份，溆浦江龙锰业有限公司出厂的电解锰价格为每吨10500元，同比下跌15.0%。一是国家积极淘汰不锈钢落后产能，阶段内电解锰的需求低迷，电解锰供大于求是价格下跌的主要原因。二是当前国内电解锰行业仍然处于淘汰落后产能阶段和行业整合时期，目前电解锰产业集中度进一步提升，而且当前国家对于去产能仍然未有放松迹象，电解锰产能向能源、资源优势地区集聚趋势明显，未来行业集中度将会更高，小型锰厂生存难度进一步加大。

2. 有色金属冶炼和压延加工业价格恢复性上涨。1—12月有色金属冶炼和压延加工业累计上涨1.8%，比2017年1—11月的18.1%回落16.3个百分点。12月份，湖南辰州矿业股份有限公司出厂的精锑价格为每吨45100元，同比上涨2.5%。主要原因：受国内经济数据利好支撑，钢铁行业去产能继续推进，市场对于钢材等黑色金属和铜等有色金属需求上升预期较强，加上市场炒作气氛浓厚，推动钢材及铝、铅、锌等在期货市场快速上涨，导致有色金属冶炼和压延加工业价格恢复性上涨。

3. 土砂石开采业价格上扬。1—12月，土砂石开采业价格同比上涨13.5%。12月份，溆浦县民福福利硅砂厂出厂的硅砂价格为每吨72元，同比上涨18%。主要原因是由于受到监管限制，和分散化、不正规的市场影响，建筑砂砾生产供不应求，从而带动了价格的上涨。

（刘　薇）

# 2019湖南民生调查报告

# 教育篇

# 政策背景

2018年，习近平总书记明确提出了教育是“党之大计、国之大计”的战略定位，科学概括了我国教育发展“九个坚持”的宝贵经验，深刻回答了“为谁培养人”“培养什么人”“怎样培养人”等重大根本性问题，为新时代教育改革发展擘画了蓝图，明确了方向。教育对建设现代化强国的支撑作用更加凸显，教育服务人民的价值取向更加凸显。

2018年，湖南认真学习贯彻党的十九大和全国教育大会精神，落实教育部和省委省政府决策部署，坚持用“四个意识”导航，用“四个自信”强基，用“两个维护”铸魂，坚持稳中求进工作总基调，落实、落实、再落实，真抓实干，攻坚克难，写好湖南教育“奋进之笔”。家毫书记、达哲省长亲自出席全省教育大会，专题研究部署当前和今后一个时期全省教育改革发展工作。

2018年，湖南以敢于担当负责、勇于攻坚克难的作风，集中精力办成了一些大事要事难事，教育改革发展各项工作步入高质量发展轨道。党的领导切实加强，立德树人有效落实，事业发展来势喜人，教育改革取得突破，群众获得感不断增强，服务高质量发展成效明显。民生发展方面，省政府将“消除义务教育超大班额”列为2018年全省12件重点民生实事项目之一高位推动，共消除超大班额1.8万余个，超大班额比例从8.6%降至0.49%。“芙蓉学校”年内开工建设29所。校外培训机构专项治理扎实推进，14590家培训机构完成整改，整改完成率97.6%。出台进一步规范办学行为减轻中小学生过重课外负担的若干规定，规范各类竞赛、挂牌、命名及表彰等活动，联合省发改委起草了中小学课后服务收费标准。调整4所省属高校和27所外省高校到湖南省本科一批招生，争取教育部增加在湘本科招生计划9300人。实施面向农村和贫困地区三类专项招生计划，录取学生9315人，比2017年增加1578人。在全国省级层面率先出台《关于高校服务脱贫攻坚的指导意见》，湖南农业大学《为产业插上“互联网＋品牌”的翅膀》项目被教育部评为全国省属高等院校精准扶贫精准脱贫典型项目。累计发放各类家庭经济困难学生助学金55亿元，资助学生超过272万人次。

（汪　涛）

民生加油站 MINSHENGJIAYOUZHAN

**湖南省"十三五"教育发展规划 2019 年预期目标**

| | 2019 年预计 | 2020 年规划目标 |
|---|---|---|
| **学前教育** | | |
| 幼儿在园人数(万人) | 250 | 260 |
| 学前三年毛入园率(%) | 84 | 85 |
| **义务教育** | | |
| 在校生(万人) | 780 | 800 |
| 巩固率(%) | 98 | 98 |
| **高中阶段教育** | | |
| 在校生(万人) | 184.4 | 185 |
| 毛入学率(%) | 92.5 | 93 |
| **高等教育** | | |
| 在学总规模(万人) | 207.42 | 190 |
| 在校生(万人) | 164.31 | 165 |
| 其中:研究生(万人) | 10.8 | 11 |
| 毛入学率(%) | 48.8 | 50 |
| **终身教育** | | |
| 劳动年龄人口平均受教育年限(年) | | 10.8 |

测算方法:以"十三五"规划目标为依据,以 2017 年的数据为基础,测算出每个指标的增量,然后假设每年增长幅度一致,分别测算出未来各年各项指标预计值。

(摘自:湖南省教育厅官网)

## 全景扫描

### 2018 年湖南教育事业发展形势分析

2018 年,湖南省教育系统认真学习贯彻党的十九大和全国教育大会精神,落实教育部和省委省政府决策部署,真抓实干,攻坚克难,推动教育"奋进之笔"行动在湖南落地见效,教育事业稳步发展。全省共有各级各类学校 2.71 万所,在校学生 1350.41 万人,在职教职工 93.68 万人,教育总规模居全国第 7 位;学前三年毛入园率为 81%,义务教育年均巩固率为98%,高中阶段毛入学率为91.5%,高等教育毛入学率为46.28%,分别高出全国平均水平1.44、4.2、3.2和0.58个百分点。湖南省已经实现从人口大省到教育大省的历史性跨越,进入到新的历史发展阶段。

党的十九大作出了中国特色社会主义进入新时代的重大判断,对教育工作作出全面部署,开启了加快教育现代化、建设教育强国的新征程。上年9月召开的全国教育大会,从党和国家战略全局的高度,系统总结了我国教育事业发展的成就与经验,深入分析了面临的新形势,深刻阐释了教育优先发展的重大意义,对当前和今后一个时期加快推进教育现代化、建设教育强国、办好人民满意教育做出战略部署。12月24日召开的全省教育大会,明确了湖南教育发展新定位、战略新部署、改革新举措。当前,湖南省教育事业发展面临着全新的形势。

从教育发展外部环境来看:一是进入新时代,湖南省将加快向创新型省份前列迈进。新一轮科技革命和产业革命正在孕育兴起,重大科技创新正在引领社会生产新变革。把握新机遇,迎接新挑战,必须着眼未来,推进教育变革,抓紧培养能够适应和引领未来发展的一代新人,特别是培养集聚大批拔尖创新人才,使湖南省整体科技水平不断提高。二是进入新时代,湖南省将实现向经济强省的跨越。建设现代化经济体系,深化供给侧结构性改革,提高全要素生产率,促进产业迈向全球价值链中高端,不断增强湖南省经济创新力和竞争力,必须加大人力资本投资,大力开发人力资源、人才资源,从要素驱动、投资驱动转向创新驱动,形成发展新动能。三是进入新时代,湖南省正行进在建设文化强省的道路上。大力弘扬社会主义先进文化,推进社会主义文化大发展大繁荣,建设具有强大凝聚力和引领力的社会主义意识形态,坚定文化自信,充分发挥教育在培养和践行社会主义核心价值观中的主阵地作用,传承和弘扬中华优秀传统文化特别是湖湘文化精髓,推动创造性转化、创新性发展,吸收人类文明有益成果,增强文化软实力。

从教育发展自身需求来看:一是进入新时代,教育事业发展迫切需要从“有学上”向“上好学”迈进。过去很长一段时期,湖南省持续扩大教育规模,增加教育供给,初步解决了人民群众“有学上”的问题,步入了“上好学”的历史新阶段。从“有学上”到“上好学”,人民群众对教育的需求转型升级,教育的供求关系发生重大变化。必须主动适应形势变化,优化教育结构布局,增加优质化、多样化、特色化的教育供给,努力为人民群众提供公平而有质量的教育。二是进入新时代,教育事业发展迫切需要从“大起来”向“强起来”迈进。目前湖南省各级各类教育普及水平均超过全国平均水平,但综合实力和核心竞争力还不够强,对经济社会发展的支撑作用还不够大。由教育大省向科教强省奋进,意味着教育发展的目标和任务发生战略性转变,教育发展方式和工作重心必须相应调整,迫切需要创新教育理念,转变发展方式,坚定不移走内涵式发展道路,着力提升教育发展质量和效益。三是进入新时代,教育事业发展迫切需要从“跟跑者”向“领跑者”迈进。中国教育开始走近世界舞台的中央,从主要是“留学输出国”发展为亚洲最大的“留学目的国”,从主要是引进国际教育资源发展为海外办学和输出优质教育资源迈出实质性步伐。湖南省作为内陆省份，教育国际化水平相对落后，吸引力和竞争力还不强，迫切需要树立全球视野、全球思维，主动融入全球教育发展，用好用活国际国内两种资源，提升湖南教育的国际影响力和竞争力。

同时，还必须清醒认识到，湖南省教育发展仍不平衡不充分，还不能完全满足人民群众日益增长的更高质量更加公平的教育需求。主要表现在：全省教育整体发展很快，但区域、城乡、校际、人群之间的差距仍然较大；“学有所教”基本得到保障，但群众的获得感仍有待增强；人才总供给水平显著提升，但结构性矛盾仍然突出；素质教育理念已经树立，但应试教育冲动仍然强烈；内涵发展已形成初步共识，但工作重心、资源配置、制度机制仍未转换到位。

（摘自：湖南省教育厅网站）

## 湖南高校毕业生就业创业情况稳中向好

为了解2018年湖南省内高校毕业生就业创业情况，2018年6月底，国家统计局湖南调查总队组织对全省26个省内高校的就业部门负责人及398位高校应届毕业生进行了调查。调查发现，2018年高校毕业生就业创业形势稳中向好，面向大学生就业的“人才新政”为就业带来了积极影响。工作经验、就业观念、人脉关系和资金来源等方面的问题成为影响毕业生就业创业的主要问题。

### 一、样本情况

覆盖各类型学校和学历层次。在调查的26个省内高校中，2个为“双一流”建设院校，15个为“双一流”以外的本科院校，9个为大专类院校。在调查的398位高校应届毕业生中，有94位专科毕业生，占23.6%；283位本科毕业生，占71.1%；21位硕士及以上学历毕业生，占5.3%。

工学专业比重最高。在调查的398位高校应届毕业生中，有140位学习工学专业，占35.2%；50位学习文学专业，占12.6%；42位学习管理学，占10.6%；41位学习理学，占10.3%；34位学习经济学，占8.5%；91位来自其他专业，占22.8%。

男女比例大致相当。在调查的398位高校应届毕业生中，有202位男性，占50.8%；196位女性，占49.2%。

超七成生源地为湖南省。在调查的398位高校应届毕业生中，有297位来源于本省，占74.6%，101位来源于外省，占25.4%。

## 二、应届毕业生整体就业情况

毕业人数增加，就业形势稳中向好。据对26个高校的调查，2018年共有毕业生108551人，比上年增长3.5%。其中专科毕业生29520人，增长10.1%；本科毕业生69173人，增长1.2%；硕士及以上学历毕业生9858人，增长1.8%。26所高校中，有9个预计今年本校就业形势好于去年，占34.6%；16个预计与去年持平，占61.5%；1个预计比去年差，占3.9%。

求职方式呈多样化，校园招聘会及招聘网站成为应届毕业生求职首选。据对398位高校应届毕业生的调查，求职方式较过去更多样，经历3种及以上方式求职的被调查者占56.0%。其中，298位通过校园招聘会进行过求职，占74.9%；273位通过招聘网站等网络渠道进行过求职，占68.6%；200位找过亲戚朋友等熟人推荐，占50.3%；162位参加过公务员及事业单位招聘考试，占40.7%；112位曾主动上门自我推荐，占28.1%；22位准备自营创业，占5.5%；7位没找过工作，占1.8%。

求职最看重从业报酬收入。调查的398位高校应届毕业生中，有164位求职时最看重收入，占41.2%；85位最看重单位性质，占21.4%；最看重岗位性质和从业地域的分别有68位和67位，分别占17.1%和16.8%。在大中城市房价上涨、生活成本较高的背景下，越来越多的毕业生将就业收入作为求职最看重的因素。

性别歧视和地域歧视仍然存在。调查的398位高校应届毕业生中，78位认为在求职过程中遭受过歧视，占19.6%。其中34位女性认为遭受过性别歧视，占8.5%；33位认为遭受过地域歧视，占8.3%；18位认为遭受过外貌歧视，占4.5%。

## 三、应届毕业生就业质量情况

一成多仍在求职待业中。截至7月10日，调查的398位高校毕业生中，有154位已就业，占38.7%；109位已签约但未入职，占27.3%；67位准备进一步深造，占16.8%；50位求职待业中，占12.6%；17位已创业，占4.3%；1位带小孩，暂不从业，占0.3%。

男性就业情况好于女性，理工科就业情况好于文科，学历越高就业情况越好。在已就业的154位毕业生中，分性别看，男性毕业生已签约或已创业的占76.2%，明显高于女性的63.8%；男性仍处于待业求职状态的占9.9%，明显低于女性的15.3%。分专业看，理工科处于待业求职状态的占9.9%，明显低于文科类专业的21.3%。分学历看，硕士及以上学历毕业生处于待业求职状态的占4.8%，本科毕业生的占12.4%，专科毕业生的最高，占14.9%。

超六成就业者满意当前工作，学历越高工作满意度越高。在已就业的154位毕业生中，对目前工作满意的占64.3%，基本满意的占33.8%，不满意的占1.9%。分学历看，硕士及以上学历毕业生对工作满意的占75.0%，本科毕业生的占65.0%，专科毕业生的占60.9%。

从事制造业比重最大，专业技术人员比重接近一半。在已就业的154位毕业生中，从事制造业的占22.1%，从事信息传输、软件和信息技术服务业的占9.1%，从事建筑业、金融业、卫生和社会工作、教育、房地产业的分别占8.4%、8.4%、7.1%、5.8%和5.8%，其他行业比重在0.6%到4.5%之间不等。从职业分类看，专业技术人员占48.1%，办事人员和有关人员占23.4%，商业服务业人员占17.5%，生产、运输设备操作人员及有关人员占9.7%，农、林、牧、渔、水利生产人员占1.3%。

四成多在私营企业。在已就业的154位毕业生中，在机关团体事业单位的占9.7%，在国有或国有控股企业的占20.1%，在集体企业的占16.3%，在外商或港澳台企业的占7.2%，在私营企业就业的占42.2%，个体工商户的占2.6%，灵活就业占1.9%。

近五成在省内就业。在已就业的154位毕业生中，在湖南省内就业的占46.8%，在广东的占23.4%，在江浙沪地区的占16.2%，在其他地区的占13.6%。

劳动权益保障情况良好。在已就业的154位毕业生中，单位购买全额社保的占46.1%，购买部分社保的占34.4%，不购买社保的占9.1%，还没有与单位约定清楚的占10.4%。从每日工作时长看，每日工作8小时以下的占17.5%，每日工作8～10小时的占62.3%，每日工作10小时及以上的占9.1%，暂不清楚每日工作时长的占11.1%。从每周休息天数看，每周休息两天或以上的，占53.2%，每周单休的占31.8%，每周休息时间不到一天的占0.7%，暂不清楚休假安排的占14.3%。

打算在已就业单位就职3年以上的不到两成。在已就业的154位毕业生中，准备一年之内就更换工作的占16.9%，准备工作1～3年的占26.0%，准备工作3年以上的占18.8%，视具体情况再决定工作年限的占38.3%。

## 四、应届毕业生创业情况

超过一半有创业意愿，但落实创业的不足一成。在调查的398位高校应届毕业生中，206位有创业意愿，占51.8%，但已落实创业仅17位，占4.3%。

创业趋向于投入较少、规模较小的行业。在已创业的17位毕业生中，4位从事教育培训，3位开办零售店面，2位经营甜品店，2位售卖药品，从事餐饮、公益养老、驾校运营、美容造型、摄影工作室、新媒体运营的各有1位。

创业进程大多处于前期筹备阶段。在已创业的17位毕业生中，11位仍处于前期筹备阶段，5位刚刚开张，唯一一位步入正轨的是加入朋友已经运营了两年的驾校。

超六成接受过创业服务。在已创业的17位毕业生中，11位接受过咨询、培训、评估、指导等创业服务，占 64.7%。

享受过创业优惠政策的占四成。在已创业的 17 位毕业生中，有 7 人享受过贷款优惠政策、税费补贴和其他补贴政策以及登记、证照等行政事业性收费减免政策，占 41.2%，另外 10 人没有享受过任何优惠减免政策。

## 五、就业创业中出现的新趋势

“人才新政”反响良好，对毕业生就业产生积极影响。在调查的 398 位高校应届毕业生中，认为“人才新政”对就业选择有影响的有 197 位，占 49.5%。“人才新政”为毕业生落户、住房等提供了保障政策，反响良好，有毕业生表示“人才新政”减轻了自己就业后经济上的压力，择业时更倾向于选择人才政策更加实惠的城市。

“慢就业”态势愈发明显。据衡阳技师学院张处长反映，今年毕业生“慢就业”和“不就业”是一个新的现象和问题。娄底职业技术学院戴处长也表示“慢就业”已经逐渐成为应届毕业生择业的一种趋势。湖南人文科技学院袁老师表示选择“慢就业”的毕业生有一部分职业规划不清晰，甚至没有职业规划，对未来比较迷茫。认真地对待第一份工作，宁缺毋滥固然是好的，但是也需要警惕毕业生把“慢就业”当成“懒就业”的借口。

人才争夺越来越激烈。现在各地区及各企业人才争夺越发激烈，从人才流向看，高端人才去国外和沿海的居多，西部地区凭借优惠政策对人才吸引力也很高，作为中部地区的湖南，在人才政策和优惠力度上处于劣势。湖南理工学院就业处余处长介绍，今年企业招聘的热情比往年高很多，企业主动性很强，越来越多的中小企业进入校园招聘，许多企业主动联系学校，要求举办毕业招聘会或者为企业推荐人才。2018 年湖南理工学院进校招聘的企业为 390 家，比去年增加 148 家，增长 61.2%，提供岗位 14509 个，比去年增加 4637 个，增长 46.9%。

## 六、就业创业中存在的主要问题

工作和社会经验不足是学生就业创业中面临的主要困难。本次调查的 26 位高校招生部门负责人中，有 16 位表示，工作和社会经验不足是当前学生就业创业中面临的主要困难。参与调查的 398 位高校应届毕业生中，10.1%的认为在校所学知识很难满足就业需要，59.5%的认为勉强可以满足就业需要，只有 30.4%的认为所学知识完全可以满足就业需要。

学生就业观念有待更新。本次调查的 26 位高校招生部门负责人中，有 13 位表示，学生就业观念有待更新。从总体情况看，今年入校招聘的企业数量和提供岗位数量较往年更多，但部分学校毕业生就业率却并没有比往年高，这与部分毕业生就业观念较陈旧，片面追求工资收入和福利待遇，或偏好机关事业单位或大型企业有关，如湖南铁路科技职业技术学院就业部门负责人表示，该校不少毕业生在求职时“非铁路不去，非广铁不报”，导致错失就业机遇。

缺乏社会经验、人脉关系以及启动资金不足是创业面临的主要困难，最希望获得创业经验指导和资金扶持。在已创业的17位毕业生中，10位反应缺乏社会经验和人脉关系是创业面临的主要困难，6位反应启动资金不足是创业面临的主要困难。从最希望获得的创业扶持来看，希望得到创业经验指导和资金支持的分别有7位，希望得到技术支持的有3位，希望精简创业过程中需要办理的手续、规范创业补助政策以筛选出真正需要扶持的新创业人员和多建设创业基地的分别有1位。从创业政策享受来看，省内创业政策由于门槛限制以及相关手续比较繁琐，政策享受率不高。湖南目前对高校毕业创业的支持政策有：给予首次创办小微企业1年以上的高校毕业生一定数量的创业补贴或补助；毕业5年内高校毕业生到基层创业的，可享受三年内免交登记类、管理类和证照类的各项行政事业性收费的优惠政策；为符合条件的高校毕业生到基层创业提供创业担保贷款（个人创业担保贷款最高额度10万元，小微企业贷款最高额度200万元）等各项优惠支持政策。但由于政策门槛限制，部分创业毕业生被排除在政策门槛以外，符合条件的部分毕业生也因为相关手续比较麻烦放弃申报。调查时，岳阳市就业服务局城镇就业科冯科长就指出，现行的就业创业扶持政策手续、资料、流程等比较麻烦，部分学生放弃申报。

学校人才培养与社会需求之间存在结构性矛盾。人才市场上供给和需求的结构性矛盾给学生就业带来不利影响。常德幼儿高等师范专科学校表示该校幼教老师现在都是订单式生产，只要学生不挑剔，就业根本不是问题，但该校的文科类专业就业却很不理想，就业困难。不仅仅是该校，现在各类大中专院校专业重复度高，造成人才“千人一面”问题比较突出，应用性和创新型人才供给跟不上需求。

政府、媒体以及高校对相关政策的宣传力度还不够。以“人才新政”政策为例，参与调查的398位高校应届毕业生中，53.5%的应届毕业生表示并不了解“人才新政”具体内容，少数毕业生反映自己本来有享受“人才新政”政策的资格，但却因为不知道资格申请有时间限制，错过了申请时间，失去相应资格。

## 七、相关建议

政府、媒体及高校要加强毕业生就业政策的宣传、解读及落实工作。一是加强对人才新政政策的宣传。据不完全统计，2018年上半年，全国共有超过50个城市发布了新的人才政策，或者在此前出台的政策上做了进一步补充，但在调查中，53.5%的应届毕业生表示并不了解“人才新政”具体内容。二是做好创业政策的宣传、解读和落实工作。高校要做好创业政策的宣传解读工作，解决好创业政策的落地问题，最大化地发挥政策的导向作用，让更多的高校毕业生消除疑虑，放心、安心地投入到创业工作中去。

高校要从多方面完善就业服务，提升毕业生就业竞争力。一是完善就业指导。学校要对毕业生在应聘技巧、职业规划辅导等方面加强指导，邀请全国各知名企业来校宣讲，促进大学生接触市场、了解市场，最大限度调整大学生的就业市场预期。二是关注社会用人需求，及时调整和完善课程设置。根据社会需求，有针对性地设置课程、培养人才，注重学生实践能力、应变能力和实干精神等方面的培养，缓解高校人才培养与市场人才需求之间的矛盾。三是加强与企业合作。不断加强校企合作和信息互通，抓好就业实习工作，组织企事业单位安排毕业生参加见习，帮助高校毕业生丰富工作经验，提高就业能力。

毕业生本人要树立正确的择业观。一是调好心态，摆正位置。大学生在择业时要了解社会需求情况，端正态度、找准期望、适度选择，不要禁锢于机关事业单位或国有大型企业，树立“先就业，再择业”的择业观，先通过就业提高自身能力，再去选择更好的工作。二是尽早规划，尽早努力。大学生要提早做好规划，根据社会需要，在学好专业知识的基础上，利用寒暑假积极实习，提高综合实力。三是树立择业的社会责任感。毕业生要了解国家的就业形势和政策，主动到贫困地区、西部地区接受锻炼，施展才华，做出贡献，认识到大学生村官、“三支一扶”等工作，也能大有可为。

（沈　琴）

## 湖南职业教育技能培训工作推进面临两方面难题

技能培训是职业教育的重中之重，推进职业教育技能培训，培养大规模应用型技能人才，是职业教育的发展目标，也是经济发展的迫切需要。为了解湖南职业教育技能培训工作推进过程中面临的问题和困难，2019 年 1 月，国家统计局湖南调查总队在怀化、新化走访有关部门和部分职校。调查显示，部分职校开展职业教育技能培训面临“三缺一少”，部分地区组织职业教育技能培训遭遇“瓶颈”。

### 一、职业教育技能培训面临两方面难题

#### （一）部分职校开展职业教育技能培训面临“三缺一少”

1. 缺场地。职业教育技能培训的基础条件是要有足够的场地和空间。据怀化市教育局职业与成人教育科科长曾明华介绍，怀化目前有中等职业学校 30 余所，在校学生 5 万余人。绝大部分学校的专业没有达到技能培训所要求的实验室专业建设标准，缺乏基本的技能培训场地。怀化市旅游学校分管教学工作的王在辉副校长反映，目前学校有 41 个教学班，2000 余名学生，按照标准化建设须配备 20 间以上的培训室，但目前仅有 6 间，仅学前教

育专业就缺幼儿益智游戏实训室、感统实训室、幼儿心理辅导实训室、美术美工实训室。技能培训室极度缺乏但学校没有足够的项目建设资金来新建场地。溆浦职业中专教务科科长舒洪反映，目前学校在校生有4000人左右，仅一栋技能培训楼，基础设施不足导致教室、田径场、技能培训室、实验室等极度缺乏，目前还搭建了3间板房、4个实训车间作为技能培训室临时使用。由于建造一栋实训楼需要几千万元的资金，学校近期难以筹建。怀化职业技术学院教务处罗处长反映，学校的场地不够，近期正在准备立项，新增用于技能培训的实训楼。

2. 缺设备。职业教育技能培训工作要推进，离不开先进的教学设备。怀化市教育局职业与成人教育科科长曾明华介绍，职业教育学校的投入普遍在普高办学成本的5倍左右，其中大部分钱花在了购买培训设备上。如1台数控机床在40万元左右，一个小组配备10台就要花费400万元，这还只是一个专业的设备，一个学校需要的设备开支更大。怀化职业技术学院教务处罗处反映，机械类专业的技能培训设备较贵，更新换代也快，一般同时满足5个学习小组的技能培训需求需要500万元左右的设备开支，这笔购买设备的费用纯粹靠学校自己投入，难以满足。怀化市工业中专教务处张主任也反映学校的设备欠缺。

3. 缺“双师型”教师。职业教育技能培训注重的是操作技巧的培训，教师尤为重要。但据怀化市教育局职业与成人教育科科长曾明华介绍，职业教育技能培训最缺的还是专业性强、操作能力强的“双师型”教师队伍。目前怀化职业教育的教师有3000多名，但同时具备教师资格证和技能登记证（“双师资格”）的不足50%。职业学校只有聘请技术人才来增加技能培训师资力量。由于怀化经济较落后，工资待遇一般，很难吸引到高质量的技能培训老师，一些专业如汽修的本科型教师人才很欠缺。怀化市旅游学校反映，学校核定教师编制仅130个，目前聘请了40多名教师，但聘请的老师不稳定，流动性很强，影响技能培训教学效果。溆浦职业中专教务科科长舒洪反映，2017年学校计划招考专业教师38名，实招20名；2018年，计划招考专业教师37名，实招26名。2018年学校公开招考烹饪、汽修专业的技能培训老师，无一人报名。有操作能力的专业教师年年缺，年年招不满。怀化工业中专教务处张主任反映，学校紧缺动手能力强的专业技能培训教师，尤其是汽修、新媒体、计算机、网络等专业。2018年，学校在教师编制135个的基础上，外聘了40多名专业教师。怀化职业技术学院教务处罗处长反映，职业教育的技能培训上，操作一直是短板，理论方面的专业教师不缺，但与市场接轨的操作型教师急需。近3年学校公招计算机岗位的专业教师都无人报名。没有专业骨干教师胜任技能培训需求，不能提高专业教学水平，就无法培养出更多的能满足用人单位需求的专业技能型人才。

4. 投入少。怀化市旅游学校王在辉副校长反映，旅游学校不适合开展校企合作，因此没有其他资金来源。而国家对职业学校的项目建设资金投入太少，呈逐年减少状态。2017年学校获得项目资金500万元，2018年仅获得篮球场项目不到100万元。溆浦职中教务科舒科反映，目前学校人数在4000人左右，预计2019年9月将达到4500人，但对于学校的资金预算没有增加。学校 2018 年外聘的 26 位老师，仅工资支出一年就是 100 多万元，都是学校自己想办法解决，压力较大。

### （二）部分地区组织职业教育技能培训遭遇“瓶颈”

1. 部分培训难开展。据新化县就业服务局工作人员介绍，为了更好地提高劳动者培训质量，服务企业，2018 年单位到新化县鑫星电子陶瓷等企业调查了解企业需求后，准备组织培训。但企业所需培训的内容在湖南省职业培训目录上没有，由于培训资金国家要严格审计，不敢担风险，最终只得放弃。

2. 部分项目民众参训积极性不高。新化一些部门常有职业技能培训项目和经费，但因培训宣传不够导致民众信息不通、培训专业单一、培训质量不高、民众培训兴趣不浓等多方面问题，自觉参加培训的学员不多，必须借助乡镇部门和年度考核的力量才能顺利组织开班。

3. 部分培训开班难。通过职业技能培训提高就业能力，是帮助贫困劳动力转移就业的有效方法，但新化多数贫困劳动力都在边远山区，集中到县城培训存在诸多不便。而就近培训又因为申报的工种较多、教学场地限制等原因而无法组织开班。

4. 培训质量难提高。新化目前高水平的职业培训师不多，且尚未建立培训师资人才库，资源共享少，优秀的师资力量缺乏。部分职业教育技能培训都是临时从外面请老师，上几节课就走，培训质量难以保证。

## 二、建议

一是加强校企深度合作。职业教育技能培训的最终目标是为了实践和产业发展，因此推进校企深度合作最行之有效。但校企合作不能只是挂牌和解决实习地点而已，企业要向职业学校投入相关设备辅助技能培训教学，派出企业技术人才驻校担任培训教师，订单式培养企业实际需要的技能型人才。

二是加大投入。从国家到地方，对职业教育的发展重视力度要大力加强。要对规模化的职教基地加大建设力度，对职业学校的专项工作经费、基础设施及设备经费、奖励教育教学质量经费等多方面加大投入。

三是重视对口升学，加强职业教育技能培训后备师资力量培养。要确保职业教育学生就业有路、升学有望，通过向高等院校输送人才，为技能应用型人才后备力量培养做好准备，同时，提升职业教育的社会影响力。

（梁　可）

# 三大问题制约湖南民办教育发展

随着改革开放的不断推进和市场经济的蓬勃发展，我国民办教育事业取得了长足发展，已经成为教育事业的重要组成部分和必要补充。为了解湖南民办教育发展情况，2018年9月，国家统计局湖南调查总队通过走访当地教育局、市发改委、部分民办学校和幼儿园，在全省14个市州开展了专项调查。调查显示，湖南民办教育快速发展，教育机构数量和学生人数逐年增加，但办学质量、办学资金和师资力量三大问题始终制约着民办教育的健康发展，亟须解决。

## 一、民办教育发展现状

### （一）办学规模较快增长

自2016年《民办教育促进法》修订发布后，湖南民办教育发展迎来了新的机遇，规模快速发展壮大，办学规模和办学效益居全国民办教育发展的第一方阵。长沙市截至2017年底共有民办教育行政部门审批的民办学校2075所，较2016年增长8.7%，增速提升了3.9个百分点。其中，高职5所、专修学院28所、中职学校26所、高中（含完全中学、十二年一贯制学校）15所、初中（含九年一贯制学校）15所、小学13所、幼儿园1389所、培训学校584所。民办教育机构在校人数（含民办教职工）达48.5万人，较2016年增长2.8%，增速提升了1.2个百分点。专职教师2.6万人，较2016年增长5.9%。全市共有学历教育民办学校（职高、中职、中小学）74所，累计在校学生12万余人。其中，民办中职学校在校学生3.6万人、民办普通中学在校学生3.8万人、民办小学在校学生2.5万人，分别占全市同层次在校学生总数的34.4%、9.8%和5.4%。全市共有民办幼儿园1389所，在校幼儿20.8万人，占全市在校幼儿总数的70.9%。常德市截至2017年底共有各类民办学校（含教育培训机构）1136所。其中，民办幼儿园有694所，在校幼儿10.1万人，占全市学前教育在校幼儿总数的67.7%，比2016年提升2个百分点；民办普通小学2所（不含九年一贯制、十二年一贯制民办学校），在校学生1.6万人，占全市小学在校学生总数的5.5%，比2016年提升1.2个百分点；民办普通中学16所，在校学生2.2万人，占全市中学在校学生总数的10.8%，比2016年提升1.8个百分点；民办中等职业学校21所，在校学生1.6万人，占全市中职在校学生总数的29.1%，比2016年提升2个百分点；新增民办特殊教育学校1所，在校学生67人；民办普通高等学校2所，在校学生1.2万人，占全市普通高等教育在校学生总数的25.8%，比2016年提升1.4个百分点。

### （二）办学内容多元化

目前，湖南民办教育机构以办学内容区分，主要有民办学历机构、民办幼儿园和民办培训机构三种。形成了从幼儿教育到本科教育完整的教育体系，一定程度上满足了人民群众多样化、选择性的教育需求。其中民办幼儿园发展最为迅速，甚至取代公立幼儿园，成为部分居民幼儿入学的首选。2017 年，邵阳市共有民办幼儿园 1369 所，占全市幼儿园总数的 88.3%，在校幼儿人数 16.2 万人，占幼儿园在校幼儿总数的 75.8%。衡阳市2017 年全市共有各类民办教育机构 1768 所，其中幼儿园 1264 所，占民办教育机构总数的 71.5%；在校幼儿 19.0 万人，占在校幼儿总数的 38.0%。中等职业教育也得到长足发展，长沙市2017 年民办中职机构数为 26 所，较 2016 年增长 30%，在校人数较 2016 年增长 107.8%。这说明国家推行的职业教育理念正逐步为家长和学生接受，民办教育中的职业教育与学历教育实现了同步发展。

### (三)收费标准不断提高

近年来，受教育人力成本上升、场地租赁价格上涨、社会需求不断“提质”和众多家长、学生的追捧心理等多重因素影响，民办教育各项经营成本逐年增加，收费水平也整体呈上涨态势。长沙市在 2016 年放开了纯民办学校收费审批权限后，收费普遍“提档”，各民办学校每学期学费基本都上涨了约 1000～2000 元。其中部分热门学校涨幅较大。如广益实验中学 2016 年初一学费为每学期 10800 元(不含伙食费)，2018 年上涨至 13800 元，年均涨幅约 13.0%。幼儿园收费走势逐年提高，如长沙市岳麓区观沙岭某幼儿园，2016 年收费标准为每期 6500 元，2017 年上涨至 7000 元，2018 年为 8000 元，年均上涨 10.9%。娄底市曾国藩实验学校从幼儿园到高中补习班都有办学，2018 年高中学费为 3900 元/年，住宿费 500 元/期；初中学费为 5300 元/年，住宿费 600 元/期；小学学费为 5100/年，住宿费 600 元/期。与 2017 年相比，初中和小学学费上涨 600 元/年，住宿费上涨 300 元/期，高中学费持平，住宿费上涨 200 元/期。娄底市幼儿园、各类培训机构价格收费上涨幅度也较大。如金和幼儿园 2017 年学费为 7980 元/期，2018 年为 8280 元/期，上涨 3.8%；超越英语培训学校 2017 年学费为 1060 元/期，2018 年为 1280 元/期，上涨 20.8%；九鼎神墨艺术学校 2017 年学费为 750 元，2018 年为 850 元，上涨 13.3%。

## 二、当前民办教育发展存在的问题和困难

### (一)办学质量良莠不齐

湖南民办教育起步较晚但发展较快，办学质量良莠不齐的情况普遍存在。一方面，部分民办教育机构管理层在理念上故步自封，再加上管理者本身素质参差不齐，致使学校走向不明，经营管理不善，严重影响了其办学质量。2017 年底，长沙市教育局就因教学场地不合格、师资力量不足等问题，取消了市内 9 所民办学校的办学资格，注销其教学许可。其中，长沙春秋进修大学、长沙中山外国语中等职业学校、长沙世贸中等职业学校多年无办学

场地、无办学行为，办学许可期限已届满失效；长沙黄浦外国语专修学院连续多年未参加年检，办学许可期限已届满失效；湖南长沙湘一实验中学、长沙市湘郡中学、长沙市长雅实验中学、长沙市剑凡中学、长沙市艺芳中学按相关规定已终止办学，但未办理有关手续。另一方面，无证培训机构多。截至 2017 年 10 月，湖南民办文化教育培训机构共有 3452 个，年培训 150 多万人次。但这仅是有办学许可证的培训机构的数据，无证办学机构的数量远超有证机构。长沙市教育局目前登记在册的民办培训机构 599 所，但实际开展办学的机构已超过 2000 家。怀化市截至 2017 年底，鹤城区各类民办培训学校有证的有 119 所，无证的 240 所左右；靖州县各类民办教育机构有 51 所，无证的有 40 所；会同县有各类培训机构 36 所，其中无证的达 33 所。

### （二）办学成本高昂，经营压力大

受访的民办教育机构普遍反映办学成本越来越高，资金压力越来越大，再加上当前公办教育的均衡发展，很多民办教育机构已无优势可言。邵阳市北塔机关幼儿园 2006 年成立，累计投资 2000 万，2014 年以前生源一直不足教育部门核准学位数量的一半，近两年学校终于得到民众认可，生源持续饱和，但目前学校总计仍亏损 400 万元。民办教育办学成本高昂主要源于三个方面：一是教师工资费用高。目前，民办教育成本中比例最重的就是教师的工资支出（含购买的保险）。衡阳市华新教育幼儿园有 100 多名员工，月工资总额大约是 49 万，按照一年 12 个月计算，一年光工资支出就需要 588 万元，大约占总支出的 50～60%。二是场地租赁价格逐年走高。近年来湖南房地产市场量价齐升，房屋租赁价格也水涨船高。永州市明星艺校租赁的画室租金由 2017 年的 1000 元/月上涨到 1300 元/月，涨幅达 30%；三是教学辅助设备投入增加。随着居民对教育环境、设备的要求越来越高，民办教育机构必须不断提升教学环境的后续硬件设施投入，以确保生源的稳定。永州市的剑桥学校为满足新的教学需求，一次性投入了 50 多万元用来购买安装多媒体设备用于教学。

### （三）师资队伍不稳定

师资是学校的核心竞争力，是办好学校的关键因素。但民办学校师资队伍不稳的现象较为普遍，优质师资难留。一方面，教师“双轨制”的人事制度导致民办学校难以吸引、引进和留住优秀人才。民办学校教师的身份完全不同于公办学校教师事业单位人员的身份，在养老、医疗、职务晋升、职业转换、职业成长等方面都处于劣势地位。这种制度性歧视使不少民办学校的优秀教师流向公办学校，导致师资的非正常流动。而优质师资的不断流失，反过来又使许多民办学校不敢、不愿花大力气培养教师。衡阳市华新教育幼儿园反映，不少辛苦培养几年、工作经验丰富的幼师，都通过招考考入了公办幼儿园，人员流失数量之大，以至于该校被同行戏称为衡阳幼儿园的“黄埔军校”。另一方面，民办教师工作压力大也是民办教育师资队伍不稳定的重要因素之一。由于民办教育更加重视家长的满意度，加上民办教育收费与公立相比较为昂贵，家长的期望值也较高，当学生的表现不如预期时，部分家长会将矛盾转移到老师身上，使得民办教育机构中教师工作压力远大于公立教育机构，部分学校教师不得不被动增加教学时长。怀化市民办教师平均每周课时小学为18～20课时，初中为16～18课时，超过公办教师近50%。

## 三、发展民办教育的建议

### （一）规范民办教育管理

加大民办教育机构管理力度，建立规范有序的市场准入制度。充分发挥民办教育协会的作用，引导民办教育行业自我管理、自我约束，逐步形成教育部门宏观管理、中介组织支撑服务、教育机构自主办学的民办教育发展机制和管理体系。通过政府购买服务、民办教育协会自筹资金等方式，对民办教育机构开展教学、经营、管理等专业培训，为民办教育发展培养优秀管理团队。

### （二）逐步缩小民办与公办学校教师待遇差距

尽快出台有关文件，在养老保险金方面给予民办学校老师与公办学校老师同等待遇，在表彰奖励、职称评聘、人才政策等方面也享受同等待遇，解除民办学校教师的后顾之忧。鼓励教师在公办学校和民办学校之间合理流动，引导公办学校选派一定数量的校长、骨干教师到民办学校支教，组织民办学校教师到优质公办学校挂职培训，加快建设一支结构合理、素质优良的民办学校教师队伍。

### （三）加大对民办学校政策扶持力度

加大民办教育公共财政投入，建立民办教育相关奖补制度，落实建设用地、税费等优惠政策，采取政府购买服务的方式，按照培养人才数量和质量，对民办学校与公办学校给予同样的待遇。设立民办教育基金，发展股份制民办培训教育机构，支持有能力的学校做大做强，通过服务权转让，支持行业的资源整合，打造湖南民办教育培训行业的航母，逐渐引导行业走向健康持续发展的道路。

### （四）建立健全监管机制

明确收费标准制定与调整的基本规则与程序。对学历教育学校，建议采用“一费制”收费办法，严禁学期中途各种名目的收费；对非学历教育学校，建议按课时收费，明确课时标准，一次性收费累计不超过一个学期或一个学年。

### （五）加强分类指导

目前的收费指导文件和政策更多侧重学历教育学校收费，而民办教育并非全部学历教育，民办幼儿园、民办非学历教育学校均属于民办教育范畴，其收费具有一定的特殊性，建议制定收费政策应充分考虑各种情形。对民办普惠幼儿园的收费政策，建议理清普惠性幼儿园与营利性幼儿园的关系，对幼儿园办学成本进行调查核算，核定收费标准。在核定收费标准的时候特别要考虑房租、物业等影响大的因素，适当给予民办幼儿园一定的自主定价权。

（王　璐）

## 湖南教育扶贫成效显著 群众满意度高

习近平总书记强调，扶贫必扶智，抓好教育是扶贫开发的根本大计，要让贫困家庭的孩子都能接受公平的有质量的教育。为深入了解当前湖南教育扶贫取得的成效，2018 年 11 月，国家统计局湖南调查总队在长沙、株洲、湘潭、怀化、平江、石门、安仁、会同等市县区进行了调研，走访了部分地区的扶贫办、教育主管部门和乡村中小学，并对 280 户家中有 0～18 岁青少年的建档立卡贫困户进行了问卷调查。调研显示，全省各地教育扶贫工作成效显著，贫困群众满意度高，但反映的一些问题也需要引起重视。

### 一、教育扶贫成效显著

#### （一）精准资助体系形成，各教育层次全覆盖

目前全省各地已出台并落实入园补助、义务教育阶段免学杂费、免费教科书、家庭经济困难寄宿生生活补助（俗称“两免一补”），普通中小学（义务教育）免教辅费、普通高中国家助学金、普通高中免学杂费、高校助学金等教育扶贫政策，形成从学前教育到高等教育全覆盖的资助体系，将建档立卡贫困家庭幼儿、学生全部纳入资助范围。各地以县为单位建立家庭经济困难学生数据库，实行动态管理，基本做到应助尽助、顶格资助。会同县 2014 年到 2018 年，共发放贫困幼儿入园补助、义务教育阶段家庭经济困难寄宿生生活补助、高中助学金、中职国家助学金及减免学费共计 9464.35 万元，惠及对象 135776 人次，发放大学生生源地信用助学贷款 2385.42 万元，惠及贫困生 3115 人次。安仁县 2018 年为学前教育阶段至高中教育阶段建档立卡贫困户家庭学生发放减免学费、住宿、保险、教辅、生活补助等 3314.5 万元，为建档立卡大学新生、在校本科及研究生发放资助资金 1408.2 万元。从问卷调查的结果看，280 户受访贫困家庭共有 0～18 岁青少年 431 人，其中符合条件的全都享受了金额不等的教育扶贫资助，年人均受益 1374 元。

#### （二）“控辍保学”落到实处，贫困学生“一个不失”

2018 年 7 月，省政府办公厅出台《关于进一步加强控辍保学提高义务教育巩固水平的

实施意见》。从调研的情况来看,各地压实责任、狠抓落实,把扶贫控辍作为重中之重,基本实现了建档立卡贫困家庭子女零辍学。平江县采取签订责任状、划片、驻点、包校等方式,建立学校、教育部门、乡镇党委政府三级联动控辍保学工作机制,对辍学学生进行地毯式排查,根据辍学原因,落实“一人一案”解决问题。各学校组织教师上门劝学,劝回辍学学生164人;对已辍学不愿意复学的学生,由学校落实“送教上门”。衡南县教育局采取“村组结对”的方式,对全县建档立卡贫困生进行精准摸底。全局所有干部职工、县属中学校长、扶贫专干、乡镇中心学校校长明确全县449个行政村及社区的结对安排,每人负责一个村,对各自结对村的每一个贫困孩子就读情况、接受教育资助情况、辍学情况等摸底,确保孩子不因贫失学。

### (三)“全面改薄”奋力冲刺,薄弱学校条件改善

义务教育“全面改薄”工程是全面改善贫困地区义务教育薄弱学校基本办学条件的简称,是党中央、国务院聚焦贫困地区义务教育发展、保障教育公平而作出的重大决策,计划从2014—2018年,通过对贫困地区的薄弱学校实施校园校舍建设和教学及生活设施设备购置,使农村(含县镇)义务教育薄弱学校教学和生活设施满足基本需要。今年是“全面改薄”工作冲刺之年,各地项目建设进展良好,农村贫困地区的薄弱学校办学条件得到明显改善。平江县2013年以来累计投资15亿元,改造薄弱学校20万平方米,新建桂花学校、芙蓉学校、思源学校等3座学校,改扩建启明中学、平江一中、平江二中、平江职业中学、三阳中学、新城学校等6座学校,对农村边远教学点进行提质改造,加强了学校食堂、寝室、厕所、澡堂的改造,对学校实施净化、绿化、亮化等配套工程。临武县将贫困村所在地学校全部纳入“全面改薄”范围,优先安排建设项目,按“缺什么补什么”和“分项”“分校”推进的原则,确保贫困乡镇学校校舍、教育装备、图书、生活设施达到国家办学条件基本要求。截至目前,全县85个教学点完成底线要求:室内安全完善,有室内采光照明,一人一课桌椅,有满足教学需求的黑板,寄宿学生每人一个床位,学生宿舍不设在地下室或半地下室,供餐学校具备食品制作或加热条件,消除66人以上超大班额等。

### (四)教育扶贫满意度高,贫困家庭纷纷点赞

当前湖南教育扶贫成效显著,受到广大贫困户的普遍好评。在走访的280户建档立卡贫困户中,对当前教育扶贫政策的满意度达100%,其中表示非常满意的占84.3%。对子女教育状况表示非常满意和基本满意的分别为81.7%和17.2%,仅有1.1%表示不满意。

## 二、存在的问题

### (一)部分地区县级财政压力大

娄底市的涟源市2018年全年共需资金5734.5万元,春季学期财政已拨资金2843.5万元,2017年教育扶贫整合资金结余403.4万元,秋季应拨付资金2487.6万元,目前国库指标结余1153.0万元,尚有资金缺口1334.6万元。因财政吃紧,秋季学期学生资助资金尚未拨付到位。湘西州今年秋季需发放资助资金2.3亿元以上,需县市自筹资金1.3亿元以上,县级财政压力较大。目前,全州各市县中仅古丈、凤凰和保靖没有资金缺口。

### (二)贫困学生需要更多精神关怀

部分贫困家庭由于教育观念落后对孩子的教育不重视,或由于父母外出务工,主要由祖父母看管,忽视了对孩子教育与心理的关注。这些孩子容易出现自卑、孤寂内向,甚至厌学心理。安仁县有教育工作人员反映:个别建档立卡贫困户子女因极度厌学等原因辍学,并非"因贫辍学",乡村干部、学校教师、学生家长都认真履行了各自职责,开展了"三帮一"劝返复学工作,但学生本人不愿进学校读书,甚至个别学生出现了过激的反抗行为。在当前比较完备的教育扶贫资助体系中,因贫失学现象已得到控制,厌学是更加难解的问题,"心理贫困"需要得到更多关注。

### (三)贫困地区教师队伍建设仍需加强

农村学校尤其是贫困村学校位置偏远、工作条件较差,难以招到年轻教师。部分村级小学(教学点)存在师资配备不足,教师年龄偏大、学历偏低、教学方法比较传统的问题。如会同县羊角坪教学点是广坪中心小学下辖的一个教学点,有4间教室,4名教师,56名学生,开设从幼儿园到三年级的课程。4名教师均是羊角坪村本地人,年龄偏大,其中1人为返聘人员,另有两人今年也已经到了退休年龄。安仁县灵官镇锡山小学在编教师5人,学生40人,每位教师都身兼多科教学。最年轻的一位教师40岁,其余4位教师年龄都在55岁以上,虽然每年都会公开招录"特岗教师",但由于交通不便和工作条件差等因素,许多年轻教师都不愿到村小学工作。

(林　嘉)

民生加油站 MINSHENGJIAYOUZHAN

## 湖南省高考综合改革政策解读

问：全国统一考试科目有哪些？

答：自2021年起，6月份全国统一考试科目为语文、数学、外语3个学科，不分文理科。其中，外语科目考试由听力和笔试两个部分组成，只考一次，条件成熟时为考生提供两次考试机会。全国统一考试科目均由教育部考试中心统一命题。

问：普通高校全国统一考试招生录取的考生（文化）总成绩是如何组成的？

答：考生高考总成绩由全国统一高考的语文、数学、外语3门科目成绩和考生选择的3门普通高中学业水平选择性考试科目成绩组成，满分为750分。其中，全国统一高考的语文、数学、外语3个科目，每科满分均为150分，总分450分，各科均以原始成绩计入总成绩。学业水平考试选择性考试科目中，考生在物理、历史2门首选科目中选择的1门科目，满分为100分，以原始成绩计入总成绩；在思想政治、地理、化学、生物学4门再选科目中选择的2门科目，每科满分均为100分，以等级赋分转换后的等级成绩计入总成绩，即通常所说的“3＋1＋2”模式。

问：考生确定选考科目时，为什么要在物理或历史中选1门，在其余4门中选2门？

答：湖南省《实施方案》规定，考生在确定普通高中学业水平考试选择性考试科目时，应在历史和物理2门首选科目中选择1门，在思想政治、地理、化学、生物学4门再选科目中选择2门。这样设置的主要考虑：一是满足高校人才培养需要。高校、普通高中和学科专家普遍认为，在高校人才培养中，物理是自然科学类专业的基础性学科，历史是人文社会科学类专业的基础性学科。高中阶段学习物理或历史科目是大学阶段学习自然科学类专业或人文社科类专业以及其他交叉学科专业的重要基础。因此，将这两门科目作为首选科目，有利于考生为进入大学开展专业学习奠定扎实基础，有利于高校相关专业对学生的培养。二是符合湖南省普通高中教育教学实际。湖南省各地普通高中办学条件存在一定差异，将物理和历史作为考生首选的科目之一，可以与现有师资、教室等条件有效衔接，引导不同地区中学的学生合理选择学习科目，科学规划学业生涯，为进入大学继续深造奠定坚实的专业基础。三是有利于学生个性化成长发展。高考综合改革后，学生选科有12种组合。相比改革前文理分科的两种组合方式，这样的组合不仅增加了学生的选择权，而且促进了文理交融，充分体现了以人为本、学其所好、考其所长的原则，更加符合教育发展规律和人才成长规律，为学生成长成才提供更多机会。

同时，为了便于投档录取，普通高校在安排招生计划时，将分物理和历史两个类别分别编制；在录取时，也将按照选物理的考生和选历史的考生这两个序列分别排队录取。也就是说，同一名考生无法同时在物理和历史两个队列中排队录取，因此考生只能从物理和历史中选择1门参加考试。

问：高考实行“3＋1＋2”模式和传统的文理分科有何区别？

答：“3＋1＋2”的模式和传统的文理分科有着本质区别。一是目标导向不同。“3＋1＋2”的模式既体现了物理、历史学科的基础性作用，突出了普通高校不同学科专业选才的要求，也更加注重学生的全面发展，提高学生的综合素质。二是选择科目组合不同。“3＋1＋2”的模式下，学生可根据个人爱好、兴趣、特长和拟报考高校及专业的招生要求以及高中学校的办学条件，在12种组合中自主选择，增大了考生的选择面。而传统文理分科仅有2种固定的组合供考生选择。其中，文科考生只能选择思想政治、历史、地理1种固定组合，理科考生只能选择物理、化学、生物学1种固定组合。三是考试内容不同。“3＋1＋2”的模式中，学生参加全国统一高考的语文、数学、外语3个科目考试时不分文理科，所有考生的考试试卷完全一致。而传统文理分科的数学考试科目，试卷的内容和难度则是有区分的。

（摘自：湖南省教育厅官网）

# 深度透视

## 规范发展普惠性学前教育任重道远

2018年11月，中共中央、国务院出台了《关于学前教育深化改革规范发展的若干意见》，对普惠性学前教育提出了明确目标和具体要求。如何落实党中央决策部署已成为社会各界普遍关注的焦点问题和各级党委政府亟待解决的重大现实课题。为此，国家统计局娄底调查队对娄底中心城区(包括娄星区和经开区)3～6周岁儿童的普惠性学前教育发展状况进行了专题调研。调查结果显示：近十年来普惠性学前教育得到了长足发展，但存在重视不够、投入不足、质量不高等问题，要达到中央的要求、满足人民的愿望还任重道远。

### 一、普惠性学前教育推进情况

#### (一)幼儿园及在园幼儿人数成倍增长

截至2018年9月，娄底中心城区幼儿园总数194所，比2010年增加122所，增长1.70倍；公办幼儿园16所(娄星区10所、经开区1所、市直直属1所、国有企业4所)和已认定的民办普惠性幼儿园128所，占娄底中心城区幼儿园总数的74.2%。在园幼儿人数27125人，比2010年增加16765人，增长1.62倍；公办幼儿园和已认定的民办普惠性幼儿园在园幼儿 18987 人，占全部在园幼儿人数的 70%。

### (二)整体入园难问题得到明显缓解

至 2018 年，娄底市中心城区学前三年毛入园率达 91.7%。被调查的 10 所民办幼儿园中，有 8 所幼儿园在园幼儿数没有达到设计规模。对 105 名在园幼儿家长的问卷调查显示，78%的在园幼儿家长觉得自己的小孩在娄底市中心城区入园不困难(见图 1)。

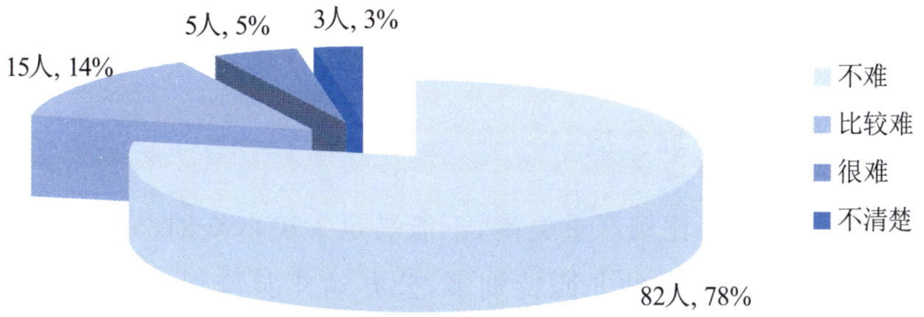


图 1 您的小孩入园难吗？

### (三)幼儿园教职工和专任教师大幅增加

截至 2018 年 9 月，娄底市中心城区幼儿园保教人员 2085 人，比 2010 年增加 1631 人，增长 3.59 倍。其中，专任教师 1140 人，比 2010 年增加 884 人，增长 3.45 倍。幼儿园保教人员与幼儿比(以保教人员为 1)由 2010 年的 1:22.9 下降到 2018 年的 1:13.0；幼儿园专任教师与幼儿比(以专任教师为 1)由 2010 年的 1:40.5 下降到 2018 年的 1:23.8。

### (四)建章立制和提高保教质量取得一定成效

一是教育部门指导幼儿园依据《幼儿园工作规程》《3～6 岁儿童发展指南》，结合自身实际，制订了各园的操作章程。二是反复强调保育第一的理念，着力纠正“小学化”教学倾向。例如娄星区制订了《规范幼儿园保教保育工作防止和纠正学前教育“小学化”现象专项工作方案》和《娄星区幼儿园一日活动常规实施细则》等，明确保教内容。三是严格执行办园安全准入制度和坚持安全隐患常规检查相结合，狠抓安全管理。例如，娄星区教育主管部门规定申请新办的幼儿园必须取得消防意见书、食品卫生许可证、教师健康证等相关证件，必须安装监控设施。四是开展定期培训，提高教师素质。例如，娄星区 2018 年举办培训班 3 期，培训民办幼儿园园长 160 多人次和骨干教师 2000 多人次，输送 90 人参加国培，组织教师参加省市培训 100 多人次。

## 二、当前学前教育中存在的问题

### (一)学前教育公共资源投入严重不足

到目前为止，学前教育尚未纳入国家义务教育范畴，公共财政投入远低于对其他基础教育的投入。据娄底市教育局统计，2018年，娄底市一般公共预算教育支出52.21亿元，其中幼儿园教育支出0.79亿元，仅占1.5%；幼儿园生均一般公共预算教育支出597元，是全部学生生均（6758元）的8.8%，是普通小学生均（6221元）的9.5%，是普通初中生均（10243元）的5.8%，是普通高中生均（8677元）的6.9%。

据娄星区教育局统计，2018年，娄星区一般公共预算教育支出4.54亿元，其中幼儿园教育支出0.067亿元，仅占1.5%；幼儿园生均一般公共预算教育支出282元，是全部学生生均（4959元）的5.7%，是普通小学生均（4978元）的5.7%，是普通初中生均（9382元）的3.0%，是普通高中生均（7041元）的4.0%。

### （二）学前教育结构性矛盾突出

1. 公办和民办学前教育比例严重失衡，不能满足人民群众对公办学前教育的需求，结构性入园难。从供给侧看，民办幼儿园特别多，公办幼儿园特别少。截至2018年9月，娄底市公办幼儿园91所，仅占全部幼儿园的11.3%。公办幼儿园在园幼儿数13398人，仅占全部在园幼儿数的10.7%。娄底中心城区除乡镇和国有企业办园外仅有2所公办园，学位不足700人。从需求侧看，人民群众对公办学前教育需求大，结构性入园难。问卷调查显示，在娄底中心城区被调查的105名幼儿园家长中，53%的家长希望自己的孩子就读公办幼儿园（见图2），近八成家长反映其小孩入公办园难。娄底市直属机关幼儿园的相关负责人反映，2018年新学期小班招生时，报名人数与实际学位比为5:1，园方只能采取抽签摇号方式来决定谁的孩子可以入园，给园方工作带来困难，给家长带来困扰。娄星区直属机关幼儿园只能优先满足娄星区机关工作人员的小孩入园。

**图2 您希望自己的小孩上哪种幼儿园？**

2. 普惠性学前教育比重偏低，与国家要求相比差距较大，推进普惠性学前教育任务艰巨。中共中央国务院明确要求，“到2020年，普惠性幼儿园覆盖率（普惠性幼儿园在园幼儿占比）达到80%”“逐步提高公办园在园幼儿占比，到2020年全国原则上达到50%”。当前，娄底市普惠性幼儿园覆盖率67.5%，低于国家目标12.5个百分点；公办幼儿园在园幼儿占比10.7%，低于国家目标39.3个百分点。娄底中心城区普惠性幼儿园覆盖率70%，低于国家目标10个百分点；中心城区公办幼儿园在园幼儿占比不到3%（国有企业办园和乡镇中心园除外），远低于国家目标。

3. 普惠性民办幼儿园的认定和补偿机制不完善，难以真正起到普惠的作用。从普惠性民办幼儿园的认定机制看，娄底市是依据湖南省教育厅 2012 年印发的《关于开展普惠性民办幼儿园建设和认定工作的通知》(湘教通字〔2012〕584 号)来认定，有些方面已不合时宜。例如，关于普惠性民办幼儿园的收费标准，《通知》只规定："政府购买服务的普惠性民办幼儿园的收费应不高于当地同类公办幼儿园的收费标准"，但是，《通知》对公办幼儿园的收费标准是否合理、如何界定普惠性民办幼儿园与公办幼儿园是不是同类等问题没有作出明确具体的规定；也没有明确办园规范和质量较好等具体评价指标，在实践中没有操作性和指导性。从奖补机制看，由于市县级政府还没有将民办普惠性幼儿园的奖补扶持资金纳入财政预算，资金保障不足，引导作用有限，民办普惠性幼儿园难以达到普惠的要求。例如，娄底中心城区的娄星区 2018 年拨付给民办普惠性幼儿园的 200 余万元奖补资金全部是中央和省下拨的学前教育经费，市区两级均没有配套普惠性幼儿园奖补资金，平均每个普惠性民办幼儿园的奖补资金不到 2 万元。被调查的 6 所已认定的普惠性幼儿园中，有 1 所处于亏损状态，5 所盈利的幼儿园利润率为 3%～10%，处于微利水平。经营上的艰难状况，使这些幼儿园难以真正做到普惠。

4. 幼儿园布局和管理方面存在的问题，制约普惠性学前教育良性健康发展。目前，娄底中心城区还没有出台幼儿园建设的相关规划，幼儿园布局无章可循，有的地方幼儿园过于集中，造成恶性竞争；有的地方没有幼儿园或者学位不足，就近入园难。另外，监管不到位，存在无证经营的"黑户"幼儿园，扰乱了正常的运行秩序。据不完全统计，娄底中心城区有 10 多所无证经营的幼儿园。例如，涟钢大市场附近有 8 所民办幼儿园，其中 3 所幼儿园无证经营。

### (三)幼儿园方面的问题

1. 幼儿园硬件设施不足。娄底中心城区大部分民办园的硬件设施与标准园有差距。本次调查的 12 所幼儿园，总共校舍建筑面积 35288 平方米，设计学位 3170 人，幼儿人均占地面积 11.13 平方米，低于规定的最低标准(15 平方米)。部分普惠性民办幼儿园仅仅租用几个门面，没有标准的幼儿户外活动场所，没有绿化用地面积，没有单独的就餐区和休息区。有的公办幼儿园也与标准幼儿园存在一定的差距。例如，娄星区直属机关幼儿园创建于 1989 年，已有 30 年，占地面积 1500 平方米，房屋建筑面积 2200 平方米，在园幼儿 287 人，生均占地面积仅 5 平方米，远低于规定的最低标准(15 平方米)，园内没有图书室、活动室、幼儿餐厅等功能室。

2."去小学化"政策执行难。家长教育理念的偏差、同行业的恶性竞争、小学一年级不执行零起点教学等因素，往往使学前教育"去小学化"的要求难以执行到位。问卷调查显示，幼儿家长在回答"您认为孩子在幼儿园期间学习语文、数学、英语等课程有必要吗"时，仅 28%的家长认为没有必要(见图 3)。部分学校要求新入学的小学一年级新生具备一定的文化基础，教学起点高、进度快，在一定程度上倒逼家长要求幼儿园开展小学化教学。有的民办幼儿园为了提高收费标准和迎合部分家长望子成龙的心理，开设各种特长班、优秀班进行小学化教学。

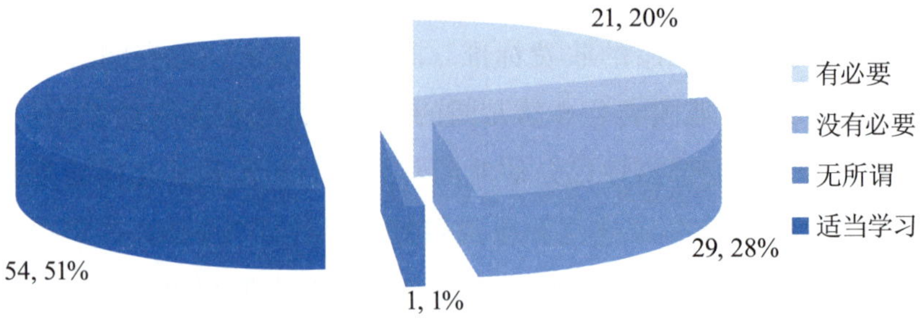


图 3　您认为孩子在幼儿园期间学习语文、数学、英语等课程有必要吗？

3. 师资力量达不到要求。一是幼师人才培养不够，缺口大，招聘难。从供给侧看，娄底市境内的高校和中职学校均没有开设保育专业，虽然设置了幼师专业，但每年招生不到400人。从需求侧看，按照每班“两教一保”的最低标准配备，全市需要学前教育专任教师8200多人，但实际只有6000余人，短缺2200多人。如果按照教育部印发的《幼儿园教职工配备标准(暂行)》规定的全日制保教人员与幼儿比应达到1∶7～1∶9的标准配备，缺口更大。从实践看，被调查的2所公办和10所民办幼儿园都反映招聘幼师难。例如，娄底市直属机关幼儿园编制63人，在职57人，还缺6人。娄星区直属机关幼儿园在职42人，但正式编制只有22人，临时聘请人员占约50%。二是幼师社会地位低、经济待遇差、工作时间长、各方压力大，留住难。被调查的10所民办幼儿园负责人都反映专任教师特别是高素质的专任教师留住难。公办幼儿园教师队伍也不稳定，例如娄星区直机关幼儿园2018年招聘的7名教师，2019年已离职4人。三是教师性别比例失衡，造成男性幼儿女性化，不利于幼儿成长。被调查的12所幼儿园男性教职工很少，有的幼儿园甚至没有男性专任教师。例如，娄底市直属机关幼儿园57名教职工中只有3名男性，28名专任教师中没有男性；娄星区直机关幼儿园42名教职工中只有4名男性，20名专任教师中只有2名男性。

4. 部分民办幼儿园收费过高。问卷调查显示，在回答当前娄底中心城区幼儿园的收费是否贵时，33%的家长认为比较贵，3%的家长认为很贵；在回答每学期缴纳多少费用时，超过公办园标准(3850元)的占40%，超过8000元的占12%。被调查的4所非普惠性民办幼儿园每学期收费标准均在10000～20000元之间，也就是说，一个幼儿一年的保教支出相当于娄底中心城区城镇居民年人均可支配收入(2018年32199元)。

## 三、加强普惠性学前教育的措施建议

### (一)实施普惠性学前教育建设推进工程

1. 科学编制普惠性学前教育发展规划。根据《中共中央国务院关于学前教育深化改革规范发展的若干意见》，结合娄底实际，统筹考虑乡村振兴、城镇化进程、人口变化趋势等因素，分层级、分区域、分城乡科学编制短期、中期和长期学前教育规划特别是公办幼儿园布局及建设规划。

2. 加快公办幼儿园建设步伐。以政府投资为主，鼓励社会资本参与，力争新建一批公办幼儿园；利用中心城区一些闲置的房屋改建一批公办幼儿园；对已建成且符合公办幼儿园办园条件的居民小区幼儿园，实行回购或租赁一批；对今后新建的居民小区，根据国家规定和学前教育整体规划，强制要求配建一批幼儿园，建成后，无偿移交给政府有关部门，使其成为公办幼儿园的重要来源。

3. 规范普惠性幼儿园的认定和管理。规范认定条件和认定程序。教育主管部门根据认定办法及其细则，对符合认定条件且自愿提交申请的民办幼儿园进行评审和分类，分为一级、二级、三级普惠性幼儿园，并进行动态管理。规范扶持政策，对不同级别的民办普惠性幼儿园制定不同的优惠政策和扶持标准。规范收费标准，按照收费不得高于同类公办幼儿园的原则，确定不同等级民办普惠性幼儿园的收费标准。

### （二）实施普惠性学前教育保教质量提升工程

1. 切实加强监管。建立政府监管、社会监督、家长监视、电子监控四位一体的全方位监督网，建立幼儿园基本信息公开制度，规范办园行为，规避各种风险，促进普惠性幼儿园健康良性有序发展。

2. 扎实提升质量。对学前教育内容进行准确定位。幼儿园教育应认真执行《幼儿园教育指导纲要》，以游戏为基本活动，促进每个幼儿富有个性的发展。严格禁止“小学化倾向”，既要加强对幼儿园“去小学化”执行情况的监督管理和考核，又要强化对小学一年级教学的监督管理，防止出现违规提高教育起点等现象。

### （三）实施普惠性学前教育教师队伍建设工程

1. 提高待遇，尽快完善学前教育队伍待遇保障机制。大力宣传幼儿教师的重要性，转变“把幼师看成孩子的保姆”的社会观念，提高幼师的社会待遇，提升幼师的职业荣誉感。尽量缩小公办园幼师与小学教师的经济待遇差距。畅通幼师职称评比渠道，提高幼儿教师职称评定比例，为公办民办幼儿园教师职称评定提供同等机遇。

2. 提高门槛，认真执行学前教育教职工资格准入和持证上岗制度。一是对老员工加强培训和考核，尽快淘汰不合格人员。二是对新进人员，严格执行持证上岗制度。三是建立老师诚信档案。对不良行为予以严惩。

### （四）实施普惠性学前教育发展保障工程

1. 制订和完善学前教育的相关法律法规。建议尽快修订《中华人民共和国教育法》，将学前教育纳入国家义务教育的范畴；尽快出台相关制度，促进普惠性学前教育规范发展。

2. 加大对普惠性学前教育的财政投入。学前教育具有社会公共事业属性，各级政府应承担主要责任，要将普惠性学前教育经费纳入财政预算，逐步加大财政投入，为普惠性学前教育的可持续发展提供资金保障。

（陶慧孜　谭建新　邓要东　方祖花）

民生小贴士 MINSHENGXIAOTIESHI

## 湖南出台中小学生校内课后服务工作指导意见

2月28日，湖南省教育厅发布了《关于做好中小学生校内课后服务工作的指导意见》（以下简称《意见》）。《意见》明确了湖南省中小学生校内课后服务的总体要求和基本原则，结合湖南省实际，对服务对象、时间、内容和组织方式、经费保障等提出了具体要求。

**一、发挥中小学校的主渠道作用**

《意见》限定于“校内”，只规范校内课后服务，实施主体是中小学校，有别于校外培训机构提供的校外课后服务。《意见》要求学校为主，可采取学校利用自身资源、学校联合公益组织、学校引入社会机构三种组织方式，但都是以学校为主、学校要参与。

**二、家长自愿选择，坚决防止将课后服务变相成为集体教学或“补课”**

《意见》要求让家长充分享有知情权、选择权，学校要征求家长意见，向家长公开服务事项。《意见》要求遵循教育规律和学生成长规律，围绕帮助学生培养兴趣、发展特长、开拓视野、增强实践，提供丰富多样的校内课后服务，主要是安排学生自主阅读、体育、艺术、科普活动，以及娱乐游戏、拓展训练、开展社团及兴趣小组活动、观看适宜儿童的影片等。不得因此增加学生课业负担。提倡对个别学习有困难的学生、贫困学生给予免费辅导帮助。

**三、坚持公益普惠，考虑差异，稳妥推进**

《意见》要求建立完善成本分担机制，采用政府财政补助和学校支持、家长合理分担运行成本的做法，坚持公益导向，不得营利。鼓励有条件的地区以财政投入为主。省教育厅将联合省发改委出台课后服务收费政策。《意见》要求统筹考虑城乡差异、学段差异、地域差异等因素，因地制宜，量力而行，把好事办好。

**四、服务对象限定为义务教育阶段在校学生，以小学中低年级学生为重点，服务时间原则上不晚于18：00**

《意见》紧盯“三点半”难题，综合考虑学生行为能力、家长接送需求以及学校课程设置等因素，限定服务对象。《意见》还要求优先保障残疾儿童、留守儿童、进城务工人员随迁子女等亟须服务群体。《意见》明确服务时间一般从周一至周五（节假日除外）下午放学后开始，结束时间原则上不晚于18:00。具体时间由县级及以上教育行政部门根据实际情况规定。原则上以一学期为相对固定期。

**五、明确教师合理取酬，切实保障安全**

《意见》要求，学校要向参与课后服务的教职工发放合理报酬。在核定绩效工资总量时，适当考虑学校和单位开展课后服务因素，学校和单位在核定的绩效工资总量内，对参与课后服务的教师给予适当倾斜。对外聘人员按协议支付报酬。引入社会机构的，采取购买服务方式。《意见》要求坚持把学生安全管理放在做好校内课后服务的首位，落实责任，严格把关。

（摘自：湖南省教育厅《关于做好中小学生校内课后服务工作的指导意见》）

# 市县链接

## 怀化消除义务教育大班额成效、问题及对策

消除义务教育大班额是党中央、国务院部署的一项重要工作。近年来，怀化市坚决贯彻落实中央和省委省政府决策部署，大力气消除大班额工作，2018 年成功化解了全部超大班额。随着工作的深入推进，大班额数量多、消除难度大、后续动力不足等问题逐步凸显，必须多措并举加强城区教育资源规划布局，利用行政“有形之手”与市场“无形之手”的双重力量，更好地提升教育质量和推进消除大班额工作。

### 一、怀化消除义务教育大班额工作的主要成效

怀化市积极推进消除大班额工作，制定出台了《怀化市消除大班额专项行动计划（2018—2020）》和下发了《关于稳定农村学校生源 促进城乡义务教育均衡发展的通知》，为未来一个时期全面化解大班额工作做出规划，打下基础。

按照计划，2018 年，怀化市消除义务教育超大班额任务全面完成，实际消除超大班额 968 个，超额完成省里下达的 624 个任务指标。同时，鹤城区 2018 年通过校内调整和扩班、区域内分流、成建制整体分流、与民办学校合作等方式消除超大班额 44 个，大班额 129 个；辰溪县于 2018 年秋季学期全部消除了 170 个超大班额，新建的思源学校新增学位 3350 个并如期投入使用，实际招生 2950 人，极大地缓解了化解大班额工作压力；芷江县新建了芷江三中、芷师中学，分别新增学位 2850 个和 1800 个，较好地解决了化解大班额工作中学校教室数量不足的难题。同时，各县市区积极采取区域内教师资源优化配置、加大特岗教师招聘、遴选乡村教

师进城教学、面向社会公开招聘教师等方式增加师资力量，大力解决师资短缺难题。

## 二、消除大班额面临的主要问题

当前化解大班额工作中还存在一些困难和问题亟待解决，实现怀化教育高质量发展，确保如期全面消除大班额和实现义务教育孩童有学上、学得好任重道远。

一是部分学校可供使用的教室数量不足。在化解大班额工作中，由于需新增一定数量的班级，城区内各学校均不同程度存在班级较多但学校拥有的教室数量不足的矛盾，多数学校将音体美科学等教学功能室挤占修改为普通教室，一定程度上影响了学生综合素质培养和合格学校建设。太平桥小学将学校功能室改建为普通教室，使该校没有健全的功能教室。河西学校现有53个大班额班级，在化解超大班额中已将9间功能室改为普通教室，将一年级的三个班级学生临时安置在集贤学校过渡上学。辰阳明德小学将功能室改建为教室后功能室仅剩仪器室和多媒体室，且该校三年级教师没有专门的办公室，只能在教室外的走廊上办公。

二是临聘教师占教师队伍比例较大。消除大班额必然会增加一定数量的班级，同时需要更多的教师来承担教学任务，但目前在怀化在编教师数量原本不足情况下，只能通过临聘教师暂时缓解教学压力。目前鹤城区共有义务教育阶段代课教师616名，占在职教师的21.29%，为满足教学需要，各校不得不通过社会招聘、退休教师返聘、从高校引进等各种方式择优选聘代课教师，补充正式教师不足的缺额。但代课教师受限于教学能力水平、经济待遇、工作压力等，流动性比较大，对教学质量提升产生不利影响。

三是师资队伍建设任重道远。一方面教师流失情况较严重。辰溪县2015年招聘了48名特岗教师，按政策规定在2018年办理入编手续时，仅剩38人在岗。该县2018年计划招聘80名特岗教师，但实际只招到57人，且有2人在到岗工作15天后自动离岗。另一方面，城区学校教师晋升职称受限制。目前要求城区学校教师晋升职称须有农村教学经历，由于城区学校教师人数多、晋级岗位少，一定程度抑制了教师的晋职热情，在化解大班额本校教师缺乏情况下，如果要晋升职称只能选择下乡支教，但又加重了可用教师不足的窘境。

四是教师性别失衡与专业教师匮乏。调查显示，目前怀化男女教师比例失衡较为严重。太平桥小学男女教师比例达1∶6，河西学校1～6年级阶段只有3名男班主任。荷花池小学男女教师比为1:4，2018下半年6位教师休产假，2019年已怀孕需休假的有4人。国家放开二孩政策产生的女教师休产假增多，一定程度上增加了消除大班额工作难度。同时，小学的科学、应用心理学、英语教师和初中的生物、化学、物理、心理学等专业性较强的学科教师较为缺乏，只能返聘退休教师或临聘大中专院校毕业生作为代课教师解决燃眉之急。

## 三、优化教育供给，办人民满意的教育

一是优化学校布局，统筹教育建设。根据各地建设发展实际情况，同步推进教育专项

规划与建设规划。重点优化城区学校和教育资源供给布局，严格执行居民小区配套建设义务教育学校政策，加强房地产开发监管，严禁打着学区房名义牟取暴利而随意更改规划扩大建设范围。同时，合理划分各学校招生区域，确保学生就近入学和杜绝新的大班额产生。

二是推进资源整合，促进学科均衡。根据教师编制不足实情，制定出台代课教师管理办法，规范代课教师的招聘和使用，鼓励其积极奉献教学岗位、安心教学事业。加强城乡教育资源整合，统筹农村小规模学校布局，在符合国家政策前提下促进教育资源利用最大化。加强教师队伍传帮带和参与国培、省培机会，加大应用心理学、数学、物理、化学、小学英语等专业学科教师招聘，促进学科均衡发展。

三是加大支持力度，提升整体实力。进一步加大市县财政支持力度，推进教学楼、校园文化、运动操场建设，为化解大班额工作和促进怀化教育发展提供支持。以武陵山片区脱贫攻坚为切入口积极向有关部门争取教育资金支持，促进教育事业健康发展。同时，建立教育、财政、发改、规划、国土等部门组成的学校建设项目联席会，为新建学校、原址重建学校等项目开辟绿色通道，解决建设项目难题，提升怀化教育整体水平，办人民满意的怀化教育。

（黄喜林）

## 邵阳县教育扶贫力度大　成效显著

为了解邵阳县教育扶贫成效，2018 年底，邵阳县调查队通过走访邵阳县教育局、邵阳县扶贫办、邵阳县第七中学及部分建档立卡户开展专题调查，调查结果表明邵阳县教育扶贫力度大、成效显著。

### 一、教育扶贫力度大

为加快推进教育精准脱贫，阻断贫困代际传递，邵阳县主要对家庭困难学生（含县扶贫办、民政局、县残联认定的建档立卡、农村低保、特困供养、残疾学生等）实行多层次多项帮扶政策。

一是实行学前教育入园补助。对全县建档立卡等家庭经济困难幼儿给予入园补助资金。按照 500 元/人/期的标准统一发放。

二是义务教育补助。即按寄宿生的 40%，对家庭经济困难的寄宿生实行小学 500 元/人/期，初中 625 元/人/期的标准补助，建档立卡等家庭经济困难寄宿生优先享受。对义务教育阶段非寄宿的建档立卡等家庭经济困难学生生活补助费（“补天窗”），包括在邵阳县就读的非邵阳县户籍的建档立卡等家庭经济困难学生，按照小学 500 元/人/期，初中 625 元/人/期的标准补助。

三是高中教育补助。对建档立卡等家庭经济困难学生享受最高标准为 1500 元/人/期的补助。对建档立卡等家庭经济困难学生实施免学费、免教科书费、免费发放教辅材料“三免”政策。省示范性学校按照(县二中)1000元/人/期,其他高中按800元/人/期标准补助。

四是职业教育补助。中职学校在籍一、二年级学生可享受助学金,标准是1000元/人/期,中职学校在籍学生免学费。标准是1200元/人/期。

五是高等教育补助。对在读邵阳县户籍的专科、本科、研究生(非免费生)家庭经济困难大学生,可申请生源地助学贷款。标准为专科、本科最高8000元/人/年,研究生最高12000元/人/年;对大学新生入学进行资助。邵阳县户籍的家庭经济困难学生,且当年考取专科以上全日制大学的应届高中毕业生(大学新生)。补助标准是外省1000元/人,省内500元/人。

六是实行“雨露计划”补助。对当年考取本科院校(含三本)且已注册学籍的邵阳县农村建档立卡贫困学生进行补助。标准是每人一次性补助2000元。对本县农村建档立卡贫困户子女就读中等职业学校(含普通中专、职业中专、成人中专、职业高中、技工院校)、高职高专院校、技师学院已注册普通全日制正式学籍的,在校就读期间(包括顶岗实习),其家庭均可享受1500元/人/期的扶贫助学补助。辍学、休学和保留学籍学生不纳入扶持范围。

## 二、教育扶贫成效显

### (一)资金惠及面广

据邵阳教育局学生资助中心数据,截至2018年11月8日,教育局共拨付教育扶贫资金4244.89万元(职高2018年秋季资金尚未下拨)。其中,资助学前教育学生3508人次,义务教育阶段学生72363人次。免教辅35427人次,补贫困寄宿生9364人次。

### (二)“雨露”覆盖面宽

2018年“雨露计划”共惠及学生4126人次,补助扶贫资金642.5万元。其中,2018年全县享受春季职业学历教育补助3654人次,补助资金548.1万元;本科生补助285人次,补助资金57万元;特困生补助187人次,补助资金37.4万元。

### (三)贫困学生受益多

据对邵阳县第七中学调查,近四年邵阳县七中基础设施建设投入2000多万,教师编制增加15个,增幅为20%,教育扶贫对学校的办学规模与条件改善有积极、深远的影响。邵阳县调查队随机对6户有学生的建档立卡贫困家庭开展调查,其中2孩户1户,1孩户5户。7个学生分别是1个刚入园的幼儿、1个小学生、4个初中生、1个刚入园的大一新生。其中,大一新生因教育扶贫获得的资金高达4500元,其他5户获500～2250元不等的教育扶贫资金。

(罗　云)

# 2019湖南民生调查报告

# 就业篇

# 政策背景

2018年，党和政府高度重视就业创业，年末全国城镇调查失业率为4.9%，比上年末下降0.1个百分点；城镇登记失业率为3.8%，下降0.1个百分点。2018年湖南城镇调查失业率为4.9%。2019年，中央政府工作报告确定就业预期目标是：城镇新增就业1100万人以上，城镇调查失业率5.5%左右，城镇登记失业率4.5%以内。湖南省政府工作报告确定就业预期目标是：城镇调查失业率控制在5%左右。为保证政策目标实现，政府出台相应政策给予保障。

党中央国务院将稳就业放在更加突出位置，出台促进就业若干意见。2018年7月31日，中央政治局会议明确要求做好稳就业、稳金融、稳外贸、稳外资、稳投资、稳预期，将稳就业摆在“六稳”之首，放在更加突出位置。11月，国务院出台《关于做好当前和今后一个时期促进就业工作的若干意见》，针对当前经济运行稳中有变、经济下行压力有所加大的背景，重点突出“稳”，着力加强“促”，提出支持企业稳定发展、鼓励就业创业、积极实施培训、及时开展下岗失业人员帮扶等政策措施，打出促进就业政策组合拳。

深入实施创新驱动发展战略，推动创业创新向更高水平更高质量发展。2018年1月，李克强总理在国务院常务会议上指出，要以大众创业、万众创新开辟就业新渠道、培育“三农”发展新动能。9月，国务院印发《关于推动创新创业高质量发展打造“双创”升级版的意见》，提出推动更多群体投身创新创业、增强创新型企业引领带动作用、强化创新创业政策统筹和落实等打造“双创”升级版的八个方面政策措施。

坚持精准扶贫精准脱贫基本方略，努力扩大贫困人口就业规模。2018年3月，人社部、国务院扶贫办印发《关于做好2018年就业扶贫工作的通知》，要求以促进有劳动能力的贫困人口都能实现就业为目标，加大就业扶贫力度，确保零就业贫困户至少一人实现就业。8月，人社部、财政部印发《关于进一步加大就业扶贫政策支持力度着力提高劳务组织化程度的通知》，出台新政全力推进就业扶贫。9月，人社部、国务院扶贫办联合下发《关于开展深度贫困地区技能扶贫行动的通知》，提升职业技能培训促进转移就业脱贫效果。

着力推进实施高校毕业生就业创业促进计划和基层成长计划，千方百计稳定高校毕业生就业水平。2018年3月，人社部印发《关于做好2018年全国高校毕业生就业创业工作的通知》，要求各地以实施就业创业促进计划为抓手，突出创业引领、基层成长两大方向，确保高校毕业生就业水平总体稳定。4月，人社部联合财政部印发《关于做好2018年高校毕业生“三支一扶”计划实施工作的通知》，明确了合理确定招募规模、积极拓展服务岗位等九方面具体工作，全国新招募2.8万名高校毕业生到基层从事支农、支教、支医和扶贫服务。

民生加油站 MINSHENGJIAYOUZHAN

## 稳定和扩大就业、把大众创业万众创新引向深入

多管齐下稳定和扩大就业。扎实做好高校毕业生、退役军人、农民工等重点群体就业工作，加强对城镇各类就业困难人员的就业帮扶。对招用农村贫困人口、城镇登记失业半年以上人员的各类企业，三年内给予定额税费减免。加强对灵活就业、新就业形态的支持。

进一步把大众创业万众创新引向深入。鼓励更多社会主体创新创业，拓展经济社会发展空间，加强全方位服务，发挥双创示范基地带动作用。强化普惠性支持，落实好小规模纳税人增值税起征点从月销售额3万元提高到10万元等税收优惠政策。改革完善金融支持机制，设立科创板并试点注册制，鼓励发行双创金融债券，扩大知识产权质押融资，支持发展创业投资。改革完善人才培养、使用、评价机制，优化归国留学人员和外籍人才服务。把面向市场需求和弘扬人文精神结合起来，善聚善用各类人才，中国创新一定能更好发展，为人类文明进步作出应有贡献。

（摘自：2019年国务院《政府工作报告》）

2018年12月，湖南省人民政府印发了《湖南省进一步促进就业工作二十条措施》（简称“二十条”）。一是支持企业稳定就业。从加大援企稳岗力度、加大金融财税支持力度、降低企业用工成本三方面采取措施；二是鼓励创业带动就业。从加强创业引导、加强创业载体建设、加强创业担保贷款扶持三方面进行鼓励；三是加强培训优化就业。从支持企业开展职工培训、加强重点群体技能培训、强化产业技能培训三方面采取措施；四是聚焦重点帮扶就业。从支持高校毕业生就业、扶持贫困劳动力就业、实施兜底帮扶、保障困难群众基本生活四方面采取措施；五是提升能力服务就业。从加强公共就业服务能力建设、加强人力资源市场建设、做好重点企业用工服务、强化就业资金保障四方面采取措施。

本篇选取的文章从不同角度客观真实地反映了湖南的就业和创业现状，对就业创业的热点问题进行了深入分析和研究，以期为各级党政领导和有关部门了解社情民意，制定决策提供参考依据。

（彭建霞）

民生加油站 MINSHENGJIAYOUZHAN

### 把稳就业摆在突出位置

实施更加积极的就业政策，落实好湖南省进一步促进就业工作二十条措施，确保就业基本盘稳定。加大稳岗支持力度，对不裁员、少裁员的参保企业返还其上年度实际缴纳失业保险费的50%，对吸纳登记失业人员稳定就业的企业给予一次性岗位补贴。抓好高校毕业生、退役军人、农民工、贫困劳动力等重点群体就业创业，奖补优质初创企业和个体工商户，提高个人和企业创业担保贷款申请额度，提高一次性求职创业补贴标准，扩大就业见习补贴范围，对创业带动就业示范基地和创业孵化基地给予奖补，确保零就业家庭动态清零。强化产业技能培训，推行企业新型学徒制，完善"互联网＋就业服务"。合理确定最低工资标准，保障农民工工资支付。一定要把就业这个最大的民生牢牢抓在手上，千方百计实现最充分的就业。

（摘自：2019年《湖南省政府工作报告》）

# 全景扫描

## 2018年湖南调查失业率为4.9%

据国家统计局湖南调查总队劳动力调查，2018年，湖南省城镇调查失业率为4.9%，据此推算，2018年湖南城镇失业人员约为98.4万人。

### 一、湖南失业率处于全国平均水平、中部较低水平

2018年1—12月，全国平均城镇调查失业率为4.9%，年底登记失业率为3.8%。湖南全年平均城镇调查失业率为4.9%。与中部部分省份比较，湖南城镇调查失业率处于较低水平，低于山西（5.9%）、江西（5.2%）、河南（5.1%）、安徽（5.1%）。

### 二、青年失业率最高

2018年，湖南城镇16～24岁人口的青年失业率为10.9%，25～59岁主要就业人员失

业率为4.4%,60岁及以上老年失业率为4.8%。青年失业率高,表明以两后生(初中、高中毕业后未继续深造的毕业生)和大中专毕业生为代表的新生劳动力在刚进入劳动力市场时,仍然存在较大就业压力。

## 三、女性失业率高于男性

与男性相比,女性在就业市场上更难找到工作。据推算,2018年湖南女性失业率为6.0%,比男性失业率高1.9个百分点。从失业人员构成来看,女性失业人员占52.3%,男性失业人员占47.7%。

## 四、40/50人员 失业时间最长

2018年城镇失业人员中,有35.8%的为40/50人员,这些人由于年龄偏大,技能单一,在失业后再就业更加困难,往往陷入长期失业的囧境。2018年,湖南失业人员的平均失业时长为11.3月;其中40/50人员平均失业时长为13.5个月,比其他人员平均失业时长多3.5个月。

## 五、第三产业失业人员最多

2018年城镇失业人口中,有76.6%的在失业前曾工作过。在失业前曾工作过的失业人员中,有4万人来自第一产业,占5.3%;24.7万人来自第二产业,占32.7%;46.7万人来自第三产业,占62.0%。

## 六、批发零售业的失业人员最多

具体到各行业,来自批发零售业的失业人员最多,达到17.2万人;其次为制造业,为16.3万人,第三、四、五位分别为住宿餐饮业、居民服务修理及其他服务业和建筑业,分别为8.3万人、5.8万人和5.4万人。

(姜文杰)

民生小贴士 MINSHENGXIAOTIESHI

### 求职面试经验

看到心仪的公司及职位，首先要了解这个公司是做什么的，招聘的职位有什么要求，所谓知己知彼，百战不殆。

其次，就是用心准备自己的简历。制作简历切不可千篇一律，一定要有针对性，不同的职位要突出自己不同的亮点。如果顺利通过简历筛选，那么你就成功了一半了。

面试环节切记要自信，自信，自信，重要的事情说三遍。自我介绍是必不可缺的，认真准备，不要想着靠自己的临场发挥。面试过程中，要介绍自己干过什么，干成了什么，有何收获，并且要强调自己与该职位的契合度。另外，面试过程中不要答非所问，夸夸其谈，不要随意诋毁他人。

（彭建霞）

# 2018年湖南外出农民工就业形势保持稳定

据国家统计局湖南调查总队农民工监测调查，2018年湖南外出农民工就业形势保持稳定，农民工总量略有下降，就业结构继续调整，收入增幅提高。

## 一、外出农民工规模概况

### （一）外出农民工总量略有下降

2018年湖南外出农民工（在户籍所在乡镇地域以外从业6个月及以上）1235.6万人，减少9.7万人，下降0.8%。

### （二）青年农民工比重持续下降

2018年湖南外出农民工中，40岁及以下的青年农民工比重为75.2%，比上年下降1.6个百分点；41～50岁的占16.3%，提高0.8个百分点；51岁及以上的占8.5%，提高0.8个百分点。随着人口老龄化程度不断加深，40岁以下的青年农民工比重已经连续5年呈下降趋势。

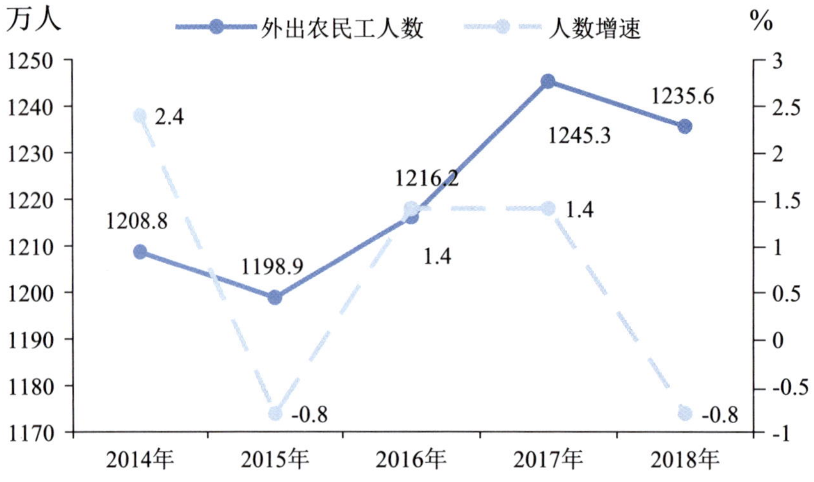


**图 1　2014—2018 年湖南外出农民工人数及增速**

## 二、就业结构稳中趋优

### (一)产业结构不断优化，第三产业就业比重持续提高

2018 年湖南从事第三产业的农民工占 41.2%，比上年提高 0.4 个百分点；从事第二产业的占 58.4%，下降 0.4 个百分点；从事第一产业的占 0.4%，与上年持平。从近 5 年数据看，湖南从事第三产业的农民工比重呈逐年上升态势。

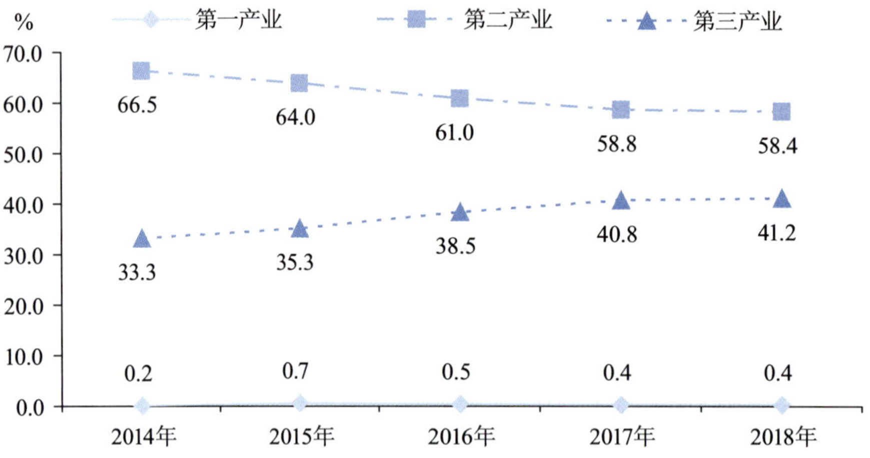


**图 2　2014—2018 年湖南外出农民工就业结构**

### (二)自主经营比重提高

得益于国家对“双创”以及农民工创业的大力支持，2018 年湖南外出农民工自主经营比重为 7.6%，比上年提高 1.4 个百分点。其中，省内农民工中自主经营比重为 9.4%，提高 0.4 个百分点；跨省农民工中自主经营比重为 6.5%，提高 2.0 个百分点。

## 三、流向呈现三个特点

### (一)外出乡外县内比重持续提高

从近 5 年数据看,外出乡外县内农民工比重持续提高。2018 年,湖南农民工中外出乡外县内的占 12.9%,提高 0.2 个百分点;外出县外省内的占 23.9%,下降 0.3 个百分点;跨省外出的占 63.2%,提高 0.1 个百分点。

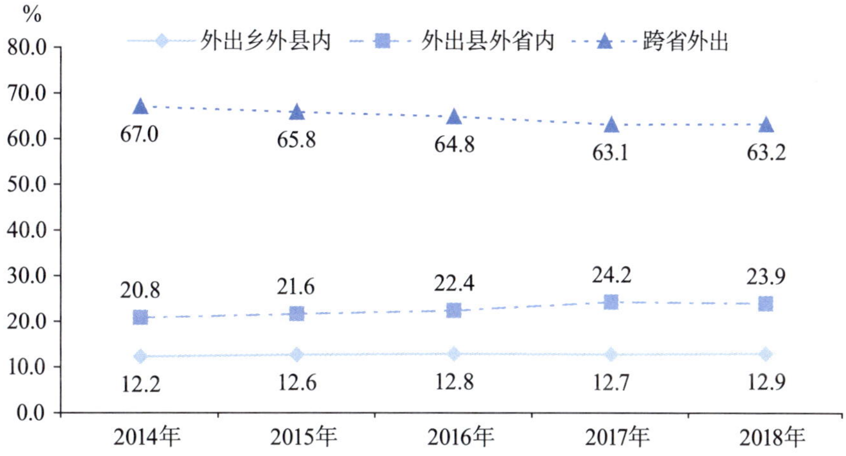


**图 3 2014—2018 年湖南外出农民工从业地区情况**

### (二)由东部地区向中、西部转移

2018 年湖南农民工流向东部地区的占 56.8%,比上年下降 0.1 个百分点;其中,外出广东的占 44.6%,下降 0.2 个百分点。流向中部地区的占 2.2%,提高 0.2 个百分点。流向西部地区的占 3.9%,提高 0.1 个百分点。流向港澳台及国外的占 0.2%,下降 0.1 个百分点。

### (三)流入大中城市的农民工比重提高

2018 年,外出农民工中,有 78.4%的流入地级市以上的大中城市,比上年提高 1.6 个百分点,其中,3.3%的流入直辖市,提高 0.1 个百分点;25.0%的流入省会城市,下降 1.0 个百分点;50.1%的流入地级市及副省级城市,提高 2.5 个百分点。从近 5 年数据看,流入地级市的外出农民工比重持续提高,流入建制镇的农民工比重持续下降。

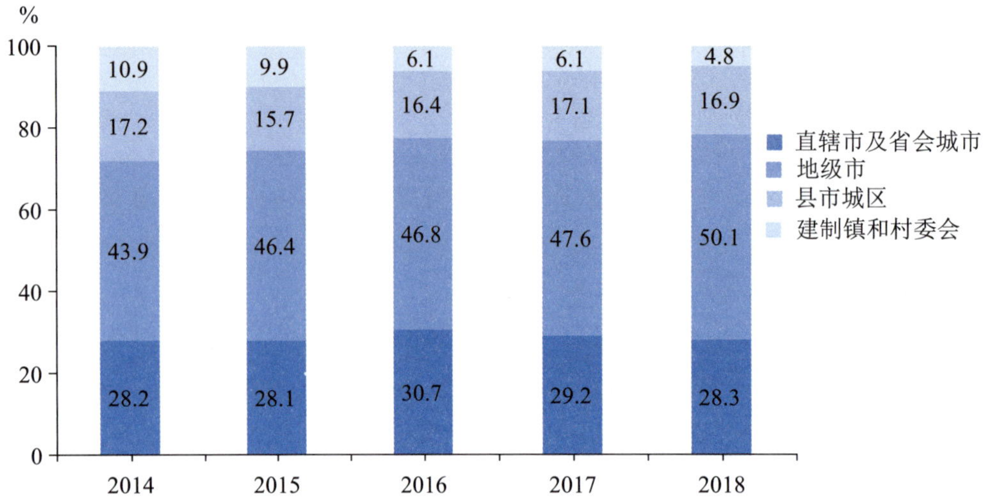


**图 4　2014—2018 年湖南外出农民工外出地区类型**

## 四、收入和消费双增长

2018 年外出农民工月均收入 4234 元，比上年增加 390 元，增长 10.1%，增幅提高 3.2 个百分点。2018 年外出农民工人均生活消费支出 11703 元，增加 1720 元，增长 17.2%。

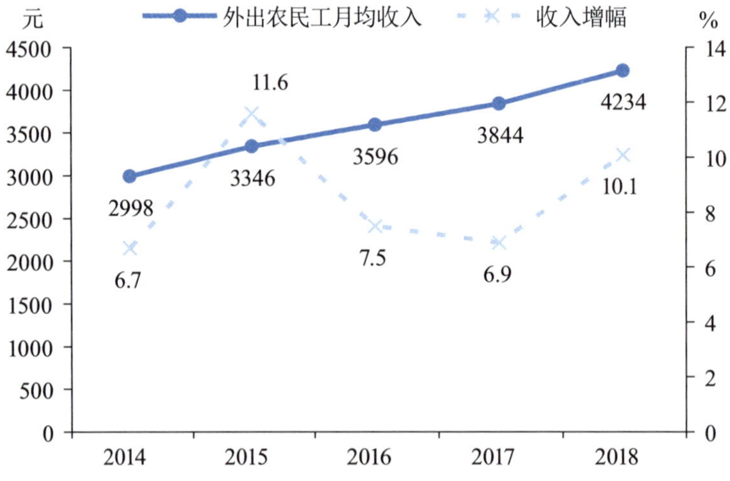


**图 5　2014—2018 年湖南外出农民工月均收入及收入增速**

### （一）跨省外出农民工收入增长快于省内外出

跨省外出农民工月均收入 4332 元，比上年增加 467 元，增长 12.1%，增幅提高 5.3 个百分点；省内外出农民工月均收入 4065 元，增加 257 元，增长 6.7%，增幅下降 0.4 个百分点。

表 1 湖南外出农民工分地区收入情况

| 从业地区 | 2018 年 | | 2017 年 | |
|---|---|---|---|---|
| | 月均收入(元) | 比上年增长(%) | 月均收入(元) | 比上年增长(%) |
| 外出从业 | 4234 | 10.1 | 3844 | 6.9 |
| 跨省外出 | 4332 | 12.1 | 3865 | 6.8 |
| 省内外出 | 4065 | 6.7 | 3808 | 7.1 |
| 县外省内 | 4386 | 9.1 | 4020 | 8.9 |
| 乡外县内 | 3470 | 1.9 | 3405 | 2.6 |

### (二)制造业从业收入增长最快

在外出农民工主要从事行业中，制造业的月均收入为 3980 元，比上年增长 12.5%；建筑业的月均收入为 4873 元，增长 10.6%；批发零售业月均收入 4303 元，增长 7.0%；交通运输、仓储和邮政业月均收入 4763 元，增长 8.5%；居民服务、修理和其他服务业月均收入 3859 元，增长 10.1%；住宿和餐饮业月均收入 3481 元，下降 2.1%。

### (三)自主经营收入增长明显

2018 年外出自主经营农民工月均收入 5974 元，比上年增加 695 元，增长 13.2%，增幅提高 6.3 个百分点。

## 五、劳动保障状况喜忧参半

### (一)外出受雇农民工劳动合同签订率提高

2018 年，外出受雇农民工中，有 47.6%的与雇主或单位签订了劳动合同，比上年提高 3.4 个百分点。其中 10.6%的签订无固定期限劳动合同，提高 1.9 个百分点；32.3%的签订一年及以上劳动合同，提高 3.6 个百分点；4.6%的签订一年及以下劳动合同，下降 2.2 个百分点。

### (二)工资被拖欠比重有所回升

2018 年湖南外出受雇农民工中，有 0.6%的被拖欠工资，比上年提高 0.4 个百分点；人均被拖欠工资 17967 元，比上年增加 2091 元，增长 13.2%。

(沈 琴)

民生小贴士 MINSHENGXIAOTIESHI

### 如何寻找满意的工作?

1. 目标明确。应当对自己的职业能力、素质与特长等方面有一个正确的估计和评价，这是能否找到最合适职业的前提条件。求职时，应根据自己的专业特长，有针对性地去求职。那些本身没有什么特长，或“干什么都可以”，目的不明确的求职者，很难找到合适的工作。

2. 思路清晰。把自己的“优势”与特长等方面的情况，向招聘单位介绍清楚。这一点非常重要。在实事求是的基础上，能否把自己各方面能力与素质向招聘单位介绍清楚，是获得成功的关键。

3. 扬长避短。在求职过程中，对于那些应聘者众多，或本身在此方面没有优势或特长的应尽量回避，以免因此而耽误或错过其他合适的工作。同时，对自己能够胜任的岗位，应抓住机遇，努力争取。

4. 渠道合法。通过合法途径求职。目前，社会上各类职介机构及报纸等新闻媒体上发布的各类招聘信息种类繁多，求职者应当去那些合法的职介部门求职，以免上当受骗。

5. 加强培训。加强职业技能培训，不断提高自身的职业素质与职业技能。应根据社会职业需求趋势与自己的实际情况，不断参加职业培训，使自己的职业素质与岗位要求相匹配。

（彭建霞）

# 深度透视

## 农民工职业技能培训工作存在“四难”

加强农村新成长劳动力的职业教育和农民工职业技能培训，把农民工打造成一支高素质的产业工人队伍，对于促进农民工转移就业、增加农民收入、提高劳动密集型企业竞争力、提升产业结构都具有积极的促进作用。为了解湖南农民工职业技能培训工作情况，国家统计局湖南调查总队 2018 年 11 月份在全省范围内开展了专项调查。调查显示，近年来湖南各地积极开展农民工职业技能培训工作，但存在“四难”，制约着农民工职业技能培训工作的进一步推进，宣传、资金、机制和课程设置等方面仍需进一步加大力度。

## 一、各地积极开展农民工职业技能培训

近年来，湖南各地相关部门认真贯彻中央、省市关于农民工创业就业培训精神，积极推行各项鼓励农民工创业就业培训措施，每年确定培训计划和任务目标，并层层分解下达到各辖区。长沙市 2017 年共计完成农村转移劳动者就业技能培训 11935 人次，完成在岗农民工岗位技能提升培训 5122 人次。2018 年市人社部门向各区县（市）下达分解了农民工职业技能培训共 1.5 万人次的任务，并认真指导各区县（市）和民办职业培训机构开展涉农群体的技能培训工作，加大力度开发学习见效快、就业门槛低的培训工种，如育婴师、家政服务员、物业管理员、养老护理员等。有需求的农民工可选择合适的培训机构参培，并可参加国家职业资格鉴定，取得国家职业资格证书。衡阳市近三年来共计培训农村转移劳动力、城镇登记失业人员和城乡未继续升学的应届初、高中毕业生 10200 人，发放职业技能补贴 940 万元。其中，2015 年开展计算机、家电维修等实用技术培训，培训 3261 人；2016 年围绕打造“电工、焊工之乡”，培训电工、焊工 4680 多人；2017 年结合就业扶贫工作，培训贫困劳动力 2259 人。2018 年，全市计划培训农村贫困劳动力 1200 人。

## 二、培训工作深入推进面临“四难”

### （一）农民工参训积极性调动难

调查显示，多数农民工对参加职业技能培训的积极性并不高，主要原因有以下几个方面：一是对培训有畏难情绪，不敢参加培训。农民工文化水平普遍不高，而且随着年龄增大，在面对职业技能培训时显得心有余而力不足，一听培训就有畏难情绪，即使免费培训往往也坚持不了几天。二是对就业没有长远规划，不想参加培训。多数受访的农民工对就业谋求突破和发展的想法不强烈，对职业培训的重要性认识不足，认为职业培训可有可无，根本就不想参加培训。三是受现实利益的驱动，不愿参加培训。农民工生活压力较大，虽然职业培训是免费的，部分农民工还是认为参加培训浪费了时间，耽搁了“活路”，耽误了挣钱。四是认为务工门槛逐步降低，不用参加培训。2014 年至今，国务院分 6 批共取消了 319 项职业资格，职业证书不再作为强制性要求。此举虽大大降低了农民工务工门槛，但也导致部分农民工参加职业学习考试的积极性大大降低。农民工参训积极性不高，最直接的表现就是各地参培人数呈逐年下降态势。如长沙市 2018 年上半年参加就业技能培训的农村转移就业劳动者，完成培训并申领补贴的共计 917 人次，较 2017 年上半年的 1467 人次，下降 37.5%。部分地区农民工职业技能培训陷入“剃头挑子一头热”的尴尬境地：一边是政府相关部门、培训机构的火热推动，一边是农民工的冷眼观望。

### (二)培训补贴满足需求难

一是培训补贴资金政策仍不明朗。2016年以前，人社部门对于农民工就业培训的补贴办法是将补贴发放给通过认证的培训学校，按照培训人次计算补贴金额。这种方式存在不少弊端，少数学校存在随便找人滥竽充数骗取补贴行为，还引发了腐败案件，因此2016年此办法被叫停。目前省财政厅、人社等部门新的补贴政策和实施细则一直在拟定之中，各地人社局在新政策不明朗的情况下，只能根据当地情况自行设定临时政策。

二是补贴标准偏低。当前湖南各地均是根据就业技能培训的职业(工种)类别，分A、B、C三类按培训人数给予补贴。通过走访发现，补贴标准偏低是各地普遍反馈的问题。岳阳市目前给予的培训补贴标准为：A类每人1200元、B类每人800元、C类每人500元。培训机构按当地物价、财政部门核定的标准收费，超出补贴部分的培训费用，由本人或企业自负。但据位于该市的湖南工业技师学院介绍，个人填报高级工的培训学费大概在2800元/年以上，从没有经验的人到合格的高级工通常需要2～4年学习时间。学习期间参培人员需自负生活费用。因此，即使按照最高每人1200元的补贴标准，个人负担也相当大。益阳市桃江县的补贴标准为A类每人1320元，需要完成300个学时的学习；B类每人800～880元，需要完成200个学时的学习；C类每人500～550元，需要完成100个学时的学习。如果严格按照文件要求请老师进行培训，补贴标准只能达到实际支出的三分之一。该县现在不得不改为A类需学习10天、B类需学习7天、C类需学习5天，学时缩减幅度非常大。

三是补贴范围“缩水”。根据《湖南省就业技能培训补贴实施办法》规定，参培人员必须培训合格，并取得初级以上职业资格证书方可享受就业培训补贴。2017年，国家人社部对职业资格进行了进一步清理，部分工种取消了职业资格证的认定，而各地职业技能培训补贴政策未及时跟进，致使没有取得职业资格证的人员无法获得技能培训补贴。常德市目前实施补贴的项目仅限定本市人社部门能鉴定认证的种类，需要其他部门鉴定认证的工种，如果没有获得职业资格证，暂不进行补贴。如培训需求比较集中的保安、服务业等工种，现在已不再享受培训补贴。

四是培训补贴申领周期长。目前，湖南地区培训补贴主要遵循先垫后补的原则。符合补贴条件的人员在定点培训机构完成培训，经人社部门职业技能鉴定科鉴定合格后再向定点培训机构发放补贴。常德市政德机动车驾驶员培训学校等5所培训机构，2017年培训农村劳动力转移就业等“五类人员”共计737人。5所培训机构于2017年12月申报补贴，直到2018年5月才通过人社部门的技能鉴定，进行培训补贴发放公示。

### (三)培训内容与需求挂钩难

一是各地实施的职业培训教学中存在针对性不够强、理论教学与实际操作脱节等现象。一方面，农民工外出就业以技能操作为主，因此他们更愿意接受对提升自己技能水平有切实效果的实践培训，不愿接受理论学习。另一方面，培训本身存在“一锅烩”的现象，针对性不够强。如有的农民工希望从事种植行业，对种植的培训内容有需求。但是目前就业培训内容通常既包括种植又包括养殖，对于其来说养殖培训内容如同“鸡肋”，既激不起培训的兴趣，一定程度上也造成时间和成本上的浪费。

二是课程设置偏少。随着时代进步，农民工的就业培训需求也越来越多样化、个性化。但目前各地培训机构的培训内容覆盖面较窄，往往只有计算机、电工维修、美容美发、家政服务等C类行业(工种)的培训，与多样化的市场需求不适应，无法满足农民工的实际需求。怀化市2018年以来已开班的培训中，光家政服务的培训就占了70%。汉化自信培训机构的学员小杨表示，之前她想参加的是缝纫类培训，但培训学校没有开设此类别的培训班，最终只能选择学习美容美发。

三是培训时间偏短。据永州市就业培训科表示，按照人社厅文件规定，农民工培训时间为：A类不低于300个标准学时，B类不低于200个标准学时，C类不低于100个标准学时。每天按7个标准学时计算，A类不低于43天，B类不低于29天，C类不低于15天。劳动者如果只想在普通工作岗位上就业，根本不需要花这么多时间来培训，完全可以上岗后简单培训就能开展工作。如果想作为熟练工被企业招聘，按照规定时间培训，农民工仅能学到理论基础和基本的操作技能，对职业技能远不能达到“通熟”的地步。实际上，确保农民工参加培训后能熟练掌握一项技能，B类至少需要3～4个月，A类至少需要半年以上的时间。

### (四)各部门统一规划和管理难

当前，负责农民工职业技能培训的有人社、农业、科技、移民等很多部门。各部门都从各自的业务出发，开展了针对农民工的职业技能培训，在一定程度上对农民工转移就业起到了积极的推动作用。但目前各部门之间条块分割，缺乏统一、协调和衔接，没有充分整合资源、形成合力，导致培训不能很好地与经济发展、产业结构调整实现有效的结合。怀化市人社局培训办表示，由于缺乏有效的管理体制及统筹规划，当地农民工职业技能培训未能形成一个有效的统一培训体系，导致培训机构办学规模小、专业重复，培训资源、经费得不到有效利用，造成浪费。

## 三、破除“四难”的意见及建议

### (一)加强培训宣传

加大宣传力度，提高农民工对就业创业培训的知晓程度和对农民工就业创业技能培训必要性的认识。一方面，想方设法调动农民工主动参与培训的积极性，引导农民工树立“知识改变命运，技能成就梦想”的市场化就业意识，提高内在需求，改“要我培训”为“我要培训”。另一方面，通过成立宣传服务队深入村组、开展入户式调查、发送手机短信等方式，详细讲解农民工培训政策，分析和发布培训就业信息，使广大农民工及时获取全面、有效的信息。

### （二）优化补贴政策

一是尽快出台新的便于基层实施和操作的政策及实施细则，提升参加学习和提供培训双方的积极性和操作便利性。二是将培训资金列入政府的财政预算，确保经费到位。建立新生代农民工培训基金，进一步推行“职业教育和培训卡”制度，对新生代农民工培训进行直接补贴，扩大自主选择培训的范围。同时，建立政府、企业、个人的责任分担机制，通过增加企业税收减免比例、在企业设立专项培训补助等方式，鼓励和监督企业对农民工职业技能培训的投入。

### （三）增强培训实效性

把培训与就业、创业紧密结合，以市场需求为导向，合理设置培训项目，合理配置理论学习与实践操作的教学比重，合理安排培训时段，按需开展培训。根据各类用工单位的需要和岗位要求，摸清农民工就业、培训意向“名单”，开展以需定培、以培供需，实施订单培训，通过推广“订单式”培训模式，提高培训质量，实现农民工的精准就业和高质量就业。

### （四）形成培训体系

明确培训主体，构建政府统筹，就业部门牵头，财政、人社、教育、科技等相关部门协作配合的培训体系。积极整合培训资源，提高培训效率和质量，在吸引社会办学力量广泛参与的同时，对各类农民工培训机构进行严格考核。建议由各级农民工培训领导小组办公室负责把关，实行一年一度的培训质量资格认证评审制度，对不按要求、弄虚作假的培训机构取消其培训资格，严把农民工培训质量关，最终形成培训、管理与服务三结合的劳务开发网络服务体系。

（王　璐）

## 张家界市高校毕业生就业问题研究

目前，张家界市共有吉首大学张家界学院和张家界航空工业职业技术学院两所高校。张家界调查队通过随机抽样，发放问卷的方式对 188 名高校毕业生进行问卷调查。另外，还对张家界就业局、吉首大学张家界学院、张家界航空工业职业技术学院负责毕业生就业工作的相关工作人员进行了走访、座谈，对当地政府及相关部门近年来出台的相关政策进行了认真梳理和学习咨询，以期全面了解张家界市的高校毕业生就业的情况。

本次调查中，吉首大学张家界学院的毕业生为 161 人，学历为本科，占样本总量的 85.6%，张家界航空工业职业技术学院的毕业生为 27 人，学历为专科，占样本总量的 14.4%。

## 一、基本情况

### （一）高校毕业生就业意愿强烈

此次调查中，高校毕业生中有就业打算的达到 78.19%，没有就业打算的为 13.83%，没有想好的占 7.89%。大部分毕业生的就业意愿比较强烈。

其中，已找到工作的占样本总量 45.74%，没有找到工作的占样本总量的 26.06%，正在找工作的占样本总量的 28.19%。

**表 1　未就业原因表**

单位：人

| | 准备升学或出国 | 准备创业 | 准备参加公务员、事业单位考试 | 求职存在困难 | 不想工作 |
|---|---|---|---|---|---|
| 吉首大学张家界学院 | 39 | 2 | 37 | 15 | 5 |
| 张家界航空工业职业技术学院 | 2 | 1 | 2 | 4 | 1 |

在还未就业的高校毕业生中，对未来规划有明确目标，准备升学或出国、准备创业、准备参加公务员或事业单位考试的调查对象有 83 人，占样本总量的 44.15%，其中，升学或出国、公务员或事业单位考试为大部分人的奋斗目标。也有 6 人即 3.2%的调查对象在主观意愿存在不想就业的现象。只有 1.6%的毕业生有自主创业的打算，说明大学生自主创业的门槛还比较高，政策还不够优化，自主创业的意识和自信心还不够强烈，缺乏敢为人先的拼搏精神。这些有自主创业意愿的大学生，希望政府或学校能出台一些鼓励创业优惠政策，为大学生就业提供多种选择。

70.21%的毕业生在求职过程中曾经被人录用过，仅有 29.79%的毕业生从未被录用过。说明很多毕业生在就业时很难一步到位，通常都会有“再就业”的情况发生。而选择不去或离开该用人单位的主要原因是工资较低、晋升发展空间小和工作地点较远，专业不合适、对工作没有兴趣、工作强度大、未签订劳动合同或未缴纳社保等也对毕业生放弃用人单位有一定影响。毕业生就业时缺乏对现实情况的全面了解，太过理想化，期望太高，当期望与实际情况有出入时，更倾向于辞职选择下一份职业。同时某些用人单位，尤其是私企，依然没有完善劳动合同签订制度，也没有缴纳社保，从而导致人才的流失。

### (二)高校毕业生就业目标明确

1. 不追求专业对口。19.15%的毕业生认为专业一定要对口，66.49%的毕业生认为不一定要专业对口，14.36%的毕业生认为无所谓。有毕业生强调，在就业时不一定要找专业对口的工作，兴趣才是最重要的，一味追求专业对口可能导致经常性跳槽。一方面，其中大部分毕业生不是不愿意从事自己专业的工作，而是苦于找不到或不好找。另一方面，说明高校对人才的培养、专业设置欠缺前瞻性、合理性，教育理念也没有与时俱进，造成人才培养与社会需求的脱节，不能满足经济社会发展对人才的实际需求。

2. 对薪资期望较高。44%的毕业生理想月薪为4500～6000元，39%的毕业生理想月薪为6000～10000元，7%的毕业生理想月薪为10000元以上，仅有10%的毕业生理想月薪为3000～4500元，对薪资期望整体较高。很多毕业生对自我能力缺乏正确的认知，对社会工资水平缺乏基本的了解，存在期望与能力不匹配、想法与实际不相符等情况，在大学毕业生群体中，“眼高手低”“急于求成”的现象还比较普遍。

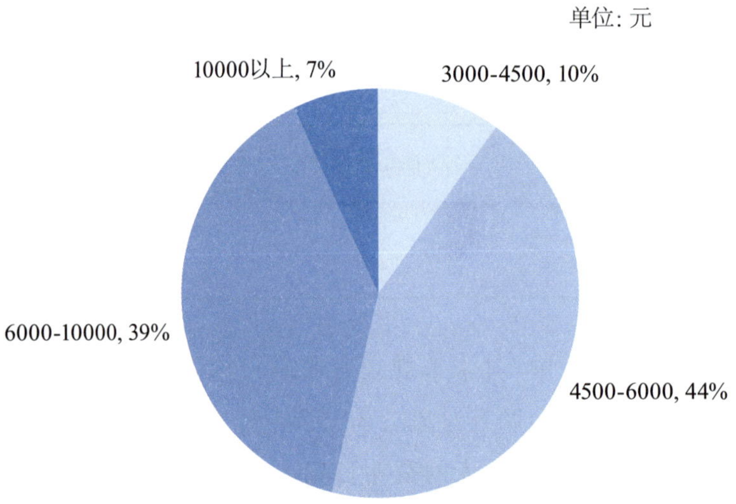


**图1　理想月薪分布饼状图**

3. 可接受单位多样 。调查过程中发现，高校毕业生对于多种就业单位都有着较高的接受度。不论是各种类型的国有企业、外资企业，政府机关及事业单位，都是就业单位的热门选择。其中，有55.85%的毕业生希望在政府机关及事业单位就业，50%的毕业生希望在大型国有企业就业，分别占据期望就业单位的第一、二位。大部分毕业生向往“大型”、“体面”的单位，还有38.83%的毕业生接受自由职业、灵活职业，说明部分毕业生对未来缺乏明确的规划，有走一步看一步的思想存在。

表 2　可接受就业单位类型表

单位：人

| 单位类型 | 大型国有企业 | 中小型国有企业 | 大型民营企业 | 中小型民营企业 | 外资企业 | 科研机构 | 自由职业、灵活职业 | 政府机关及事业单位 | 其他 |
|---|---|---|---|---|---|---|---|---|---|
| 人数 | 94 | 87 | 82 | 68 | 87 | 35 | 73 | 105 | 14 |

4. 考虑因素较多。在就业过程中，毕业生考虑的因素比较多，包含薪酬待遇、发展机会、工作机会、专业与职业对口、个人兴趣爱好、单位性质和规模、父母意愿、工作地点等。其中，发展机会、薪酬待遇和工作地点为毕业生最看重的因素，分别占样本总量的85.64%、77.66%和64.89%。多种因素的考虑往往增加了毕业生的思想负担，进一步加大了就业的难度。

表 3　优先考虑因素统计表

单位：人

| 考虑因素 | 薪酬待遇 | 发展机会 | 工作机会 | 专业与职业对口 | 个人兴趣爱好 | 单位性质和规模 | 父母意愿 | 工作地点 | 其他 |
|---|---|---|---|---|---|---|---|---|---|
| 人数 | 146 | 161 | 58 | 69 | 108 | 58 | 20 | 122 | 2 |

## （三）高校毕业生就业信息获取渠道多样

高校毕业生在就业过程中获取相关信息的渠道主要是各类招聘网站、人才市场、校园招聘会、家人和朋友推荐等。随着互联网飞速发展，从招聘网站获取就业信息已成为高校毕业生求职的主要途径之一。招聘网站虽然能从大数据的角度为毕业生就业求职提供便利，看似节省时间，但网站有效信息有限、虚假广告遍布，在某种程度上对毕业生正确认识

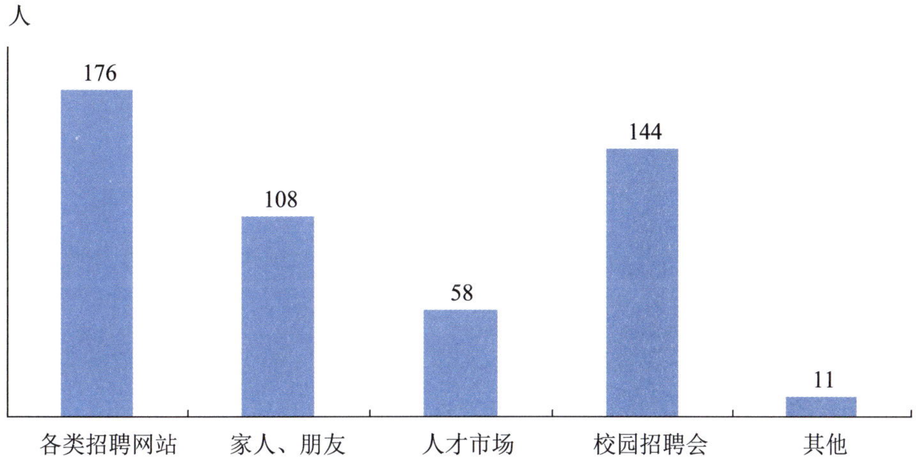


图 2　就业信息获取渠道柱状图

自身和企业产生不良影响。学校在毕业季会举办多个企业的校园招聘会，为毕业生提供了丰富的就业信息和多种选择机会，且在毕业生间的信任度较高。但有毕业生反映学校校园招聘的规模小，单位少，时间发布也不及时，薪资也不高，不能满足就业预期。

## 二、高校毕业生就业难原因分析

通过本次调查，发现张家界市高校毕业生就业形势一般。问卷显示，虽有接近九成的高校毕业生落实了去向，对未来有着明确的规划并正在为之付出努力，但仅有45.74%的毕业生已经找到工作，意味着仍有不少的高校毕业生将要面临“毕业即失业”的困境。这种情况的发生不仅仅和毕业生自身所学专业、积累的实践经验、综合素质、就业方向有关，也与政府、社会密不可分。

### （一）造成张家界市高校毕业生就业难的主观原因

1. 高校毕业生的就业期望偏高。毕业生就业不仅是自身价值实现的需要，也是家庭和教育投资价值实现的需要。于个人来讲，寒窗苦读十几年，于家庭、教育投资来讲，是集大量人力、物力于一身，所以高校毕业生的就业期望都比较高。而在就业期望中又数薪酬待遇是毕业生最关心、最看重的择业要素。课题组经网络搜索招聘信息、电话咨询当地部分企业发现，用人单位对大学生承诺的月薪普遍较低，这与大学生普遍的就业期望月薪有很大差距。从统计的结果可以看出，有83%的大学生希望自己的月薪在4500元以上，而企业给刚毕业的大学生月薪实际也就3000～4000元不等，甚至更低。大学生刚刚离开学校，实践动手能力缺乏，没有工作经验，工资相对比较低，应该是比较正常的。面对客观现实，部分毕业生没有树立正确的就业心态，一些工资低的工作不愿去做，宁愿自己待业。

2. 高校毕业生的就业观念守旧。据调查显示，张家界市高校毕业生就业意愿多集中于大中型企业、政府机关及事业单位和一二线城市。认为大中型企业、政府机关及事业单位所提供的就业岗位普遍稳定性高、收入不低而又工作“体面”；一二线城市的工作环境、生活条件、工资待遇更加一流，这些对高校毕业生而言，无疑具有巨大的吸引力。虽然近年来，国家、政府为缓解高校毕业生的就业压力，大力倡导毕业生去基层、中小型企业就业，并给予经济补助等优惠政策，但就本次调查的数据来看，张家界市高校毕业生去基层、中小型企业就业意愿并不明显，折射出高校毕业生在就业问题上还不同程度地表现出理想性、依赖性、盲目性和思维惯性的特点，比较有代表性的是：“终身一次就业”，有一部分毕业生不是找不到工作，而是找不到主观设定的理想工作。一方面，部分高校毕业生只看到理想工作单位、工作城市的良好待遇、发展前景，却忽视其就业的难度，没有充分认识到自身理想与社会现实之间的差距，总是单纯地从自身的就业意愿出发，从而导致了有的岗位人才过剩，有的岗位无人问津。另一方面，也造成大部分毕业生过于集中于大中城市，从而导致毕业生供给量大于社会需求，形成地域性就业结构失衡现象。

3. 高校毕业生实践工作能力有限。从回收的问卷统计发现，有53.19%的张家界市大学毕业生认为求职过程中面临的主要困难是缺乏实际技能与经验。当前，社会就业机制是以市场为导向的，就业与个人的综合素质、社会的实际需求息息相关，所以一旦脱离了社会，缺乏实际操作经验，势必造成大学生就业艰难。如今经济科技日新月异，用人单位相对以往更加注重毕业生的实际工作能力和是否有一定的工作经验，而当前的学校相对于社会实际发展来说，处于封闭或半封闭的装填状态，大部分学生在校学习期间，缺乏与社会接触的机会，没有真正主动去了解现在的社会需要什么技能的人才，在整个就业过程中，没有积累足够的社会资本和足够的工作经验。诚然现在高校都会在大四期间组织学生进行一段时期的实习，但都是针对所学的专业知识开展的，或多或少与用人单位的要求还存在些许差距，通过本次调查数据分析也能印证这一点。

4. 高校毕业生自主创业意愿不强。目前，随着各大高校逐步扩招，导致高校毕业生数量逐年增加，社会所能提供给毕业生的就业机会有限。在大众创业、万众创新的大背景下，国家、政府为积极鼓励广大高校毕业生自主创业，出台了一系列的扶持政策。据了解，湖南省高校毕业生就业创业扶持政策主要有：给予在湘自主创业的高校毕业生及在校生一次性创业补贴、创业培训、开办费和经营场所租金等补贴；毕业5年内可申请创业担保贷款；可申请入驻所在地市州创业孵化基地；对入选优质初创企业或个体工商户分别给予10万元和5万元的一次性创业奖补。但是，据本次调查显示，在188名大学毕业生中，仅有3人会选择自主创业。一方面说明当代大学生对自主创业缺乏清醒的认识和自信，择业观念还比较陈旧保守，对社会发展趋势缺乏应有的判断和把握，不敢也不愿去做市场经济的“弄潮儿”；另一方面也说明自主创业对创业者的资本投入、信息、社会资源、技术和经验要求比较高，尽管国家、政府大力提倡，并提供了众多优惠政策，但也必然是一个十分艰难的过程，相比就业，绝大多数毕业生往往不会选择创业。

5. 高校毕业生主动培养职业技能的意识薄弱。现在高校培养的大学生都是掌握了一定的理论，但大量理论课程的学习让学生在专业方向上的收益是有限的，缺乏实践能力的大学生成了纸上谈兵的高手，对自己未来是否能胜任工作也显得不够自信。引起这一现象的原因一方面是高校没有注重培养学生解决实际问题的能力，大学培养的人才被誉为“理论的巨人，行动的矮子”；另一方面也反映出学生在校期间，所学的社会技能偏少。很多学生从高中进入高校以后，安于现状，不愿主动去学习技能，增长知识，这就造成了同一学校同一专业的毕业生能力相差很大，致使社会对高校毕业生能力的认同度下降。企业作为非常现实的经济实体，需要的是能够带来直接效益的人才，加之近年来，用人单位对毕业生的要求越来越高，宁愿找有社会工作经验的人才也不愿意接受一名刚踏出校门的高学历毕业生。

### (二)影响张家界市高校毕业就业难的客观原因

1. 经济发展滞后造成就业机会不多。经济增长速度一定程度上决定就业岗位职数，但是受经济增长速度和产业结构处于调整期等因素的制约，张家界市的经济社会发展还不能完全满足于大学毕业生的就业需求，导致近年来吸纳人才能力有限，经济增长对解决就业难问题作用并不明显。目前，张家界市经济转型还稍显缓慢，第三产业发展扩量提质等方面还存在诸多不足，每年社会提供的就业岗位增加量远未赶上毕业生的增长速度，这是造成高校毕业生就业难的关键所在。

2. 学校提供的就业帮助不能满足毕业生需求。一方面在平时的教学过程中，高校更注重于理论知识的教学，对职业指导、职业培训、创业指导或培训的重视程度不够，学生在大一大二时不能提前做好各方面的准备，不能在大学初期就明确自己以后的方向与目标，全面提升自己各方面的能力，为职业做一定的规划。到大三大四开始找工作，会有打乱仗的感觉。学校提供的见习机会也不够丰富，不少高校毕业生在求职过程中因为缺乏实践工作经验，对工作环境、工作方法不熟悉，不能满足任职需要，自己也容易产生自卑情绪，影响就业。另一方面，学校对于就业信息的发布也不能满足毕业生需求。在学校进行校园招聘的企业无论是数量还是质量都与毕业生的现实需要存在一定差距，导致初次就业企业质量不高。许多进行校园招聘的企业规模较小，吉首大学张家界学院很多毕业生为外语系的学生，面对他们招聘的用人单位多为学校和培训机构，对毕业生来说选择过于单一，质量也不高。甚至部分企业在薪酬待遇上不够明确，容易给毕业生带来误解，就业后发现名不副实，被迫选择“再就业”。

3. 高校人才培养规格与社会需求存在差距。高校毕业生是国家、家庭投入大量人力、物力培养出来的人才，是建设国家、促进社会进步、提高经济发展水平的重要力量。必须要适应经济发展方向和社会发展趋势，以市场为导向，预测人才类型和需求，科学设置专业和培养规模。但是部分高校没有根据社会需求对专业进行及时调整，导致学校的专业结构和社会新的经济结构不匹配，毕业生专业技能不能适应社会发展的需要。

4. 就业网站信息不全，可信度不高。随着信息时代的不断发展，网络成为了一种更加快捷有效的信息交流方式，越来越多的高校毕业生运用网络来发布和接收信息。调查显示，有93.62%的大学毕业生通过网络(各类招聘网站)获取求职信息。目前向高校毕业生提供需求信息的全国网站主要有智联招聘、前程无忧等，张家界市网站主要有张家界人才网、张家界本地网等。而网络传递供需信息虽然方便快捷、实效性强、成本低，但是信息的真实度、完整度偏低。且许多网站求职信息为自行发布，政府部门并没有介入，监管存在漏洞，发布的信息并不能保证具有权威性和可信度，有的甚至涉及虚假广告。

5. 政府的相关就业政策宣传不到位。2018年11月，教育部为全面贯彻落实全国教育大会精神，印发了《关于做好2019届全国普通高等学校毕业生就业创业工作》的通知，把

"稳就业"放在更加突出的位置,努力实现高校毕业生更高质量和更充分就业。2018 年 4 月,中共湖南省委办公厅、省人民政府也曾联合印发《关于进一步引导和鼓励高校毕业生到基层工作的实施意见》的通知,着眼于大学生基层成长计划,结合扶贫攻坚、振兴实体经济等发展要求,围绕实施"芙蓉人才行动计划"及创新引领、开放崛起战略,推出了大量"优惠"措施,为高校毕业生提供了完备的成长计划和保障。张家界市也根据本市的特点出台了大量文件旨在促进高校毕业生就业,提高就业率。但与大学毕业生交流中得知,对于一系列的优惠政策,大部分人了解程度较低甚至根本不知道,所以,对政策的宣传力度有待加强。

## 三、启示与建议

### (一)政府应采取多种措施,帮助大学生解决就业问题

一是政府以经济发展为动力推动就业。张家界市应在挑战中抓住机遇,紧紧抓住《湖南省建设全域旅游基地三年行动计划(2018—2020 年)》文件带来的重大发展机遇,加快经济结构调整和产业升级,充分发挥经济增长对促进就业的基础性作用,为广大大学毕业生提供更多的岗位。二是积极宣传落实激励政策,鼓励大学生到基层就业。督促指导有关部门和学校,一方面加强国家、省、市关于大学生到基层就业的优惠政策宣传工作,另一方面为致力于在基层就业的大学生提供切实保障。三是扶持大学生自主创业,以创业带动就业。开展大学生创业教育,为毕业生自主创业提供资金支持、政策扶持、技能培训、项目论证、提供场地等"一条龙"服务。四是加强市场监管,为学生就业保驾护航。在加大对高校学生就业实习基地指导的同时,进一步加强网络、市场监管,严厉打击非法用工、拖欠工资、发布虚假就业信息等违法犯罪行为,整顿和完善人力资源市场秩序。

### (二)高校应重视大学生就业问题,完善就业指导与服务

高校除了要不断提高教育质量外,还要重视学生就业问题,进一步完善就业指导与服务工作。一方面,高校应该要以市场需求为导向,积极调整专业结构、合理配置教育资源,重视专业基础教育,提高学生综合素质;学校应根据学生能力和需要,制订科学合理的实习计划,适当提前集中实习时间,让学生能有更多的机会接触社会、了解市场,从而在全面提升学生实践能力的同时,又达到促使学生及时调整学习方向和完善知识盲点的效果。另一方面,高校应该在充分开展学生就业意向调研的前提下,加强与地方就业主管部门、用人单位的联系和合作,力争使每一位毕业生都能找到称心如意的工作。

### (三)大学生应提升综合素质,转变观念,积极就业

当前,高等教育不断普及,高校毕业生人数日益增多,而社会所能提供的就业机会是有限的,就业竞争不可避免。就业竞争的实质是应聘者的能力与素质的竞争,大学生应努力

提高自身综合素质,积极主动参加社会实践,提高处理实际问题的能力,科学规划职业生涯,准确自我定位。面对当前就业形势,大学生还应不受"铁饭碗"思想的限制,改变以往传统的就业观念。《教育部关于做好2019届全国普通高等学校毕业生就业创业工作的通知》中指出:"引导毕业生到基层就业,促进毕业生到中小微企业就业,着力促进高校毕业生自主创业",毕业生应该积极响应号召,到基层去磨炼自己,在工作中积累经验,实现自我价值,而不应过分集中在发达地区、机关事业单位、国企等部门。在这个"大众创业,万众创新"的时代,大学生作为新思潮的主要制造者和接受者,应当勇于打破常规创新创业。

### (四)用人单位应当做好人员招录工作,保障毕业生平等就业权益

高校毕业生就业压力大、就业难,其中不乏用人单位的原因。一方面,用人单位在对毕业生进行面试时,应深入了解其专业知识和相关技能,注重大学生的应变能力,而不是片面强调实践经历,应给大学生更多历练的机会。另一方面,信息不对称。对于刚踏入社会的大学生来说,对社会还没有一个深入的认识,知道的信息不够完整,进而影响用人单位和应聘者之间的信息交互。用人单位的人力资源部门应及时更新招聘信息,并做好宣传工作,让更多的大学生对单位有全面的了解,这样既可以为企业挑选合适的应聘者,也可以让大学生找到一个适合自己的工作,从而达到双赢的目的。

(谭敦泉　谭壹　田梦洁　刘涛)

# 市县链接

## 农民工创业新特点、问题及对策

就业是最大的民生。党的十九大报告提出,"要促进农民工多渠道就业创业"。为此,2019年3月份国家统计局湘潭调查队围绕新创业农民工进行了调查,以期了解新情况、新问题,推进农民工创业顺利进行。

### 一、农民工就业的新特点

就业数量外出略减、返乡略增。一是由于受经济下行影响,尤其是珠三角、长三角和京津冀地区部分企业减产停产等致使农民工返乡人数增加。二是由于湘潭市就地就近就业、返乡创业政策支持,工业化城镇化的推进,农民工外出务工数量略有下降,回乡就地就近就业和创业逐步呈现增长的趋势。

就业结构正在发生新的变化。一是从就业区域看,本地就业已高于外出就业。二是从

行业分布看，由建筑业、制造业等传统产业，逐渐转移到电子商务、物流快递、交通运输、仓储及邮电通信、家庭服务等新业态。农民工从打工谋生型向体面就业型转变、从体力劳动型向技能操作型转变。

创业数量有所增加。2015 年以来，湖南陆续发布了《关于支持农民工等人员返乡创业的实施意见》等文件，支持农民工群体创业。湘潭认真落实省政府关于做好就业创业工作有关文件精神，大力扶持农民工和农民企业家返乡创业，“归雁经济”发展成效明显。同时，加强农民工职业技能培训，采取校企合作、订单培训等方式，开展农民工职业技能培训计划，非农自营农民工比上年有较大幅度增长。

## 二、新创业农民工整体情况

创业年轻化，性别趋向平衡。调查的新创业农民工，全部在 40 岁以下。相比老一代农民工，新一代农民工自主意识更强，对于就业更有自己的想法，渠道更多，不再仅仅依靠传统的打工输出劳务获取报酬，他们会有更系统的职业规划和职业目标，希望获得更大的经济效益和事业成就。相比以往男性在就业创业中占绝大比例的情况，性别趋向平衡也是一个新亮点，女性农民工创业意识强化。

创业行业较为集中，地域向本地靠拢，规模普遍较小。农民工创业主要还是集中在批发零售、餐饮、居民服务业，仍然是传统行业，创业领域略显单一。创业地区主要在本地，调查的新创业农民工均在本乡镇自主经营。湘潭近年来工业化、城镇化加速推进，所属农村地区大部分已经被征地拆迁，或者正面临被征地拆迁的趋势，区域内的农民已经被拆迁的纷纷从事非农就业，待拆迁地区纷纷从外地回归。相比在外辛苦奔波，加上高额的吃住开销，创业者更愿意选择在家门口，心理上也会有更强的安全感和归属感。本次被调查者全部为个体户，创业规模普遍较小，基本是由自己或者家人开展的生产经营活动。

创业诉求基本相同，创业决心坚定。他们一致希望能够得到资金、贷款等方面的帮助，但很少有人真正享受了政府在生产、经营技术指导、贷款优惠、销售服务、减免税费等方面的创业扶助。虽然存在一定困难，但是全体创业者表示会继续创业，超半数扩大了规模，决心坚定，形势向好。

## 三、农民工创业的问题

资金不足。一是启动资金不足，农民工虽然积累了一定资金，但对于创业、搞生产经营所需资金而言存在缺口，个人收入不足以支付创业所需费用。二是流动资金不足，导致运转困难，政府的金融支持力度还有待进一步加强。向阳农场的黄某反映，虽然政府出台了小额担保贷款的优惠政策，个人可向银行无息贷款，但申请条件较为苛刻，需要财政全额单位公职人员担保，仅这一条就让其贷款无望。从“创业者最希望政府帮助解决的问题”来看，“资金”问题高居榜首。

创业能力不足。一是经验不足，农民工在外打工，从事的是一些技术含量低的纯体力劳动，技术积累相对不足。农民工在外也很少有创业实践活动，更无创业知识的储备。二是缺乏先进的经营、管理知识。部分创业的农民工只掌握单一技能，更谈不上学习先进的管理和经营理念。不能按现代企业制度运作和管理，难以持久和快速发展。

政府扶持力度不够。政府虽然制定了许多鼓励农民工返乡创业的扶持政策，但扶持面不广，扶持手段单一。很多人并未享受到政策支持，原因是多方面的，既有政策设计上的一些缺陷（例如享受政府扶持资金的条件较为苛刻），也有政策宣传上的问题。调查中，创业者反映对政策并不知晓，也不知道从哪里了解政策。还有一些创业者受惯性思维的影响，即使知道有优惠政策，因为听说条件较高以及别人以往的经历（例如贷款难），就不去争取。

农民工创业顾虑多。一部分农民工思想保守，观念落后，害怕失败，在创业方面不愿冒太大风险，即使有创业意愿，也是瞻前顾后，导致落空。

## 四、几点建议

加大资金投入和金融支持力度。可由政府设立专款专用的农民工创业启动资金，对那些有市场需求、项目可行的创业者，从资金方面给予大力扶持。同时，金融机构要对农民工创业实行更优惠的贷款政策，可根据不同的行业和规模，以灵活还款方式为主，全力支持农民工创业发展。另外，积极引导农民工正确面对创业初级阶段的各种困难，可以民间借贷、集资入股、企业间融资等形式，应对资金难题，实现创业愿望。

加强培训力度，提供技术支撑。加强基层服务平台和互联网创业线上线下基础设施建设，提高创业层次，提高创业产品和服务竞争力。可根据市场需求、返乡农民工的资源特征等开展培训，重点培养其创业机会识别能力、风险抵御能力和经营能力，组织由经贸、商业、金融等方面的专家及创业成功的典型对返乡农民工创业过程中遇到的难题提供实际指导。培训班的举办上不宜太多太泛，在培训内容设计上应分类而设，不用求大而全。

完善政府服务。一是细化各项优惠政策，把政策的落实任务落实到乡镇或相关部门。二是成立专业较全、服务范围较广、能真正为农民工创业服务的“农民工就业创业服务团”。三是对农民工创业者的某些创业意向和创业项目，可组织创业成功者、相关部门业务人员或部分专家进行讨论和市场调研，评测意向或项目是否符合原材料充足、劳动力资源丰富、成本较低等条件，是否存在不切实际或潜在风险等，最大限度地避免农民工盲目投资。

（成妍默）

他山之石 TASHANZHISHI

### “大学生十基地”促进就业

江苏省东海县通过“大学生十基地”的方式，对未就业大学毕业生提供见习和就业培训，帮助毕业生提升工作技能和就业竞争力，促进供需见面，实现尽快毕业。该县政府拿出专项资金，为毕业生提供见习补助。目前已发放见习补助近200万元，900多人参加了见习就业培训，700多人通过见习实现就业。

东海县人社部门设立专门的高校毕业生就业见习基地管理办公室，具体负责见习基地的日常管理和协调工作。拟设立基地的用人单位提出申请，经审核合格后，报见习基地管理办公室审批，全县共建立毕业见习基地35家。见习基地与人社部门签订协议后正式挂牌运行，挂牌期限为2年，2年期满考核合格的可继续挂牌。见习基地负责按照就业见习计划，制定见习方案，确定指导老师，组织开展见习和就业培训工作，落实各项见习措施。基地每年集中安排4～5期高校毕业生就业见习活动，具体人数由人社部门确定。毕业生见习期限一般为3个月，每月发放见习补助700～1000元，另外办理一份人身意外伤害保险。

该县采取跟踪式服务，关注基地见习情况。定期到就业见习基地进行上门服务，及时了解基地的管理情况，以及是否安排实践经验丰富、技术水平高、有责任心的技术人员作为见习指导老师。同时也了解见习人员的思想、生活情况，加强安全、健康管理，尽可能帮助见习人员解决困难。对基地实行动态管理，基地如不能有效地管理好就业见习人员，没能使就业见习人员达到见习目的的，取消就业见习基地资格，收回见习基地牌子，并重新考核确立新的就业见习工作基地。通过动态管理，流动挂牌，更好地促进就业见习基地重视就业见习工作，推动基地健康运转。

（来源：中国就业网）

## 长沙就业扶贫效果好　难点问题仍需突破

为了了解长沙市就业扶贫情况和存在的问题，国家统计局长沙调查队2018年11月份对望城区湘江村和名盛村的贫困劳动力进行了问卷调查，并对长沙市就业局进行了面访。调查显示，2018年长沙市就业扶贫情况比较乐观，贫困劳动力就业规模持续扩大，结构不断优化，就业形势稳定有序。当前贫困劳动力就业还存在企业岗位缺少、贫困户积极性不高、就业扶贫基础平台建设薄弱等问题。

## 一、就业扶贫开展情况

超七成贫困劳动力已就业。长沙市的贫困劳动力就业情况比较乐观，2018 年长沙市贫困劳动力有 4.96 万人，已经就业的贫困劳动力大概有 3.52 万人，就业率为 71.0%。

贯彻落实政策，持续促进就业扶贫。长沙市人力资源和社会保障局、长沙市财政局、长沙市精准扶贫工作领导小组办公室于 2018 年 4 月 20 日联合印发《关于贯彻落实就业扶贫实施意见的具体操作》的通知，明确扶持对象、强化信息监测和资金监管，并保证在信息采集录入和维护经费、就业创业服务补贴、培训补贴和生活补贴、转移就业交通补助、岗位补贴和社会保险补贴五个方面的资金支持，进一步促进就业扶贫的发展。

政策宣传情况良好，贫困劳动力满意度较高。在本次对有建档立卡贫困劳动力的两个村的问卷调查中，就业扶贫相关政策的宣传效果是良好的，有 40%的受访者表示非常了解国家就业扶贫相关政策，50%的受访者表示基本了解。在本次调查中，所有的受访者都表示当地有机构或人员为其介绍过工作，60%的受访者参加过职业培训，职业培训的费用主要由政府补贴或是政府和企业共同承担。所有的受访者都受惠于就业扶贫政策，因此对于现在就业扶贫政策的满意度是比较高的，40%的受访者认为非常好，60%认为好。

## 二、就业扶贫中存在的问题

村级缺乏吸纳劳动力企业，就近就业难。在这次调查的两个村中，在村内都缺少扶贫车间、社区工厂、卫星工厂、就业驿站等就业载体，仅有一个村与当地农业企业有合作，可以为当地的贫困劳动力提供就业岗位，受访者中在该农业企业工作的，大都以打零工的形式，并不稳定，对贫困劳动力的吸引力不够。在贫困劳动力集中的村中，能够广泛吸纳劳动力就业的企业较少，提供的岗位不足，使很多受制于照顾家庭和工作距离的贫困劳动力没有选择就业。

贫困劳动力参与度不高，就业能力有限。贫困劳动力中存在不愿意配合进行信息登记的情况，参与就业服务的积极性不高，导致部分服务不能精准到位。在此次调查中，一半受访者学历为小学，一半为初中，受访者整体的学历偏低，学习意识不强，有 40%的受访者没有接受过职业培训，参与度不高。受限于贫困劳动力个人知识水平和学习能力不一，统一的就业培训效果一般，参与了培训的受访者中有 30%的受访者认为培训对工作有帮助，但培训与工作不对口。

基层平台较为薄弱，就业扶贫细则缺失。受制于资金不足，就业扶贫基层平台建设较为薄弱，相关工作人员不足，难以做到“一对一”就业帮扶，不能及时掌握就业动态，对于就业转失业的没有及时办理失业登记，后续跟进不及时，帮扶就业的质量不高。就业扶贫政策配套细则缺乏，如对于发放补贴的配套操作办法欠缺，在实际工作中无法及时有序推进。

## 三、就业扶贫的建议

建立与当地用工企业信息交流机制。收集企业空缺岗位信息，完善本地贫困劳动力就业信息，定期开展有针对性的专项招聘会。吸引劳动密集型企业投资办厂，落实各项企业补贴以及金融扶贫政策减轻企业负担。

就业扶贫培训专业化。根据不同工种的需求，聘请用工企业业务骨干有针对性的培训业务知识和实操技术，使培训精准对接工作。创新就业培训模式，与高校形成联动，拓宽授课范围，开阔贫困劳动力视野，使就业想法转变为创业意识，以创业带动就业。

加大财政投入。建立健全各项补助细则，强化资金监管，细化审核制度，促进就业扶贫政策落地。加大资金投入，强化农村就业扶贫基础服务平台的阵地建设，实现专人专业专干帮助就业。

（蒋佳妮）

# 郴州就业形势稳中向好

2018 年，郴州市认真贯彻落实新发展理念，紧紧围绕“创新引领，开放崛起”“产业主导，全面发展”战略，深入推动供给侧结构性改革，警惕和防范中美贸易摩擦带来的失业风险，多措并举促就业、保民生，全市就业呈稳中向好态势。

## 一、劳动力就业稳中向好

2018 年，全市新增城镇就业 80828 人，下岗失业人员再就业 24890 人，就业困难人员再就业 8833 人，分别完成目标任务的 124.4％、118.5％、126.2％。登记失业率 3.47％，低于 4.5％的控制目标。新增农村劳动力转移就业人数 38607 人，新增贫困农村劳动力转移就业人数 6263 人，分别完成目标任务的 113.6％，111.8％。新增创业主体 29044 个，带动城乡就业人数 54877 人，其中城镇就业人数 26543 人、农村就业人数 28334 人，新增创业主体的蓬勃发展带动全市居民就业稳中向好。

## 二、农民工就业量和收入双增长

据郴州市农民工监测调查，2017 年共调查 349 户 1360 人，其中农村转移就业劳动力

470人，占调查总人数的34.6%。2018年共调查330户，1205人，其中农村转移就业劳动力581人，占调查总人数的48.2%，2018年农村劳动力转移就业人数增长13.6个百分点。2018年本地非农务工平均月工资为3075元，增长3.3%；农民工外出就业平均月工资为3737元，增长2.2%。

## 三、多措并举助推就业落实

强化措施，积极推动政策落实。从2017年4月到2018年年底，郴州市委、市政府出台了《郴州市本级产业园区用工服务补贴暂行办法》（郴人社发[2017]57号）、《郴州市精准扶贫培训工作方案》（郴政办函[2017]180号）、《关于做好当前和今后一段时期就业创业工作的实施意见》（郴政发[2018]4号）等一系列文件，从园区用工、精准扶贫培训、就业创业等方面全方位地对促进就业进行规范，各地各级各部门也通力合作，积极推动政策落实，切实做好公共就业服务体系建设，进一步完善创业培训、融资服务、创业孵化、跟踪扶持等“一条龙”创业服务体系建设，积极扩大失业保险基金支出范围政策，积极落实各项符合郴州实际的就业政策体系，形成共同促进就业创业的良好局面。

突出培训，助推创新创业带动就业。2018年，郴州市完成各类职业培训54682人，完成目标任务52000人的105%。其中就业前技能培训完成21499人（农民工14156人），完成目标任务19500人的124%；岗位技能提升培训27665人（农民工12580人），完成目标任务27000人的102.5%；创业培训完成5568人（农民工1597人），完成目标任务5500人的101%。郴州市本级完成各类职业培训3652人，完成了全年目标任务3600人的101%。其中就业前技能培训完成1229人，完成了全年目标任务1200人的102.4%；岗位技能提升培训402人，完成了目标任务数400人的100.5%；创业培训完成2021人，完成了全年目标任务2000人的101%。职业技能培训工作突出重点，把职业培训与就业扶贫工作相结合，结合“三重”工作主动服务企业。成立城东新区众创空间，其他创新创业活动如火如荼，进一步推进郴州创新引领创业、创业带动就业工作。

加大帮扶，助力重点群体的就业创业。一是大力宣传就业扶贫政策，印发就业扶贫宣传册上千余份，积极开展就业扶贫政策大宣传，确保扶贫政策全覆盖、全知晓。二是根据郴州产业发展特色、劳动者和用工单位需求，大力开展订单式、菜单式职业技能培训。通过扩大职业培训范围、丰富培训内容、创新培训手段、给予培训补贴等方式，吸引劳动力参加培训。创新针对社区服刑人员开展了创业培训，帮助提升技能。三是与残联等部门协作，组织各个县市区开展“助残圆梦”招聘会活动，进一步落实打赢脱贫攻坚战略部署和促进残疾人事业发展总体要求，助力贫困残疾人脱贫奔小康，帮助残疾人家门口就业创业。四是积极开展高校毕业生专场招聘会，先后多次进校园组织了2018年郴州民营企业招聘周活动以及湘南幼专2018届毕业生就业招聘会等活动。尤其是2018年初承办的湖南省“春风行动”启动仪式暨农民工专场招聘会，290 家国内外知名企业参会，提供就业岗位 25350 个，与用人单位达成就业意向 3768 人。

积极应对，努力消除中美贸易摩擦对就业的影响。截止 2018 年 10 月 30 日，已对全市 202 家规模以上企业进行了调研，总用工数 46257 人。其中有对美贸易的企业 24 家，总用工数 10389 人；受中美贸易摩擦影响的企业有 20 家，总用工数 5881 人；返乡回流的人员 2618 人，较去年同期增加 101 人。调查的部分企业订单数在增加，生产流水线扩增，依然在大量招工，本次调研的 202 家企业中，有 9866 个岗位空缺。郴州市领导高度重视，积极组织返乡回流人员进行职业培训，引导其到有岗位空缺的企业就业，目前已有 1324 人实现再就业。

（伍艳平）

# 衡阳劳动力就业总体稳定

就业问题是经济社会发展中的一个核心问题，备受社会关注。近 5 年来，衡阳市把稳定就业作为推动经济发展、维护社会稳定的优先目标，通过一系列政策措施促进就业，鼓励创业，全市就业形势总体稳定。

## 一、劳动力就业总体稳定

近 5 年来衡阳市贯彻落实就业优先战略，制定实施更加积极的就业政策，突出做好高校毕业生、农村转移劳动力等重点群体就业工作，深入推进创业带动就业，人力资源市场供需比例趋于均衡，就业形势总体稳定。

一是就业形势总体稳定。截至 2018 年 9 月，衡阳市城镇新增就业 5.31 万人，城镇登记失业人员实现再就业 2.73 万人，就业困难人员实现再就业 0.82 万人，零就业家庭动态就业援助实现百分之百全覆盖。从 2014 年到 2018 年，登记失业率分别为 4.08％、3.53％、3.77％、3.83％和 3.64％，在 3.53～4.08％之间波动。

二是就业结构不断调整。截至 2018 年 9 月，全市城镇非私营单位从业人员 53.81 万人，其中在岗职工 48.02 万人、劳务派遣人员 1.85 万人、其他从业人员 3.95 万人，分别占全部从业人员的 89.23％、3.44％和 7.34％。

三是产业结构不断优化。近五年来，以市场为导向，以调节为手段，以效益为中心，注重三大产业的协调发展，二、三产业发展协调性逐步增强。基本形成了第一产业稳固发展、第二产业快速发展、第三产业迅猛发展，从业人员逐步向第三产业转移。

## 二、存在的问题

一是求职者技术能力有待提高。根据衡阳市人社部门数据显示，2018 年三季度，大专及大专以上的求职者占到求职总量的 50% 左右。无技术等级、职称的求职者比重在 29.4%，求人倍率为 0.21。从供求状况对比看，初级技能和初级职称的求人倍率分别为 1.11 和 1.15，目前人力资源市场技能人才紧缺，特别是高级技能人才尤其紧缺，高级技能和高级技师的求人倍率分别为 1.77 和 2.91。

二是新成长失业人员求职竞争激烈，高校毕业生就业困难仍比较突出。在求职人员中，失业人员占一半以上，在新成长失业人员中应届高校毕业生的求职者占 66.0%，为 14382 人。高校毕业生就业压力有所增强，由于他们初入社会，实践经验不足，心理素质不稳定，又不愿到一线工作，就业的期望很高，而用人单位喜欢聘用有一线工作经验的业务能手。因此高校毕业生应改变择业观念，主动适应市场需求，否则就业压力大不言而喻。

三是服务业用工缺口较大。当前餐厅服务员和营业员为用工缺口最明显的两大职业。造成这些行业招工难的主要原因是工作时间长，工作环境差且待遇较低，很多求职者不愿意从事这些工作。而驾驶运输员和行政岗位等较为热门，其中会计、秘书、打字员应聘人员较多。

## 三、相关建议

一是强化培训，适应新的就业岗位。要加强重点人群的培训，包括农民工培训、应届大学生培训和再就业职工的培训。要转变就业观念，主动学习一些新兴行业的技能和知识，从而适应新经济对就业岗位的要求。

二是继续推进“大众创业、万众创新”，以创业促进就业。建立完善创业政策措施，整合各项创业扶持资金，加大创业支持力度。深入实施高校毕业生创业引领计划，鼓励高校毕业生、科研人员、返乡农民工等群体创业，大力推进创业促进就业工作。

三是营造良好的就业环境，拓宽就业渠道。实施积极的就业政策，扩展就业领域，加强政策引导，加大技能培训和创业培训。加大大学生就业指导，引导大学生自主创业。激励全民创业、家庭创业、自主创业，多方面拓宽就业渠道。深化就业再就业工程，积极促进就业。

四是加快发展中小企业。多方式多渠道鼓励个体、私营等非公有制企业的发展，通过拓展中小企业融资渠道，积极探索扶持中小企业发展，加强对中小企业技术改造和产业升级的扶持力度，进一步提升行政服务效能和服务能力，增强中小企业吸纳就业人口的能力。

（李欣杭）

# 2019湖南民生调查报告

# 医卫篇

# 政策背景

2018年，全国卫生健康系统认真贯彻落实党中央、国务院决策部署，深入实施健康中国战略，坚持“三医”联动把医改推向纵深，聚焦群众看病就医“烦心事”，进一步调动广大医务人员积极性，为维护人民群众身体健康、全面建成小康社会作出新贡献。

2018年是重大变革开始的一年，国务院机构改革，卫健委、药监局、医保局三大全新机构组建，尤其医保局承担了管理医保、制定药耗品收费和集中采购政策等工作，开启了药品招标采购的新时代。

在2019年的规划中，健康中国建设、医联体建设、强化“三医”联动、分级诊疗制度更成熟定型、健康扶贫、公共卫生、人口均衡发展、完善职称评定、卫生健康治理体系等已提上了发展议程。而2018年开启的带量采购、辅助用药管理、DRGs试点推行等工作都将在2019年发挥更大作用。

## 一、完善药品集中采购

2019年，国家将强化“三医”联动改革破解“看病贵”问题，健全国家基本药物制度，进一步完善药品集中采购和使用等政策，提高公立医院管理水平，统筹推进医疗价格调整和公立医院绩效考核，配合开展医保支付方式改革，推进异地就医直接结算。一方面，新版国家基本药物目录已经发布，各地都已跟进落实工作，出台全国辅助用药目录也已经是箭在弦上，临床用药的合理性将受进一步规范。另一方面，按照国家医改思路，国家医保局药品带量采购才刚刚开始，未来大批量的药品带量采购将全面铺开，药品价格会极大降低。取消“药品加成”后，为保障医生工作积极性，未来各地市或将通过调整医疗价格和绩效考核方式、提升医生技术劳动费用等方式，让医疗价格反映医生技术劳动价值。

## 二、医养结合或迎大机遇

2019年国家将促进人口均衡发展与健康老龄化，加强人口监测和形势分析，严格执行母婴安全五项制度，构建养老护理体系，深入推进医养结合。目前，中国版的医药福利管理模式(C-PBM)已基本成型，未来有望成为医改的重要突破口和“三医联动”的动力源。在PBM管理模式下，慢病患者可就近与社区卫生服务机构签订“家庭医生服务”协议，药品配送到基层医疗卫生服务机构，再由家庭医生开处方给患者，从而缩减慢病药品流通环节。患者减少了往大医院跑的频率，用药费用也能降低。十九大报告中特别指出，医养结合是养老服务最核心内容，也是最基础的服务模式，医疗是养老的基础，在健康中国战略下，医养结合将是养老服务业发展最大的机遇。

2019年全国卫生健康工作要点还包括：

一是构建更加成熟定型的分级诊疗制度，着力推进区域分开、城乡分开、上下分开、急慢分开，引导优质医疗资源下沉。二是举全系统之力实施健康扶贫工程，进一步完善基层医疗卫生服务能力建设长效机制，健全贫困群众医疗兜底保障制度，加强贫困地区健康危险因素防控。三是扎实做好重大疾病防控和公共卫生工作，坚持预防为主，关口前移，统筹做好免疫规划，加强传染病、地方病、慢性病和职业病防治。四是促进人口均衡发展与健康老龄化，加强人口监测和形势分析，严格执行母婴安全五项制度，构建养老护理体系，深入推进医养结合。五是推动中医药振兴发展，深入开展中医药服务，强化中医药科技创新和人才培养。六是加强卫生健康人才队伍建设，完善住院医师规范化培训相关政策，完善职称评定措施。七是推动卫生健康治理体系和治理能力现代化，加强卫生健康法治建设，进一步完善鼓励社会办医发展的政策体系。八是加强政策解读，做好典型宣传，实施综合监管制度，加强科技创新，深度参与全球卫生治理。

（罗　旻）

民生加油站 MINSHENGJIAYOUZHAN

## 推进健康湖南建设

健全完善现代医院管理、分级诊疗、基本医疗保障、药品供应保障、综合监管制度，建设区域医学中心。推动医联体优质资源下沉，提升县级医院综合能力和乡村卫生服务能力；提高农村医生诊疗水平。加强全科、儿科、妇产科、精神科等紧缺专业能力建设，规范执业医师管理。完善“互联网+医疗健康”保障和支撑体系，建设智慧医院和基层远程诊室，缓解看病难、看病贵问题。实施遏制艾滋病、结核病、地方病攻坚行动计划，支持慢性病、老年病、罕见病防治，救治救助无责任主体尘肺病农民工。综合防控儿童青少年近视。加大对计划生育家庭特别扶助和特殊家庭住院护理补贴力度。落实优生优育、出生缺陷防治等生殖健康服务。大力发展健康产业，推进融合型老年健康服务体系建设。坚持中西医并重，打造中医药产业链。积极申办第15届全运会，广泛开展全民健身活动。

（摘自：2019年《湖南省人民政府工作报告》）

# 全景扫描

## 2018年湖南医疗保健类价格平稳上涨

2018年，湖南医疗保健类价格比上年上涨2.5%，涨幅收窄2.5个百分点，比居民消费价格总水平高出0.5个百分点，影响居民消费价格总水平上涨0.2个百分点。

### 一、药品及医疗器具价格全面上涨

药品及医疗器具价格上涨5.5%，涨幅较上年扩大0.9个百分点。其中，西药价格上涨6.1%，涨幅收窄0.3个百分点；中药价格上涨5.8%，涨幅扩大3.0个百分点；滋补保健品价格上涨4.1%，涨幅扩大1.6个百分点；保健器具价格微涨0.2%，涨幅收窄0.3个百分点；医疗卫生器具价格小幅上涨0.1%，涨幅收窄0.4个百分点。

西药14个基本分类仅有治疗精神障碍药价格下跌，其他西药中价格涨幅较大的有消化系统用药、心血管系统用药、呼吸系统用药、维生素、矿物质类药以及泌尿系统用药，分别上涨12.5%、10.3%、7.6%、6.1%和5.7%。

中药分类中，中成药价格上涨7.2%，涨幅扩大5.0个百分点；中药材价格上涨2.7%，涨幅收窄1.5个百分点。

药品价格持续走高的原因主要有三个方面：一是取消药品政府定价以来，湖南省低价药品价格总体上涨；二是部分原料药生产企业为达到环保要求改善生产工艺，使得原料药生产成本增加；三是非处方药(OTC)市场需求上升，导致OTC药品价格上涨明显。

### 二、医疗服务价格温和上行

2018年，随着湖南城市公立医院综合改革的深入，医疗服务价格呈温和上行态势，上涨0.7%，涨幅收窄4.4个百分点。其中，综合医疗类价格上涨1.5%，涨幅收窄9.8个百分点；其他医疗服务价格上涨0.8%，涨幅收窄3.3个百分点；治疗类价格与康复类价格均上涨0.5%，涨幅分别收窄4.2个百分点和5.9个百分点；诊断类价格上涨0.2%，涨幅扩大0.6个百分点；中医医疗服务类价格上涨0.1%，涨幅收窄4.2个百分点。

（王湘杰）

民生小贴士 MINSHENGXIAOTIESHI

### 让孩子的“心”健康成长

“亲其师，信其道。”家长是家教的实践家，在孩子成长过程中，除了关注孩子的生理上的成长以外，心理上的成长也是每个家长都不容忽视的地方。

1. 和孩子保持亲密关系。孩子对父母和自己的亲密关系不满意，所以会逆反。只有和孩子结成彼此非常信赖的共情关系，父母的引导才会顺利地实现。

2. 不要强烈在乎细节上的对错。父母应该引导孩子不要非常强烈地在乎细节上的对和错。对于孩子做的事情，父母也不要总用对错来分析，要鼓励自己的孩子成为他希望成为的那种人。

3. 用“情”打动孩子胜过用“理”。做父母的是将“情”放在第一位，还是将“理”放在第一位。家庭是应该讲“情”而不是讲“理”的地方，特别是对于正处在青春逆反期孩子的教育。

4. 允许孩子犯错。允许孩子犯每个年龄可以犯的错误，犯这种错误的结果往往是好的。父母过度的保护倾向以及犯错之后代替承担的倾向，非但没有效果，反而会把问题搞得更复杂。

5. 孩子的沉默不是对抗。父母一定不要强迫孩子。父母需要马上得到结果，代表了一种不太成熟的心理，比如他们自认为特别权威，不应该被冒犯。

父母教育孩子更多的是靠引导，引导的关键在于给孩子选择的空间，同时要让孩子明白：他必须为自己的选择承担相应的责任。

（罗　旻）

## 深度透视

## 湖南居民“看病难”基本缓解　“看病贵”仍然存在

### ——湖南居民医疗获得感调查

医疗是最重要的民生痛点之一。党和政府对改善居民医疗条件、提高居民医疗承受能力等持续采取措施加以解决，对此，老百姓的医疗获得感如何？2019年1月，国家统计局湖南调查总队对长沙、湘潭、益阳、桃江、宁远等13市县城乡123名患者及家属进行了调查。调查结果表明：老百姓“看病难”基本缓解，但“看病贵”仍然存在。

## 一、医疗便利度获得感最多,“看病难”基本缓解

“就医”“挂号和取药”“住院床位”是了解居民医疗便利度的三个维度。

绝大部分居民满意就医方便。在“您认为就医是否方便”的提问中,87.8%的受访者回答“方便”,12.2%的回答“不方便”。近几年,湖南加大医疗机构建设,省、市、县、乡、村(社区)各级都设立了医疗机构,居民普遍在10分钟车程甚至10分钟步行距离之内就能找到医疗机构。2017年全省有医疗卫生机构总数58648个,每1248人有1个医疗卫生机构。极少数认为就医不方便有两个原因:一是居住在偏僻乡村,到乡镇太远;二是有城市居民认为专科医院、社区医院虽然方便,但看病效果并不好,大医院人太多,处处排队,耗时耗力。

绝大部分居民最满意挂号和取药方便。在“您认为挂号和取药是否方便”的提问中,91.1%的受访者回答“方便”,8.9%的回答“不方便”。目前,各大医院通过“互联网+医疗”已经基本实现了网上挂号、网上预约、在线疾病咨询、健康知识查询、远程会诊等功能,极大地方便群众。但也有少数居民认为大医院患者过于集中,挂号难、挂专家号更难的问题依然存在,特别是不会使用手机平台预约的老年人尤其如此。

大部分居民认为医院床位不紧张。在“您认为医院床位是否紧张”的提问中,56.9%的回答“不紧张”,占近六成,43.1%的受访者回答“紧张”。认为医院床位紧张的原因是分级医疗尚未落到实处,患者争相到大医院就医,造成大医院床位紧张。据长沙市调查,由于社区医院缺医少药,患者希望在医疗条件好的大医院就医,如一患者家属反映其家里一位癌症患者想到湘雅附二医院做手术,等了20多天都没有床位,还反映该医院做无痛肠镜检查需要等3个月,有痛肠镜检查需要等半个月。据衡南县云集镇阳家坪村阳献宝反映,现在乡镇卫生院床位不缺,但农村居民对乡镇医院的技术力量和就医环境都不太满意,更愿意选择县级以上大医院进行诊疗,造成大医院病患扎堆。

## 二、医疗承受能力较弱,“看病贵”仍然存在

近六成的居民认为当前医院和药店药品价格高。在“您对当前医院和药店药品价格的看法”的提问中,57.5%的受访者回答“过高”,42.5%的受访者回答“适中”,没有回答“过低”的。药价贵是历来被老百姓诟病的话题,虽经治理但改观不大。据湘潭市调查,市面上便宜药越来越少而贵的药越来越多,一位受访者表示,早两年的湿润烧伤膏仅要20.3元,现在已经涨到了50.6元;原来的氨咖黄敏胶囊每板1元,现在涨到了每盒12~16元(2板)。赫山区八字哨镇高梁坪村夏建良反映,一袋板蓝根、一盒抗病毒口服液和两支退烧药就要83元。

五成五的居民认为医院检查项目太多。在“您对当前医院医疗检查项目看法”的提问

中,55.3%的受访者回答“检查太多”,44.7%回答“检查适中”,没有回答“检查太少”的。赫山区笔架山乡下新桥村汤芙蓉反映,现在去医院看病检查太多,不是CT就是核磁共振,如果办了住院,医生马上安排血、大小便等常规检查,基本上一千元就没了。桃江县接龙桥村王女士反映,通常住院医生第一个反应就是开各种化验项目,这些项目繁多且费用较高。其丈夫入院治疗,本来在三堂街镇人民医院已经做好了心电图,也将结果打印出来了,但转县人民医院又要求再次做心电图。

超六成居民认为医院收费过高。在“您对当前医院收费看法”的提问中,64.2%的受访者回答“收费过高”,35.8%回答“适中”,没有回答“收费过少”的。“救护车一响,一年猪白养”。居民对住院有着强烈的担心,尤其是重病住院。郴州市谢先生2018年因为肾结石在市第一人民医院住院治疗,共计花费2.8万元,其中医保报销1.5万元,共计住院17天,他认为住院总费用和个人承担的费用均太高,出院后的康复药品售价太贵,还无法通过医保报销。新化县科头乡居民曾某反映,在新化县金穗医院挂盐水、葡萄糖的吊针,每天要500元。衡南县云集社区的谭国平反映,普通感冒去市级医院看,检查费、药品费一起三四百元。

住院费实际报销比例偏低。调查样本显示,39位患者住院费用平均为11952元,平均报销6938元,实际报销比例约58.0%。其中,新农合患者住院费用平均为5579元,平均报销3354元,实际报销比例约60.1%。在2018年个人缴费标准统一调为每人180元后,有69.6%的反映报销比例没有变,只有27%的反映报销比例有所提高。桃江县牛田镇刘女士反映,其父亲肺气肿住院治疗,医生首先问你有没有医保,是什么类型的医保。据了解,没有医保的住院普遍费用就低,而有医保的则住院费用普遍偏高,算起来同样的病症,自费部分有无医保出的其实一样多。衡南县云集镇阳家坪村的阳波家人在南华附一住院,共花费4900元,报销仅为700元,报销比例14.3%。云集镇唐慧志的亲家因白血病住院两个月花了近10万元,大病医保只报销住院费4万多,很多自费药无法报销。

## 三、医疗健康服务获得感需要加强

医疗健康服务分为就医服务和平时的保健服务。

超五成居民认可医院服务。在“您对当前医院服务的看法”的提问中,52.8%选择“好”,39.0%选择“一般”,只有8.1%选择“不好”。

不到两成居民参加过医疗机构的健康培训。在“您是否接受过医疗机构的健康培训”的提问中,81.4%受访者没有受过健康培训。在接受过医疗机构健康培训人员中,接受过政府组织培训的比例为85.7%。

## 四、进一步改进医疗工作的建议

综合老百姓提出的建议，归纳为以下四个方面：

合理配置医疗资源。实现医疗资源在地区间、城乡间、不同级别医院间均衡配置，改变社区医疗缺医少药的局面，通过大医院医生有组织、有秩序轮流坐诊基层医院等方式，分散病人过度集中大医院的现象，真正做到资源配置合理化、扁平化，减少目前患者大小病一律涌向大医院的现象。

提高癌症等重大疾病和糖尿病等慢性疾病的医疗报销比例。切实减轻这类病人家庭负担，防止因病返贫和因病致贫。

改革医保费返还办法。很多地方反映从2019年开始，农村居民每年每人要交220元的医保费用，但没有住院的只能返回几十元自己并不需要的保健药品，这很不合理，建议抵扣下一年的医保费用。

尽快推进医保异地联网报销制度落地。方便患者特别是流动性较大人群的异地就医。

（彭建霞）

民生小贴士 MINSHENGXIAOTIESHI

### 让家中的老人积极交往，愉悦生活

1. 中老年人应摒弃闭门不出的生活习惯，尽量多外出、多交际，多参与群里活动，如有条件，可参加一些社会公益活动。

2. 中老年人应以家为乐，适当参与食物的准备与烹饪，通过变换烹饪方法和食物的花色品种，烹制自己喜爱的食物，提升进食的乐趣，享受家庭喜悦和亲情快乐。

3. 对于孤寡、独居中老年人，建议多结交朋友，或集体用餐，增进交流，促进食欲，摄入更多更丰富的食物。

4. 对于生活自理有困难的中老年人，家人应多陪伴，采用辅助用餐、送餐上门等方法，保障食物摄入和良好的营养状况。

（罗　旻）

# 市县链接

## 长沙推进“互联网+医疗健康”建设

2018年4月28日，国务院办公厅正式发布《关于促进“互联网+医疗健康”发展的意见》，聚焦如何用“互联网+”为老百姓就医带来便利，以期缓解看病就医难题。不到三个月时间，7月12日，为更加深入“互联网+医疗健康”的发展，国家卫生健康委员会、国家中医药管理局联合发布《关于深入开展“互联网+医疗健康”便民惠民活动的通知》，旨在落实“互联网+医疗健康”服务体系，为老百姓看病就医带来便捷。为了解长沙市“互联网+医疗健康”推进情况，长沙调查队通过走访市卫健委等相关部门和长沙市中心医院、长沙市妇幼保健院、湘雅附三等医院，了解长沙医疗主管部门、医疗机构在“互联网+医疗健康”方面的工作开展情况，对医生和公众进行了“互联网+医疗健康”情况问卷调查。结果显示：长沙市“互联网+医疗健康”建设取得了一定成绩，但是发展过程中仍存在诸多问题亟待关注。

### 一、长沙“互联网+医疗健康”开展的工作

长沙市“互联网+医疗健康”项目建设工作于2018年5月份正式启动，覆盖了全市7家市属医院和辖区内所有县人民医院、基层医疗卫生机构。项目的实施有利于合理配置医疗资源，提升健康医疗服务效率，方便人民群众就医，培育新的业态和经济增长点。

#### （一）数据互联互通

市级层面，7家市直医疗卫生单位已实现住院、门诊病历电子化，启用临床路径管理系统，建立了电子病历、健康档案资源库，采集全市居民电子健康档案701.53万份，电子病历50余万份，实现了市直医院电子病历、居民健康档案互联共享。区县层面，浏阳建设了就医“一卡通”，实现5家市属医院和33家基层医疗卫生机构一站式医疗健康服务，诊疗信息调阅共享，家庭医生在线互动；天心区将《生育证》《孕产妇保健手册》《儿童预防接种证和计划生育服务证》进行“多证合一”，更名为“生育保健服务证”，建设“一证通”健康服务信息系统。

#### （二）系统共建共享

妇幼健康管理系统方面，2018年4月份长沙启动健康民生项目，并以该项目为切入点建设了妇幼信息平台，实现27万多孕产妇和育龄妇女手机上领券、医院扫码检查、结果自动查询，省、市、县妇幼保健机构之间、部门之间健康民生项目和妇幼公共卫生信息数据共享，工作无缝对接。住院自助结算系统方面，市直属7家医院建设了住院自助结算系统，并

与医保系统对接，实现住院即时结算、费用清单及结算单、发票自助打印，方便患者一站式进行预交金缴纳及出院结算业务。

### (三)资源合作应用

与清华大学信息技术团队合作，在市一医院开展了临床大数据分析应用试点。特别是与长城医疗签署了“智慧医疗”建设合作协议，在长沙县和市八医院开展试点，在全市“智慧医疗”建设实施方案整体架构下验证自主可控技术应用可行性。试点实现了一站式医疗健康服务、全生命周期健康档案管理、家庭医生与居民新型健康服务模式、远程医疗服务新途径、卫生主管部门监管范围全覆盖。

## 二、“互联网＋医疗健康”发展的特点

调研组对长沙市部分医院进行了走访，对部分医生和普通公众进行了问卷调查，从调查的情况看，有如下特点：

对“互联网＋医疗健康”概念理解不清晰。今年以来“互联网＋医疗健康”的概念炒得非常火热，但许多普通公众甚至包括医院和医生均表示对它的理解不深。走访过程中，一些医院表示，目前没有系统的国家和行业标准来定义“互联网＋医疗健康”，对医院而言，“互联网＋医疗健康”信息化建设和发展没有可以依据的准则，他们对这个概念把握不好，理解不透。调查问卷显示，80％医生表示对“互联网＋医疗健康”一般了解，仅20％的医生表示对“互联网＋医疗健康”非常了解；在普通公众中，50％的公众表示对“互联网＋医疗健康”一般了解，40％的公众表示对“互联网＋医疗健康”了解很少，另有10％表示完全不了解。

七成公众接触过“互联网＋医疗健康”。走访中，70％的公众表示偶尔会使用“互联网＋医疗健康”，仅30％公众表示从不使用。在选择“互联网＋医疗健康”看病的公众中，40％公众表示是因为“不想去医院，图省事”，30％表示是因为“很难在医院挂到号”，另有30％表示是因为“去医院看病花费时间多”。在接触过的“互联网＋医疗健康”项目应用中，70％公众表示应用过“网上挂号、网上医生预约”，70％选择应用过“在线疾病咨询或健康知识查询”，另外两个应用项目“在线疾病诊断或远程会诊”以及“远程治疗及电子处方”均无人选择。与传统的看病模式相比，大部分公众都认同“互联网＋医疗健康”“不用排队、挂号”和“节省时间、金钱”的优势，10％的公众认为“互联网＋医疗健康”能够缓解当前“看病难”的现状，80％的公众认为“互联网＋医疗健康”能够一定程度的缓解当前“看病难”的现状，仅有10％公众认为不能缓解。

八成公众对“互联网＋医疗健康”未来发展持观望态度。调查显示，在“您看好‘互联网＋医疗健康’未来发展吗”提问中，医生比普通公众表现乐观，20％的医生表示“非常看好”，40％医生表示“看好”，另有40％医生表示“一般”，而在普通公众中有高达八成选择了“一

般”,持观望态度,仅有20%选择了“看好”。有40%的普通公众不相信“互联网+医疗健康”网站上显示的医生信息与水平。此外,有70%公众认为“医疗关乎生命,管理应该慎重而严格”,60%公众认为“互联网真假难辨,担心遇到骗子或冒牌专家”,另有20%公众认为“网上医疗缺乏科学性和严谨性”。

## 三、当前长沙发展“互联网+医疗健康”存在的问题

### (一)网络信息安全问题

健康数据涉及公民隐私,数据安全等级要求高。目前,大数据环境与医疗健康信息化融合所衍生的安全问题较多,数据的安全缺乏保障,所有权缺乏明确归属,网络信息安全保障问题突出。

### (二)信息系统建设标准化问题

目前运行的系统架构各不相同,数据结构复杂,无统一标准,互联互通代价大、难度高,在无统一标准的情况下发展“互联网+医疗健康”势必造成信息化建设资源的严重浪费。在医院走访调研中,大家反映较为强烈的是医保与医院信息不互通,给医院和病人带来许多不便,实现医保支付信息互通和“一站式”支付结算服务体系势在必行。

### (三)“互联网+医疗健康”的政策问题

目前“互联网+医疗健康”的概念很热门,但缺少落地实施的政策支持。走访中,医院对政府出台相关政策的诉求较为迫切,希望从政策层面切实规范“互联网+医疗健康”发展建设,设置专项资金来源,保障医院“互联网+医疗健康”建设开展。

## 四、长沙“互联网+医疗健康”建设推进的下一步计划

长沙各级政府非常重视“互联网+医疗健康”工作,按照“整体规划、突出重点、标准规范、安全可控、开放融合、共建共享”的原则,以满足人民群众多层次、多样化的健康需求为要务,利用自主可控技术,依托健康医疗大数据,将在未来建设“一平台、一库、一卡、一院、十大应用系统”,逐步实现居民“就医诊疗服务更省心、结算支付服务更便利、基层健康服务更放心、公共卫生服务更精准、家庭医生服务更贴心、远程医疗服务全覆盖、健康信息服务更普及、应急救治服务更高效、政务共享服务更惠民、检查检验服务更简便”十大目标。

重点建设“一平台、一库、一卡、一院、十大应用系统”。一平台,即构建健康医疗大数据共享服务平台。建设自主可控技术的数据应用平台,构建纵向上联国家、省级健康信息平台,下联区、县(市)健康信息平台,横向省、市、县各级医疗机构、各医院院内集成平台共享

联接,实现区域内、医院之间以及院内的信息孤岛数据互联互通。一库,即健康大数据资源库。依托全员人口、电子病历和健康档案3个基础数据库的横向交互及纵向关联,形成结构化的,全市统一的卫生机构、人员、设备、药品、医疗文书的健康数据资源库。一卡,即居民健康卡虚拟化应用。通过实体卡和虚拟卡应用,构建以身份证号为主索引的健康大数据资源检索系统,满足居民异地就医健康信息共享和不同健康服务场景的数据承载服务。一院,即智慧医院。通过互联网+服务,构建诊前、诊中、诊后智能管理体系,在线提供部分常见病、慢性病复诊服务,构建新的医疗健康服务模式,缓解群众就医"三长一短"的实际困难,提升医疗健康服务水平。十大应用系统,即搭载在数据服务平台上的应用系统。在国家六大项服务范围内建设网络预约诊疗服务、自助结算服务、药品供应保障、健康管理服务、家庭医生签约服务、远程诊疗服务、医学教育与科研、应急救治服务、妇幼健康服务、综合监管服务等十大系统。

(龙　苏)

民生加油站 MINSHENGJIAYOUZHAN

## 保障基本医疗卫生服务

继续提高城乡居民基本医保和大病保险保障水平,居民医保人均财政补助标准增加30元,一半用于大病保险。降低并统一大病保险起付线,报销比例由50%提高到60%,进一步减轻大病患者、困难群众医疗负担。加强重大疾病防治。我国受癌症困扰的家庭以千万计,要实施癌症防治行动,推进预防筛查、早诊早治和科研攻关,着力缓解民生的痛点。做好常见慢性病防治,把高血压、糖尿病等门诊用药纳入医保报销。加快儿童药物研发。加强罕见病用药保障。深化医保支付方式改革,优化医保支出结构。抓紧落实和完善跨省异地就医直接结算政策,尽快使异地就医患者在所有定点医院能持卡看病、即时结算,切实便利流动人口和随迁老人。完善药品集中采购和使用机制。深化公立医院综合改革。促进社会办医。发展"互联网+医疗健康",加快建立远程医疗服务体系,加强基层医疗卫生机构能力建设和医护人员培养,提升分级诊疗和家庭医生签约服务质量。坚持预防为主,将新增基本公共卫生服务财政补助经费全部用于村和社区,务必让基层群众受益。抓好传染病、地方病、青少年近视防治。完善生育配套政策,加强妇幼保健服务。支持中医药事业传承创新发展。加强健康教育和健康管理。药品疫苗攸关生命安全,必须强化全程监管,对违法者要严惩不贷,对失职渎职者要严肃查办,坚决守住人民群众生命健康的防线。

(摘自:2019年国务院《政府工作报告》)

他山之石 TASHANZHISHI

### 个人健康管理

个人健康管理是根据个人生活习惯、个人病史、个人健康体检等方面的数据分析提供健康教育、健康评估、健康促进、健康追踪、健康督导和导医陪诊等专业化健康管理服务。哪些人士需要得到专业的健康管理服务?

一、健康人群,热爱健康的群体已认识到健康的重要性,但由于健康知识不足,希望得到科学的、专业的、系统的、个性化的健康教育与指导,并拟通过定期健康评估,保持健康危险处低风险水平,尽享健康人生。

二、亚健康人群,处于四肢无力、心力交瘁、睡眠不好等症状人群。由于从事的行业不同、受社会竞争以及家庭负担的压力,自我明白处于亚健康状态但不知道如何改善?强烈要求采取措施提高工作效率和整体健康水平。

三、疾病人群,在治疗的同时希望积极参与自身健康改善的群体。需要在临床治疗过程中配以生活环境和行为方面进行全面改善,从而监控危险因素,降低风险水平,延缓疾病的进程,提高生命质量。

(来源:百度百科)

## 衡阳医疗便民服务的创新点和亮点

医疗问题关系着人民群众的生命健康。作为医疗问题的最突出特点,“看病难”一直是人民群众反映最强烈的问题。为了破解这一难题,衡阳市各大医疗机构以病人为中心,积极开展医疗便民惠民服务活动,“看病难”得到有效缓解,但是存在问题需要引起重视。

### 一、以病人为中心开展医疗便民惠民服务

#### (一)科学实施预约诊疗,缓解群众看病难

为更好地引导患者合理就医,缓解群众“看病难”“挂号难”问题,衡阳市各大医院推行以现场挂号预约为主,电话、网络预约为辅的科学预约模式,极大缓解了患者“挂号难”问题。目前衡阳市共有47家医疗机构开展了预约诊疗,其中三级医院6家,二级医院40家,其他医疗机构1家。有12家医疗机构实现了分时段预约,9家医疗机构实现了检查检验集

中预约。衡阳市中心医院患者家属徐女士反映："现在预约挂号比以前方便了很多，不再需要大清早起来排队挂号，但是部分专家号还是比较少。"

### （二）推行日间医疗服务，为患者提供优质服务

自2015年国家卫健委医政医管局发起"进一步改善医疗服务行动计划"以来，日间手术以其效率高、费用低、受患者欢迎的特点，成为医疗便民服务行动一个重点项目。截至2017年12月，衡阳市共有8家医疗机构开展了日间服务，共开展日间手术6153例。据南华附属第二医院的刘医生介绍："日间诊疗让患者就医更加省钱、省时、省心。以前需要七八天住院治疗的情况，现在一般两个白天就可以解决，各方面的医疗开销大大减少，也无须排队等待住院床位，节省了不少时间和精力。另一方面，医院通过资源整合的方式，大大提高了运转效率，降低了医疗费用，让更多有需要的病人有床位可住，提高了危重症病人的救治效率。"

### （三）开展远程医疗服务，打破看病地域限制

2015年以来，衡阳市积极推广远程医疗服务，目前全市共有21家医疗机构开展了远程医疗服务，其中三级医疗机构5家，二级医疗机构15家，其他医疗机构1家。共提供远程医疗服务2695次；远程教育培训172次，共培训5684人次。通过远程医疗服务，患者节约了就诊过程中可能产生的交通费、家属陪同费用、住院医疗费等。同时，也避免了路途的颠簸给病人的身体造成更多的不适，让病人在本地就能得到相应的治疗，大大减少了就诊费用。另外，通过远程教育等措施也能在一定程度上提高中小医院医师的素质，提高基层医院的服务水平。

### （四）开展大型义诊活动周，为群众送健康

为普及医学常识和健康知识，方便群众在家门口看病就医，衡阳市各大医院、医疗卫生机构经常组织医生、专家开展形式多样的健康义诊和健康讲座，为群众带来便利和健康。经初步统计，在衡阳市卫生计生委9月份组织的"服务百姓健康行动"大型义诊活动周中，共有609名医护人员参加义诊活动，为农村建档立卡贫困人口提供义诊1675人次，总共义诊人次为8956人；开展健康大讲堂数百次，参加群众总计17556人次；收住院人数总计110人，为住院患者义诊手术25台；全市发放资料27672份，减免群众治疗费用340000元。通过义诊、健康讲座等活动，加强了健康和医疗知识的宣传普及，方便了广大群众，受到群众的普遍好评和欢迎。

## 二、医疗便民服务开展过程中存在的困难

### （一）医保报销问题成为最大阻力

目前，衡阳市远程会诊已经定价在0～150元的区间，但是并未纳入医保和新农合，由

于患者对远程医疗认识不清楚，又不能进行医保报销，对价格比较敏感，因此对远程医疗的积极性不算高。而日间医疗也存在同样的问题，南华附属第一医院的患者黄女士反映："本来选择日间手术可以提前一两天出院，能够节约一笔住院费，但是由于医保报销问题，不得不多住几天院。"根据调查了解，由于日间医疗总体报销比例低，很多本可以纳入日间手术的病例仍按择期手术管理，难以发挥出日间手术的优越性，同时也造成了资源的浪费。

### （二）医疗习惯改变还需要时间

远程医疗就诊还缺少患者的认可，由于担心隐私被泄露，患者的就诊习惯更倾向与专家面对面进行讨论，患者的医疗习惯一时难以改变，对远程医疗就诊还存在质疑态度。而医生也对远程医疗持观望态度，部分医生们不愿意改变自己的医疗方式，对远程医疗兴致索然，远程医疗推行受阻。日间手术"短平快"的特点也让患者有所担忧，南华附属第二医院的刘医生介绍："传统手术后的并发症处理一般是在医院进行，日间手术后，患者担心社区医院不能很好地处理伤口，仍会选择在医院处理。"医生和患者都需要时间去接受新型的医疗模式。

### （三）新型医疗服务投入过大

无论是远程医疗服务还是日间医疗服务，都对医疗机构提出了更高的要求：远程医疗服务成本相对较高，开展远程医疗需要一定的诊疗空间和仪器设备，前期的基础设备和外部设备投入大；而开展日间手术必须以保证医疗安全为前提，医疗机构需要建立比以往更科学的就医流程、更细致的术前评估、更先进的手术室条件和设备，以及更专业和经验丰富的手术医生、麻醉医生队伍和更完善的术后随访系统。

## 三、推进医疗便民服务的几点建议

### （一）完善医保等配套政策，解除患者后顾之忧

远程医疗和日间医疗因其优越性而拥有很好的发展前景，但是却受到医保政策的制约，如不能将相关费用纳入报销范围，无形增添了患者负担。各有关部门要积极推进，完善医保配套政策，尽快将衡阳市远程医疗纳入医保，科学制定日间手术的报销模式，解除患者后顾之忧，保障医疗便民服务健康发展。

### （二）加强引导，逐步改变医疗习惯

随着网络技术、信息技术和各项新型医疗技术的发展以及国家政策的支持，远程医疗服务、日间医疗服务发展前景广阔，从医生到患者都需要逐步改变面对面就诊习惯，将新技术、新科技应用到日常会诊中。各级部门要加强引导，完善激励、收费政策，对新型医疗服

务提供支持，改变医疗习惯，推进医疗便民服务。

### （三）增加资金投入，加大医疗保障力度

各项医疗便民服务的推进需要大量的资金、技术支持，仅仅依靠医院和学校自身力量来提供便民服务，是远远不够的，各级党委政府要加大资金投入，加强医疗保障力度，为便民医疗服务的进一步推进打下结实基础。

（李艺斌）

## 湘潭全科医生发展存在四大瓶颈

党的十九大报告中明确指出：要加强基层医疗卫生服务体系和全科医生队伍建设。2017年11月，十九届中央全面深化改革领导小组第一次会议审议通过了《关于改革完善全科医生培养与使用激励机制的意见》，并于2018年1月24日颁布实施。深化医药卫生体制改革，全面建立中国特色基本医疗卫生制度、医疗保障制度和优质高效的医疗卫生服务体系，每一项跟居民健康挂钩的政策，都需要全科医疗的支持。为了解湘潭市全科医生队伍建设情况，分析其发展中存在的困难和问题，湘潭调查队走访了湘潭市卫生和计划生育委员会、湘潭市中心医院、湘潭市第一人民医院进行调研。近年来，湘潭全科医生队伍进展有序，签约服务取得有效进展，但全科医生的发展整体还处于起步阶段，存在不少困难。在大力培养全科医生的基础上，如何让他们下得去、留得住、干得好，为患者服务好，也是相关部门和医疗机构面临的一个全新课题。

### 一、全科医生发展基本情况

### （一）基层培训稳步推进

据湘潭市卫生和计划生育委员会介绍，目前全科医生培训模式主要为基层全科医生转岗培训（培训期1年）、基层全科医生规范化培训（培训期2年）、全科医学住院医师规范化培训（培训期3年，即5+3模式）、助理全科医生培训（培训期2年，即3+2模式）四种。其中湘潭市中心医院和湘潭市一医院分别是国家级住院医师规范化培训基地、协作基地，两个基地均设全科医学专业。湘潭县人民医院、湘乡市人民医院、湘潭市三人民医院获批省助理全科医生规范化培训基地。自2009年开始，湘潭从基层选送具有执业助理医师资格以上人员参加基层全科医生转岗培训。至2017年底，湘潭市全科医生（含助理全科医生培训人数）502名。据湘潭市中心医院介绍，2018年该院招收约20名左右内科系列专业研究生准备往全科方向培养。按全科医生年培训计划，湘潭市到2020年可以达到每万人配备全科医生2.3名的目标。

### （二）签约服务进展明显

政策引导机制保障。2017年6月8日，湘潭市医改办、市卫健委、市发改委等七部门出台《关于印发湘潭市推进家庭医生签约服务实施意见的通知》（潭医改办〔2017〕3号），文件明确了签约服务的主体、完善签约服务的主要内容、健全签约服务的收付费机制：2017年、2018年签约服务费为80元每人每年，比省级文件规定服务费高一倍。建立了签约服务的激励机制，强化了签约服务的考核机制，加强了签约服务的组织领导和保障机制等，充分发挥有关部门综合政策杠杆引导作用，吸引城乡居民主动参与签约。

签约落实取得成效。据湘潭市卫生和计划生育委员会相关人员介绍，通过积极部署与政策宣传，湘潭市基层医疗卫生中的家庭医生团队通过入户签约、义诊或就诊现场签约等方式与居民签约，并按协议开展服务。至2017年12月31日，湘潭市已组建家庭医生服务团队454个，签约103.2万人，签约率36.56%（要求30%），重点人群签约586018人，签约率67.95%（要求60%）。11.19万贫困人口签约率为100%，且减免了贫困对象签约服务个人自付部分。通过落实签约服务，为群众提供了连续协调、方便可及的基本医疗卫生服务，利于优化医疗资源配置，对缓解“看病难、看病贵”有重要作用。

## 二、全科医生发展中存在的问题与困难

### （一）人才短缺，招聘困难

一是毕业生供应极少。据湘潭市中心医院介绍，该院于2017年成立全科医学科病房，仅2名有全科医师证的专科医师。由于对接了较多社区卫生服务中心，急需大量高层次全科医生，但目前毕业生全科专业的非常少，2018年仅招到一名全科专业的研究生。湘潭市一医院介绍：招聘全科专业研究生困难，最后只能以内科系和老年病专业替代。全科医生招聘无人问津的现象仍显常态。二是基层卫生人员配备与能力不足。目前按照每个全科医生团队签约服务2000人左右的标准，湘潭市基层医疗卫生单位编制核定不足与空编严重同时存在。2018年上半年，湘潭市基层医疗单位加注全科医生资格的仅354名，全科医生的注册数与培训数有差距。基层卫生人员学历普遍偏低，整体服务水平不高，制约签约服务工作的推进，部分重点人群服务不到位。

### （二）待遇不高，队伍不稳

当前，基层基础建设普遍提升，但基层医务人员待遇仍偏低，收入与付出不对等是全科医生目前较为突出的问题。面对基本医疗和公共卫生两大任务，不仅需要全科医生要有足够的精力履行本职工作，还需要有较高的综合素质去承担相应的预防保健、慢性病管理、健康管理等责任。基层全科医生队伍不仅人才难以引进，由于待遇不高，医疗技术发展受限，

也难以留住人才，尤其是优秀全科人才流失严重。经过全科医生培训考试合格的学员，将发合格证。但大多数学员拿证后，没有再服务于基层医疗单位，全科医学生不愿到基层报到的现象频繁出现。

### （三）信任缺乏，职业发展受限

目前为止，我国的全科医生的社会信任度并不高，专科医学的发展与临床针对性一直备受认可。一方面，全科医生对综合能力要求颇高，而在职业发展中却被冠以“万金油”的形象，与专科医生相比在行业里权威偏低，甚至专科医生会觉得全科医生抢了他们的病源；另一方面受当前全科医生数量偏少且能力资质缺乏的现状影响，老百姓对全科医生的信任明显缺乏，抱着怕耽误病情的心态往往倾向于去大医院看知名专科医生。由于这种双向影响，即便已处全科医生岗位，全科医生觉得需要承担更多的医疗风险，如果有纠纷往往会被专科医师、医院、卫生行政主管部门、患者及家属认为没有专科专治。导致全科医师不愿意承担责任，不能放开手脚做事，不少基层全科医生表示对职业发展深感迷茫。

### （四）宣传不深入，政策落实难

对于全科医生签约服务，尤其是在落实部门政策、收付费机制和绩效评估等方面宣传、解释不够深入，如全科医生（家庭医生）的定义，签约服务收付费机制，签约后享受医保优惠政策的前提等。同时，基层医疗卫生单位、家庭医生团队签约时宣传、解释不透彻，应付性签约或一签了事，造成群众政策知晓率不够高，主动参与意识不够强。另外，由于缺乏具体的绩效激励方案，加上签约收付机制基本没到位，基层医疗卫生单位基本无法兑现签约服务激励办法，直接影响签约服务医生团队的工作积极性与创造性。

## 三、全科医生发展的几点建议

一是着力宣传，吸引人才。加大政策宣传力度，尤其是签约服务的概念、服务内容、全科职业发展前景等，利用培训基地加大招收力度。各级政府、基层单位要高度重视基层人才队伍建设，出台吸引人才到基层的优惠政策，引进和留住人才，提升基层整体服务能力。二是着力提高培训质量。既要配足医务人员，也要提升医务人员的能力与水平。要强化全科医生培训过程的监管，着力提高全科医生的综合能力和水平。三是着力抓好激励机制落实，提升积极性。各部门要沟通协调，切实做实做细服务，吸引居民主动参与签约服务，主动交纳个人自付费用。加快推进签约服务信息管理平台建设，推进签约服务绩效考核和评估。制定详细、可操作的签约服务绩效考核评估细则，对签约服务工作落实较好的团队或个人予以绩效奖励，推动分级诊疗制度的进一步实施。

（刘青雅）

# 株洲医疗保健体系日趋完善　居民健康幸福感日益增强

党的十八大以来，株洲市委、市政府不断深化医药卫生体制改革，全面建立特色基本医疗卫生制度、保障制度和优质高效的医疗卫生服务体系，加强基层医疗卫生服务体系和全科医生队伍建设，人民健康获得感不断增强。2018年，株洲市城乡居民人均医疗保健消费1651元，增长19.3%，其中城镇居民人均医疗保健消费1965元；农村居民人均医疗保健消费1156元。从近五年的数据来看，株洲市居民医疗保健消费支出呈现快速发展态势。

## 一、健康服务圈的建成促推医疗保健消费支出快速增长

一直以来，株洲市委、市政府大力推进医疗卫生基础设施建设，着力改善人民群众就医条件。截至2018年，新建或改扩建医院（含公卫机构、乡镇卫生院和社区卫生服务中心）达114家，建成了“1个市级医疗中心，4个区域医疗中心，5个县域医疗中心”和“一街道一中心、一社区一卫康室，一乡一院、一村一室”的健康服务圈。居民在15分钟内就可得到基本医疗服务。2018年，株洲市城乡居民人均医疗保健消费1651元，增长19.3%，较城乡居民收入增速（8.7%）和生活消费支出增速（7.8%）快了10.6和11.5个百分点。分城镇和农村来看，医疗保健消费增速也均快于收入和消费。

近5年来，株洲市城乡居民医疗保健消费年均增长16.4%，分别快于收入和消费年均增长速度7.5和4.4个百分点。

## 二、医疗卫生服务能力提升促使医疗保健消费比重加大

从2013年开始，株洲市启动135人才工程，市财政每年专项预算300万元，用于引进、选拔、培养学科领军人才、学科带头人和学科骨干。2014—2017年，分批次开展了临床医学重点专科建设，市级财政每年安排1000万元给予扶持，并分别与北京、上海等国内顶级医院建立长期合作关系。

这一系列投入和建设，基本上满足了株洲市老百姓在家门口“看得好病”的需求，让老百姓对株洲的医疗卫生服务满意度提升，在医疗保健消费支出上的投入也更多，促使医疗保健消费支出占生活消费的比重也逐年提高。2018年，株洲市城乡居民人均医疗保健消费占生活消费支出的比重为7.2%，较上年提高0.7个百分点。从近五年的数据来看，医疗保健消费占比呈现整体上升趋势。

## 三、分级诊疗力推农村居民医疗保健消费支出快速增长

2013 年，株洲市被确定为湖南省唯一的医联体试点城市，2016 年，被确定为全国首批分级诊疗制度建设试点城市之一。截至目前，全市已组建各类医疗联合体 27 个，如中心医院，上与北京阜二医院、上海华山医院协作，下与各县人民医院组建“对口帮扶医院”，县人民医院又与乡镇中心卫生院组建特色专科的医共体。让老百姓，特别是农村居民，在家门口就可以得到来自北京、上海、长沙等地专家的诊治。

五年来，全市农村居民医疗保健消费支出快速增长，年均增长 14.7%，较城镇居民医疗保健消费支出增长快 0.6 个百分点，农村居民医疗保健消费支出增速快于城镇居民。

## 四、健康扶贫推动贫困群众医疗保健消费支出快速增长

2016 年，株洲市大力实施健康扶贫工程，对全市建档立卡贫困人员精准识别，对国家明确的 4 类 9 种疾病患者进行集中救治，贫困对象住院患者实行“一站式”服务，县域内住院费用实际报销比例达到 91.71%。各县也纷纷出台了一系列健康扶贫政策。如炎陵建档立卡贫困人口参加新农合个人缴费部分由财政给予全额补贴；实行大病保险制度，对低保困难群众、建档立卡贫困户大病补助起付线降低 50%；实施便民服务保障，全县所有建档立卡贫困户全部实行签约服务，“因病致贫、因病返贫”签约率 100%，重点人群签约率 100%。这一系列政策的实施，让贫困群众充分感受到各级政府给予的关心和帮助，思想观念发生改变，敢于有病就医、无病保健。

从茶陵、炎陵两县住户调查数据来看，近五年来，两县农村居民医疗保健消费支出年均增速均超过 60%，其中，茶陵年均增长 68.2%，炎陵年均增长 66.3%。2018 年，茶陵、炎陵两县农村居民人均医疗保健消费支出分别达到 465 元、572 元，分别占农村居民人均可支配收入的 4.9%和 6.4%。

## 五、需要关注的问题

虽然农村居民医疗保健消费支出增长速度快于城镇居民，但从消费金额来看，农村居民在医疗保健消费支出上，与城镇居民差距逐年扩大。2018 年，农村居民医疗保健消费支出 1156 元，比城镇居民医疗保健消费支出（1965 元）低了 809 元。五年间，城乡居民医疗保健消费支出差异由 2014 年的 360 元扩大到 2018 年的 809 元。

（周 沁）

# 2019湖南民生调查报告

# 社保篇

# 政策背景

社会保障是关系国计民生的大事，它可以保障权利公平、保障机会公平、维护规则公平、调节分配公平，社会保障的发展和完善有利于整个社会的稳定和谐，起到托底和保障的作用。此外，健全的社会保障制度也大大促进了居民的社会化发展，开阔了人们的视野，丰富了人们的精神生活。

2018年湖南省委、省政府以及全省各级人力资源和社会保障部门、民政部门认真学习贯彻习近平新时代中国特色社会主义思想和党的十九大精神，站位新时代，担当新使命，积极作为、扎实推进各项工作，出台了一系列惠及百姓民生的好政策，人民群众的幸福感和获得感得到进一步提升。

如为进一步做到低保应保尽保、应退尽退，加强政策制度衔接，低保对象和建档立卡对象符合条件互相纳入，加强社会救助制度与教育扶贫、健康扶贫、危房改造政策衔接出台的《关于在脱贫攻坚三年行动中切实做好社会救助兜底保障工作的实施方案》；为做好符合条件的建档立卡贫困人口、低保对象、特困人员参加城乡居民基本养老保险而出台的《关于做好落实城乡居民基本养老保险扶贫政策工作的通知》；为明确严格的药品目录支付范围而印发的《湖南省基本医疗保险、工伤保险和生育保险药品目录(2018年版)》；为加强农村留守老年人关爱服务工作而出台的《关于进一步加强农村留守老年人关爱服务工作的实施意见》等等。

省政府在2019年的《政府工作报告》中，着重提出要“完善社会保障和救助体系。继续提高退休职工基本养老金水平，完善城乡居民基本养老保险待遇正常调整机制，推进企业养老保险全省统筹。城乡居民大病保险筹资标准提高到人均50元左右，支付比例提高5个百分点，年度累计补偿金额提高到30万元。全面推行医保异地就医即时结算，实行药品带量采购。发挥公办养老机构兜底保障作用，发展社区居家养老和农村养老服务。重视城乡困难群众帮扶解困，完善城市困难职工帮扶、临时救助制度。”表明湖南社会保障体系建设更加深入和细致，社会保障网络正越织越密，社会保障覆盖面越来越广，健全和完善的社会保障体系正使得民生建设更加温暖幸福，真正做到让党的阳光雨露洒到每个人的身上。

（张　毅）

# 全景扫描

## 2018年湖南社会保障事业全面发展

2018年，湖南各级人力资源和社会保障部门、民政部门认真贯彻落实中央决策部署，踏实践行习近平总书记系列重要讲话精神，社会保障事业持续全面发展。

养老保险。据湖南省人力资源和社会保障厅的统计数据显示，2018年末全省参加城镇基本养老保险职工人数1402.4万人，比上年末增加123.0万人。其中，参保职工947.9万人，参保离退休人员454.5万人。退休人员养老金方面，2018年湖南连续第14次调整提高企业退休人员养老金，也是机关事业单位养老保险制度改革以来，连续第3年同步调整提高机关事业单位退休人员基本养老金，体现了企业和机关事业单位养老保险制度“并轨”的要求。2018年全省整体调整水平为5%，其中企业退休人员和机关事业单位退休人员的人均调整水平分别为5.5%和4%。在此基础上，还会按缴费年限等调整，对高龄人员、艰苦边远地区退休职工等群体也给予适当倾斜。

医疗保险。数据显示，2018年末全省参加城乡基本医疗保险人数6833.3万人。其中，参加城镇职工基本医疗保险人数898.5万人，比上年末增加31.3万人；参加城乡居民基本医疗保险人数5934.9万人。

失业、工伤、生育保险。数据显示，2018年末全省参加失业保险职工人数582.0万人，比上年末增加18.2万人，年末领取失业保险金职工人数13.0万人。参加工伤保险职工人数793.4万人，比上年末增加10.6万人。参加生育保险职工人数571.8万人，比上年末增加9.9万人。

社会救助。据省民政厅的统计数据显示，2018年获得政府最低生活保障的城镇居民59.7万人，发放最低生活保障经费28.8亿元；获得政府最低生活保障的农村居民126.8万人，发放最低生活保障经费29.6亿元。

社会福利。2018年末全省各类收养性社会福利单位床位33.0万张，收养各类人员17.4万人。城镇建立各种社区服务设施17135个，其中，综合性社区服务中心7010个。全年销售社会福利彩票91.7亿元，筹集福彩公益金25.7亿元。

（张　毅）

## 湖南就业扶贫成效显著

为了解湖南就业扶贫成效及存在的问题，2019年1月国家统计局湖南调查总队走访了长沙、湘潭等21个市县区的人社局、扶贫办等职能部门，并在长沙、湘潭、衡阳、永州等22

个市县抽选了部分贫困村村支书和建档立卡贫困劳动力开展问卷调查，获取了35份人社部门和扶贫办调查问卷，67份贫困村村支书调查问卷，344份贫困劳动力调查问卷。调查显示，湖南就业扶贫工作开展有序，成效显著，贫困劳动力政策满意度较高。

## 一、扎实推进扶贫政策落实，多渠道促就业稳就业

### （一）多项措施，落实政策促进就业

1. 创建扶贫车间，大力促进就地就近就业。调查显示，各地积极引导劳动密集型企业到贫困地区投资办厂或实施生产加工项目分包，支持企业在乡镇、村创建“扶贫车间”，方便贫困劳动力在家门口就业。受访的20个市县中有18个市县有扶贫车间等就业载体，这些就业载体为解决当地贫困劳动力就业起到了很大作用。如邵阳市前三季度完成110家扶贫车间建设或投入建设，吸纳贫困劳动力3300人；郴州建成80个扶贫车间、38家就业扶贫基地，吸纳贫困劳动力4425人。

2. 积极支持创业，带动就业。各地积极支持贫困劳动力创业和农民工返乡创业，带动更多贫困劳动力就业。受访的20个市县中，所有市县均对贫困劳动力创业贷款实施全额或部分贴息；19个市县提供免费创业培训和对符合条件的创业贷款提供担保；18个市县对创业提供资金补贴；16个市县对贫困劳动力创业会优先进行场地安排；15个市县对首次创办小微企业或从事个体经营，且所创办企业或个体工商户自工商登记注册之日起正常经营6个月以上的贫困劳动力有支持补助政策；13个市县对贫困劳动力创业有税费减免；9个市县对创业孵化基地建设或发展有支持政策。

3. 大力开展有组织劳务输出。各地结合对口支援机制和结对帮扶机制，努力扩大劳务输出规模。受访的20个市县中，19个市县有针对贫困劳动力就业的劳务经纪人或就业服务中介；19个市县对成功到县以外地区就业的贫困劳动力有补助政策；17个市县与发达地区搭建了信息对接平台，帮助贫困劳动力就业。除此以外，受访的所有市县每年都有2次或2次以上的针对贫困劳动力的专项招聘会。如湘潭市截至10月底，累计召开专场招聘会48场，为1231位贫困劳动力提供了免费劳务服务，其中207位贫困劳动力成功实现就业。

4. 开发公益性岗位托底安置。针对部分贫困劳动力文化程度较低或身体有残疾，外出很难找到合适工作的情况，各地通过公益性岗位安置解决这部分群体的工作需要。受访的20个市县中，16个市县的公益性岗位会优先安置贫困劳动力。67位贫困村村支书中，有56位表示本村有公益性岗位，并对贫困劳动力有优先安置政策，占83.6%。公益性岗位安置为就业困难的贫困劳动力起到了较好的托底作用。如岳阳高桥村有两人因健康原因无法从事体力较重的活动，难以找到合适的工作，村里安排其从事乡村保洁、看守泵房的公益性岗位，虽然薪资偏低，但在一定程度上解决了两人找工作难的问题。会同连山乡六黄村贫困劳动力李某，身体不好，外出就业难，政府安排了特岗护林员岗位，每个季度有1750

元的收入。

### (二)多项补助、多方发力稳定就业

1. 对吸纳贫困劳动力就业的企业进行岗位补贴。受访的20个市县均对辖区内吸纳贫困劳动力就业的企业、农民专业合作社和扶贫车间有补助政策。如常德对吸纳贫困劳动力就业的用人单位给予每人每年1000元标准的岗位补贴,其中国家级贫困县石门县补贴标准提高至每人每年1500元。另外,20个市县中,15个市县对吸纳贫困劳动力就业并开展以工代训的企业有补助政策。

2. 给予企业和贫困劳动力职业培训补贴。受访的20个市县中,所有市县均对为贫困劳动力开展培训的企业给予补贴;19个市县给贫困劳动力参加培训发放食宿补贴;16个市县给贫困劳动力参加培训发放交通补贴。还有部分地区对参加培训取得相应资格证的贫困劳动力给予一次性补贴。如岳阳对参加就业培训并取得职业资格证的农村贫困劳动力,给予500元/人的一次性求职补贴。

3. 给予贫困劳动力转移就业交通补助。为促进贫困劳动力外出就业,大部分地区对跨区域外出务工的贫困劳动力给予一次性交通补助。受访的20个市县中,19个市县对成功到县以外地区就业的贫困劳动力有补助政策。如常德对外出务工的贫困劳动力给予一次性交通补助,其中跨省、跨市州、跨县区的补贴金额分别为400元、200元、100元。

### (三)多种培训,增强技能助力就业

1. 提供免费职业培训。受访的20个市县全部对贫困劳动力开展了免费职业培训。67个贫困村中,有66个贫困村为贫困劳动力提供免费职业培训,占98.5%。344位贫困劳动力中,有167位接受过职业培训,占48.5%。岳阳云溪区开办龙虾培训班和月嫂培训班,为56位有就业意愿的贫困劳动力提供免费培训。平江县发动社会力量,对83位贫困劳动力进行电工和焊工培训。会同县对493位贫困劳动力开展了涉及保育员、育婴师、服饰产业工人等多种职业的培训。

2. 提供免费创业培训。受访的20个市县中,有19个市县对贫困劳动力提供免费创业培训。67个贫困村中,有60个贫困村提供免费创业培训,占89.6%。39位创业的贫困劳动力中,有30人接受过免费创业培训,占76.9%。

### (四)多级联动,确保组织保障有效

湖南省通过建立"领导协调、协作对接、推进落实"的机制,形成省市县乡村多级联动、各职能部门协同实施、输出输入地两端紧密协作的就业扶贫整体工作推进机制。受访的35个职能部门中,有33个认为就业扶贫工作的部门配合和组织保障工作很好或比较好,占94.3%。67位贫困村村支书中,有62位认为就业扶贫中的组织保障工作很好或比较

好，占 92.5%。没有部门或村支书认为组织保障不好或很差。有效的组织保障为做好就业扶贫工作发挥了重要作用。

## 二、就业扶贫工作成效

### （一）就业扶贫政策受众广

湖南省现行就业扶贫政策实施范围广，有就业能力且有就业意愿的建档立卡贫困劳动力均属于就业扶贫政策的扶持对象。调查的 344 位贫困劳动力中，有 293 位表示享受过职业培训、工作介绍、创业服务或求职创业补助等就业扶贫政策，占 85.2%。没有享受过就业扶贫政策的贫困劳动力大都属于外出就业或者没有就业意愿人群。

### （二）贫困劳动力就业情况良好

据人社厅 11 月 19 日数据，湖南省总计有建档立卡农村贫困劳动力 280.9 万人，其中有就业意愿贫困劳动力 150.1 万人。目前已转移就业 148.1 万人，占有就业意愿贫困劳动力总数的 98.7%，比上年同期提高 17 个百分点。受访市县的贫困劳动力就业情况良好，如衡阳截至 10 月底，全市共实现新增贫困劳动力转移就业 3869 人，完成年目标任务的 110.5%；益阳截至 10 月底共完成新增贫困劳动力转移就业 3192 人，完成年目标任务的 102.9%。

### （三）就业扶贫满意度高

调查显示，344 位贫困劳动力中，对现有就业扶贫政策非常满意的有 96 人，占 27.9%；满意的有 209 人，占 60.8%；不满意的有 12 人，占 3.5%；因外出务工等原因对就业扶贫政策不了解的 27 人，占 7.8%。

（沈　琴）

民生加油站 MINSHENGJIAYOUZHAN

### 春节期间贫困地区农村困难老人的四项期盼

为了解贫困地区农村困难老人春节期间的生活状况，2019 年 1 月，国家统计局湖南调查总队走访了株洲、衡阳、邵阳等 20 个市县，随机抽选了 235 位年龄 60 周岁以上，家庭经济有一定困难的老人进行了问卷调查。结果显示，近年来，随着精准扶贫、新农村建设和乡村振兴战略的扎实推进，湖南贫困地区农村困难老人的生活状况有所改善，仍存四项期盼值得进一步关注。

**一、农村困难老人对当前生活状况和政府帮扶满意度均较高**

调查显示,74.9%的受访者对他们目前的生活状况感到很满意或满意;80.3%的受访者对政府当前的帮扶措施感到满意或比较满意。

**二、农村困难老人的"四盼"**

一盼加强医疗救助服务。有关部门要及时关注农村困难老人的生活状况,对符合条件的农村困难老人实施临时救助并纳入农村医疗救助范围;结合农村春节具体生活情况普及健康知识、开展健康教育和健康咨询,有条件的地方可以组织当地医疗机构给老人进行免费的健康检查,为年老体弱、经济困难的农村老年人提供送医上门服务。

二盼大力推动乡村产业振兴。产业振兴是乡村振兴的物质基础。要坚持农业农村优先发展,加大对农村农业的资金扶持力度,大力发展以农业生产合作社为代表的农业产业化企业,推动农业现代化进程。这样一方面,能吸纳本地外出务工人员回乡就业,方便照顾家人;另一方面,也能在土地流转分红、劳务输出方面增加部分农村困难老人的收入。

三盼丰富节日走访慰问形式。春节走访慰问的形式和内容要根据困难老人的具体情况,更加个性化、互动化。通过结对帮扶、志愿者送温暖、企业献爱心、社会捐赠捐助等多种形式,让困难老人感受到社会的温暖。除了传统的赠送过节物资外,还可以组织老人看戏、看节目、看电影等,让空巢老人、留守老人就算没有家人子女陪伴,也同样可以得到精神慰藉,提升生活的幸福感。

四盼加强敬老养老宣传教育。春节期间,趁外出劳动力返乡之际,要加强对农村中青年人群的孝道教育,加大对关爱农村困难老人工作的宣传力度,通过报刊、广播、电视、网络等多种形式抓好典型宣传,广泛动员社会力量为农村困难老人办好事办实事,形成关爱老年人特别是农村困难老人的良好氛围。

(凌　媛)

## 湖南产业扶贫效果好

发展产业是实现脱贫的根本之策,是实现贫困农户持续快速增收的法宝。一直以来,湖南省委、省政府高度重视产业扶贫,着力锻造产业扶贫精准模式,积极破解产业扶贫瓶颈难题,探索出在全国有一定影响的"四跟四走"新路,取得了良好成效。为深入了解当前湖南产业扶贫的成效与困难,以及金融扶贫对产业发展的影响,2018 年 8 月国家统计局湖南调查总队对 14 个市州的部分贫困村采取召开驻村帮扶干部或村干部座谈会、入户问卷调查、深度访谈的方式进行了实地调研，并走访了扶贫办等相关部门。本次调查共走访210户有产业扶贫项目的贫困户、192户有金融扶贫项目的贫困户、44名驻村帮扶干部和53名村干部，共收回有效调查问卷499份。调查显示，基层干部和贫困群众对当前产业扶贫效果比较满意，但也反映存在一些制约产业扶贫发展的问题亟待重视。

## 一、产业扶贫成效显著，干部群众普遍认可

### （一）动力有续，增收有招

近年来，湖南结合农业供给侧结构性改革，生产质量好、价格高、适销对路的中高端农副产品，大力发展乡村旅游业、农村电商服务等产业扶贫项目，为农民持续增收注入了强大动力。2017年，浏阳市共安排农业产业扶贫项目408个，共培训贫困户20574人次，实施帮扶带动12068户37096人增收，全市72.5%的贫困人口受益。株洲市着力打造多种融资方式，助推炎陵黄桃、小水电，茶陵黄牛、光伏发电等产业成为脱贫攻坚主力，到2017年11月，该市已有1.5万人通过金融支持产业实现脱贫，占全部脱贫人口的41%。

### （二）就业有路，脱贫有门

“发展生产脱贫一批”是“五个一批”扶贫工程的首要内容，产业扶贫最直接的成效就是带动农户就业，帮助农户脱贫致富。桂东县文溪村引进省级龙头企业三湘菌业公司，建设大棚50个，合作发展食用菌种植，每年可以增加村集体收入5万元，解决20户左右贫困户就业。衡阳县台源镇磐江村的扶贫工作组结合该村特点，采取了种植湘莲帮扶，引导全村57户贫困户种植湘莲。目前，该村种植湘莲面积达1250余亩，年产值250多万元。到2017年底，57户贫困户中的48户已脱贫。

### （三）统筹有方，保障有力

各地政府通过统筹整合财政涉农资金、加强金融扶贫支持、引导市场主体投入等方式，不断加大产业扶贫投入，有力地支持了产业扶贫项目的发展壮大。2017年涟源市整合财政涉农资金投入产业扶贫1.61亿元，协调金融部门发放扶贫小额信贷2.92亿元，扶贫经济组织投入3.5亿元，有效破解了产业扶贫资金瓶颈。赫山区安排产业扶贫资金875万元，整合项目资金8000万元，支持贫困村因地制宜发展特色产业，7000多贫困人口直接受益。

### （四）成效有显，好评有加

当前湖南产业扶贫成效显著，金融扶贫助推给力，得到了驻村帮扶干部和村干部的普遍认可，特别是受到了贫困户的欢迎和好评。问卷调查显示，92.8%的驻村帮扶干部或村干部和88.5%的贫困户认为当前产业扶贫达到了预期效果，89.7%的驻村帮扶干部或村

干部和88.5%的贫困户认为当前金融扶贫达到了预期效果。81.3%的贫困户认为从参与的产业扶贫项目中受益，其中32.2%的贫困户认为受益大。脱贫认定后，仍有88%的贫困户能从参与的产业扶贫项目中持续受益。81.8%的贫困户认为从参与的金融扶贫项目中受益，其中33.3%的贫困户认为受益大。

（凌　媛）

# 深度透视

## 脱贫攻坚背景下怀化市贫困居民获得感研究

2015年2月，习近平总书记在中央全面深化改革领导小组会议上指出，“让人民群众有更多获得感。”党中央国务院在《关于打赢脱贫攻坚战的决定》中也指出，“做到扶真贫、真扶贫、真脱贫，切实提高扶贫成果可持续性，让贫困人口有更多的获得感。”“获得感”一词由此成为社会流行语。获得感是人们从相关事务中得到的发自内心的自身主观感受及体验，是评判和衡量有关工作成效的重要标准。精准扶贫工作开展以来，国家投入大量人财物用于脱贫攻坚，帮助解决建档立卡贫困户生产生活中的困难问题。基础设施建设滞后、居住环境条件恶劣、饮水安居工作短板、因病致贫现象多发等长期困扰和制约农村经济社会发展及农民生活水平提高的问题得到有效解决，也极大地提高了人民群众，特别是建档立卡贫困户的获得感。

### 一、贫困居民获得感研究模型的建立

#### （一）模型指标选取及建立

美国心理学家亚伯拉罕·马斯洛于1943年在《人类激励理论》一文中首次提出了人类需求层次理论，将人类需求像阶梯一样从低到高按层次分为五种，分别是：生理需求、安全需求、归属需求、尊重需求和自我实现需求，该理论认为人类只有首先满足了吃穿等基本的生理需求后，才会追求如生命安全、财产安全等更高层次需求。获得感是群众内心的一种感受反映，可分为精神方面的获得感和物质方面的获得感。物质方面获得感既包括得到的实物获得感，购买医保、享受基本生活政策兜底等获得的安全获得感，也包括通过技能培训掌握的业务技能获得感。精神方面获得感则主要包括扶贫领域公平公正程度获得感和尊严获得感。本研究认为，获得感从低到高按层次划分依次为物质获得感、安全获得感、公平获得感、能力获得感和尊严获得感，五个方面的获得感囊括了贫困居民对经济、社会、心理、

未来预期等方面的主观感受。在国家一系列扶贫政策措施的实施过程中，家庭经济收入提高、生活条件改善、居住房屋翻新（危房改造、异地搬迁等）得到的获得感最直接，也是处于最原始层次的；而建档立卡贫困户被歧视情况及尊重尊严获得感则被视为获得感的最高层次。（如图所示）

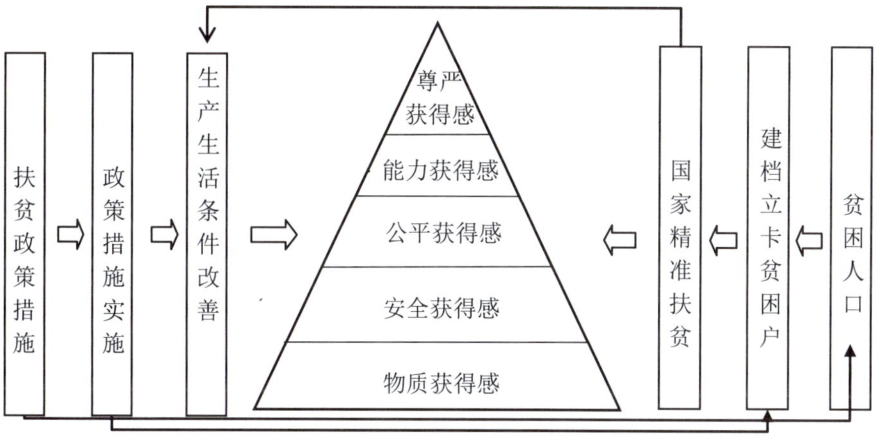


建档立卡贫困户获得感研究理论模型

模型展示了在精准扶贫、精准脱贫过程中，建档立卡贫困户在精准帮扶政策措施的帮助下，对生产生活基本条件、经济环境、医疗保障、业务技能、人格尊严等内外部软硬件，基于不同时期、不同类别、不同参考对象的感知情况，并形成了“五位一体”的获得感研究体系。1998 年诺贝尔经济学奖获得者阿马蒂亚·森提出，贫困本质上是人的可行能力和权利被剥夺，发展就是要提高可行能力和保障权利即扩展实质自由。实现贫困地区永久脱贫，提高贫困地区自主“造血”功能，就是要不仅经济条件改善，更要使贫困人口心里脱贫、精神脱贫，提高其自身的可行能力和保障权利。

### （二）模型指标内容说明

根据“获得感”理论模型，本研究将贫困户家庭主要收入来源、生活物资及住房条件改善、实物帮助用来评价“物质获得感”，用购买医保、养老保险、享受最低生活政策兜底保障、脱贫后返贫担忧来评价“安全获得感”，用识贫满意率、参与产业扶贫项目及享有的分红机会、来评价“公平获得感”，用参加技能培训情况、培训内容实用性、脱贫主要助力来评价“能力获得感”，用贫困户的自我认知及对未来生活的主观判断来评价“尊严获得感”。

## 二、怀化市贫困居民获得感情况

### （一）调研基本情况

本次调查在怀化市溆浦县（计划 2019 年整县脱贫）、芷江县（2018 年已脱贫）、会同县（2018 年已脱贫）开展，共发放问卷 100 份，收回有效问卷 100 份，每份调查问卷均以建档立卡贫困户家庭为单位开展调查。调查共涉及户籍人口417人，其中家庭常住人口311人，外出务工105人(半年以上)，1人外嫁但户口未迁出。由于正值春耕生产农忙时节，大部分农户在山间田土忙农活，在家的人口较少，对调查问卷的发放和问卷质量或许产生一定程度影响。问卷调查全部采用一对一的入户访问形式开展，同时回避了部分对精准扶贫情况不熟悉或仅有非正常行为能力家庭成员在家的建档立卡贫困户家庭。

### (二)贫困居民获得感的时空差异分析

精准扶贫工作开展以来，贫困居民生产生活发生了一系列变化，各方面获得感得到了不同程度提升。调研发现，建档立卡贫困户对精准扶贫工作给予了高度肯定和赞扬，认为在党和政府以及社会各界的关心支持下，生活面貌有了较大改观，与开展精准扶贫以前相比，幸福感、获得感都大大增强。

1. 怀化市贫困居民获得感分布及特征

物质获得感。怀化市属于典型的劳务输出地，调查的100户贫困户中有67户的主要经济收入来源是外出务工(含临时短工)收入，28户为耕种农作物收入，3户主要依靠政府救助(低保户)，2户贫困户被聘任为生态护林员，每年获得大约一万元的工资收入。98%的贫困户认为精准扶贫工作为其带来了经济条件、生活物资方面的改善；100%的人认为扶贫后使自家住房条件得到改善，或者享受了异地搬迁、危房改造等项目；90%的贫困户表示获得过扶贫实物帮助，实物包括家禽幼崽、经济苗木、过年节礼品等。但大部分贫困户需要在调查员的引导下才能想起所获得的实物种类及数量，若不引导则难以直接回答相关问题。

安全获得感。农村医疗保险、基本生活保障和返贫担忧是影响贫困居民安全获得感的主要因素。贫困户反映，目前所有建档立卡贫困户的农村合作医疗均由政府财政补贴购买，不需要农户实际支出一分钱，并且住院治疗医保报销比例和报销范围都比较大，贫困户有很强的获得感。35%的贫困户认为基本生活政策兜底“能解决”所需人群的基本生活问题，65%的人认为只是“基本能解决”生活问题，若孤寡“五保户”有长年需要吃药问题，及时享受基本生活兜底政策，则其生活也较为艰难。88%的贫困户认为不存在脱贫后再次返贫的担忧，7户脱贫户坦言存在返贫担忧，主要是身患疾病担心因病致贫。

公平获得感。调查对象对评定贫困户的公平性认可度较高，绝大部分人认为“没有不符合贫困户标准但被评为贫困户”的家庭。所有人表示贫困户拥有平等的参与扶贫产业项目建设以及获得产业分红及其他扶贫领域经济收入的机会。

能力获得感。在技能培训与物质扶贫方面，48%的人认为技能培训更重要，33%的人认为物质扶贫与技能扶贫一样重要。大部分贫困户近年来参加过相关部门组织的缝纫、做包子、修理家电等业务技能培训，59%的人认为培训内容很实用，通过培训自身技术能力得到较大提高，获得了更多的谋生方法和技能。大部分贫困户认为精准脱贫要依靠政府、社会和个人的共同努力，才能更好地提升能力，步入小康家庭。

尊严获得感。大部分建档立卡贫困户认为，本地区没有歧视贫困户的现象，评为贫困户前后人际关系、社会生活没有变化。但少部分贫困户也认为，部分地区存在非贫困户嫉妒国家给予贫困户的优惠帮扶政策，心存落差而有怨言现象。所有贫困户均对未来生活信心满满，确信将来的生活一定会蒸蒸日上，脱贫致富奔小康。

2. 影响怀化贫困居民获得感的主要因素

经济欠发达影响贫困居民对扶贫工作的获得感。怀化属于经济欠发达地区，经济总量绝对值与发达地区相比依然存在不少差距。2018 年，怀化地区生产总值为 1513.27 亿元，但与省会长沙的地区年生产总值 11003.41 亿元相比，仅为总量的 13.75%。在农村居民人均可支配收入方面，2018 年怀化为 9811 元，而长沙已达到 29714 元，差距较为明显。怀化市前往珠三角等经济发达地区的外出务工人员较多，本地区工业企业用人数量、工资待遇等与外地企业存在一定差距，农村留守老人、留守儿童现象较为普遍。近年来在精准扶贫政策指引下，怀化地区经济增长较快，众多贫困户表示，如果有合适的本地务工企业，肯定愿意就近务工，既照顾家庭又能获得较好的经济收入。

疾病医疗影响贫困居民的安全获得感。在对日常违法犯罪行为强力打击及扫黑除恶等重大专项行动冲击下，怀化社会治安、群众生命财产安全得到较好的保障和维护，但重大疾病及长期用药的慢性病是影响群众安全获得感的关键。会同县某贫困户表示，自己患有较为严重的风湿病和腰椎间盘突出，不能从事繁重的体力劳动且需经常吃药，最担心的是因病返贫。溆浦县某年近 70 岁的贫困户，家中 40 多岁的儿子患有精神病，生活来源主要依靠政府 A 类低保救助，担心疾病拖垮本已风雨飘摇的家庭，更担心今后儿子无人照顾，安全感缺失。

贫困户信息不对称影响贫困居民的公平获得感。有贫困户表示，自己平常就待在家里，对“本地区是否有不符合贫困户标准但被纳入贫困户名单的家庭”不清楚，对评定贫困户是否履行了民主评定、张榜公示等程序也不清楚。

培训内容较单一影响贫困居民的能力获得感。近年来，在人社和扶贫等部门协作下，各地在贫困村组织开展了相关技能培训，如缝纫、种养殖、家电修理、家用食品制作等。但具体到某村的培训内容则较为单一，且贫困户没有可选择性，若由于时间不凑巧或对组织的当期培训内容没有兴趣等其他原因错过了当期培训则难以再找培训机会，致使贫困居民的能力获得感不强。

## 三、尽锐出战推进脱贫攻坚，全力提升贫困居民获得感

### （一）深入推进特色产业扶贫，促进区域经济发展

习近平总书记指出，深度贫困地区要改善经济发展方式，重点发展贫困人口能够受益的产业，如特色产业、劳动密集型的加工业和服务业等。怀化处于“一极两带”战略布局的

重要位置，要按照“四跟四走”模式积极发展特色产业扶贫项目，促进区域经济社会持续健康发展。充分利用本地区独特的气候条件和土壤环境积极开展杨梅、楠竹、魔芋、柑橘、猕猴桃、水蜜桃等特色经济作物种植开发，利用山地开展生态鸡、跑山猪等林下经济开发，多方面增加贫困户经济收入。同时，积极承接沿海地区产业转移，大力发展加工业和服务业，促进本地劳动资源就近择业就业，提升本地区经济发展水平。

### （二）进一步突出精准特性，提高居民脱贫致富动能

贫困户获得感的提升主要来源于自身需求的得到满足。习近平总书记指出，要把贫困人口、贫困程度、致贫原因等搞清楚，以便做到因户施策、因人施策。通过深入开展调查走访，及时掌握贫困户家庭生活及思想动态，了解其想获得的技能培训内容、参与的产业建设项目、从事的工作行业等。切实改变“填鸭式”技能培训方式，根据群众需要提供帮扶“菜单”开展精准培训，使受训群众感兴趣、坐得住、学得好、用得上，有效激发贫困户脱贫的内生动力。大力开展扶贫扶智扶志工作，在全社会树立“真贫不可怕，争贫真可耻”的浓郁氛围，引导困难群众志愿脱贫、主动脱贫。

### （三）建立脱贫攻坚长效机制，确保长期稳定脱贫

坚持以市场为主体开展扶贫产业项目建设，鼓励以扶贫资金入股参与项目，建立“公司＋基地＋农户”的扶贫产业利益连接机制，推动扶贫产业健康发展。建立健全生活困难群众基本生活政策兜底制度，统筹好民政、医疗卫生、住建、农业农村等部门职责，织牢政策救助和保障网络，解决脱贫群众因病再次返贫的后顾之忧，坚决守好国家保障民生的最后一道防线。

## 四、结论与展望

近年来，在党和国家精准扶贫、精准脱贫政策指引帮扶下，怀化贫困人口、贫困发生率大幅度降低，贫困群众生活得到了跨越式改善。本研究也表明，建档立卡贫困户的物质、安全、公平、能力和尊严获得感满满，充分体现了精准扶贫、精准脱贫政策的及时性、必要性和重要性，体现了扶贫政策在怀化得到了很好的贯彻落实，再次展示了社会主义集中力量办大事的制度优越性。随着精准扶贫工作的不断深入，怀化贫困居民的获得感必将进一步增强，脱贫攻坚成效必将进一步显现，全面建成小康社会的宏伟蓝图也必将如期实现。

（李德媛　李小平　周乐林　黄喜林　赵雪南）

# 湖南农民工市民化情况和特征分析

改革开放以后，中国的工业化进程加快，越来越多的农村剩余劳动力进入城市，成为产

业工人，这些产业工人在城市就业，但户籍属于农村，由此诞生了“农民工”这个群体。在中国城市的改革发展进程中，农民工成了不可或缺的中坚力量，对城市发展起到举足轻重的作用，他们为城市发展做出卓越贡献，同时也分享着城市发展的成果。改革开放40多年来，农民工群体规模不断扩大，就业空间不断拓宽，就业稳定性不断增强，就业环境逐渐改善，收入水平逐年提高，生活质量稳步提升。至2018年，中国农民工的总量规模已达2.88亿人，占我国总人口的20.6%，解决农民工在城市面临的问题，维护好农民工群体的权益，对我国经济和社会的发展有重要意义。

纵观世界经济发展规律，城镇化是中国未来经济社会发展的必然趋势，2018年中国城镇化率已经达到59.58%，比2008年提高12.6个百分点，作为城镇化发展至关重要的组成部分“农民工群体的市民化”一直是政府关注的重点。2019年，中央一号文件指出，“促进农村劳动力转移就业，加快农业转移人口市民化，推进城镇基本公共服务常住人口全覆盖”，并提出“保持农村土地承包关系，完善落实集体所有权、稳定农户承包权、放活土地经营权的法律法规和政策体系，坚持农村土地集体所有、不搞私有化，坚持农地农用、防止非农化，坚持保障农民土地权益、不得以退出承包地和宅基地作为农民进城落户条件”，政策的指导实施为农民工在城市落户创造越来越宽松的政策环境。

湖南在推进农民工市民化进程中做了大量的工作，《湖南省就业和农民工工作领导小组2018年农民工工作方案》指出，2018年湖南农民工工作要以加快农民工市民化为目标，着力促进农民工多渠道就业，着力维护农民工的劳动保障权益，着力加快推进基本公共服务均等化和农民工在城镇落户，着力促进农民工社会融合，让农民工在共建共享发展中有更多的获得感，并出台了十九条措施，以切实做好农民工工作。2019年湖南省长沙市已经取消落户限制，至此湖南省城镇地区落户限制已经全面取消。

## 一、农民工市民化进程调查的基本情况

农民工市民化水平是参照城市居民（设定其市民化水平为100%）而言的，即农民工向城市居民转化的程度或者与城市居民同质化程度，是城镇化过程中农民工市民化发展阶段的评价指标。

为全面及时掌握农民工规模结构、流向分布、就业生活、社会保障和社会融合情况，客观准确反映新型城镇化进程中农民工现状、变化以及与输入地城镇居民的一致性，2015年，国家统计局开展以输入地城镇为重点的农民工市民化进程动态监测。本研究中的数据主要来源于2018年度的湖南农民工市民化进程动态监测调查，该调查在湖南14个市州、4个县开展，共有1410名农民工参与调查，具体参与调查的人员情况如下。

### （一）男性比重超过五成

调查对象中，男性农民工776人，占样本总人数的55.0%，2018年湖南外出农民工中

男性比重为65.2%，比样本数据中男性比重高10.2个百分点，总体符合男性农民工比重更高的情况。

### （二）平均年龄接近40岁

调查对象中，平均农民工年龄为39.9岁，从年龄结构看，16～25岁农民工占样本总人数的6.4%；26～30岁的占16.2%；31～40岁的占32.1%；41～50岁的占26.7%；51～60岁的占15.1%；61岁及以上的占3.5%。2018年湖南外出农民工平均年龄34.2岁，比样本平均年龄低5.7岁。

### （三）文化程度以初中高中为主

调查对象中，未上过学的农民工为8人，占样本总人数的0.6%；小学的159人，占11.3%；初中的632人，占44.8%；高中的422人，占29.9%；大学专科及以上的189人，占13.4%。2018年湖南外出农民工中，高中及以上文化程度的占34.6%，比样本数据低8.7个百分点。

## 二、湖南农民工市民化特征分析

### （一）经济生活的市民化

经济生活特别是有稳定的工作和收入，是农民工迁居城市并得以常住的重要基础条件，在《农民工市民化：制度创新与顶层政策设计》一书中把有稳定的工作和收入作为允许农民工迁居城市的基本条件。湖南农民工经济生活的市民化，主要表现在以下几个方面：

1. 已就业农民工比重高，已达九成。农民工市民化进程动态监测调查把农民工的就业状态分为四种：工资性就业、自我经营、雇主、未从业。由表1可以看到九成农民工已经就业，没有就业也没有积极找工作的123位人员中，只有16人表示不想找工作，另外107人因为身体原因或者照顾家庭暂时不能出去找工作。总体而言大多数农民工就业状态比较稳定。

**表1　样本农民工就业状况**

| 就业状况 | 人数（人） | 比重（%） |
|---|---|---|
| 工资性就业 | 735 | 52.1 |
| 自我经营 | 517 | 36.7 |
| 雇主 | 16 | 1.2 |
| 未从业 | 142 | 10.0 |
| 其中：积极找工作 | 19 | 1.3 |
| 　　　不找工作 | 123 | 8.7 |
| 合计 | 1410 | 100.0 |

2. 收入水平不断提高，增速加快。据湖南农民工市民化进程动态监测2015—2018年调查数据，受雇农民工2018年月均收入4015元，比上年增长10.4%，增幅提高6.6个百分点，自主经营或雇主个人每月净收入为4952元，比上年增长11.8%，增幅提高6.5个百分点。

3. 消费水平与城镇居民尚存在差距。根据样本数据，2018年农民工人均年消费支出为15777元，同时期湖南城镇居民人均年消费支出为25064元。其中，农民工在食品烟酒方面的消费支出与城镇居民比较接近，但在居住、交通通信、教育文化娱乐及医疗保健方面的支出与城镇居民还存在差距。

4. 社会保障情况良好。据《2018年湖南统计年鉴》，2017年湖南城乡居民中，63.0%的人员参加了养老保险，94.7%参加了医疗保险。从样本数据看，2018年，78.7%的湖南进城农民工参加养老保险，96.9%的参加医疗保险，社会保障情况良好。

### (二)社会融合的市民化

农民工进入到城市，要融入城市的生活离不开社会交往，社会融合的市民化是反映农民工是否真正融入城市社会、向城市居民转变的重要非物质维度。王桂新(2008)曾指出农民工社会关系的市民化，真正反映农民工市民化的实质性特征。湖南农民工社会融合的市民化可以从以下几个方面考察。

1. 融入当地社会的程度在提高。2018年，湖南进城农民工中，主要人际交往对象是当地朋友的比重超过三成，比2015年提高1.7个百分点，说明农民工融入当地社会的程度在提高。

**表2　农民工社会交往状况**

单位：%

| 工作睡觉以外时间主要和谁交往 | 2015年比重 | 2018年比重 |
|---|---|---|
| 基本不和其他人来往 | 15.5 | 14.3 |
| 老乡 | 22.1 | 19.7 |
| 同事(不含老乡) | 19.5 | 25.8 |
| 其他外来务工人员 | 3.8 | 2.6 |
| 当地朋友 | 34.0 | 35.7 |
| 其他 | 5.1 | 1.8 |
| 合计 | 100.0 | 100.0 |

2. 权益受损时的处理方式更加理性。在权益受损时，29.4%的农民工与对方协商解决，比2015年提高0.7个百分点；向工会反映的占2.8%，提高1.5个百分点；自己忍受的占3.8%，下降2.0个百分点，总体而言，处理方式更加理性。

表 3　农民工权益受损时的求助对象

单位：%

| 权益受损时的求助对象 | 2015 年比重 | 2018 年比重 |
|---|---|---|
| 工会 | 1.3 | 2.8 |
| 向政府相关部门反映 | 28.8 | 26.4 |
| 与对方协商解决 | 28.7 | 29.4 |
| 法律途径 | 11.6 | 12.7 |
| 媒体曝光 | 0.4 | 0.4 |
| 上网求助 | 0.6 | 0.4 |
| 找亲友或同乡帮助 | 12.4 | 13.8 |
| 自己忍受 | 5.8 | 3.8 |
| 其他 | 10.3 | 10.3 |
| 合计 | 100.0 | 100.0 |

3. 参加社区活动比重提高。36.7%的进城农民工表示家人有参加过所住社区组织的活动，比 2015 年提高 8.4 个百分点，参与社区活动的积极性明显有较大提升。

4. 参加党团组织活动比重有所提高。2018 年，进城农民工中，2.0%的经常参加单位或居住社区的党团组织活动，比 2015 年提高 0.6 个百分点；3.0%的偶尔参加单位或居住社区的党团组织活动，提高 1.0 个百分点。进城农民工参与政治活动的积极性有所提高

5. 对业余生活满意度提高。从对业余生活的满意度看，93.5%的进城农民工对自己的业余生活表示满意或一般，比 2015 年提高 0.8 个百分点；6.3%的表示不太满意，下降 0.2 个百分点；0.2%的表示非常不满意，下降 0.6 个百分点。

## (三)儿童教育的市民化

农民工子女能不能与城市居民子女享受相同的教育条件是农民工市民化的重要组成部分，据调查湖南农民工儿童教育情况较好。

1. 随迁子女教育得到基本保障。2018 年，已到入园年龄的 3～5 岁进城农民工随迁儿童入园率(含学前班)为 86.7%，比 2015 年提高 3.8 个百分点。6～15 岁义务教育阶段随迁儿童入学率为 99.5%，与 2015 年持平。

2. 随迁子女在学校总体不受歧视。98.2%的农民工家长认为子女在学校未受歧视，比 2015 年提高 3.5 个百分点；1.0%的认为子女在学校受到歧视，提高 0.3 个百分点；0.8%的不了解情况，下降 3.8 个百分点。

3. 家长对随迁子女教育满意度高于全国平均水平。进城农民工家长对随迁儿童教育的评价中，表示非常满意和比较满意的占 79.5%，比上年提高 1.8 个百分点，比全国平均水平高 4.2 个百分点；对所在学校师资的评价中，表示非常好和比较好的占 81.4%，比全国平均水平高 2.7 个百分点。

4. 农民工子女成长状况较好。进城农民工家长对随迁儿童的成长状况评价中，与同龄人相比，表示子女成长状况非常好或比较好的占91.4%，比2015年提高7.2个百分点；一般的占7.8%，下降6.7个百分点；比较差或非常差的占0.8个百分点，下降0.5个百分点。

### （四）居住条件的市民化

居住条件是农民工在城市生存的基础条件。居住条件市民化是农民工市民化的重要方面，湖南农民工居住条件呈现以下特点：

1. 以租赁住房为主，自购住房占比略降。从住房性质看，2018年调查的1410名进城农民工中，租赁私房的占46.6%，比2015年下降4.5个百分点；单位或雇主提供住房的占22.7%，提高0.4个百分点；租赁公租房或廉租房的占1.6%，与2015年持平；自购住房的占25.2%，比2015年提高2.4个百分点；住房性质为其他的占3.9%，提高1.8个百分点。

2. 生活设施更加完备，生活质量稳步提升。2018年，进城农民工户中，拥有取暖设备的占82.8%，比2015年提高11.7个百分点；拥有洗澡设备的占83.5%，提高10.0个百分点；拥有电冰箱的占76.1%，提高9.0个百分点；能够上网（计算机或手机）的占89.1%，提高15.7个百分点；拥有洗衣机的占78.6%，提高0.2个百分点；拥有汽车的占35.7%，提高5.1个百分点。从近四年来看，进城农民工生活设施整体逐步完善，生活质量稳步提升。

3. 对现在居住条件满意度提高。2018年，进城农民工对现在居住条件非常满意的占11.2%，比2015年提高2.8个百分点；对现在居住条件比较满意的占50.1%，提高7.3个百分点；一般的占31.7%，下降6.7个百分点；不满意的占7.0%，下降3.4个百分点。

### （五）心理认同的市民化

形式差距改变较为容易，但心理上的改变比较困难，农民工进入到城市，生活方式、语言文化等与当地都有不同，有时候甚至会遭到歧视或伤害，能否在心理层面产生城市认同感是农民工城市化的深层次内涵。

1. 进城农民工对城镇适应程度增强。从对所在城镇的适应情况看，进城农民工中，85.7%的对本地生活非常适应或比较适应，比2015年提高3.6个百分点；13.4%的适应得一般，下降3.1个百分点；0.9%的不太适应，下降0.5个百分点，没有进城农民工表示非常不适应。从近4年数据看，对城镇生活非常适应或比较适应的比重连续三年提高。

2. 归属感提高。从归属感来看，进城农民工中，55.2%认为自己是本地人，比2015年提高2.4个百分点；29.0%的认为自己不是本地人，下降2.3个百分点；15.8%的表示说不清自己究竟是不是本地人。

3. 对生活状态满意度提高。进城农民工中，10.1%对目前的生活状态表示非常满意，比2015年提高4.0个百分点；49.4%的表示比较满意，提高9.0个百分点；32.3%的表示一般，下降8.6个百分点；7.4%的表示不太满意，下降4.0个百分点；0.8%的表示非常不满意,下降 0.4 个百分点。

4. 已经在城镇定居人员比重提高。2018 年进城农民工中,31.6%的已经在城镇定居,比 2015 年提高 1.8 个百分点;29.9%的有意愿在城镇定居,下降 3.2 个百分点;23.0%的没有意愿在城镇定居,提高 2.7 个百分点;15.6%的还没有考虑清楚,下降 1.2 个百分点。

5. 超六成不愿意把户口迁到城市。调查的 1410 名进城农民工中,多数不愿意把户口迁到城镇,占 65.3%,比上年提高 2.3 个百分点;表示不确定是否把户口迁到城镇的占 21.1%,下降 1.2 个百分点。

以上分析显示,经过几十年的发展,特别是进入新时代后,湖南农民工经济生活市民化程度较好,城市教育对本地居民和非本地居民的差别在缩小,农民工迁居城市的基础条件和居住条件也有较大程度的提高,湖南农民工市民化水平正在从多个维度向着更高更好的方向发展!

(沈　琴)

# 市县链接

## 郴州养老产业发展现状及问题分析

随着经济社会的不断发展,人口老龄化问题越来越受到关注,发展养老产业是解决问题的必由之路。养老产业化不仅能为老年人提供多样的、不同层次的养老产品,而且能够减轻老龄化带来的压力,促进就业和新兴产业的发展,为经济发展打造新的增长点。因此,发展养老产业具有重要的现实意义。

### 一、郴州市养老产业发展现状

#### (一)郴州市人口老龄化总体情况

按照联合国对老龄化社会的定义:60 岁以上人口超过 10%或 65 岁以上人口超过 7%。数据显示,2017 年郴州 60 岁以上人口 71.9 万,占总人口的比重为 15.2%;65 岁以上人口 45 万,占总人口的 9.5%,说明郴州已进入老龄社会。由下图可见,2013—2017 年,5 年来郴州 60 岁以上人口逐年增加,占比也在逐年上升。

#### (二)养老产业发展情况

养老服务体系较为健全。目前,全市基本构建了以居家为基础,社区为依托,机构为补

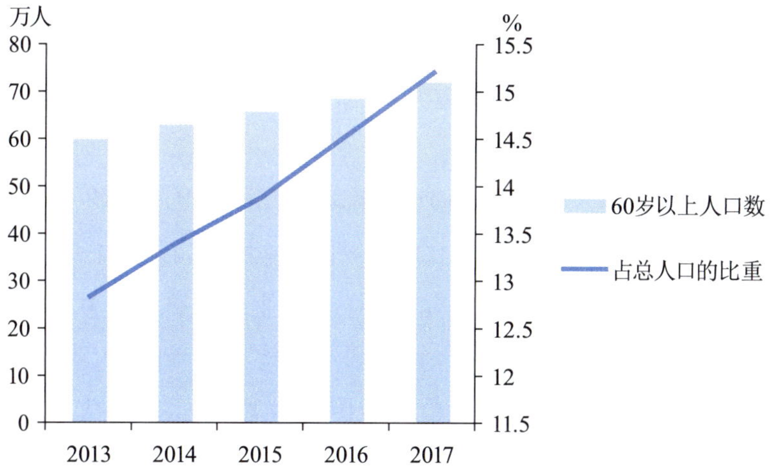


**图 1 2013—2017 年郴州市老龄人口数及所占比重**

充的社会养老服务体系。2017 年底，郴州市共有养老机构（站点）1078 家，其中敬老院 186 所，福利院、光荣院 12 所，各类老年人日间照料中心 16 个，社区居家养老服务中心 178 个，城乡居家养老示范点 150 个，农村幸福院 527 个；养老床位 27124 张，每千名老年人养老床位数达到 35.7 张。

医疗服务业发展较快。医疗服务能力不断增强，基本建立了覆盖市县乡村的医疗服务体系，截至 2017 年底，全市卫生机构 4391 个，其中，医院、卫生院 339 个，妇幼保健院（所、站）12 个，专科疾病防治院（所、站）3 个，社区卫生服务中心（站）28 个，诊所、卫生所、医务室 796 个，村卫生室 3164 个，疾病预防控制中心（防疫站）12 个。医院和卫生院拥有床位总数 3.0 万张，卫生技术人员 2.8 万人。基层医疗卫生机构免费为辖区内 65 周岁及以上老年人提供健康管理服务，2017 年底全市 65 岁以上常住老年人健康档案建档率 90.4%、健康管理率 71.0%。

保健食品和医疗器械业初具规模。目前全市有保健食品经营企业 1444 家，以保健食品批发企业、超市和药店为主。全市共有医疗器械生产企业 7 家，医疗器械经营企业 218 家，兼营医疗器械的零售药店 1177 家。

健康养生旅游势头强劲。市委、市政府启动了“中国温泉之城”建设三年行动计划，大力发展温泉旅游产业，形成了以汝城热水温泉国家级旅游度假区为龙头，以北湖区仙岭高铁温泉文化园为重点，以苏仙区许家洞镇、宜章县一六镇等六大温泉小镇为支撑的温泉产业整体格局。休闲农业旅游异军突起，涌现了北湖区三合村、桂阳县神农蜂庄园等有名的休闲农庄品牌。

## 二、郴州市养老产业发展优势

政策扶持力度大。近年来，国务院和省政府先后出台了促进养老产业发展的一系列政策措施,从市场准入、科技创新、要素保障、人才支撑、税收政策等方面,对养老产业发展予以大力支持。郴州市委、市政府也出台了《关于加快推进养老服务业发展的实施意见》《郴州市“十三五”健康养老服务业发展规划(2016—2020年)》等文件,给全市养老产业发展提供了政策基础。

老年人群潜在需求大。经测算,到2020年郴州市60岁以上的老年人将达到90万人左右,老年人口占总人口的比例达1/6,人口老龄化快速推进,存在较大的市场需求。经济发展规律表明,当人均GDP达到5000美元时,养老产业市场将迅速扩张。2017年郴州人均GDP约7350美元,但受多重因素影响,养老产业尚处于起步阶段,潜在需求巨大。随着人们生活水平的提高,老年人已开始转变单纯的传统养老观念,多样化、高端化养老服务需求日益增加,养老产业发展前景十分广阔。

自然环境与区位优良。郴州属中亚热带季风性湿润气候区,山、水、田、园、林、温泉等自然生态各具特色。全市森林覆盖率达67.7%,空气质量优良率达83.8%,是全国50大氧吧城市之一,是健康养生养老的优选之地。郴州毗邻粤港澳,与广州、深圳、长株潭地区属1小时高铁经济圈,境内有京广铁路、京深高铁、106国道、107国道、厦蓉高速公路、京港澳高速公路、京港澳高速复线、湘深高速公路、长莽高速等,交通体系四通八达。郴州机场已开工建设,未来的郴州将形成立体化的交通格局,区位交通优势更加明显。

相关产业发展迅速。医养结合产业来势较好,截至2017年末,全市已有16家医疗机构与养老服务机构签订了医疗服务合作协议或为养老服务机构提供医疗服务。市康复医院等重点项目加快建设,“神农蜂疗”“风采足浴”等传统保健养生品牌迅速成长壮大。医药产业快速兴起,初步形成了集中药种植、化学原料药、中成药、医疗器械的研、产、销于一体的产业链。2017年底,全市共有中药种植专业大户189户,药品生产企业9家,药品经营企业1071家,药品使用单位3606家,医疗器械生产企业7家,医疗器械经营企业218家。培植了小埠南岭生态城养老中心、十八泉太阳城健康养老社区、福泉山庄等一批以生态为品牌的健康养老服务企业,三星级休闲农庄达到122家。

## 三、郴州市养老产业面临发展困境

供需矛盾突出。当前,郴州市养老产业供求矛盾主要体现在两个方面:一方面,潜在需求远大于有效需求。随着经济社会发展和生活水平的提高,老年人养老观念发生了转变,越来越多的老年人有意向在机构养老,从而满足其日常生活照料和精神需求,这就形成了较大的潜在需求。但据走访了解,一些养老机构的入住率其实并不高,如聪子老年养护院的入住率在30%左右,说明市场有效需求严重不足。另一方面,养老机构供给相对过剩。现阶段,大多数养老机构由于资金、设备等方面的限制,提供的产品和服务较为单一,覆盖面窄,养老机构床位使用率不足,而老年人在精神娱乐、康复护理、居家照料等方面的需求却又无法得到满足，市场供给与实际需求不相匹配。

规范化、专业化水平不高。一是行业规范化建设滞后。标准是行业发展的“龙头”，只有制定了标准，才能使行业服务更为专业，更为精细。当前，涉老产品、养老服务等行业都缺乏统一标准，发展呈无序状态。以养老服务业为例，在2017年底之前养老机构服务质量方面都没有可遵循的原则，不同的养老机构在服务质量、收费标准方面差别较大，而社会、有关部门对于养老机构服务能力和资质的评价认证也存在缺失。二是服务人员素质整体不高。调查表明，当前养老机构的护理员队伍专业化程度不高，普遍缺乏专业的护理知识、经验和技能，绝大多数从业者只是经过短期培训后取得初级资格证书，持有高级证书的从业者屈指可数。由于劳动强度大、待遇不高、发展空间有限等原因，养老机构很难招到年轻且专业能力强的护理员。

盈利能力不强。养老产业投入成本大、回收周期长，短期内收益不显著。本次调查的2家私营养老机构目前均处于亏损状态，其中聪子养护院2017年亏损9万元，颐心养老院2017年亏损12万元。经营状况不佳一方面使得养老机构无力进行硬件设施和护理服务方面的改善，削弱了市场竞争力；另一方面则降低了其他资本进入行业的吸引力，影响了养老产业的投资规模和力度。

产业发展水平有待提升。当前郴州养老市场发展较为单一，主要集中在养老机构，并大多只能照料老年人的基本饮食起居。老年康复辅具、食品与保健品等行业产品和服务尚待开发。养老服务与医疗、旅游、家政、保险等领域融合不足，养老产业多元化发展尚待推进。互联网＋养老的运用尚待进一步探索和深化。市场上提供的养老产品和服务多为小规模的独资经营，尚未真正形成产业模式，也没有完整的产业链，产业化整体发展程度较低。

## 四、郴州市养老产业发展对策建议

统筹产业规划，优化区域布局。各县市区要结合区位、资源等条件，发展和延伸养老产业链。北湖、苏仙两区应发挥中心城区经济、文化、人口中心优势，侧重高端服务业集聚，重点发展医疗康复、休闲疗养、生物医药、康养地产等产业。资兴、宜章、汝城、桂东应利用区域内丰富的生态旅游资源，推进优质生态、旅游文化与养老服务的融合发展。郴资桂、郴永宜干道的沿线区域，应着力发展健康食品、保健品生产、生物药材加工、生态养生体验等养老配套产业。

加强医养结合，推进产业融合。推进养老与医疗卫生、体育健身、旅游文化等行业的融合发展。推进养老与医疗卫生的融合，有条件的综合医院应积极开设老年人病房、开展老年人康复业务；部分一、二级医院和专科医院可以转型为老年人医院、康复医院、护理院。推进养老与体育健身的融合，完善城乡、社区等体育设施，创建健身运动休闲示范区，促进健身与健康服务、养老服务等业态融合发展。推进养老与旅游文化的融合，整合郴州的特色文化资源、旅游资源，在东江湖、热水温泉、小埠生态城等景区合理布局和建设健康养老机构，吸引更多的老年人，促进养老服务向高端化发展。

规范市场秩序，完善标准体系建设。贯彻落实养老服务基础通用标准、服务技能标准、服务机构管理标准、居家健康养老服务标准、社区健康养老服务标准、老年产品用品标准等在内的养老服务标准体系。认真实施养老机构等级划分与评定、健康养老服务质量评估和等级评定等标准，统筹推进等级评定、合格评定和标准示范建设工作。健全规范养老服务市场秩序，建立养老机构服务协议制度，明确养老机构与老年人或者其代理人之间的权利义务关系，规范服务行为和收费行为。有关部门要进一步落实部门责任，对养老服务市场实行日常化、规范化管理。加强健康养老服务质量体系建设，完善服务质量满意度测评管理，推动服务质量对比提升。

培养提升人才，推动队伍专业化。一是开展学历教育。积极鼓励高职院、技师学院、职中等大、中专职业院校开设老年服务与管理、老年康复、老年护理等专业，培养不同层次的管理与服务人才。二是加强从业人员职业技能培训。依托大中专职业院校或社会机构，开设养老服务培训基地，督促养老机构或社区组织从业人员参加在职培训、职业进修，将培训、取得职业资格证书情况与工资晋级相结合。

（李梦真）

民生加油站 MINSHENGJIAYOUZHAN

## 湖南养老机构发展仍存五项制约因素

随着人口老龄化进程加快，养老问题日渐突出。为了解湖南养老机构发展情况，2019年1月国家统计局湖南调查总队在长沙、株洲、湘潭、衡阳、岳阳、邵阳等地开展了专题调查。调查显示，湖南养老产业发展环境不断优化，养老机构普遍看好产业发展前景，但在发展过程中仍面临从业人员素质偏低、硬件设施老化陈旧、资金投入大、运营成本高等问题，值得进一步关注。

1. 从业人员年龄偏大，整体专业水平不高。调查中，有55.0%的养老机构反映此项问题，并且此项问题在公办和民营养老机构中都较为突出。由于社会认可度低，工资待遇不高，当前养老机构的从业人员整体素质偏低，护理人员普遍缺乏专业的护理知识和技能。据张家界调查，该市养老机构从业人员待遇每月不超过1800元，有部分职工扣除保险后实际到手不足1300元，与时间长、任务重的工作不相匹配。截至2018年底，永州全市养老机构828名护理员中持有职业资格证书的仅占62.0%，难以满足养老服务需求。

2. 前期投入高，运营压力大。养老机构投入成本大、回收周期长，短期内收益不显著，存在较大的运营压力。调查中，有45.7%的养老机构反映存在此项问题，在40家民营养老机构中反映此项问题的占比达 77.5%，而在 80 家公办养老机构中占比仅为 27.5%。怀化市鹤城区华辉养老中心汪主任反映，该中心前期投入 1000 多万元用于各项改造及配套设施建设，按照目前盈利状况而言，8～10 年收回成本都比较困难，投资收益周期太长。

3. 硬件水平低，配套设施老化陈旧。调查中，有 41.4%的养老机构反映此项问题，并且相比民营养老机构，公办养老机构运营时间长、设施陈旧落后现象更为明显。在 80 家公办养老机构中反映此项问题的占比达到 50.0%，而在 40 家民营养老机构中占比仅为 20.0%。桃江县浮丘山乡敬老院龚某反映，敬老院离乡镇卫生院差不多十公里，但敬老院没有配备车辆，老人如果犯病就不能得到最迅速的治疗。在张家界调查时发现，许多敬老院由旧学校、旧办公楼改造而成，消防设施的设置不达标，存在安全隐患。

4. 传统观念难改变，居民对养老院的认知存在偏差。调查中，有 31.7%的养老机构反映此项问题，并且民营养老机构对社会公众的认知偏差更为担心，在 40 家民营养老机构中反映此项问题的占比为 40.0%，在 80 家公办养老机构中占比为 27.5%。调查发现，大部分老人对于养老机构的认识还比较落后，害怕入住机构就等于被子女遗弃，而子女也担心遭受不孝的指责。

5. 支持力度仍需加强，且政策完全落实难度较大。调查中，有 27.5%的养老机构反映缺乏政策支持，在 40 家民营养老机构中反映此项问题的占比为 47.5%，在 80 家公办养老机构中占比仅为 17.5%。政府对公办养老机构的支持力度要好于民营养老机构。但是受各地财政状况的制约，部分扶持政策完全落实难度较大。

（张　毅）

# 长沙育龄女性生育意愿及生育状况分析

随着我国人口出生率下降和平均寿命的延长，人口老龄化趋势严峻。为改善我国人口结构，2016 年起我国实施全面两孩政策。为了解长沙民众生育意愿及生育状况，2018 年 11 月国家统计局长沙调查队走访了市卫健委等相关部门，并对长沙已婚尚未生育或者只生育了一个小孩的育龄女性（15～49 周岁）进行了生育意愿及生育状况调查。结果显示：二胎政策的实行带来了长沙人口出生率的上升，但育龄女性生育二胎的意愿并不高，提高民众的生育意愿依然任重道远，育龄女性及其家庭面临的困难与诉求有待关注。

## 一、长沙促进生育方面开展的工作

政策提倡一对夫妻生育两个孩子。2016 年 3 月 30 日，湖南省第十二届人民代表大会常务委员会第二十一次会议审议通过了《省人大常委会关于修改〈湖南省人口与计划生育条例〉的决定》，自公布之日起正式施行，提倡一对夫妻生育两个子女，同时规定，符合生育条件生育子女的夫妻，女方除享受国家规定的产假(98 天、难产加 15 天、生育多胞胎的每多一个婴儿加 15 天)外增加 60 天产假，男方均享受 20 天护理假。

长沙通过《长沙市妇女儿童发展规划(2016—2020 年)》。2017 年 3 月《长沙市妇女儿童发展规划(2016—2020 年)》正式对外公布，首次将女性健康保障工程等 10 项工程列入实事工程。新规划还明确提出，长沙将完善城镇职工生育保险制度，进一步扩大生育保险覆盖范围，提高参保率。全面二孩政策实施后，长沙将通过贯彻落实《湖南省中小学校幼儿园规划建设条例》，扩大学前教育普惠资源覆盖面，加强全市幼儿园规划建设工作，科学规划幼儿园布局，改善用地供给和建设投入。

生育环境不断改善。从医疗配备上来看，目前长沙地区共有 6 家妇幼保健院和 5 家妇幼保健所，其中妇幼保健院有三级甲等两家，二等甲级两家，二等医院两家。2018 年 4 月份以来，长沙启动健康民生项目，并以该项目为切入点搭建长沙妇幼健康管理系统信息平台，实现 27 万多孕产妇和育龄妇女手机上领券、医院扫码检查、结果自动查询，省、市、县妇幼保健机构之间、部门之间健康民生项目和妇幼公共卫生信息数据共享，工作无缝对接。同时加强与基层医疗机构的合作，2018 年长沙市妇幼保健院与芙蓉区卫健委开展共建妇幼健康服务医联体活动，通过辖区 12 个社区卫生服务中心结对共建工作，充分发挥区域医疗卫生资源整体优势，促进双方资源共享、优势互补，惠及更多民生，为人民群众提供更加优质、方便、安全、满意的妇幼医疗保健服务。

幼教资源得到整合和大幅提升。从教育资源配备上来看，2018 年以来，长沙市推进学前教育集团化发展，开展小区配套幼儿园专项整治，收回已建配套园 130 所，全部筹办公办或普惠性民办幼儿园，缓解"入园贵"难题。实施消除义务教育大班额专项行动，铺排消除大班额建设项目校 60 所，将增加学位 7.6 万个。并且调查期间长沙正在探索"区域统筹、竞标建库、随机摇号"的委托办园机制，进一步规范配套幼儿园的委托筹办行为。评估认定 100 所普惠性民办园，改进普惠办园补贴办法并提高补贴标准，调整公办园收费标准，推动公、民办幼儿园协调发展。制定保教质量评价标准，推出幼儿养成教育活动资源包，组建 10 个幼儿教育集团，提升学前教育品质。

## 二、开放二胎以来长沙的生育形势

从 2014 年到 2018 年人口出生的相关数据来看，二胎政策的实行确实带来了长沙人口出生率的上升，2014 年和 2015 年长沙人口出生率不到 15‰，2016 年为 16.6‰，2017 年长沙人口出生率达到这一时期的一个峰值 19.5‰，2018 年回落到 17.3‰。

从 2014 年开始，头胎的生育率呈现逐年下降的趋势，二胎生育率 2014 和 2015 年不到 30‰，2016 年出现小幅上涨达到 38.8‰，到 2017 年长沙二胎生育人口数首次超过了头胎生育人口数，成为拉动人口出生率的主要动力，二胎生育率达到 55.4‰。2018 年，长沙二胎生育人口数比2017年有所回落，但是依然超过2018年头胎出生人口数，二胎生育率为48.7‰。

**2014—2018年长沙市人口出生情况**

| 年份 | 单位 | 2014 | 2015 | 2016 | 2017 | 2018 |
| --- | --- | --- | --- | --- | --- | --- |
| 出生人口总数 | 人 | 92989 | 100364 | 112831 | 133764 | 119494 |
| 头胎出生人口 | 人 | 63119 | 61733 | 58209 | 55974 | 51468 |
| 二胎出生人口 | 人 | 28555 | 36848 | 51625 | 73268 | 63104 |
| 育龄妇女数量 | 人 | 1356518 | 1341778 | 1330232 | 1321984 | 1295285 |
| 出生率 | ‰ | 14.0 | 14.9 | 16.6 | 19.5 | 17.3 |
| 头胎生育率 | ‰ | 46.5 | 46.0 | 43.8 | 42.3 | 39.7 |
| 二胎生育率 | ‰ | 21.1 | 27.5 | 38.8 | 55.4 | 48.7 |

注：数据来源为长沙市卫健委根据全员人口数据平台的统计数据。

## 三、长沙育龄群体生育意愿及生育状况特点

### (一)被访者的基本情况

1. 从年龄情况来看，参与本次调查的女性平均年龄为33.6岁，其中33.3%的女性处于已婚未生育的阶段，另有66.7%的女性生育过一个小孩。在生育过小孩的女性中，生育第一胎时的平均年纪为27.3岁。

2. 从文化程度来看，大部分受访者为大专及本科学历，占全部被访者的78.6%，另外硕士学历的占7.1%，高中(中专、职高、技校)文化程度的占9.5%，初中及以下文化程度的占4.8%。

3. 从工作性质来看，35.7%的受访者就职于机关团体事业单位，19.0%就职于国有及国有控股企业，40.5%的受访者就职于私营企业，另有2.4%的受访者属于自由职业/灵活就业。

4. 从家庭年收入来看，家庭年收入在20万以上以及年收入在15万～20万的受访者占比均为21.4%，年收入在11万～15万和9万～11万的受访者占比分别为14.3%和16.7%，另外年收入7万～9万的占9.5%，年收入5万～7万的占4.8%，年收入3万～5万的占9.5%，年收入在3万元以下的受访者占2.4%。

### (二)超八成受访者满意目前的生育保障政策

调查显示，83.4%的受访者对目前的生育保障政策表示“非常满意”和“基本满意”，仅有16.7%的受访者表示“不满意”。谈到对目前生育保障政策了解程度，14.3%的受访者认为“了解得很清楚”，73.8%的受访者认为“了解一些，但没有仔细研究”，另有11.9%的受访者表示“完全不了解”。在政策落地方面，71.4%受访者表示自己所在单位严格执行了女职工生育保障方面有关的政策法规，16.7%的受访者表示没有严格执行，11.9%的受访者表示不清楚。

### (三)超六成受访者计划只生育一个孩子

在走访的受访者中,61.9%的女性认为一个家庭生育两个孩子最佳,但有高达64.3%的女性计划只生育一个孩子,另有计划生育2个孩子、3个孩子或者不生孩子的比例分别为28.6%、4.8%和2.4%。在已经生育一孩的受访者中,大部分受访者表示不愿生育二胎,占比达67.9%,另有25.0%的受访者表示“还没想好”,仅有7.1%的受访者表示愿意生育二孩。

### (四)养育孩子带来的经济压力成为影响生育的最主要因素

调查显示,83.3%的受访者认为“养育孩子所带来的经济压力大小”影响到了自己的生育意愿,其中将这一原因作为最主要因素的受访者达到47.6%。现在无论是城市家庭还是农村家庭,都感受到巨大的生育成本压力,产前的检查、产后的奶粉、尿不湿、衣服,以及长大以后的教育投入,都是一大笔开销,生孩子不是只把孩子生出来,还必须养育,让孩子吃饱穿暖,送孩子读书,给孩子营造健康的成长环境。在已经生育一个小孩的受访者中,2018年截至调查时在抚养孩子方面的花费(包括日常花费、教育、医疗等各方面的所有支出)平均为4.2万元,其中82.1%的受访者表示养育孩子中支出最大的部分就是教育支出。在这种背景下,生养孩子成为越来越昂贵的行为选择,许多人表示,没有较好的家庭经济条件作为依托,难以支撑二胎的经济负担。

### (五)超九成受访者认为生育二孩面临困难

在已经生育一个小孩的受访者中,92.9%的育龄女性表示生育二孩面临诸多困难,其中最主要的三项困难分别是:一是养育孩子成本太高,家庭经济压力大;二是夫妻双方都很忙,没人帮忙带孩子;三是教育孩子太费心。除了抚养成本过高是最主要直接的原因,另外生育二孩意味着家里需要更多的人手来照顾孩子。对于夫妻双方都有工作的家庭,大多依靠父母帮忙照看孩子。随着晚婚晚育和父母年龄越来越大,同时,目前托幼机构不够健全,部分适龄夫妇在兼顾看护老人和照料一个孩子时已经身心俱疲,虽有生育“二孩”意愿却也不得不望而却步。

## 四、提高生育意愿,民众对政府的诉求和建议

一是希望政府出台相应的奖励政策,减轻育儿成本。受访者中40.5%的受访者希望“在经济方面出台一些鼓励政策,如实行家庭税收制、提高生育补助金等,缓解家庭经济压力”,69.0%的受访者希望“延长产假,让母亲可以给予孩子更多陪伴”,通过生育政策改革和社会公共政策改革,逐步实施或者提高生育奖励补贴、母亲假期、入托福利等措施,减轻

家庭的生育成本和养育负担。

二是希望政府完善相应配套的政策，保障妇女权益。当前实施两孩政策，但没有在妇女权益保障等方面出台相关服务政策，配套公共服务体系尚不健全，家政、托幼机构管理尚不规范，现行体制还不能解决父母生育两孩的社会保障等后顾之忧，造成很多育龄妇女“不敢生，生不起”。42.9％的受访者希望“加强监管，依法保障女性就业、休假及生育后重返工作岗位等合法权益”，31.0％的受访者希望“加强家政、托幼机构的规范和监管，解决行业中存在的费用过高和安全保障问题”。

三是希望政府大力发展幼教产业和托幼服务。走访中，45.2％的受访者希望“发展婴幼儿托育机构，解决3岁前幼儿的托育问题”，50.0％的受访者希望“加大教育投入，提供更多优质教育资源和入学机会，减轻家庭在教育方面的压力”。

四是希望政府加强优生优育、妇幼健康等公共服务的供给。21.4％的受访者希望“建立健全医疗保障制度，减轻家庭医疗负担”。进一步扩大孕前健康检查、妇幼疾病筛查等民生工程的涵盖面和覆盖面；加强妇产科、儿科的人员配备，增加产科、新生儿科床位，从提高儿科就诊效率、降低医疗费用等方面加强儿童医疗保障体系建设。

（龙　苏）

民生加油站 MINSHENGJIAYOUZHAN

## 已婚育龄女性生育意愿不强

《国家人口发展规划(2016—2030)》指出，我国生育率已较长时期处于更替水平以下，从长期看，生育水平存在走低的风险。近年来，为优化人口结构，应对社会老龄化危机，中央先后做出了“单独二孩”“全面二孩”等重大生育决策部署。为了解湖南省内已婚育龄女性(15～49岁)生育意愿情况，2018年12月国家统计局湖南调查总队走访了省健康卫生委员会等部门，并在长沙、娄底、岳阳等34个市县随机抽选了855名尚未生育或者仅生育一孩的已婚育龄女性开展了调查，其中，尚未生育的326人，仅生育一孩的529人。结果显示，近年来湖南生育形势不容乐观，由于面临来自经济、工作和教育等方面的压力，湖南已婚育龄女性生育意愿不强。

**一、生育形势不容乐观**

从湖南省卫生健康委员会了解情况来看，近年湖南生育形势不容乐观。

1. 育龄女性持续减少。近6年来(2013—2018年)，湖南省内育龄女性数量持续减少。2018年，省内育龄女性1779.9万人，比2013年减少166.9万人，下降8.6％。在育龄女性中，无孩育龄女性514.2万人，一孩育龄女性541.3万人，无孩和一孩育龄女性较2013年减少213.8万人，下降16.8％。育龄妇女人口总量和符合生育政策的人数减少势必抑制出生人口数量，影响总人口数量的增长。

2. 生育率开始下降。2013—2017年间，省内生育率（出生总人口数/育龄女性总人口数）持续上升，从2013年的4.4%上升至2017年的5.2%，但2018年开始下降，为4.7%。2013—2017年间，湖南省内每年出生人口总数从84.8万人逐年上升至97.2万人，但2018年省内出生人数为83.8万人，比2017年减少13.4万人，降幅达13.8%。分头胎二胎看，不乐观形势更加明显。2013—2018年间头胎出生人数逐年减少，且下降速度逐年加快。2018年，省内头胎出生人数为31.7万人，比2017年减少5.0万人，下降13.6%，比2013年减少20.6万人，下降39.4%。2014年，“单独二孩”政策开始实施。2016年，二孩政策全面放开。在利好政策的刺激下，2013—2017年，省内二胎出生人数逐年上升，从2013年的30.0万增加至51.7万人，支撑了同期总出生人口数的增加。但2018年二胎出生人数开始减少，为42.8万人，比2017年下降17.2%，总出生人口数也随之下降。

**二、已婚育龄女性生育意愿不强**

从本次调查结果来看，湖南已婚育龄女性生育意愿不强。

1. 近八成育龄女性认为理想生育数量在两个及以上，但真正形成计划的不到六成。855位受访者中，认为最佳生育数量为0个的占0.5%，认为生育1个最佳的占20.1%，认为生育两个及以上最佳的占79.4%。但在问及生育计划时，表示尚未想好的占0.1%，不打算生育的占0.9%，计划生育1个的占42.7%，计划生育两个及以上的占56.3%。

2. 家庭收入越高，受访者生育意愿越低。855位受访者中，家庭年收入在5万元以下的有158人，5～15万元的有573人，15万元以上的有124人。在家庭年收入5万元以下组中，认为生育两个及以上最佳的占比为77.2%；5～15万元组中，认为生育两个及以上最佳的占比为67.2%；15万元以上组中，认为生育两个及以上最佳的占比为74.2%。但计划生育两个及以上的占比分别为60.1%、57.2%和46.8%。年收入在15万元以上的家庭超六成位于省会城市或其他地级市，由于大城市养育成本高，压力大，生育意愿相对较低。

3. 生育意愿存在代际差异，实际生育面临“身体关”。855位受访者中，15～29岁的有392人，30～39岁的有374人，40～49岁的有89人。其中，15～29岁年龄组中，认为生育两个及以上最佳的占比为78.3%；30～39岁年龄组中，认为生育两个及以上最佳的占比为80.2%；40～49岁年龄组中，认为生育两个及以上最佳的占比为80.9%。但计划生育两个及以上的占比分别为67.6%、51.6%、25.8%。不同年龄组认同生育两个及以上最佳的比重相差无几，但真正形成计划的随年龄增长骤减。

（罗　琼）

## 株洲贫困地区留守儿童成长面临的问题分析

随着中国社会经济的快速发展，越来越多农村青壮年劳动力走入城市，也随之产生了一个特殊群体——农村留守儿童。为了解贫困地区留守儿童生存现状，2018年5月国家统计局株洲调查队走访了株洲市天元区三门镇苍霞村，与留守儿童及其临时监护人和班主任进行深度访谈，并开展问卷调查，了解留守儿童生活、教育、心理及安全状况。

## 一、调查村基本情况

苍霞村位于株洲市天元区三门镇，属典型的丘陵地貌。村民收入主要来源是农村种养殖和外出务工。据了解，2017年该村村民人均年收入1万元左右。该村约有50%的家庭在外务工，而外出务工人员中，约有50%已生育小孩的夫妻是一同外出务工，留守儿童相对较多。针对这种情况，三门镇镇政府设立了留守儿童管理机构，主要由民政部门和卫计部门负责，乡镇干部也会根据情况组织对留守儿童的关爱行动。苍霞村虽没有专门的留守儿童管理机构，但有留守儿童的花名册，村干部会组织开展对留守儿童的关爱行动。

## 二、留守儿童的监护现状

调查发现，66.7%的儿童属于多孩家庭，大多数监护人必须监护二个及以上的孩子。86.7%的留守儿童和爷爷奶奶或外公外婆生活在一起，另分别有6.7%、6.6%的留守儿童和其他亲戚生活在一起或选择住校。从监护人文化程度来看，学历普遍偏低，30%没上过学，50%是小学文化，20%初中文化，无一人有高中及以上学历。

## 三、多方沟通助力儿童成长

当前株洲市各级政府联合老师、监护人、父母组成沟通网络，高度关注留守儿童的成长。

班主任——关注留守儿童成长。此次调查的留守儿童所在班级的班主任老师均建立了留守儿童花名册，以便及时与监护人、父母取得联系。据调查，班主任老师高度关注留守儿童的心理健康，班主任老师均经常与留守儿童谈心，每学期会对留守儿童进行心理辅导，与监护人进行联系，交流留守儿童在校情况。其中60%的班主任每个学期都会组织开展班级活动，鼓励留守儿童积极参与集体活动；40%的班主任每个学期对留守学生进行家访，积极引导孩子树立正确的人生观、价值观。

监护人——积极配合疏导心理。据调查，对孩子迟到、旷课甚至逃学，所有的监护人均坚决反对，无一人放任自流。对孩子日常的学习，有90%的监护人认为不仅需要孩子与学校的努力，也需要监护人的帮助与监督，并且学校开家长会，监护人也都会积极参加。监护人不仅在学习方面积极配合，对于孩子的心理也能积极看待，当孩子有心事时，70%的监护人会对孩子进行心理疏导。

父母——关心孩子经常鼓励。调查数据显示，93.3%在外打工的父母对于孩子的学习情况很关心或关心；73.3%的父母对于孩子的学习经常鼓励，另有26.7%的父母偶尔鼓励。

## 四、存在的问题

一是见面少。问卷调查显示，20%的留守儿童与父母一个月见一次面，66.7%的留守儿童与父母半年见一次面，13.3%的留守儿童与父母一年才见一次面。

二是学习能动性差。教育就是习惯的培养，由于留守儿童的父母长期不在身边，加之监护人文化程度普遍偏低，对于该问题没有深刻认识，导致留守儿童学习习惯普遍较差。60%的班主任反映，大多数留守儿童的学习习惯较为散漫，学习自觉性差。

三是家校沟通少。孩子的学习成长需要家庭、学校、社会三方面协同作用，尤其是家校交流可以让监护人知晓孩子在校表现，及时纠正孩子的错误行为。据班主任反映，留守儿童父母及监护人都只是偶尔与班主任进行联系，交流孩子在校情况。调查显示，只有10%的监护人积极与老师联系，另有30%的监护人从不与老师沟通联系。

四是存在一定的孤独感和不自信。留守儿童由于亲情缺失，心理健康方面表现出一定的不自信等性格特点。数据显示，53.3%的留守儿童有孤独感；86.7%的留守儿童认为自己很一般；60%的监护人认为留守儿童性格内向。

（高　琳）

# 2019湖南民生调查报告

# 产业篇

# 政策背景

产业是支撑经济发展的核心和基础，近年来，我国以供给侧结构性改革为主线，改造提升传统产业、培育发展新兴产业、发展绿色低碳循环经济，实现创新与产业发展的深度融合，为经济持续稳定发展提供了持续动力。

2018年，湖南省三次产业结构调整为8.5∶39.7∶51.8。种植结构调整迈出实质性步伐，粮食总产量稳定在600亿斤左右，供给侧结构性改革有力推动了产业结构优化。

为推动产业发展，抓好农业特别是粮食生产、生猪生产和小微企业发展，湖南省委、省政府及各级地方政府部门出台了一系列实实在在的政策。《湖南省人民政府关于推进农业“千百万”工程促进产业兴旺的意见》《湖南省人民政府办公厅关于创新体制机制推进农业绿色发展的实施意见》《湖南省人民政府办公厅关于加快推进粮食产业经济发展的实施意见》，为提升农业可持续发展能力和市场竞争力，推动农业由增产导向转向提质导向提供了政策支持。为湖南省财政厅、国家税务总局湖南省税务局发布《关于落实小微企业普惠性税收减免政策的通知》，落实小微企业普惠性税收减免政策，确保小微企业最大程度享受政策优惠。

省政府在2019年《政府工作报告》中指出，要着力推进农业农村现代化。坚持农业农村优先发展，促进乡村产业振兴、人才振兴、文化振兴、生态振兴和组织振兴，落实乡村振兴战略规划，大力促进产业兴旺、生态宜居、乡风文明、治理有效、生活富裕。持续推进农业供给侧结构性改革，继续实施三个“百千万”工程、“六大强农行动”和优质粮油工程，培育农村特色千亿产业。建设以精细农业为特色的优质农副产品供应基地，发展“一县一特”“一片一特”，继续抓好国家示范农业产业强镇建设，扶持打造区域公用品牌、特色农产品品牌。加快农村一、二、三产业融合，促进农户与现代农业有机衔接，发展休闲农业、设施农业。推进农业生产标准化，推行农产品气候品质认证和“身份证”制度，保障从田间到舌尖的安全。推广运用先进适用农技和农机，提升农业信息化水平。实施引才回乡计划，培育新型职业农民。落实促进农民收入持续较快增长三年行动计划。

《政府工作报告》同时指出，要大力支持民营企业发展。认真落实“减轻企业税费负担、解决民营企业融资难融资贵问题、营造公平竞争环境、完善政策执行方式、构建亲清新型政商关系、保护企业家人身和财产安全”等6个方面政策举措。支持小微企业开展应收账款融资，组建政策性纾困基金，加快完善融资担保体系。保护民营企业合法权益，依法规范查封、扣押、冻结财产以及各种强制性措施的适用范围，理直气壮为民营企业发展助力。湖南支持农业、民营企业发展的政策在逐步地健全和完善，为粮食生产、生猪生产、小微型企业的发展提供了政策保障。

（张　蜜）

# 全景扫描

## 2018年湖南省粮食总产量保持稳定

2018年，湖南省委省政府认真贯彻落实中央“三农”决策部署，积极推进实施乡村振兴战略，主动调优农业种植结构，在保持粮食总产量600亿斤以上的同时，高效经济作物和高档优质稻呈现占比增加的趋势。

### 一、粮食总产量保持600亿斤以上

经国家统计局核定，2018年湖南粮食总产量3022.9万吨(604.6亿斤)，比上年减少50.7万吨(10.1亿斤)，下降1.6%，趋势与全国相同。湖南粮食总产量居全国第10位，水稻产量居全国第2位。自2014年起，湖南粮食产量连续5年保持在600亿斤以上。粮食播种面积4747.9千公顷(7121.9万亩)，比上年减少231.1千公顷(346.6万亩)，下降4.6%；粮食单位面积产量6366.8公斤/公顷(424.5公斤/亩)，比上年增加193.5公斤/公顷(12.9公斤/亩)，增长3.1%。

### 二、夏粮、早稻和秋粮均呈现面积减、单产增的格局

#### (一)夏粮产量增加

夏粮总产量51.4万吨(10.3亿斤)，比上年增加2.8万吨(0.6亿斤)，增长5.8%；播种面积123.7千公顷(185.6万亩)，比上年减少12.2千公顷(18.3万亩)，下降9.0%；单位面积产量4154.4公斤/公顷(277公斤/亩)，比上年增加582公斤/公顷(38.8公斤/亩)，增长16.3%。

#### (二)早稻产量减少较大

早稻总产量755.5万吨(151.1亿斤)，比上年减少91.0万吨(18.2亿斤)，下降10.8%；播种面积1238.2千公顷(1857.3万亩)，比上年减少210千公顷(315万亩)，下降14.5%；单位面积产量6101.6公斤/公顷(406.8公斤/亩)，比上年增加256.5公斤/公顷(17.1公斤/亩)，增长4.4%。

#### (三)秋粮产量增长

秋粮总产量2216.0万吨(443.2亿斤)，比上年增加37.5万吨(7.5亿斤)，增长1.7%；播种

面积 3386 千公顷(5079 万亩),比上年减少 8.8 千公顷(13.2 万亩),下降 0.3%;单位面积产量 6544.5 公斤/公顷(436.3 公斤/亩),比上年增加 127.5 公斤/公顷(8.5 公斤/亩),增长 2.0%。

## 三、高效经济作物和高档优质稻占比增加

高效经济作物和高档优质稻占比增加,有利于体现实施乡村振兴战略的成果,有利于体现农业供给侧结构调整的成效,有利于增加农民收入。

(李炜鸿)

# 制造业经济稳中有进 隐忧因素值得关注

## ——从 PMI 看 2018 年湖南制造业经济运行情况

2018 年,面对错综复杂的国内外经济形势,全省上下以习近平新时代中国特色社会主义思想为指引,深入推进供给侧结构性改革,主动作为"打硬仗",精准发力"破难题",加快培育新经济发展新动能,助推实体经济持续健康发展。调查显示,2018 年湖南制造业采购经理指数(PMI)基本保持在扩张区间运行,均值高于全国水平,显示全年制造业经济发展呈平稳扩张态势。

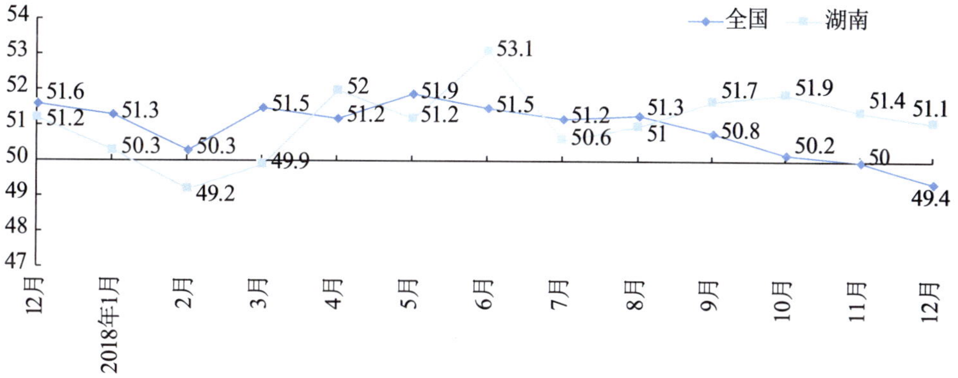


**图 1 2018 年湖南制造业与全国制造业 PMI 走势图(经季节调整)**

## 一、PMI 运行主要特点

### (一)全年稳健运行于扩张区间

从月度看,湖南制造业 PMI 年中有 9 个月保持在 50%以上扩张区"平稳扩张"走势。1 月受元旦、春节等节日因素影响,企业订单减少、生产周期缩短,PMI 较 2017 年 12 月下降 0.9 个百分点,为 50.3%,但仍位于临界线以上;2—3 月在春节长假工人大量返乡,企业停

工停产等因素影响下，PMI季节性回落至临界线以下，为49.2%和49.9%；4—5月，企业新订单增加、原材料供应充足，PMI连续2个月上升到临界线以上，分别达到52.0%和51.2%；6月企业进入上半年集中供货期，制造业企业进入生产销售旺季，PMI上升至53.1%，达到年内高点；7月受高温天气影响，企业加大安全生产和集中设备检修，生产活动有所下降，PMI回落至50.6%；8—10月随着企业生产运行逐步恢复，新增订单不断增多，PMI逐月回升，分别为51.0%、51.7%和51.9%；11—12月临近年末，企业新增订单逐步减少，同时为回笼资金生产活动有所收缩，PMI出现平稳回落，分别为51.4%和51.1%。从走势可以看出，湖南制造业PMI在外部环境变化及企业转型升级过程中虽有震荡，但一直处于平稳发展态势，表明制造业总体稳健发展。

2018年，湖南制造业PMI运行趋势与全国基本一致，总体都能稳定运行在扩张区间，但湖南制造业PMI的总体水平高于全国，全年均值为51.1%。

与中部5省相比，湖南位居中等水平。2018年湖北制造业PMI均值为50.8%，江西为51.3%，河南为50.6%，安徽为51.8%。湖南PMI低于江西和安徽0.2个百分点和0.7个百分点，高于河南和湖北0.5个百分点和0.3个百分点。

### （二）大型企业稳健扩张，"头雁"作用明显

调查显示，大型企业稳健扩张态势凸显。作为湖南制造业发展领头羊的大型企业PMI年度均值达52.5%，除5月份回落至收缩区外，其他月份均运行于扩张区间，发展势头较好，优于中小企业，对湖南制造业经济持续向好发展起主要支撑作用，是湖南制造业PMI向好的主要动力。在大型企业的带动下，中小企业发展稳中向好。其中，中型企业全年PMI均值为51.7%，比上年高出0.7个百分点，总体保持温和扩张；小微型企业PMI均值为49.8%，比上年高出0.8个百分点，年中连续5个月运行于临界线以上，发展状况创近3年来最高水平。

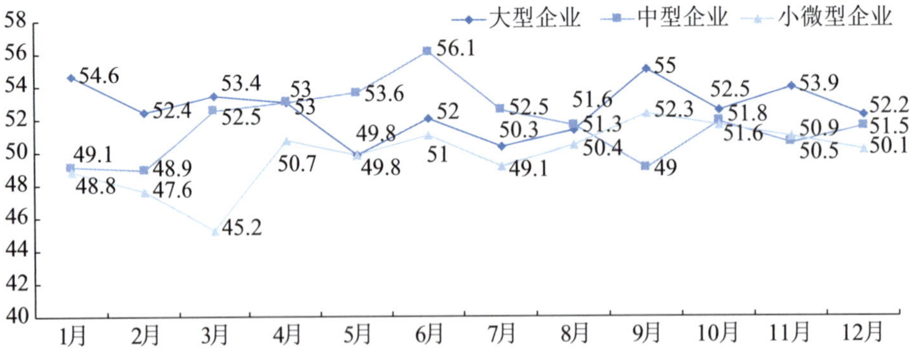


图2　2018湖南制造业大型、中型和小微型企业PMI月度走势图

### （三）企业采购意愿不断加强，购进价格持续高位运行

自2017年以来，制造业主要原材料购进价格进入新一轮上涨，至今已历时两年。2018

年制造业 PMI 中的原材料购进价格指数均值为 55.2%。至 2018 年 12 月,该指数连续 23 个月保持在扩张区间。原材料购进价格的持续走高,推动企业采购意愿不断加强,采购活动较为活跃,2018 年湖南采购量指数均值为 52.6%,高出上年 0.2 个百分点。

同时原材料购进价格长期上涨,给企业造成的成本负担越积越重。调查显示,2018 年,企业将"原材料成本高"列为主要问题的占比达 42.3%,在企业面临的所有问题中列第三位,仅次于"资金紧张"和"劳动力成本高"。

面对用工成本和原材料成本上升的双重压力,企业不得不提高产品的出厂价格予以缓解。但受制于市场竞争,企业要想将增加的成本转嫁至产品之中确是很难如愿。调查显示,2018 年湖南制造业 PMI 中出厂价格指数均值为 51.8%,虽然也有所扩张,但涨幅比上年低 1.2 个百分点,比购进价格指数低 3.4 个百分点。

### (四)高新技术行业优势发展,传统行业保持稳定

2018 年,随着供给侧结构性改革深入推进,创新驱动加快,优质高端供给增长对推动制造业整体上升的作用日益突出,产业结构不断优化,湖南高新技术制造业、装备制造业发展迅速,在推动产业优化升级中已成为新动能积聚的核心点。

高新技术制造业和装备制造业 PMI 全年均值分别为 56.7%和 52.4%,两大产业 PMI 高于制造业总体水平 5.6 和 1.3 个百分点,两大产业对制造业经济增长拉动作用明显。另外,消费品制造业继续保持良好的扩张态势,消费品制造业 PMI 年均值为 49.7%,略低于临界线,但从 8 月份开始已连续 5 个月运行于扩张区间,回升态势较为明显。高耗能产业 PMI 年均值为 50.2%,比制造业总体水平低 0.9 个百分点,表明高耗能产业保持低速增长。

## 二、值得关注的问题

### (一)资金紧张是制约企业发展的最大困难

2018 年虽然金融对实体经济的支持力度有所加强,但企业感受还不明显。资金紧缺,流动性不足仍是企业反映最突出的问题。2018 年,资金紧张的企业认同比重均值为 51.7%,同比上升 0.4 个百分点,在所有问题中排位第一,资金紧张问题并未有效改善。据企业反映,主要原因:一是部分企业资金回笼困难;二是企业在转型升级中加大技术研发占用资金,而银行资金使用周期过短;三是商业银行减少传统放贷业务,企业融资不容易。

### (二)劳动力成本高的问题依旧

劳动力成本高是企业反映较多的问题,2018 年反映劳动力成本高的企业占比为 46.8%,在企业反映的困难和问题中位居第二位。员工工资和福利待遇持续上涨,"五险一金"等基本社会保险待遇普及和规范,以及企业担负的员工培训培养成本越来越高,是企业

用工成本压力大的主要原因。另外，随着产业转型升级不断深入，企业对高端技术研发人员的需求进一步加大，推升了企业用工成本。

### （三）原材料成本上涨成为企业面临的难题

2018年，反映原材料成本上涨的企业占比为42.3%，虽同比下降0.8个百分点，但在所有问题中排位第三，企业反映原材料成本上涨压力仍然较大。从全年走势看，除12月份主要原材料购进价格回落至48.4%的收缩区间外，1—11月份一直在52%～59%的扩张区间徘徊，企业原材料成本压力较大。主要原因有：一是国际主要大宗原材料价格上涨，如煤炭、钢材等都有较大幅度上涨；二是随着环保要求的不断提高，部分不达标的污染企业集中退出，导致部分原材料市场供应紧张，推高了企业的原材料采购价格。

### （四）出口订单继续减少

2018年受国际经济形势复杂多变的影响，制造业出口订单持续减少。新出口订单指数全年均值为47.2%，较上年回落3.6个百分点，特别是中美贸易摩擦以来，已连续8个月保持在收缩区间运行。企业来自国外的产品订货量继续减少，外需稳定性相对较差。

### （五）企业对未来预期趋于谨慎

在12月份调查的企业中有28%的企业对未来3个月内生产经营预期为下降，预期下降的企业占比数由上月的13.5%增至28%。企业对未来预期趋于谨慎。在此影响下，12月份生产活动预期指数回落9.4个百分点，为53.1%，并创下2017年以来最低值。

（马　鑫）

# 2018年湖南粮食种植结构优化　产量保持高位水平

经国家统计局核定，2018年湖南粮食总产量3022.9万吨（604.6亿斤），比上年减少50.7万吨（10.1亿斤），下降1.6%，趋势与全国保持一致。湖南粮食总产量居全国第10位。自2014年起，湖南粮食产量已连续5年保持在600亿斤以上，2018年虽有所下降，但仍然处于高位水平，属于丰收年景。

## 一、农业种植结构调整优化，粮食播种面积减少

2018年，湖南省委省政府认真贯彻落实中央“三农”决策部署，坚持稳中求进的工作总基调，按照“藏粮于地、藏粮于技”的发展思路，积极推进实施乡村振兴战略，深入推进农业

供给侧结构性改革，主动调优农业种植结构，调减普通低质稻谷和玉米种植，因地制宜发展高档优质稻和高效经济作物。2018年，湖南粮食播种面积4747.9千公顷(7121.9万亩)，比上年减少231.1千公顷(346.6万亩)，下降4.6%。

### (一)谷物播种面积大幅减少

2018年，湖南谷物播种面积4411.2千公顷(6616.7万亩)，较上年减少239.4千公顷(359.1万亩)，下降5.1%。其中，稻谷4009.0千公顷(6013.5万亩)，比上年减少229.7千公顷(344.6万亩)，下降5.4%；玉米359.2千公顷(538.8万亩)，比上年减少6.6千公顷(9.9万亩)，下降1.8%。

### (二)豆类播种面积和薯类播种面积有所增加

2018年，湖南省豆类播种面积148.2千公顷(222.3万亩)，比上年增加7.2千公顷(10.8万亩)，增长5.1%；其中，大豆播种面积106.5千公顷(159.8万亩)，比上年增加6.8千公顷(10.2万亩)，增长6.8%。薯类播种面积188.6千公顷(282.8万亩)，比上年增加1.2千公顷(1.8万亩)，略增0.6%。

### (三)粮食种植结构调整效果明显

2018年，湖南积极推进农业供给侧结构性改革，主动调减单产较低、品质较差的早稻和双季晚稻种植面积410.9千公顷(616.4万亩)，同时增加单产较高、品质较优的中稻和一季晚稻种植面积181.2千公顷(271.8万亩)。

## 二、气候条件较好，粮食单产水平提高

### (一)粮食单产水平有所提高

2018年，湖南粮食平均亩产424.5公斤，比上年增长3.1%，比全国平均亩产375.0公斤，多49.5公斤。其中，早稻亩产406.8公斤，增长4.4%；中稻平均亩产492.0公斤，增长2.2%；晚稻亩产427.1公斤，基本持平；玉米亩产376.4公斤，增长3.7%。

### (二)单产提高得益于多种综合因素的作用

一是农业气候对粮食生产总体有利。2018年湖南气候条件有利于粮食生产。早稻生长期间，气候条件较为有利，早稻产量每亩提高17.1公斤，单产创历史最高水平。秋粮生长期间，除湘南及湘西局部地区出现旱情外，洞庭湖流域等粮食主要产地基本未受水旱灾害和高温天气影响，适宜粮食作物生长。二是田间管理措施得力。在农业等有关部门引导农民种植高产优质稻，为农民提供技术支持，指导农民加强田间管理，有效减轻了病虫害对

粮食生产的影响。

（李炜鸿）

民生加油站 MINSHENGJIAYOUZHAN

## 产业扶贫贵在“精准”

从生态农业到农村电商，从特色种养到乡村旅游，各地产业扶贫百舸争流，为脱贫攻坚注入了内生动力。但一些地方的扶贫项目尤其是产业扶贫项目没有实现预期效果。

扶贫扶长远，长远看产业。回顾脱贫攻坚历程，注重通过发展产业的方式实现精准脱贫，实现从“输血”到“造血”的转变，是鲜明特色。中国是一个“超大规模国家”，各地资源禀赋不同、自然环境有异，而产业扶贫的政策唤醒了各地发展自主产业的主动性，打开了不同地方的想象空间。可以说，哪里产业发展得好，哪里扶贫的效果就突出、后劲就充足。

习近平总书记深刻指出，“发展产业是实现脱贫的根本之策。要因地制宜，把培育产业作为推动脱贫攻坚的根本出路”。脱贫攻坚需要把外在的推动力转化为内生动力，提高贫困地区自我发展能力和自我造血能力，才能保证脱贫效果的可持续性，保障贫困地区和贫困人口真脱贫、不返贫。这其中的关键就是搞好产业扶贫。

搞好产业扶贫体现着一种发展能力，需要破解不少难题。一方面，农村基础设施薄弱，贫困户抗击风险能力较弱，面临缺资金、缺技术、缺品牌、缺产业链等难题。另一方面，在推动产业扶贫过程中也出现了一些经营层面的问题，比如说短期化倾向，一些地方急于求成，优先发展“短平快”产业；又如脱离群众的倾向，一些地方贫困户并没有融入产业；还有一些地方不切实际造“盆景”工程，一哄而上造成市场过剩。凡此种种，无不制约着产业扶贫的推进。

习近平总书记强调，扶贫开发成败之举在于精准。更好地推动产业扶贫落地生根，关键也是要抓住“精准”两个字。产业发展是经济活动，要按照市场需求发展特色产业，也要发挥龙头企业、合作社等新型经营主体的带动作用。这需要精准对接群众，形成产业与贫困户的利益联结机制，让贫困户参与生产、实现就业，才能提升贫困人口的自我发展能力、让贫困群众分享产业红利。这需要精准对接特色，如洛川苹果、赣南脐橙、定西马铃薯等扶贫产业发展好的地方都是紧扣“优势”做文章的，因地制宜地选择具有比较优势的特色产业，才是赢得市场竞争的制胜之道。

让贫困群众与全国人民同步小康，这是党和政府的庄严承诺。抓住“精准”这个关键词，更好推动产业扶贫，才能让贫困群众获得持续的发展机会，过上更美好的生活。

（来源：《人民日报评论》）

# 2018 年湖南生猪产销形势分析

2018 年湖南生猪出栏存栏双双下降，市场整体低迷。受非洲猪瘟疫情影响，生猪价格震荡起伏，区域差异明显。

## 一、生猪存、出栏双双下降

2018 年末，湖南生猪存栏 3822.0 万头，比上年下降 3.7%，其中，能繁母猪存栏 378.7 万头，下降 4.4%。全年生猪累计出栏 5993.7 万头，比上年下降 2.0%；猪肉产量 446.8 万吨，下降 0.6%。

### (一)生猪存栏持续下降

分季度来看，1 季度生猪存栏量同比上升 0.2%，后三季度分别同比下降 0.6%、2.0%和 3.7%；能繁母猪存栏量，1 季度同比上升 0.2%，后三季度分别同比下降 1.0%、1.6%和 4.4%，生猪产能整体上呈现递减趋势。

主要原因有三：一是养殖户主动压缩养殖规模，应对市场行情。2018 年上半年生猪价格深度低迷，部分养殖户为避免更大亏损，主动压缩养殖规模。二是环境整治力度加大。2018 年 2 月湖南省人民政府办公厅发布了《统筹推进“一湖四水”生态环境综合整治总体方案(2018—2020 年)》，方案要求扩大禁养区域，加大退养力度。三是非洲猪瘟疫情影响。2018 年 10 月底湖南发现非洲猪瘟疫情，生猪市场风险加大，养殖户补栏更为谨慎。

**表 1　2017—2018 年湖南生猪存栏情况表**

单位：万头

| | 期末存栏 | | | | 能繁母猪 | | | |
|---|---|---|---|---|---|---|---|---|
| | 1 季度 | 2 季度 | 3 季度 | 4 季度 | 1 季度 | 2 季度 | 3 季度 | 4 季度 |
| 2018 | 3815.5 | 3667.5 | 3918.7 | 3822.0 | 377.6 | 367.1 | 383.7 | 378.7 |
| 2017 | 3807.9 | 3688.8 | 3998.7 | 3968.1 | 376.8 | 370.7 | 389.9 | 396.0 |
| 同比增减 | 0.2 | −0.6 | −2.0 | −3.7 | 0.2 | −1.0 | −1.6 | −4.4 |

### (二)生猪出栏受非洲猪瘟影响明显

10 月底常德桃源、益阳桃江发生非洲猪瘟疫情，全省生猪外调受限，出栏量明显减少，4 季度单季出栏 1595.0 万头，同比下降 12.4%。虽然前三季度单季出栏同比分别上升 5.4%、0.3%和 0.2%，但由于 4 季度出栏骤降，使得全年累计出栏下降 2.0%。

表 2　2017—2018 年湖南生猪出栏情况表

单位：万头

| | 1 季度 | 2 季度 | 3 季度 | 4 季度 | 全年累计 |
|---|---|---|---|---|---|
| 2018 | 1921.4 | 1062.8 | 1414.5 | 1595.0 | 5993.7 |
| 2017 | 1823.6 | 1059.2 | 1411.7 | 1821.8 | 6116.3 |
| 同比增减 | 5.4 | 0.3 | 0.2 | −12.4 | −2.0 |

### (三)大型养殖户发展势头放缓

2018 年大型养殖户期末生猪存栏比上年增长 8.0%，能繁母猪存栏增长 2.2%。分季度来看，1—4 季度大型养殖户存栏同比分别上升 19.5%、17.6%、12.6%和 8.0%，发展势头有所放缓。同时，由于大型生猪养殖户养殖的生猪一般调往外地，所以非洲猪瘟疫情发生后的禁调令对大型养殖户影响较大。在前三个季度生猪出栏同比都上升明显的情况下，4 季度大型养殖户出栏同比下降 14.7%。

## 二、生猪价格先降后升，整体处于低位

2018 年湖南生猪价格整体处于相对低位。据湖南生猪大县监测调查结果显示，1—5 月生猪出栏价格持续大幅下跌，出栏均价分别为每公斤 15.2 元、14.0 元、12.1 元、11.0 元和 10.3 元，其中，5 月价格为近年来最低点。6 月生猪价格开始回升，持续上涨至 10 月，出栏均价分别为每公斤 12.1 元、13.9 元、14.6 元和 15.1 元。10 月底，受非洲猪瘟疫情影响，价格震荡。11 月出栏均价回落至每公斤 14.3 元，12 月随着肉类消费需求量增加，生猪价格再次回升至每公斤 14.5 元。具体来看，2018 年生猪价格呈现几大阶段性特点：

### (一)产能过剩造成价格阶段性下滑

受 2016 年以来生猪价格持续高位的影响，近年湖南生猪养殖产能扩张明显，2018 年 1 季度开始，短期内出栏较多，使得 1—5 月生猪价格出现阶段性下滑。

### (二)进口猪肉成本提高短期刺激猪价回升

2018 年 6—8 月，随着中国对美国有关商品加征关税，美国猪肉及制品进入中国市场的成本提高。据海关总署的统计，2018 年 1—7 月进口猪肉 73.6 万吨，同比减少 1.8%，价值 85.2 亿元人民币，同比减少 9.6%。进口猪肉的减少短期内刺激了猪价整体回升。

### (三)其他省份调出受限拉动湖南生猪价格上涨

2018 年 8 月以来，我国部分省份出现了非洲猪瘟疫情，疫区禁止生猪调出，生猪总的

供给量减少。湖南作为生猪调出大省，猪源相对紧俏，生猪价格上涨明显。特别是8月底安徽连续出现数起非洲猪瘟疫情，对湖南生猪市场刺激较大，10月湖南生猪大县出栏均价达到每公斤15.1元，接近2018年全年最高价格。

### (四)非洲猪瘟疫情使得生猪价格震荡

2018年10月底，湖南发现非洲猪瘟疫情，省内生猪市场价格变化明显。一是价格波动明显。10月23日农业农村部发布信息，确认常德桃源、益阳桃江发生非洲猪瘟疫情，大部分地区生猪价格持续3日快速下跌，国家统计局湖南调查总队当即调查的33个市和县市区中，除1个地区价格略涨，9个地区价格基本持平外，其余23个地区价格均下跌。10月26日起，生猪价格开始反弹回升。据11月15日对39个县市区的调查结果显示，除桃江、桃源、保靖、沅陵和涟源等5个疫区发生地没有生猪交易外，有28个县市区价格回升，怀化市区等9个地区价格回升至疫情公布前一日(10月22日)价格之上。以湘乡生猪价格监测点为例，10月22日生猪价格为每公斤16.6元，10月24日跌至每公斤12.4元，10月25日更是跌到每公斤11元，从26日起价格就开始反弹，至11月8日价格回升至每公斤15元，之后又开始下跌，至11月15日价格跌至每公斤13.5元。二是各地生猪价格差异大。生猪养殖量较少的怀化、湘西的部分县，生猪价格达到每公斤18～20元；湘南、湘北地区生猪市场供应相对充足，价格较为平稳。三是生猪价格总体向好，疫情刚发生时，部分中小养殖户害怕损失出现抛售现象，使得11月份生猪出栏均价短期回落。临近2018年末，肉类需求增加，生猪价格再次平稳回升。

## 三、生猪养殖效益下降，大型养殖户亏损较多

一方面，饲料价格有所上涨，对养殖成本影响较大。根据湖南省农业农村厅数据，湖南2018年玉米均价为每公斤2.1元，根据此价格折算，3—7月猪粮比均低于5.5∶1的平衡点，大部分养殖户都处于亏损状态。2018年初和年末，湖南生猪价格处于年内相对高位，猪粮比为6.6∶1—7.2∶1，养殖户也只能处于微利状态，出栏一头猪盈利100～150元。另一方面，人工费用增长明显，盈利空间进一步受挤压。据养殖户介绍，当前请一个帮工月工资需3000元以上，且需提供食宿，技术工的月工资更是达到了5000～6000元，较2017年增加10%～20%。

同时，大型养殖户受禁调令影响，外调减少，而本地市场大多收购又大又肥的土杂猪，很少收购外三元猪，导致生猪大量压栏，饲料成本和人工成本增加，养殖效益进一步下降，亏损较多。

(刘 美)

## 他山之石 TASHANZHISHI

### 非洲猪瘟疫情对当前生猪生产有何影响？

农业农村部畜牧兽医局副局长冯忠武在2018年11月23日的非洲猪瘟防控工作新闻发布会上，就非洲猪瘟是否对当前生猪生产造成影响，会不会影响元旦和春节期间的猪肉供应回答了记者提问，回答如下：

从当前情况看，生猪生产方式正在积极适应限制调运措施，全国生猪供应和价格水平总体稳定。从生产看，前三季度全国生猪出栏4.96亿头，同比增长0.1%；猪肉产量3843万吨，增加10万吨，同比增长0.3%。按照2017年生猪出栏6.89亿头测算，疫情处置中扑杀生猪占全国出栏量的比重仅为0.087%，直接影响非常有限，市场供应总体上仍处于相对宽松状态。从价格看，8月份以来全国猪肉平均价格一直稳定在每公斤23.5元左右，没有出现大幅上涨，也没有脱销断档。在严格调运监管初期，浙江、上海等地猪肉价格出现了区域性上涨，目前两省市猪肉价格分别为31.4元和27.4元，虽然仍高于全国平均水平，但自10月份以来均下降了2元左右。总的看，元旦春节期间产能充裕，猪肉供应有保障，价格上涨空间不大。

限制生猪及其产品跨区域调运确实对部分企业生产周转产生了一些影响，部分猪场商品猪被迫压栏，仔猪调运遇到了一些困难。种猪本来不在限制调运范围，也给企业带来了较大困扰。对此，我们已做了相应安排。一是进一步完善调运监管方案，在确保疫情有效控制的前提下，尽量方便仔猪调运。二是合理调配、充分利用现有屠宰能力，引导就近就地屠宰，减轻疫区压栏压力。三是积极协调有关部门，加强主产省区和主销省区“点对点”调运，稳定市场价格。其实这项措施我们已经在省内启动实施，要求经省级畜牧兽医部门审核，符合条件的养殖场和屠宰厂建立“点对点”调运机制，按照指定路线运输生猪到指定屠宰厂，相关产品经检疫合格后方可上市销售。

（来源：农业农村部）

## 深度透视

### 发展特色高效农业　助推益阳乡村振兴

习近平总书记指出，乡村振兴要靠产业，产业发展要有特色，没有产业就没有全面小康。发展乡村特色产业，促进农村产业兴旺，是实现乡村振兴战略的重要途径。实践证明开发特色农业能给农民带来实实在在的收益，能有力推动地方经济发展。

据湘调办字〔2019〕25号文件要求，由国家统计局益阳调查队牵头，益阳市发展与改革委员会和益阳市农业农村局参与成立了研究课题组。研究课题组于4月中旬到5月上旬先后深入益阳市赫山区、资阳区、沅江市、桃江县、南县、安化县等地进行现场调研，并走访了益阳境内各区县（市）的农业农村局及其相关部门，调研了24家龙头企业和5家合作社。调查表明，近几年来，益阳市县两级政府高度重视高效特色农业的发展，科学制定产业发展规划，积极做好农业结构调整的引导和示范工作，认真谋划产业化链联结工作，益阳市高效特色农业发展卓有成效。

## 一、益阳市特色农业发展现状

### （一）特色农业日趋显现

各地根据乡村资源禀赋和传统优势，按照“一村一品”“一县一特”特色产业发展思路，目前益阳市已初步形成南县稻虾、安化茶叶、桃江竹笋、沅江芦笋、赫山兰溪大米、资阳稻与鱼、蛙、虾混合养殖、大通湖大闸蟹等县域特色产业和优质蔬菜、特色水果、名特水产、特色畜禽等区域特色产业发展格局。南县稻虾产业发展迅速，效益显著提升，截至2019年5月份，全县稻虾种养面积达到了50万亩，小龙虾亩产150公斤，平均销售价格30元/公斤；稻谷亩产565公斤，两项亩平产值为6100元，亩平效益3000元以上。安化县茶园面积从2007年的10.9万亩发展到2019年的35万亩，茶叶加工量由2007年的1.1万吨增加到2018年的8.2万吨，2019年前五个月茶叶加工量达到了5.3万吨，安化黑茶产量占到了全国茶叶产量的3%，占全国黑茶产量的32.5%，2018年安化黑茶综合产值180亿元。桃江县截至2019年4月共有竹林种植面积115万亩，笋用林基地面积7万亩，生产经营用地面积580亩，2018年行业总收入3.2亿元。沅江市2018年底芦笋生产企业增加到24家，固定资产累计投资达5.5亿元，芦笋食品产量增加到3万吨，综合产值约30亿元。赫山兰溪大米源粮产地登记保护区域在赫山境内15个乡镇，面积约3万公顷，年产量15万吨，已形成了“赫山兰溪大米”订单生产的收购价格比国家粮食保护价格高20%以上、中端大米销售价格比普通大米高80%以上、高端大米销售价格比普通大米高4倍以上的行业要求与市场准入，2019年各企业落实高档优质稻订单生产面积20万亩以上，将为农户增加收益4000万元以上，企业自身增效将在1亿元以上。资阳区至2018年末，全区稻渔综合种养总面积已达到10.2万亩，其中，虾稻连作模式7.3万亩，鱼稻轮作模式2.6万亩，蛙稻共生模式0.3万亩。

### （二）品牌优势显著

市委市政府一直致力于打造特色农业地方品牌，市农业农村局计划在2020年之前创建7个以上国家地理标志农产品、3个以上农业区域公用品牌、创建10个以上农业企业品牌。各区县也积极响应号召，抓紧机会寻求多样方式打造自身特色品牌：一是积极利用媒体组织平台进行宣传，提升品牌知名度。2017年“桃江竹年节”在马迹塘举办，“江什”专题片在湖南卫视播出。同年3月22日人民日报头版头条刊登评论员文章《以新作为开启新征程》，在谈到发展现代农业时更是大篇幅重点推介了沅江芦笋产业，媒体宣传效果良好。二是政府引导地方企业加大自身品牌创新力度。南县引导克明、顺祥、金之香等龙头企业强化品牌意识，加强深加工产品品牌打造。目前，南县小龙虾、稻虾米拥有中国驰名商标2个、湖南省名牌产品3个，其中“渔家姑娘”被认定为中国驰名商标、湖南国际知名品牌、湖南省名牌产品、湖南省十大农业企业品牌，“绿态健”“今知香”等稻虾优质大米品牌获评湖南省著名商标、湖南省名牌产品，益阳品牌真正做到了“走出去”。三是通过成立行业协会和制定行业标准提升品牌地位。桃江县竹产业协会成立于1997年8月，自协会成立以来，举办了以“湖南省竹笋生产技术培训班”为代表的技术培训近100次，组织在香港美食博览会等全国性展会达140余次接待外地考察单位达200多个，制定或参与制定行业标准8项。安化黑茶在全国茶行业中异军突起，制定了安化黑茶从茶园到茶杯的标准体系，目前安化县共有14个省级地方标准、8个国家标准。协会的成立与行业标准的制定提升了益阳市特色农业在行业中的话语权，品牌地位得到了极大提高。

### （三）新型农业主体不断壮大

近年来，由于益阳各地特色农业发展势头迅猛，本地特色农业企业如雨后春笋般成长了起来，外地有关企业也抢抓机遇，及时入驻益阳，形成了良好的竞争态势和良性的行业发展格局。益阳市也始终坚持以龙头企业为支撑，以现代农业产业园为平台，按照全产业链的思路，采取“公司＋基地”“公司＋合作社＋家庭农场”等模式形成特色产业带，通过“产业带＋园区＋市场”带动新型农业经营集合体的发展。安化县近年来专注于龙头企业的培养，茶叶加工企业由2007年的20家增加到2018年的160多家，其中，有国家级龙头企业3家，省级龙头企业5家，省高新技术企业5家，新三板上市公司1家。桃江县现已发展竹笋加工企业28家，合作社32家。以龙头企业为代表的新型农业主体正积极引领整个特色高效农业迈步向前，带动地方整体发展水平稳步提升。

### （四）三产融合方兴未艾

当前益阳市农村三产融合在多方发力的作用下，势头正劲，呈现出许多新特征、新态势。南县将农业生产、农产品加工业、农产品市场服务业深度融合，率先建立了顺祥食品等多个小龙虾鲜货交易平台，近两年，依托“阿里巴巴”、湘域电商、雨后电商、供销e家、打造稻虾共生电子商务平台，销售稻虾系列产品3.5亿元，有力推动了电商产业发展。同时，发展了一批如南县助农农业等以稻虾产业为主的休闲农业观光园。安化县坚持发展茶旅融合，将茶业和旅游业深度结合，在城镇建设中充分融入茶文化元素，现如今中国黑茶博物馆、黄沙坪古茶市、陶澍文化广场、盛世茶都黑茶大市场、云台茶旅文化园、梅山文化生态园等重点项目全面建成，形成了良好的茶文化发展氛围，安化县茶旅融合发展呈现出欣欣向荣的局面。

### （五）县域经济持续发展

特色农业还推动了地方经济健康发展，发展特色高效农业促进农民持续增收，提高居民生活水平和地方财政水平，实现富民强县目标。安化县 2018 年茶叶税收 3.2 亿元，占全县税收总额的 20%。桃江县 7 万亩笋用林面积，每亩收入比传统的竹林增加 2500 元，全县每年可为农民增收 1.75 亿元，而随着惊石农业、永裕竹业等行业龙头企业项目的建成投产，甚至有望在今年或者明年成长为百亿产业。竹产业成为本县一枝独秀的农业产业，也促进了当地三大产业的联动，地方经济的发展水平得到了整体提升。发展高效特色农业，村级集体经济壮大，资阳区新飞村李支书介绍，为发展稻虾产业成立村级合作社 1 家，每年可增加村级集体经济收入 12 万元。

### （六）产业扶贫无缝对接

近几年来，安化县实施茶产业扶贫项目 27 个，其他涉茶项目 60 多个，安化县 15 万贫困人口中因茶脱贫达到 9.4 万人。2018 年，南县全县“稻虾共生”种养面积和小龙虾水产养殖面积共达 39.7 万亩，年产小龙虾 6 万吨，实现稻虾产业综合产值 60 亿元。有 75 个村的约 1000 个贫困户参与其中，平均每亩稻虾田可为贫困户增收 2000 元左右。

### （七）产学研氛围荷苗初露

益阳市从政府到企业近年来都十分重视产学研一体的创新发展方式，积极构建产学研协同创新平台，提高科研成果转化率。充分发挥科研人员和本土专家创新驱动作用，促进特色产业转型升级。沅江市多年来不断深化与湖南省农业科学院、湖南省农业大学和湖南省中医药大学的产学研合作，为芦笋产业发展提供一系列技术服务，共同把脉沅江芦笋产业发展，协助沅江市人民政府在供给侧改革、沅江芦笋加工技术革新、标准制定、申报农产品地理标志登记、十大农业品牌推广、市长推介会等方面做了许多科技攻关和技术服务工作。赫山区与南方粮油协同创新中心创建 9 个产学研合作基地，总结出一套完整的绿色稻米高产创建集成技术。安化县一直以来就坚持科技技术创新和产业技术培养教育，依托安化县独一无二的黑茶资源，湖南华莱生物科技有限公司充分发挥“国家教育部茶学重点实验室技术示范基地”“湖南农业大学茶学博士工作站”“湖南华莱产品研发中心（质量检测中心）”的功能价值科研开发及创新，开发出多款具有高科技含量的便于携带饮用的速溶茶、袋泡茶等新型黑茶产品，以及黑茶牙膏、黑茶护肤品等衍生产品。同时，在公司内安化黑茶学校也开工建设，每年可为安化黑茶产业培训2000名专业技术人才。

## 二、高效特色农业发展存在问题

### （一）人才引进难，技术缺乏

尽管益阳市委政府一直高度重视对农业农村的人才、技术支撑，但是高效特色农业人才和技术缺乏。一是高端知识型、创新型人才严重缺乏。由于益阳市毗邻省会长沙，当今社会技术人才大多更加倾向于前往大城市发展，造成了人难招，人难留。益阳世林食品有限公司反映，目前正在以30万以上的年薪招募技术人才，但是仍然有巨大缺口，5个技术岗位目前只招到1人。即使是湖南华莱生物科技有限公司这种大型企业，目前也仅有技术人才8名，至少有20人的缺口，技术人才的缺乏也直接对农村特色产业的转型升级造成了障碍。二是年轻劳动力的缺乏。目前，农村劳动力老龄化现象相当普遍，据中亿现代农业发展有限公司反映，目前公司已经没有40岁以下的青年劳动力进行劳动了，这也是阻碍乡村振兴的一大瓶颈。三是技术缺失。一般农户对龙虾的养殖技术掌握不够，据南县农业农村局反映，南县每年都会发生小龙虾的“五月瘟”，由于天气炎热，部分个体养殖户仍然保留着过去低成本、粗养殖的老旧生产思想，造成养护方法不当，养殖水产生污染，大量小龙虾会被病菌感染，如果不能及时处理，小龙虾会大面积死亡。到目前为止，南县仍未找到治疗“五月瘟”的好对策，只能在养殖时保持好的饲料，保证勤换水来预防瘟疫的发生。

### （二）流动资金不足，设备利用率低

本次参与问卷调查的14家企业中，有13家企业存在着资金缺口或需要一定的资金扶持。一是由于农业的季节性，企业资金投入在特定的季节和时间点需求大。比如粮食企业的收粮季节和稻虾产业的收苗季节需要一定的流动资金，随着企业越做越大，所需的流动资金就越来越多。据湖南农田谋士现代农业发展有限公司反映，企业投入了3000万，自有流动资金基本为3500万元，看起来雄厚的资金在收粮季节流动资金紧缺，贷款都难以解决这一难题，目前至少需要4500万元用于收粮才能维持企业正常运转。二是设备利用率低。据中亿现代农业发展有限公司反映，高端烘干机市场价是220万元/台，但普遍每年只能用两个月，育秧设备投入约550万元，同样每年只能用到两个月，由于设备的闲置，造成了隐形亏损。

### （三）土地流转成本增加，效益下降

一方面，土地流转租赁金大幅度上涨，新型经营主体难以承担。如，赫山区目前部分土地流转租赁金均价为650元/亩，最高的达到800元/亩以上，南县土地租金更是达到了900元/亩。这对新型经营主体而言，成本过高，部分承包者甚至出现了亏损，逐步退出了粮食

生产经营。据南县粮食种植、加工、销售老牌龙头企业今之香反映，由于粮食价格低迷，加工企业效益不高，现在今之香已经开始转型稻虾养殖，以提高经济效益。另一方面，绝大部分农民思想不开放。很多地区农民小农思想严重，仍抱着“一亩三分地自己种”的想法，怕耕地流转后要不回，不愿意土地流转，阻碍了规模化、标准化、集约化生产的进程。

### （四）产品市场繁杂混乱，企业积极性遭挫

近年来，由于电商平台和网络购物方式的飞速发展，农产品销售市场鱼龙混杂，一部分粗制滥造的产品肆意压低成本，并以更低廉的销售价格获得消费者的青睐。安化县六步溪茶业有限公司就反映，多次有消费者来到门店问价，当问到“天尖”这种高端茶叶的价格时，消费者表示完全不能接受，找某家门店购买“天尖”茶叶仅需六步溪三分之一的价格。这样就造成了市场的恶性竞争，良品被驱逐，劣质品获利。

### （五）生产规模与经营水平不高

益阳特色农产品的基地和市场还不够集中，据湖南惊石农业科技有限公司反映，当初来到桃江发展竹笋产业就是因为看到这里漫山遍野的竹林和政府的大力支持，现在企业虽然确实得到政府的大力支持，但是他认为竹笋收购和种植的不方便是造成企业发展的极大障碍，由于生产基地分散，企业需要到处上山收购竹笋，造成了人力物力和财力的多重损失，竹笋收购量也得不到保障。同时因为不同地方的竹笋性质和品质参差不齐，企业收购的质量也得不到保障，挑选的过程也加大了企业的工作量。特色农产品经营水平不高，桃江县 28 家竹笋加工企业就有 26 家家庭作坊式企业，90％的企业处于粗加工水平。

### （六）舆论压力大

当前，伴随信息技术和互联网的迅猛发展，新媒体传播自由化、碎片化等特点，给地方企业发展的宣传和规划带来了新的课题和挑战。据安化华莱生物科技有限公司反映，多年来受到的社会舆论压力颇大，公司负责人多次表示：“在发展过程中对于人才和资金的匮乏并不是我企业现在发展面临的主要困难，最大的阻碍是社会舆论压力越来越大，造成了极其不利于企业发展的社会环境，希望能够加强政府舆论引导，宣传企业真实的一面，制造良好的社会氛围”。

### （七）盲目跟风发展现象严重

随着益阳市特色农业不断发展，从事特色产业的收益日益提高，出现了大面积人员跟风进行特色农业方面的养殖及加工。南县受到稻虾共养效益高的影响，许多农户盲目跟风发展稻虾共养产业。稻虾养殖对于地质和水源有一定的要求，也需要养殖者在稻虾共养方面有一定的技术知识，有少部分农户不懂养殖技术，将部分地质、水源等不适宜发展稻虾的

区域强行开发出来进行稻虾共养,结果造成了巨大的损失。

## 三、建议

### (一)积极引进人才,加强技术培训

一是继续坚持政策引导,把技术人才引入农村,对于在外务工、经商的年轻人,鼓励他们返乡就业创业,各级政府积极利用假期期间召开座谈会,给返乡过年的年轻人讲家乡的发展情况和机会,吸引外地游子回乡发展。二是各有关部门要加强对高效农业的领导,为高效农业保驾护航,提供有关政策和技术保障。应该定期对各地特色产业带头人进行定期的培训,提高从事高效特色产业负责人的知识水平和应对特殊问题时处理突发状况的应急能力。同时对参与培训的人员定期进行回访,如果当地出现紧急问题时能及时拿出应急方案,成立专门的应急小组,邀请专业人员及时解决问题。三是加强宣传,强化技术指导,引导农户有序发展稻虾产业。

### (二)加大资金扶持,着力解决"融资难"

金融部门要把扶持各地特色高效农业企业作为支农资金扶持或贴息扶持的重点,充分发挥资金扶持的导向性,加强重点扶持项目管理。坚持农村金融回归本源,在鼓励金融机构加大农村信贷投入的同时,着力解决农业经营主体"融资难"问题,要多渠道多形式筹措高效农业专项资金。

### (三)鼓励土地流转,推动高端种植

因地制宜,采取"群众自愿、政府引导、市场运作、规模经济"的办法,大力鼓励土地流转。政府应当加大国家"优质粮食工程"实施力度,更好地鼓励地方农民扩大优质专用水稻等高质量粮食的生产供给,加大国家政策的宣传力度,适当给予种粮农民一些优惠政策,推动粮食质量的整体提升,通过优质优价实现农民增收。

### (四)加大整治力度,依法规范市场

对于纷繁复杂的特色农产品市场,必须加强市场法制宣传,强化制度建设,加强程序监管,强化依法管理,把区域和平台的竞争纳入监管范围内,严格按照法定程序执行监察,使特色农产品的市场监管步入法制化良性循环轨道。抓好日常检查,每个地区安排相关产业的负责人,明确监管责任,搞好分级管理,围绕基本建设法定程序,加强日常巡查。加强标准化管理,强化社会监督,制定行业基本价格参照表,规范产品价格,群众可以举报监督违反规则的企业或个人。

### (五)整合生产基地,规划集中市场

各地农业部门应该随时关注本区域农产品生产和销售分布,及时听取各部门和当地企业对于农产品收购及加工、销售位置的诉求,把握当地具体情况,因地制宜,尽量将从事生产—加工—销售这一流程的每一个地理位置合理规划,符合政府、群众和企业的利益,促进生产基地的整合与集中。打造当地特色农产品加工销售市场,形成良好的竞争氛围,促进当地特色高效产业的健康快速发展。

### (六)增强环保意识,健全环保机制

各级环保部门应加强环保宣传力度,提升公众的环保意识和知识水平,合理发展农业,把特色高效农业转变成一项环境友好型产业。另外要制定本地环境认证制度,设置统一标准,在环境治理过程中,催生产业向更高的层次进步。要加强对企业的监察力度,对于排污企业应该及时给予科学的处理意见,排污严重的及时关停处理。

### (七)提升官媒权威,加强舆论监管

进一步加强官媒的话语权,引导社会风气向好的方向发展,推进社会文明素质水平提升,特色农业企业才能拥有良好的社会舆论环境。同时应该提高媒体准入门槛,成立自媒体需要具备一定的资质,新闻部门加强对舆论管控和引导,建立一套惩罚机制,对于散播谣言,并损害企业及个人利益的,应该严厉打击。

(邹东哲)

## 永州承接产业转移研究

永州地处湖南与广东的交界带,区位交通便利、人力资源丰富、生态环境优越,对承接珠三角地区的产业有巨大优势,2011 年被国家划为湘南承接产业转移示范区,2018 年又进一步被划为湘南湘西承接产业转移示范区,为永州实现经济跨越式发展创造了有利条件。

2011—2017 年,全市共承接产业转移项目 1800 余个,年均递增 14.5%;通过省级以上平台承接启动重大项目 174 个,总投资 1024.54 亿元,承接产业转移新增就业人数累计超过 100 万人。近年来通过实施“135”工程、产业项目建设年、优化发展环境等有力举措,目前全市农产品精深加工、矿产品精深加工、轻纺制鞋、先进装备制造、电子信息、新材料、新能源、生物医药等主导产业不断壮大,“大项目—产业链—产业集群”的发展格局基本形成。

## 一、永州承接产业转移整体成效分析

### (一)产业结构优化分析

2011—2017 年,永州产业结构发生了显著变化。

**表 1 三次产业占地区生产总值比例表**

单位:%

| 年份 | 第一产业 | 第二产业 | 第三产业 |
|---|---|---|---|
| 2011 | 24.11 | 38.27 | 37.62 |
| 2012 | 23.04 | 38.75 | 38.21 |
| 2013 | 22.09 | 38.01 | 39.90 |
| 2014 | 21.68 | 37.73 | 40.59 |
| 2015 | 21.72 | 36.64 | 41.64 |
| 2016 | 18.37 | 36.13 | 45.51 |
| 2017 | 17.43 | 34.64 | 47.94 |

由表 1 可见,2011 年,永州第一产业占地区生产总值的 24.11%,第二产业占 38.27%,第三产业占 37.62%,第一产业比重较大,产业结构水平较低。此后,第一产业比重逐年降低,产业结构持续优化。2017 年,永州第一产业占地区生产总值的 17.43%,第二产业占 34.64%,第三产业占 47.94%。第一、二产业分别较 2011 年降低了 6.68 和 3.63 个百分点,第三产业提高了 10.32 个百分点,产业结构明显优化。

制造业作为承接产业转移的重点,其总产值由 2011 年的 577.64 亿元增至 2017 年的 1587.62 亿元,年均增速达 18.35%。同时,制造业结构也发生了明显变化。

**表 2 2011—2017 年各行业产值占比变化表**

单位:%

| | 行业名称 | 2017 年占比 | 2011 年占比 | 占比增幅 |
|---|---|---|---|---|
| 1 | 计算机、通信和其他电子设备制造业 | 7.60 | 0.62 | 6.99 |
| 2 | 非金属矿物制品业 | 11.64 | 6.62 | 5.02 |
| 3 | 纺织服装、服饰业 | 4.37 | 1.27 | 3.10 |
| 4 | 皮革、皮毛、羽毛及其制品和制鞋业 | 4.54 | 2.26 | 2.27 |
| 5 | 电气机械和器材制造业 | 5.49 | 3.40 | 2.09 |
| 6 | 印刷和记录媒介复制业 | 2.26 | 0.44 | 1.82 |
| 7 | 农副食品加工业 | 14.32 | 12.82 | 1.50 |
| 8 | 酒、饮料和精制茶制造业 | 2.21 | 0.72 | 1.49 |
| 9 | 家具制造业 | 1.90 | 0.46 | 1.43 |
| 10 | 金属制品业 | 3.79 | 2.71 | 1.08 |
| 11 | 医药制造业 | 3.94 | 3.37 | 0.57 |

续表

| | 行业名称 | 2017年占比 | 2011年占比 | 占比增幅 |
|---|---|---|---|---|
| 12 | 文教、工美、体育和娱乐用品制造业 | 0.85 | 0.33 | 0.52 |
| 13 | 废弃资源综合利用业 | 0.31 | 0.00 | 0.31 |
| 14 | 其他制造业 | 0.46 | 0.31 | 0.14 |
| 15 | 化学纤维制造业 | 0.13 | 0.00 | 0.13 |
| 16 | 橡胶和塑料制品业 | 2.26 | 2.17 | 0.09 |
| 17 | 专用设备制造业 | 4.03 | 4.06 | −0.03 |
| 18 | 通用设备制造业 | 0.89 | 0.99 | −0.10 |
| 19 | 仪器仪表制造业 | 0.05 | 0.25 | −0.20 |
| 20 | 石油加工、煤焦和核燃料加工业 | 0.10 | 0.32 | −0.22 |
| 21 | 化学原料和化学制品制造业 | 4.16 | 5.51 | −1.36 |
| 22 | 食品制造业 | 2.38 | 3.89 | −1.51 |
| 23 | 汽车制造业 | 4.59 | 6.19 | −1.61 |
| 24 | 造纸和纸制品业 | 1.29 | 3.04 | −1.75 |
| 25 | 纺织业 | 1.30 | 3.35 | −2.05 |
| 26 | 木材加工和木、竹、藤、棕、草制品业 | 5.00 | 7.44 | −2.44 |
| 27 | 烟草制造业 | 2.64 | 5.68 | −3.04 |
| 28 | 有色金属冶炼和压延加工业 | 3.27 | 6.95 | −3.69 |
| 29 | 黑色金属冶炼和压延加工业 | 3.48 | 14.81 | −11.33 |

由表2可知，2011—2017年，永州黑色金属冶炼和压延加工业，有色金属冶炼和压延加工业，烟草制造业，木材加工和木、竹、藤、棕、草制品业，纺织业的产值占制造业总产值比例的降幅最大，分别下跌了11.33、3.69、3.04、2.44、2.05个百分点，均为资源和劳动力密集型产业，有力推动了产业结构升级和优化。同时，七大主导产业中，计算机、通信和其他电子设备制造业，非金属矿物制品业，纺织服装、服饰业，皮革、皮毛、羽毛及其制品和制鞋业，电气机械和器材制造业的产值占制造业总产值比例明显提高，分别提高了6.99、5.02、3.1、2.27和2.09个百分点。与此同时，发展前景广阔、产品附加值高的医药制造业占比仅提高了0.57个百分点；产业基础良好、市场需求旺盛的汽车制造业占比反而下跌了1.61个百分点，需要引起相关部门的重视。

### （二）吸纳居民就业成效分析

2011—2017年，永州市规模工业企业从业人员年平均人数由12.95万人增至17.47万人，年均增速达5.11%。其中，制造业从业人员年平均人数由11.62万人增至15.75万人，年均增速达5.19%。承接产业转移吸纳居民就业成效明显。

表 3　2011 年从业人员人数前十行业表

| 行　业 | 年平均人数（万人） |
|---|---|
| 非金属矿物制品业 | 1.17 |
| 黑色金属冶炼和压延加工业 | 1.16 |
| 皮革、皮毛、羽毛及其制品和制鞋业 | 0.87 |
| 农副食品加工业 | 0.84 |
| 木材加工和木、竹、藤、棕、草制品业 | 0.84 |
| 纺织业 | 0.79 |
| 食品制造业 | 0.79 |
| 化学原料和化学制品制造业 | 0.63 |
| 纺织服装、服饰业 | 0.63 |
| 电气机械和器材制造业 | 0.51 |

表 4　2017 年从业人员人数前十行业表

| 行　业 | 年平均人数（万人） |
|---|---|
| 皮革、皮毛、羽毛及其制品和制鞋业 | 2.73 |
| 非金属矿物制品业 | 1.73 |
| 农副食品加工业 | 1.49 |
| 计算机、通信和其他电子设备制造业 | 1.28 |
| 木材加工和木、竹、藤、棕、草制品业 | 0.88 |
| 纺织服装、服饰业 | 0.86 |
| 化学原料和化学制品制造业 | 0.75 |
| 电气机械和器材制造业 | 0.73 |
| 食品制造业 | 0.65 |
| 金属制品业 | 0.48 |

将表 3 与表 4 对比可知，2017 年从业人员年平均人数超过 1 万人的行业由 2011 年的 2 个增至 4 个，其中，皮革、皮毛、羽毛及其制品和制鞋业年平均人数高达 2.73 万人，占制造业年平均人数的 17.32%，对吸纳居民就业的作用无可替代，促进该行业发展对维持就业稳定意义重大；计算机、通信和其他电子设备制造业从业人员年平均人数达 1.28 万人，对优化永州就业结构发挥了重要作用。

表 5　2011—2017 年从业人员增长人数排序表

| 行　业 | 从业人员增长人数（万人） | 2018 年人均薪酬（万元） |
|---|---|---|
| 皮革、皮毛、羽毛及其制品和制鞋业 | 1.86 | 4.05 |
| 计算机、通信和其他电子设备制造业 | 0.97 | 3.89 |
| 农副食品加工业 | 0.65 | 4.28 |
| 非金属矿物制品业 | 0.55 | 5.11 |
| 酒、饮料和精制茶制造业 | 0.26 | 5.60 |
| 文教、工美、体育和娱乐用品制造业 | 0.23 | 4.29 |
| 纺织服装、服饰业 | 0.23 | 6.67 |
| 电气机械和器材制造业 | 0.22 | 4.99 |
| 金属制品业 | 0.20 | 5.55 |
| 家具制造业 | 0.15 | 4.18 |

由表 5 可见，相比 2011 年，2017 年从业人员年平均人数增长最快的两个行业为皮革、皮毛、羽毛及其制品和制鞋业，计算机、通信和其他电子设备制造业，分别增长了 1.86 和 0.97 万人，其年人均薪酬却分别仅为 4.05 和 3.89 万元，在从业人员增长最快的十个行业中分别位列第 9 和第 10 位。所以，承接产业转移既要注重产业的吸纳就业能力，也要注重产业的薪酬水平，才能更有效地推动居民收入的增长。

## (三)提升产业集聚水平成效分析

区位熵能有效反映某一产业部门的专业化程度和地区层面的产业集聚水平,区位熵值越高则表示地区产业集聚水平就越高。一般来说:区位熵值>1时,则在全国来说具有优势;区位熵值<1,则在全国来说处于劣势。以规模工业从业人员年平均人数对永州各制造行业的区位熵进行计算,计算结果如下:

表6 各行业区位熵变化表

| | 行 业 | 2011 | 2017 | 增长值 |
|---|---|---|---|---|
| 1 | 皮革、皮毛、羽毛及其制品和制鞋业 | 2.36 | 5.57 | 3.21 |
| 2 | 废弃资源综合利用业 | 0.00 | 1.02 | 1.02 |
| 3 | 酒、饮料和精制茶制造业 | 0.54 | 1.27 | 0.74 |
| 4 | 其他制造业 | 0.00 | 0.64 | 0.64 |
| 5 | 化学纤维制造业 | 0.00 | 0.59 | 0.59 |
| 6 | 计算机、通信和其他电子设备制造业 | 0.27 | 0.72 | 0.45 |
| 7 | 农副食品加工业 | 1.65 | 2.06 | 0.41 |
| 8 | 家具制造业 | 0.65 | 1.01 | 0.36 |
| 9 | 文教、工美、体育和娱乐用品制造业 | 0.42 | 0.71 | 0.29 |
| 10 | 印刷和记录媒介复制业 | 1.21 | 1.44 | 0.23 |
| 11 | 石油加工、煤焦和核燃料加工业 | 0.00 | 0.13 | 0.13 |
| 12 | 金属制品业 | 0.64 | 0.71 | 0.07 |
| 13 | 非金属矿物制品业 | 1.61 | 1.65 | 0.04 |
| 14 | 电气机械和器材制造业 | 0.60 | 0.62 | 0.02 |
| 15 | 纺织服装、服饰业 | 1.16 | 1.14 | −0.02 |
| 16 | 橡胶和塑料制品业 | 0.61 | 0.57 | −0.04 |
| 17 | 化学原料和化学制品制造业 | 0.98 | 0.89 | −0.09 |
| 18 | 通用设备制造业 | 0.26 | 0.17 | −0.09 |
| 19 | 仪器仪表制造业 | 0.23 | 0.12 | −0.12 |
| 20 | 汽车制造业 | 0.59 | 0.40 | −0.19 |
| 21 | 专用设备制造业 | 0.92 | 0.64 | −0.28 |
| 22 | 医药制造业 | 1.16 | 0.87 | −0.29 |
| 23 | 纺织业 | 0.95 | 0.38 | −0.57 |
| 24 | 造纸和纸制品业 | 1.15 | 0.44 | −0.71 |
| 25 | 有色金属冶炼和压延加工业 | 1.58 | 0.77 | −0.81 |
| 26 | 木材加工和木、竹、藤、棕、草制品业 | 4.60 | 3.61 | −0.98 |
| 27 | 食品制造业 | 3.16 | 1.69 | −1.47 |
| 28 | 黑色金属冶炼和压延加工业 | 2.42 | 0.05 | −2.37 |

由表6可见,2011—2017年,区位熵增长值高于0.5的行业有皮革、皮毛、羽毛及其制品和制鞋业,废弃资源综合利用业,酒、饮料和精制茶制造业,其他制造业,化学纤维制造业

等五个行业，产业优势提升明显。然而，在七大主导产业中，计算机、通信和其他电子设备制造业、化学纤维制造业虽产业聚集水平快速提升，但未能形成产业优势；非金属矿物制品业产业优势略有提升，但优势并不明显；化学原料和化学制品制造业、通用设备制造业、汽车制造业、专用设备制造业、医药制造业等行业产业优势均有所下降。整体而言，2011—2017年，永州产业集聚水平明显提升并形成产业优势的主要为轻纺制鞋和农产品精深加工两大产业，主要依托于永州丰富的劳动力和自然资源，产品附加值依然偏低。2017年与2011年的优势行业相比，在资源节约、清洁环保上提升明显，但在科技含量、产品附加值上改观有限，特别是作为主导行业的医药制造业丧失优势需引起警惕。

### (四)承接产业转移对经济增长绩效分析

选取永州市2011—2017年的国内生产总值和产业承接总量来进行相关性分析。数据均来自《永州市统计年鉴》。

表7　永州市国内生产总值与产业承接额概况

| 年份 | 2011 | 2012 | 2013 | 2014 | 2015 | 2016 | 2017 |
|---|---|---|---|---|---|---|---|
| 生产总值(亿元) | 945.39 | 1059.60 | 1175.45 | 1301.45 | 1420.85 | 1524.65 | 1652.65 |
| 内联引资(亿元) | 115.38 | 363.88 | 152.78 | 178.12 | 717.10 | 230.49 | 267.86 |
| 利用外资(亿美元) | 4.96 | 5.42 | 6.25 | 7.51 | 8.32 | 9.53 | 10.82 |
| 年均汇率(人民币对美元) | 6.62 | 6.30 | 6.29 | 6.14 | 6.23 | 6.64 | 6.75 |
| 利用外资(亿元) | 32.84 | 34.16 | 39.32 | 46.11 | 51.80 | 63.30 | 73.05 |
| 产业承接额(亿元) | 148.22 | 398.04 | 192.10 | 224.23 | 768.90 | 293.79 | 340.91 |

1. ADF单位根检验

对gdp和transde单位根检验结果如下表8所示，根据检验结果可知gdp、trans的ADF值均小于各自在5%水平下的临界值，能够拒绝存在单位根的零假设，故而这两个序列都是平稳序列。

表8　单位根检验结果

| 变量 | ADF值 | 1%临界值 | 5%临界值 | 10%临界值 | 结论 |
|---|---|---|---|---|---|
| gdp | −11.12 | −8.23 | −5.33 | −4.19 | 平稳 |
| trans | −9.38 | −8.23 | −5.34 | −4.19 | 平稳 |

数据来源：根据Eviews8.0计算结果得出

2. "E—G两步法"协整检验

首先，要对gdp和trans两个变量做出回归方程的估计，计量模型为：

$$gdp = c_1 trans + c_2 + \mu$$

通过Eviews8.0软件，可得到回归结果为：

$$gdp = 0.44trans + 1149.73 + \mu$$
$$(0.85) \qquad (5.80)$$

通过上面的一元回归估计方程，可以得到回归的残差序列，并用 ECM 表示。可以从上面的结果中得到 trans 的 t 统计量为 0.85，说明该变量显著性不佳。

第二步，对 ECM 序列进行单位根检验，从而验证序列的平稳性，表 9 表示最后得到的计算检验。

**表 9　ECM 序列单位根检验结果**

| 变量 | ADF 值 | 10%临界值 | 结论 |
|---|---|---|---|
| gdp | －1.85 | －2.04 | 不平稳 |

数据来源：根据 Eviews8.0 计算结果得出

由于 ECM 的单位根 ADF 值为－1.85，大于 10%的临界值，所以为非平稳序列。因此，可以得出结论：永州市的产业承接与经济发展之间协整关系并不显著，产业承接对经济发展的推动作用并不明显。

综上所述，2011 年以来，永州承接产业转移有效推动了制造业的产值提升和结构优化，并创造了大量就业，然而对提高产业集聚水平和推动经济发展的作用并不显著。

## 二、永州承接产业转移存在的主要问题

### (一)产业布局不精，行业优势欠缺

当前，永州的产业布局中共有七大主导产业，“广撒网、多捞鱼”虽然能在短期内通过政策优势推动制造业的迅速壮大，但不利于建立特色突出、优势明显的产业体系。集中相关资源才能形成竞争优势。例如，农产品精深加工对应的农副食品加工业，2017 年产值为 2089.94 亿元，占制造业总产值比例高达 14.32%，区位熵值达 2.06，既有产业规模，也有竞争优势。然而，农副食品加工业的发展不仅得益于永州深厚的农业基础和丰富的人力资源，与食品制造业的精简也密不可分，同期，食品制造业的产值占制造业总产值比例下降 1.51 个百分点，从业人员减少 0.14 万人，推动了相关农业和人力资源向农副食品加工业转移，为该行业的发展提供了有力支撑。

反观其他行业，2017 年，电子信息对应的计算机、通信和其他电子设备制造业产值为 110.93 亿元，占制造业总产值比例为 7.60%，区位熵值为 0.72，虽有一定产业规模但不具备行业优势。生物医药对应的医药制造业产值为 57.45 亿元，仅占制造业总产值比例为 3.94%，区位熵值为 0.89，产业规模偏低且不具备行业优势。先进装备制造对应的电气机械和器材制造业产值为 80.08 亿元，占制造业总产值比例为 5.49%，区位熵值为 0.62，虽有一定产业规模但不具备行业优势；汽车制造业、专用设备制造业、通用设备制造业产值分

别为66.91亿元、58.77亿元、12.95亿元，占制造业总产值比例分别仅为4.59%、4.03%、0.89%，区位熵值分别为0.40、0.64、0.17，产业规模偏低且不具备行业优势。特别是汽车制造业，相较于2011年，其产值占制造业总产值比例下降了1.61个百分点，区位熵值下降了0.19，作为传统的主导产业地位和优势不升反降。由此可见，杂而不精的产业体系会分散有限的资源，不利于产业壮大，不利于形成规模效应和竞争优势。

### （二）产业结构不优，综合效益偏低

2011—2017年，永州的产业结构虽然有了明显优化，但整体水平依然偏低，在推动经济转型、拉动居民收入等方面作用不够显著。

由表10可见，产值占制造业总产值比例超过3%的共有14个行业。2017年，永州制造业营业利润率为3.70%，14个行业中超过该平均水平的行业仅有5个；永州制造业平均应交税金及附加为629.3万元，14个行业中仅汽车制造业超过该平均水平；永州制造业年人均薪酬为4.79万元，14个行业中超过该平均水平的行业只有5个。劳动密集型产业和资源密集型产业占比过重，导致经济增长和就业增加的质量不佳，对产业结构升级和居民收入增长的推动力不足。

**表10　2017年行业效益对照表**

| 行业名称 | 2017年产值占比(%) | 平均营业收入(万元) | 营业利润率(%) | 平均应交税金及附加(万元) | 年人均薪酬(万元) |
|---|---|---|---|---|---|
| 农副食品加工业 | 14.32 | 16807.05 | 3.51 | 264.63 | 4.28 |
| 非金属矿物制品业 | 11.64 | 10249.01 | 4.49 | 322.78 | 5.11 |
| 计算机、通信和其他电子设备制造业 | 7.60 | 17222.26 | 2.85 | 247.71 | 3.89 |
| 电气机械和器材制造业 | 5.49 | 16100.10 | 2.48 | 275.18 | 4.99 |
| 木材加工和木、竹、藤、棕、草制品业 | 5.00 | 13259.48 | 4.46 | 208.19 | 4.08 |
| 汽车制造业 | 4.59 | 42745.19 | 2.46 | 878.05 | 6.16 |
| 皮革、皮毛、羽毛及其制品和制鞋业 | 4.54 | 13439.80 | 3.84 | 264.47 | 4.05 |
| 纺织服装、服饰业 | 4.37 | 19618.19 | 1.89 | 276.33 | 6.67 |
| 化学原料和化学制品制造业 | 4.16 | 13351.56 | 5.41 | 531.21 | 4.66 |
| 专用设备制造业 | 4.03 | 13803.87 | 2.92 | 264.75 | 4.73 |
| 医药制造业 | 3.94 | 18990.47 | 7.57 | 348.96 | 4.51 |
| 金属制品业 | 3.79 | 13242.79 | 2.11 | 150.24 | 5.55 |
| 黑色金属冶炼和压延加工业 | 3.48 | 13746.01 | 2.25 | 221.08 | 3.63 |
| 有色金属冶炼和压延加工业 | 3.27 | 33173.52 | 1.32 | 342.25 | 4.04 |

其中，计算机、通信和其他电子设备制造业产值占比由2011年的0.62%升至2017年7.60%，是永州的重点承接产业。然而，在14个行业中，其平均营业收入排名第5位，营业利润率排名第8位，企业效益处于中等水平；平均应交税金及附加排名第11位，年人均薪酬排名第14位，社会效益偏低。据统计年鉴数据，2017年永州规模工业企业中计算机、通

信和其他电子设备制造业企业共 49 家(2 家亏损),其构成如图所示。

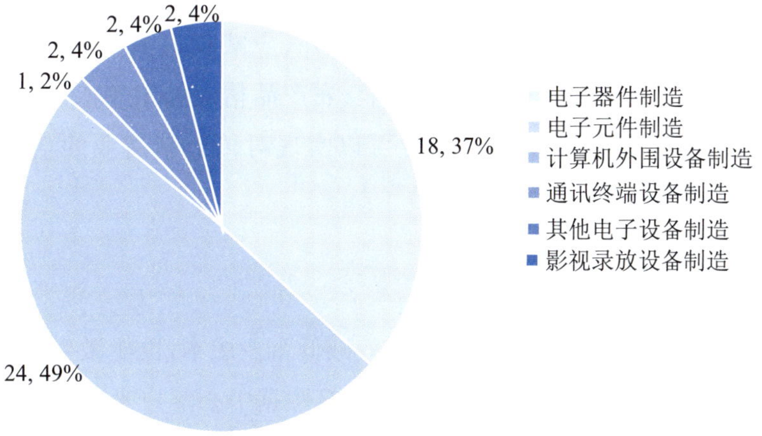


计算机、通信和其他电子设备制造业企业构成图

可见,处于产业链低端的电子器件制造和电子元件制造企业共 42 家,占比超过 86%,造成永州计算机、通信和其他电子设备制造行业企业利润不高、人均薪酬偏低。

### (三)产业融合不深,产品价值不高

依托于丰富的自然和人力资源,永州的农产品精深加工和轻纺制鞋产业已形成一定产业规模和竞争优势,但企业效益并不高,皮革、皮毛、羽毛及其制品和制鞋业的营业利润率为 3.84%,农副产品加工业的营业利润率为 3.51%,纺织服装、服饰业的营业利润率仅为 1.89%。随着产业转移的持续深化,必然推动土地和人力价格上涨,依托于自然和人力资源的区位优势将不断削弱,行业利润将进一步压缩,需要不断提高产品附加值才能保持竞争优势,促进行业的良性发展。永州作为国家历史文化名城,有着丰富的旅游和文化资源,在推动产业融合发展、提升产品价值上有明显优势。然而,2017 年,永州接待旅游总人数为 4984 万人,位列全省第 7 位;国内旅游总收入为 407 亿元,位列全省第 8 位;文化、体育和娱乐业的生产总值为 16.26 亿元,位列全省第 13 位;法人单位数为 787 个,位列全省第 12 位。旅游和文化产业发展相对滞后,限制了产业的融合发展。

## 三、关于永州承接产业发展的建议

### (一)调整产业布局,加强行业优势

主导产业与非主导产业的关联性对区域经济至关重要,关联性弱,容易导致较强的二元结构;关联性强,两者就会相互促进,推动区域经济健康发展。《湘南湘西承接产业转移示范区总体方案》指出:“制定发布差异化的承接产业转移目录,引导产业向具有差异化优势的园区集聚。积极延伸产业链条,建设一批规模大、集中度高、竞争力强的承接产业特色园区和集中区……引导生物医药、纺织轻工、优势农产品加工等产业向永州市、邵阳市、怀

化市、湘西自治州开发区等产业园区转移。”永州资源有限，无法同时满足七大主导产业的发展需求，且当前先进装备制造、新材料新能源综合效益不高、缺乏行业优势、与其他非主导产业关联性较弱，除传统优势产业汽车制造业外，应减少对其他相关产业的支持力度。而生物医药市场前景广阔、科技含量高，与农业、农产品精深加工等永州传统优势行业关联性强，应集中资源大力发展。电子信息产业可以实现对传统制造业的信息化升级，也应进一步加大扶持力度。

### （二）加强行业协作，提升集聚效应

行业协作的强化产生的集聚效应，既能有效减低企业成本，也能激生新产业、新模式和新业态。当前，信息化是工业发展的潮流，华为云计算数据中心落户永州，大数据产业链正在形成。通过信息产业的发展，为传统制造业注入信息化的新鲜血液，建立以信息化引领产业升级的发展方式，推动传统制造业产品的智能化水平，建立高科技含量的竞争优势，是永州实现跨越式发展的历史机遇。特别是对汽车制造业而言，车联网是发展趋势，具有广阔的市场前景，而云计算是物联网的基石，作为永州传统产业，建立与物联网技术的领导者华为的合作，对抢占新兴市场有重要意义。同时，要完善上下游产业的协作机制，例如纺织业与服饰业之间依赖性强，联系非常紧密，加强协作能有效降低企业成本，提高产业链的整体利润。

### （三）建立产学合作，提供人才支撑

2017 年，永州普通高等学校在校学生为 28496 人，位列全省第 11 位；中等职业教育在校学生 63940 人，位列全省第 5 位。可见，永州知识型人才偏低，不利于高科技行业发展；技术型人才丰富，有利于传统制造业发展。所以，在建立产学合作为产业发展提供人才支撑需要从两个方面入手：一是深化与地区外高校的合作机制，加强科技人才的引进力度，促进高科技行业的发展；二是建立地区内“职业教育服务产业发展，产业发展反哺职业教育”的合作机制，提升职业教育和产业发展的匹配度，职业教育招生计划与产业结构对接，既可以满足企业对技术人才的需求，也可满足学生的就业需求，实现学生、学校和企业共赢。

### （四）推进产业融合，提高产品价值

一是推动休闲旅游与农产品精深加工融合，并积极引导和支持相关产业向贫困地区发展，开发当地优势特色产品；二是推动文化和农产品精深加工融合，永州历史文化深厚，特别是柳宗元异蛇文化、九嶷山湘妃文化等与当地的农产品有着密切联系，讲好产品的文化故事，提升产品的品牌形象，能有效提高产品附加值；三是推动文化与轻纺制鞋相融合，依托深厚的轻纺制鞋产业，立足深厚的历史与民族文化，建设文化服装品牌，推动轻纺制鞋行业走向产业链高端。

（奉张良）

民生加油站 MINSHENGJIAYOUZHAN

## 2019 年粮食生产坚持“稳字当头”

农业农村部部长韩长赋在全国春季田管暨春耕备耕工作会议上表示，当前我国粮食生产出现滑坡的风险仍然存在，今年尤其要防止出现自然灾害、价格下跌、政策缩水“三碰头”。要把稳住粮食生产作为今年农业农村工作的头等大事，坚持“稳字当头”，着力稳面积、稳政策、稳产量，确保粮食产量稳定在 2018 年水平上。

韩长赋表示，从生产基础看，冬小麦苗情总体好于上年，但长势不均衡、苗情复杂，部分田块长势偏旺，部分田块病虫草害可能偏重发生。从市场走势看，去年下半年以来，除玉米价格上涨外，稻谷、小麦、大豆、棉花、糖料等大宗农产品价格都在下跌，同时，化肥、柴油等农资价格又在上涨，种粮比较效益持续走低。

同时，今年国家继续实施小麦、稻谷最低收购价政策，完善玉米、大豆生产者补贴政策，进一步拉大补贴差距，引导农民合理调整种植结构，强化农业信贷、保险等支持政策，让种粮农民吃上了“定心丸”。

从各地情况看，春耕备耕部署早，玉米、水稻、大豆种子供应量在 70 亿斤左右，耕、种、防各类农机准备充足。据介绍，春播是全年农业生产的大头、占全年农作物播种面积的近 50%，也是安排作物茬口、调整种植结构的重要节点。今年种植结构调整重点是巩固玉米调整成果，适当调减低质低效区水稻和小麦面积，扩大大豆和油料生产。

（来源：央视财经）

# 市县链接

## 岳阳：“减税降费”惠企利民

李克强总理在 2019 年《政府工作报告》中指出，2018 年累计为全国企业和个人减负 1.3 万亿人民币，2019 年将为企业减轻税收和社保负担近 2 万亿元。为了解“减税降费”政策在岳阳的实施情况，国家统计局岳阳调查队实地走访了岳阳市税务部门，调查显示：“减税降费”政策效果显著，但在实施过程中仍存在一些问题有待解决。

### 一、减税降费政策重在落实

#### （一）从快从严强化领导，凸显“一把手”工程站位

据调查了解，2019 年 1 月份，岳阳市全面启动减税降费“一把手”工程，市县两级成立

14个领导小组、内设98个工作机构，涵盖成员单位218个。全市召开了减税降费工作会议，研究减税降费工作落实措施，细化工作责任。各基层单位相继召开会议，层层落实职责。1月份，国家税务总局岳阳市税务局印发贯彻落实减税降费政策“1+6”工作实施方案，2019年预计惠及11229户纳税人，新增减税1.3亿元。

### （二）务实务细分步实施，确保“大红包”惠企利民

一是内部培训打基础，确保干部应会尽会。国家税务总局岳阳市税务局开展覆盖全岗位、全业务的干部培训，促使业务人员熟知政策、熟练操作。全市共组成师资队伍55支，截至2019年3月，已经开展培训29期，培训税务干部1020人次。编发减税降费专题工作简报4期。二是精准辅导全覆盖，确保企业应享尽享。市局减降办骨干力量奔赴各县市区局参与政策宣传辅导培训，依托短信平台、微信公众号、门户网站、政策汇编二维码、户外广告屏等平台宣传解读政策；在中国税务报、湖南日报、岳阳日报等媒体刊发新闻11篇，通过市局微信号、新湖南、红网时刻新闻、岳阳日报app推送新闻报道、政策解读文章55篇，组织“减税降费在行动”系列新闻报道6期，开展了一系列减税降费政策解读进招聘会、进党政机关等宣传活动；印制发放宣传资料5万余份，通过短信平台推送信息1万余条。各县区级税务机关共开展纳税人集中培训150场，对纳税人实施一对一培训1114次，下户辅导超过6000户次，通过针对性培训涉税中介服务机构、财务公司、兼职会计，共覆盖纳税人60000人。

### （三）压紧压实工作职责，激发“新税务”战斗能力

据调查了解，国家税务总局岳阳市税务局减降办专设督查督办组，并于2月2日至14日对城区局减税降费相关工作开展了第一轮现场督查。在督查中，列出问题清单，将整改落实责任细化到单位、到岗位，并整理制作了第一期督查简报发送至所有单位，要求各单位自行对照检查，对表整改到位。岳阳市局落实减税降费工作态度坚决、措施有力，主要呈现了领导重视程度高、减税政策宣传广、减税测算工作细、办税服务机制优、督查督导执行严等五个特色亮点，不折不扣落实了各项减税政策。

## 二、存在的问题

### （一）减税降费给税收收入带来压力

李克强总理在《政府工作报告》中提出，2019年全国要增加减税降费2万亿元，减税降费力度进一步加大。而在之前岳阳市召开的两会上，2019年一般公共预算地方收入增长目标定为4%。经测算，2018年以来新增和即将实施的减税降费政策预计减少税费收入30亿元以上。减税降费“组合拳”在为企业减负的同时，对税务部门组织税收收入带来严峻挑战和巨大压力。

### (二)部分优惠政策操作有困难

主要有:光伏发电增值税即征即退政策、农村饮水安全工程建设运营税收优惠政策到期后是否延续;减税降费政策公布后,对于需要在季中将纳税期限由“季”变为“月”或由“月”变为“季”的小规模纳税人在金三系统中应如何操作并未明确,给前台操作人员造成困扰,建议在系统进行相应调整时及时告知并宣传。

### (三)享受优惠的小微企业认定标准较高

根据最新的政策规定,要享受小微企业低税率的优惠必须满足四个条件:一是从事国家非限制和非禁止的行业;二是从业人数限制,不得超过 300 人;三是资产总额限制,不超过 5000 万元;四是年度应纳税所得额限制,不得超过 300 万元。只有四个条件同时具备,才能享受企业所得税优惠政策,对于小微企业来说同时满足四个条件标准过高,相当一部分企业难以享受优惠。

## 三、几点建议

### (一)强化业务培训

集中对业务人员培训减税降费已有政策及后续更新政策。重点培训相关税费优惠事项的办理流程、办理规范、税费申报表填报要求、税费优惠办理业务系统操作,确保全市纳税服务一线人员人人会解答、会操作、能落实。

### (二)创新服务方式

在中心城区建立 24 小时自助办税服务厅,打破办公时间限制,缓解办税服务厅前台办税压力。大力推行网上办税,安排专人引导、辅导纳税人进行网上自助办税,引导纳税人适应网络化办税方式,增配自助办税服务终端,实现发票发售、发票认证申报、完税证明开具等涉税业务的自助办理,简化办事流程。

### (三)强化政策宣传

印制小微企业减免税政策宣传手册以及小微企业办税指南,播放宣传动漫小视频,充分利用新闻媒体、公共媒体、官方网站、新媒体、纳税服务咨询电话、办税服务厅等多种渠道,对小微企业纳税人进行宣传辅导,提示小微企业纳税人及时享受各项优惠政策,确保小微企业普惠性减税政策落实、落细、落好。

### (四)畅通沟通渠道

一方面,“减税降费”政策的实施需要各方面的积极参与和共同推动。各级税务机关需积极向地方党委、政府汇报，同时加强与财政等部门沟通，争取地方在编制和调整预算时充分考虑，合理确定税费收入预算，缓解财政压力；另外一方面，建议有关部门要多深入企业开展调研，了解企业合理涉税需求，主动拓展诉求的传递渠道，及时研究制定“减税降费”工作管理规则。重点关注符合减免条件的小微企业、高新技术企业和科技型中小企业优惠政策落实情况和效果。

（谭宗源）

民生加油站 MINSHENGJIAYOUZHAN

## 2019年减税降费主要包括四个方面

2019年在去年减税降费的基础上将有更大规模的减税和更为明显的降费，主要包括四个方面：

一是对小微企业实施普惠性税收减免。主要内容有：第一，提高增值税小规模纳税人起征点，月销售额3万元调整到10万元。第二，放宽小型微利企业标准并加大优惠力度，放宽后的条件为：企业资产总额5000万元以下、从业人数300人以下、应纳税所得额300万元以下。这都比原来认定的标准有大幅度的提升，也就是说有更多的企业会被认定为小型微利企业。第三，对小规模纳税人交纳的部分地方税种，可以实行减半征收。即允许各地按程序在50%幅度内减征资源税、城市维护建设税、印花税、城镇土地使用税、耕地占用税等地方税种以及教育费附加和地方教育附加。第四，扩展初创科技型企业优惠政策适用范围，对创投企业和天使投资个人投向初创科技型企业可按投资额70%抵扣应纳税所得额的政策。把投资的初创科技型企业的范围或者标准进一步扩大，扩展到从业人数不超过300人、资产总额和年销售收入不超过5000万元的初创科技型企业。

二是深化增值税改革，继续推进实质性减税。

三是全面实施修改后的个人所得税法及其实施条例，落实好6项专项附加扣除政策，减轻居民税负。

四是配合相关部门，积极研究制定降低社会保险费率综合方案，进一步减轻企业的社会保险缴费负担。同时，清理规范收费，加大对乱收费查处力度。

随着减税降费政策逐步落地，将进一步激发市场主体活力，提振市场信心，促进经济高质量发展。

（来源：金融界网站）

# 怀化:寒冬过后春缓来　生猪产业信心犹存

为了解生猪生产供应情况及“非洲猪瘟”疫情对生猪产业的影响,2019 年 3 月,国家统计局怀化调查队开展了非洲猪瘟对生猪产业影响的专题调研,实地走访了湖南裕康牧业有限公司、怀化民丰养殖场、溆浦凯鸿养殖有限公司、陈世强养殖场等 7 家生猪养殖点,调查了大康肉类食品有限公司、怀化市金泰肉类食品有限公司等 2 家屠宰企业,与怀化市商粮局、市畜牧水产局、市农业农村局屠宰办相关人员进行了座谈,深入迎丰、城北等集贸市场调查猪肉销售及消费者情况。调查反映,养殖户认为“非洲猪瘟”疫情影响较大,但目前价格有回暖趋势,疫情防控到位的前提下,对 2019 年的生猪市场充满信心。

## 一、生猪生产企业及养殖户受损较大,但信心犹存

### (一)对疫情认识较为理性

调查的 7 家养殖户,对“非洲猪瘟”都有理性的认识,对人体无害,都认为此次疫情超过以前任何普通疫情。对于“非洲猪瘟”影响将持续多久,1 位养殖户选择“短期影响,很快能解除”,其余 6 位养殖户均表示“不清楚”。“非洲猪瘟”发热传染性很强,养殖户普遍认为不能仅靠自身做好防疫措施就能完全阻隔,不敢肯定影响将持续多久,但并不悲观。

### (二)疫区受疫情影响较严重

2018 年 10 月 30 日到 11 月 18 日,怀化市出现 2 起“非洲猪瘟”疫情。疫情发生后,疫区内及时扑杀生猪,禁止调出生猪,关闭交易市场。据怀化市畜牧水产局安监站杨某反映,目前怀化仍处在“非洲猪瘟”防控的过渡期,对于生猪调运严格监管。湖南侗乡生态农业有限公司处于 3 公里捕杀范围内,损失较大。该公司负责人孙某反映,公司生产的侗乡黑猪属于品牌土猪,市场出售价格每公斤 40 元,受临近猪场疫情影响,该公司捕杀 980 头侗乡黑猪,而非洲猪瘟强制扑杀补助标准只有 1200 元/头,按出栏每头 140 公斤重量计算,每头侗乡黑猪损失 4400 元,共计损失 4312000 元。

### (三)对后期市场存有信心

在对后期市场研判,如何看待 2019 年生猪价格与上年同期相比的问题时,被调查的 7 家生猪养殖户中有 6 位表示 2019 年生猪价格会上涨,占比 85.7%,看好 2019 年的生猪市场行情。有 3 家准备 2018 年扩大生猪养殖规模,有 3 家保持现有规模,还有 1 家表示暂时不清楚,但没有一家会减少规模或退出养猪行业。溆浦凯鸿养殖场负责人黄某反映,根据自己 27 年的专业养猪经验,看好 2019 年生猪市场,正积极准备扩大规模,预计收益乐观。

## 二、消费者对疫情认识理性,消费结构改变导致猪肉消费变化

从走访的迎丰市场、城北市场的猪肉销售摊主及消费者来看,猪肉销售量的多少、家庭消费猪肉的增减都与“非洲猪瘟”疫情关联不大,并不是怕“非洲猪瘟”而不敢吃,主要还是消费结构的改变,导致猪肉消费市场失去长足发展动力。城北市场猪肉摊主江某反映,现在百姓生活水平提高了,并不局限于购买猪肉来提高消费水平,选择会更多样化,因此猪肉的销售量不会有增长,只会随季节的变化有旺季和淡季之分。当然,“非洲猪瘟”严重时期,猪肉的销售从量到价都有明显下降,40 天左右才恢复基本正常。迎丰市场猪肉摊主彭老板反映,目前猪肉销售和去年同期相比变化不大,“非洲猪瘟”严重时期,没有出售活猪肉,只出售冻库的冷冻猪肉,价格较低。而消费者雷某反映,现在家里买猪肉仅仅是菜里面需要放一点,并不会大量购买,也不是必需品,所以对猪肉的消费很理性。

## 三、存栏、出栏及价格走势情况逐渐转好

### (一)存栏数同比上升

从 2019 年 2 月末生猪存栏数看,此次调查的 7 家生猪养殖户中,除一家在全部捕杀没有补栏外,其余养殖户的存栏数与 2018 年 2 月相比,均呈同比上升态势。湖南裕康牧业有限公司尹某反映,2019 年 2 月生猪存栏 1100 头,同比上升 37.5%,其中,能繁母猪 120 头,同比上升 71.4%。怀化民丰养殖场彭某反映,2019 年 2 月生猪存栏 3000 头,同比上升 7.1%,其中,能繁母猪 430 头,同比上升 13.2%。

### (二)生猪出栏数量微涨

从调查的 7 家生猪养殖户看,2018 年 4 季度的出栏数与 2017 年 4 季度相比,4 涨 1 平 2 降,总体情况转好。其中,湖南裕康牧业有限公司 2018 年 4 季度出栏生猪 350 头,同比上升 191.7%,溆浦陈某养殖场 2018 年 4 季度出栏生猪 500 头,同比上升 25%。

### (三)生猪出栏价格缓升

2018 年生猪价格持续下滑,四季度生猪价格出栏均价在 13.5 元/公斤,与 2017 年 4 季度相比,价格并不乐观。溆浦李海生猪养殖场李某反映,2018 年的出栏价格的确不尽如人意,上半年最低的收购价有过 10.2 元/公斤的情况,完全没有盈利。从 2019 年 2 月下旬开始,出栏价格缓慢回升,溆浦凯鸿养殖场黄某表示,2019 年 3 月 10 日出栏生猪 87 头,出售价格在 15 元/公斤,市场行情有回暖趋势,所以对 2019 年生猪出栏价格还是信心十足,十分看好。

## 四、当前生猪产业发展存在的问题

### (一)饲料价格上涨

饲料成本占养猪成本的70%左右。受国内外多重因素影响,生猪养殖成本变化较大,饲料价格上涨明显。运输成本上升,导致玉米价格涨幅较大,2018年由于玉米价格波动造成饲料价格每吨上涨250元~300元。中美贸易摩擦后,豆粕价格迅速攀升,怀化市豆粕平均涨幅达到600元/吨以上,从而导致浓缩饲料价格上涨480元/吨。湖南裕康牧业有限公司反映,饲料成本压力大,一年花费接近200万元的饲料成本。饲料价格一上涨,成本就大幅上涨,挤压利润空间。

### (二)环保成本增加

在环保政策的压力下,养殖场加大对环保设施的投入,提高了生猪养殖成本。2018年,怀化市关停(退养)生猪规模养殖场30家,生猪养殖户321户。溆浦凯鸿养殖场2018年的粪污资源化利用项目(沼气池)花费416580元。湖南裕康牧业有限公司反映,2018年环保投入20多万元。

### (三)劳动力成本增加

养猪行业比较脏和累,年轻人愿意投身养猪一线的越来越少,人工成本越来越高,养猪技术人员的工资更是水涨船高。湖南裕康牧业公司的尹某反映,公司请了两位养猪技术员,包吃包住,每月9000元。溆浦舍予养殖场负责人反映,2019年开始,给14个工人每月涨了500元工资,包吃包住达到2600元/月。

### (四)防疫费用增加

受"非洲猪瘟"疫情影响,养殖场的防疫手段增强,防疫频率增加,防疫费用也大幅增加。湖南裕康牧业有限公司负责人反映,2018年以前每年防疫费用5万元左右,现在翻了一倍,至少要10万元。溆浦凯鸿养殖场负责人反映,以前消毒防疫一天花费大概在40元左右,现在加上消毒设备的更新,防疫要求的提高,大概要400元一天的防疫费用,明显增加成本开支。

### (五)税费负担较重

屠宰企业反映,税费压力较大。怀化市大康肉类食品有限公司2018年的税费达700多万元,压力很大。怀化市金泰肉类食品有限公司2018年的税费接近200万。

## 五、政策建议

### （一）增加补贴

鉴于生猪饲养技术要求高、周期长、风险大、利润低，建议国家继续实施能繁母猪补贴和公猪补贴。提高能繁母猪和品牌土猪的疫情扑杀补贴，有效减少养殖户的经济损失，增强养母猪及品牌猪的抗风险能力。

### （二）建立机制

建议加强繁育体系建设，建立长效机制，建立种猪生产保护基金，由政府确定生猪收购统一保护价，在市场低迷或母猪生产亏损时期，保证生产基础不受大的影响，尽量降低养殖户亏损。

### （三）加强生猪调运监管和疫情防控

阻断疫情最有效最直接的途径是禁止跨区域调运活猪，建议政府在生猪调运方面缩小允调范围，尽量避免活猪长途调运，沿路产生传染可能。同时，加强疫病防控体系建设，加大基层防疫体系建设的投入力度，加强宣传引导，加强生猪养殖的源头检测，保障无死角全方位防疫到位，生猪产业健康发展。

（赵雪南）

# 湘潭：从农业供给侧结构性改革看粮食生产新常态

2018 年，受种植结构调整、耕地治理性休耕、粮食托市收购政策调整影响，湘潭粮食生产呈现诸多新特点。水稻播种面积及产量下降明显，普通农户种植效益下滑；经济作物种植有所增加，种植收益尚不稳定。这些新调整和新特点都与深化农业供给侧结构性改革密不可分。

## 一、2018 年湘潭粮食大县生产情况

根据国家统计局数据反馈，2018 年，湘潭县、湘乡市两个粮食生产大县的粮食播种面积、稻谷播种面积、粮食产量、稻谷产量均有所下降。2018 年，湘潭县粮食播种面积为 88.84 千公顷，较 2017 年下降 9.5%，其中，稻谷播种面积 87.37 千公顷，较 2017 年下降 9.6%。粮食总产 637647 吨，在全省所有粮食大县中排名第三，较 2017 年下降 6.9%，其

中，稻谷总产628551吨，较2017年下降7.1%，单产479.6公斤/亩，较2017年增长2.8%。2018年，湘乡市粮食播种面积64.74千公顷，较2017年下降9.5%，其中，稻谷播种面积63.25千公顷，较2017年下降9.7%。粮食总产460611吨，在全省所有粮食大县中排名第二十四，较2017年下降7.0%，其中，稻谷总产451197吨，较2017年下降7.2%，单产475.6公斤/亩，较2017年增长2.7%。

调查发现，受耕地治理性休耕和种植结构调整影响，2018年，湘潭市水稻播种面积明显下降，导致产量也有所下降。而从单产来看，在面积因政策原因下降的情况下，各县市区均通过加强技术指导、精选优质品种、加强田间管理等手段，保障粮食生产。尽管1—8月降水偏少，但湘潭市处于韶山灌区范围，受旱灾影响较小，且干旱天气不利于病虫害的发生，因此单产较2017年有所增加。

## 二、农业供给侧结构性改革对粮食生产的影响

2015年中央农村工作会议强调，要着力加强农业供给侧结构性改革，提高农业供给体系质量和效率，使农产品供给数量充足、品种和质量契合消费者需要，真正形成结构合理、保障有力的农产品有效供给。“农业供给侧结构性改革”首度进入公众视野。随着改革的深入推进，粮食生产呈现新的特点。

### (一)播种面积政策性调整

2004年至2015年，我国粮食总产量实现“十二连增”。但随着“农业供给侧结构性改革”的提出，粮食生产从“重量”向“重质”转变。按照省农委相关文件要求，湘潭市从2016年7月开始实施耕地治理性休耕，2018年湘潭市新增休耕面积2.22万亩，累计休耕面积达7.38万亩。另外，按照长株潭2018—2020年种植结构调整的统一安排，及《湘潭市种植结构调整及休耕治理工作实施方案》相关要求，2018年湘潭市种植结构调整任务为201584.45亩，其中，湘潭县120000亩，湘乡市40000亩。截至12月中旬，完成调整任务210131.3亩，超额完成全年任务。播种面积的政策性调整对粮食生产造成明显影响。

### (二)粮食托市收购政策调整

2018年中央一号文件明确提出“深化农产品收储制度和价格形成机制改革，加快培育多元市场购销主体”。粮食托市收购价格从2004年开始执行至今，“价格倒挂”问题凸显，农户种粮只注重产量而不论品质好坏及市场需求，粮食收购逐步走向市场化定价是大势所趋。从2016年开始，粮食最低收购价连年下调，到2018年，粮食最低收购价下降幅度更是明显。同时，2018年开始，托市收购是否启动不做统一要求，改由各县(市)政府决定。政策的调整显示粮食收购由政策性为主开始向市场化为主转变。湘潭市2018年未启动托市

收购，早稻收购价为120元/百斤（到库价格），普通中晚稻中央储备粮收购价为123元/百斤（到库价格）。农户实际出售粮食价格更低，湘潭县白石镇堰湖村一种粮大户表示，2018年的早稻出售价格为102元/百斤（田间湿谷价格），较2017年的115元/百斤下降幅度明显，目前农户普通中晚稻的出售价格在112～115元/百斤。

### （三）经济作物种植有所增加

据了解，2018年已完成种植结构调整任务的210131.3亩耕地中，除5913.8亩已完成基础设施配套但未种养外，82342.43亩改种多年生作物，占比39.2%，109243.36亩种植一年生作物，占比52.0%，12631.72亩养殖水产品，占比6.0%。其中，大豆和油菜的面积分别为38814.5亩和12716.4亩，比重最高。在粮食产量调查网点中，其他作物的播种面积也明显上升，如玉米2018年种植14.12亩，较2017年增加9.22亩；大豆2018年种植57.84亩，2017年则没有种植；红薯2018年种植6.26亩，2017年也未种植。除受政策性影响外，近年来随着乡村旅游的逐渐兴起，经济作物依托旅游业也有所发展。如湘乡市国常油菜种植合作社目前承包11000亩土地种植油菜，其承办的“油菜花节”带动了当地的乡村旅游，同时，自己加工生产菜籽油，每亩可获利500元以上。

## 三、新常态中存在的新问题

### （一）种植政策不明

种植结构调整按照文件规定有奖补资金，并且与耕地治理性休耕不同，种植结构调整范围内的耕地将永久性退出水稻种植。但调查中发现，不少农户、种植合作社，甚至村干部对政策都不很清楚，不知道奖补资金是2018—2020年都有，还是仅2018年有，并且在当前财政资金困难的情况下，不知补贴资金是否能到位。这大大影响了新型农业经营主体承包土地开展经营的积极性，有的调整区见此情形又开始种植一季稻。另外，有的村将“三年内全部完成调整任务”错误地理解为“结构调整年限为三年”，政策的宣传在基层还不完全到位。

### （二）种植经验不足

作为水稻种植的主产区，湘潭市种植水稻历史悠久，农户对于水稻的种植有一套成熟的办法，但随着种植结构调整的进行，要让原来的水稻种植区改种其他作物，一方面种植技术有欠缺，还需要摸索，如湘潭县一个合作社承包水田养虾，由于虾对水质要求较高，合作社在养殖技术方面有欠缺，导致不少虾死亡；另一方面土壤和一些作物的主产区相比，特点也不相同，如当前湘潭市改种作物较多的大豆，因水田改种旱粮，土壤还不很适宜大豆的生长，尽管2018年因为采取规模化种植，产量较2017年有明显增长，但仍未达到主产区的正常产量。

### (三)种植效益不佳

从水稻种植情况来看,2018 年粮食最低收购价下降明显,且种子、化肥等农资产品价格有所上涨,土地流转费用受种植结构调整的影响也有所推高,导致种植效益下滑。湘潭县农业局表示,2018 年水稻种植亩平均收入较 2017 年减少 200 余元。从经济作物种植来看,各县市区反映,不少作物产量未达到预期,且种植成本较高,如现有农机收割大豆时损耗较大,人工收割费用又太高。另外,还存在跟风种植,导致产品同质化较高,销路不畅的问题。种植结构调整,改种经济作物,本是提高农民收入的一项重要举措,但目前种植收益不佳。

## 四、几点建议

### (一)大力加强政策宣传

随着农业供给侧结构性改革的推进,新政策出台较多,如何让基层人员掌握最新的政策,对于政策的落地、舆情的疏导至关重要。相关部门应多下基层对政策进行宣传和解读,特别是要抓住乡镇、村负责人、种植大户等关键少数,让他们把政策带下去,这样才能使农户、种植大户、合作社等决策时有据可依。

### (二)大力加强技术指导

按照《湘潭市种植结构调整及休耕治理工作实施方案》的要求,各地要加强市场研判,采取多种模式,积极稳妥地发展有市场、质量高、效益好的特色产品。种植特色产品相比种植水稻对技术、土壤、水等条件的要求更高,政府和相关部门可建立信息交流平台,开拓大家的眼界,给出更多的选择,同时多下基层,对种植结构调整中开展的项目提供参考意见,并进行技术指导。

### (三)大力发展订单生产

随着托市收购政策的改变,一方面政府要加强引导,另一方面农户、种植大户、合作社也要主动适应形势变化,改变过去只注重产量,不注重品质的种植方式,在品种选择上多下功夫,要加强与粮食加工企业的对接,按照企业的需求种植优质的品种,实现订单生产,定向收购,既满足粮食加工企业的要求,又提高农户的种植效益,且减少政策性粮食收购,减少市、县财政负担,同时还能稳定水稻种植面积,为粮食安全提供保障,实现多赢。

(李健杰)

# 长沙:农业生产呈现的新特点和面临的新问题

2018 年,长沙以实施乡村振兴战略为总抓手,深入推进农业供给侧结构性改革。在种植结构调整、耕地治理性休耕、粮食托市收购政策调整的影响下,长沙农业生产呈现诸多新特点。稻谷播种面积及产量下降,稻谷单产上升,经济作物种植面积有所上升,农业特色产业逐步形成。

## 一、2018 年长沙粮食总产下降、单产增加

根据国家统计局反馈的主要调查数据,2018 年,长沙四个粮食生产大县粮食总产量 202.93 万吨,粮食播种面积 299.78 千公顷。其中,稻谷产量 188.70 万吨,稻谷面积 272.78 千公顷。

### (一)稻谷播种面积总产量双下降

2018 年,长沙四个粮食生产大县粮食总产量 202.93 万吨,总产量已经连续三年下降,比 2017 年减产 12.93 万吨,同比下降 6.0%,与最高点 2015 年相比减产 21.37 万吨,产量减少 9.5%。2018 年粮食播种面积 299.78 千公顷,播种面积连续三年减少,比 2017 年减少 29.55 千公顷,同比下降 9.0%,与最高点 2015 年相比播面减少 35.53 千公顷,播面减少 10.6%。

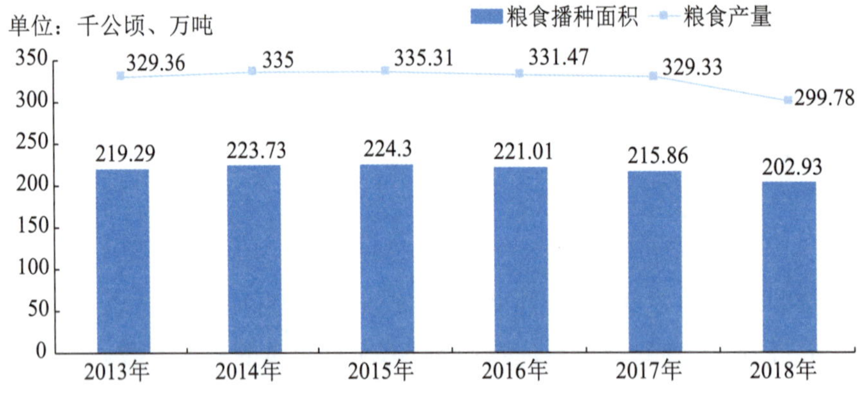


**2013—2018 年长沙粮食大县粮食生产情况**

其中,长沙四个粮食生产大县稻谷产量为 188.70 万吨,比 2017 年减产 13.69 万吨,同比下降 6.8%,稻谷播种面积 272.78 千公顷,比 2017 年减少 29.65 千公顷,同比下降 9.8%。

**表 1 2013—2018 年长沙粮食大县稻谷生产情况**

| | 2018 年 | 2017 年 | 2016 年 | 2015 年 | 2014 年 | 2013 年 |
|---|---|---|---|---|---|---|
| 稻谷播种面积(千公顷) | 272.78 | 302.43 | 307.52 | 310.46 | 309.37 | 303.44 |
| 稻谷产量(万吨) | 188.70 | 202.39 | 208.43 | 211.45 | 210.09 | 205.26 |

注:粮食产量和播种面积数据为望城区、长沙县、宁乡市和浏阳市四个粮食生产大县数据之和。

## (二)稻谷单产有所增加

2018 年,长沙四个粮食生产大县粮食单位面积产量为 451.29 公斤/亩,比 2017 年增加 14.32 公斤/亩,增长 3.3%;其中,早稻单位面积产量 400.93 公斤/亩,比 2017 年增加 16.58 公斤/亩,增长 4.3%;中稻及一季晚稻单位面积产量 530.20 公斤/亩,比 2017 年增加 10.20 公斤/亩,增长 2.0%;双季晚稻单位面积产量 462.77 公斤/亩,比 2017 年减少 0.54 公斤/亩,下降 0.1%。

**表 2 2018 年长沙粮食大县粮食生产单产情况**

| | 单位面积产量(公斤/亩) | 增幅(%) |
|---|---|---|
| 粮食 | 451.29 | 3.3 |
| 稻谷 | 461.17 | 3.4 |
| 早稻 | 400.93 | 4.3 |
| 中稻及一季晚稻 | 530.20 | 2.0 |
| 双季晚稻 | 462.77 | −0.1 |

## (三)单季稻种植比例增加

从分季粮食播种面积来看,双季稻改种单季稻现象明显,早稻和双季晚稻播种面积减少,中稻及一季晚稻播种面积增加。其中,早稻播种面积为 94.86 千公顷,同比减少 17.8%,中稻及一季晚稻播种面积 80.53 千公顷,同比增加 16.4%,双季晚稻播种面积 97.40 千公顷,同比减少 17.3%。

**表 3 2018 年长沙分季节粮食生产情况**

单位:千公顷、公斤/亩、万吨

| | 播种面积 | 增幅(%) | 单产 | 增幅(%) | 总产量 | 增幅(%) |
|---|---|---|---|---|---|---|
| 粮食播种面积 | 299.78 | −9.0 | 451.29 | 3.3 | 202.93 | −6.0 |
| 早稻 | 94.86 | −17.8 | 400.93 | 4.3 | 57.05 | −14.3 |
| 中稻及一季晚稻 | 80.53 | 16.4 | 530.20 | 2.0 | 64.04 | 18.7 |
| 双季晚稻 | 97.40 | −17.3 | 462.77 | −0.1 | 67.61 | −17.4 |

## 二、农业供给侧结构性改革下农业生产呈现的新特点

### （一）农业产业结构调整优化

随着供给侧结构性改革和种植结构调整政策的推进，长沙农产品供给呈现多样化，农业产业结构得到优化。根据长沙市农委种植结构调整办公室提供的数据，2018 年，长沙市完成结构调整面积 29.5 万亩（占 2018 年全市调整任务的 103%）。改种多年生作物 9.49 万亩，占总调整面积的 32.1%，其中，改种花卉苗木 3 万亩，改种水果 2.26 万亩。改种一年生作物 16.22 万亩，占总调整面积的 54.9%，其中，改种油菜 7.74 万亩，大豆 1.05 万亩，玉米 1.06 万亩，高粱 1.44 万亩。改养殖水产品 3.83 万亩，占总调整面积的 13.0%，其中养殖虾 2.76 万亩。

### （二）农业特色产业逐步形成

以种植结构调整为契机，因地制宜，引导农业龙头企业、合作社、家庭农场、种植大户等新型农业经营主体参与结构调整，打造特色产业示范典型，构建特色农业产业体系。目前，一批特色种植片区形成了亮点，如：望城区桥驿镇以"油葵＋油菜"模式推进结构调整，"双花双油"提高了土地利用率，不仅食用油效益佳，同时也带动当地观光旅游业的发展。浏阳市蕉溪镇蕉溪村采用"莲田＋鱼、虾、鳅"模式，打造出千亩荷塘特色种植示范片。长沙县沃园香薯公司租下老双江镇政府和周边结构调整区 320 多亩建立加工基地和旱粮作物种植示范基地，产加销一体化；湖南诚扬公司在北山镇结构调整区种植 2000 余亩饲料蛋白桑，打造集种植加工销售于一体的桑畜禽循环生态产业链。

### （三）一、二、三产业融合发展加快

种植结构调整围绕"产业突围、转型突破"，突破传统种植业发展瓶颈，促进一、二、三产业融合发展。长沙县引导县内朴愿博野、绿悠朴、地锦农庄、湘丰茶业等 10 家企业联合发起成立了长沙县农旅文创发展联盟，推出了有机农场、葡萄庄园、蘑菇王国、农业科学城茶叶基地四条春季农耕自然教育体验旅游路线。长沙县金井茶厂在结构调整区域新扩 170 亩茶园基地，打造现场采摘体验园区，结合公司"三棵树"茶园观光、茶文化陈列馆建设等，打造产业融合发展新模式。望城区宝丰生态农业通过种植蔬菜、水果、养殖水产，形成观光旅游产业链，市民可以体验采摘、垂钓等农家风味。

## 三、存在的问题

"种什么、怎么种、卖得了、是否有效益"成为农业供给侧结构性改革农民和经营主体关

心的主要问题。目前，长沙在农业供给侧结构性改革中依然存在产业布局不合理、产业化程度低和劳动力素质不高等问题。

### （一）产业布局不尽合理，结构性雷同现象突出

一方面。相当一部分种植结构调整区位置较偏僻，水利、道路等基础设施条件差，项目引进有难度；有的地方土质较差，低洼地易淹，对改种作物要求比较挑剔。另一方面，农民群众认识上有误区，存在跟风从众现象，易陷入种植业周期效应和“蛛网效应”泥潭。

### （二）农业产业化程度较低，农业供给质量不高

实施结构调整的农民和经营主体普遍规模小、产业链短，种植品种的产品附加值低，难以形成规模效应。同时，农业产业中竞争力强的品牌不多，农产品产供销的链条还不完善，农产品加工业集群效应尚未形成，农业生产与消费、供给与需求的对接还不够紧密。

### （三）农业劳动力素质不高，种植技术不成熟

目前，农村从事农业生产的大多是40岁以上的中、老年劳动力，文化素质不高，市场意识淡薄。在调查中许多农业企业都表示存在用工荒，缺乏有技术的新型职业农民，由于农业的整体效益并不高，高层次人才进入农业的动力不足。另一方面，结构调整区原本是水稻种植区，农户对于水稻的种植有一套成熟的办法，现在改种其他作物，种植技术有所欠缺，种植经验有所缺乏，还需要摸索，相关的配套设施设备不健全。

## 四、进一步加大农业供给侧结构性改革的意见和建议

### （一）发展优质高产、高效生态农业和特色农业

在农业结构调整工作中要因地制宜、扬长避短，结合本地实际情况，培植本地的特色产品和优势产业。

### （二）加大农业科技推广力度

种植特色产品相比种植水稻对技术、土壤、灌溉等条件的要求更高，有关部门要加强相关技术指导和推广，通过引进新技术新品种，提高结构调整区域化布局、专业化生产、规模化发展、产业化经营水平。

### （三）大力发展订单农业

指导龙头企业、专业合作社与农户和经营主体签订特色种植购销合同，形成稳定的销售渠道，构建利益联结机制，推进特色经济作物产业持续发展。

### (四)加强新型农民技能培训

面向农业供给侧结构性改革和特色种植实际需求开展农业职业教育培训，同时，吸引外出农民工、高校毕业生、退伍军人、科技人员和城市各类人才，返乡下乡参与农业供给侧结构性改革。

（邓　杰）

# 2019湖南民生调查报告

# 数据篇

# 历年城镇居民生活

| 年份 | 平均每人每年（元） | | | | | 每一就业者负担人数（人） | 人均居住面积（平方米） |
|---|---|---|---|---|---|---|---|
| | 全部收入 | 可支配收入 | 指数（1978年=100） | 消费支出 | #食品支出 | | |
| 1978 | 323.9 | 323.9 | 100.0 | 289.6 | 166.1 | 1.90 | 3.90 |
| 1980 | 475.9 | 475.9 | 125.2 | 425.5 | 244.1 | 1.76 | 4.30 |
| 1981 | 505.1 | 505.1 | 118.7 | 465.8 | 260.3 | 1.72 | 4.80 |
| 1982 | 519.0 | 519.0 | 116.8 | 449.4 | 264.5 | 1.70 | 5.10 |
| 1983 | 564.0 | 564.0 | 123.2 | 492.7 | 289.4 | 1.72 | 5.40 |
| 1984 | 645.0 | 645.0 | 138.0 | 540.8 | 310.4 | 1.71 | 5.80 |
| 1985 | 760.8 | 760.8 | 161.8 | 685.3 | 366.5 | 1.88 | 6.00 |
| 1986 | 904.4 | 904.4 | 182.5 | 775.3 | 427.9 | 1.90 | 6.40 |
| 1987 | 1017.8 | 1017.8 | 184.5 | 871.6 | 497.1 | 1.87 | 6.50 |
| 1988 | 1255.0 | 1255.0 | 181.0 | 1142.7 | 580.7 | 1.84 | 6.90 |
| 1989 | 1492.6 | 1492.6 | 183.5 | 1234.0 | 678.3 | 1.82 | 7.00 |
| 1990 | 1591.5 | 1591.5 | 194.5 | 1294.0 | 720.3 | 1.80 | 6.91 |
| 1991 | 1783.2 | 1783.2 | 207.3 | 1446.0 | 772.1 | 1.80 | 7.07 |
| 1992 | 2172.0 | 2166.5 | 221.9 | 1732.0 | 881.6 | 1.76 | 7.41 |
| 1993 | 2822.0 | 2816.5 | 245.8 | 2194.0 | 1049.4 | 1.73 | 8.14 |
| 1994 | 3893.0 | 3887.6 | 271.9 | 3138.0 | 1496.8 | 1.70 | 7.93 |
| 1995 | 4705.2 | 4699.2 | 278.7 | 3886.0 | 1898.1 | 1.67 | 7.75 |
| 1996 | 5060.0 | 5052.1 | 279.2 | 4098.0 | 1986.6 | 1.64 | 8.06 |
| 1997 | 5248.9 | 5209.7 | 280.1 | 4317.2 | 1972.8 | 1.64 | 8.66 |
| 1998 | 5474.6 | 5434.3 | 290.7 | 4371.0 | 1907.6 | 1.62 | 9.91 |
| 1999 | 5855.7 | 5815.4 | 312.2 | 4800.0 | 1942.2 | 1.66 | 10.77 |
| 2000 | 6261.2 | 6218.7 | 328.9 | 5218.8 | 1943.7 | 1.71 | 11.75 |
| 2001 | 6832.6 | 6780.6 | 362.6 | 5546.2 | 1943.6 | 1.77 | 11.80 |
| 2002 | 7371.8 | 6958.6 | 399.7 | 5574.7 | 1985.9 | 1.97 | 12.40 |
| 2003 | 8145.1 | 7674.2 | 434.7 | 6082.6 | 2179.3 | 1.89 | 24.43 |
| 2004 | 9190.2 | 8617.5 | 468.9 | 6884.6 | 2479.6 | 1.88 | 25.39 |
| 2005 | 10106.1 | 9524.0 | 507.6 | 7505.0 | 2689.4 | 2.05 | 22.03 |
| 2006 | 11146.1 | 10504.7 | 551.2 | 8169.3 | 2850.9 | 2.03 | 22.54 |
| 2007 | 14148.9 | 12293.5 | 613.2 | 8990.7 | 3243.9 | 1.99 | 34.71 |
| 2008 | 14577.3 | 13821.2 | 651.2 | 9945.5 | 3970.4 | 2.10 | 36.52 |
| 2009 | 16078.1 | 15084.3 | 713.1 | 10828.2 | 4174.6 | 2.06 | 37.25 |
| 2010 | 17657.1 | 16565.7 | 759.4 | 11825.3 | 4322.1 | 2.07 | 37.51 |
| 2011 | 20083.9 | 18844.1 | 819.4 | 13402.9 | 4943.9 | 2.15 | 39.69 |
| 2012 | 22804.6 | 21318.8 | 907.1 | 14609.0 | 5441.6 | 2.05 | 40.22 |
| 2013 | 26107.6 | 24352.0 | 970.6 | 16867.3 | 5323.0 | 1.95 | 39.97 |
| 2014 | 28796.4 | 26570.2 | 1037.6 | 18334.7 | 5596.0 | 1.84 | 39.52 |
| 2015 | 31468.3 | 28838.1 | 1109.2 | 19501.4 | 6075.5 | 1.90 | 41.02 |
| 2016 | 35055.6 | 31283.9 | 1181.3 | 21420.0 | 6407.7 | 1.96 | 44.04 |
| 2017 | 38845.9 | 33947.9 | 1261.6 | 23162.6 | 6585.0 | 1.98 | 46.48 |
| 2018 | 42316.8 | 36698.3 | 1338.6 | 25064.2 | 6848.9 | 2.03 | 48.76 |

注：1. 1991年及以前的可支配收入均系全部收入。

2. 2002年起，可支配收入剔除了出售财物收入和个人交纳的社会保障支出，消费支出中，居住支出剔除了自有房屋折算金。

# 历年城镇居民平均每人家庭收入及来源

单位：元

| 年份 | 可支配收入 | 全部收入 | 工资性收入 | 经营净收入 | 财产净收入 | 转移净收入 |
|---|---|---|---|---|---|---|
| 1978 | 323.9 | 323.9 | 306.0 | | | |
| 1980 | 475.9 | 475.9 | 466.2 | | | 9.7 |
| 1981 | 505.1 | 505.1 | 496.6 | 0.3 | | 8.2 |
| 1982 | 519.0 | 519.0 | 507.3 | 0.1 | | 11.6 |
| 1983 | 564.0 | 564.0 | 549.7 | | | 14.3 |
| 1984 | 645.0 | 645.0 | 627.7 | 0.4 | | 16.9 |
| 1985 | 760.8 | 760.8 | 651.1 | 9.5 | | 100.2 |
| 1986 | 904.4 | 904.4 | 752.4 | 9.7 | | 142.4 |
| 1987 | 1017.8 | 1017.8 | 840.4 | 11.2 | | 166.2 |
| 1988 | 1255.0 | 1255.0 | 1078.7 | 21.3 | | 155.0 |
| 1989 | 1492.6 | 1492.6 | 1213.2 | 28.2 | 14.2 | 237.0 |
| 1990 | 1591.5 | 1591.5 | 1327.7 | 23.6 | 16.4 | 223.7 |
| 1991 | 1783.2 | 1783.2 | 1567.0 | 14.4 | 19.8 | 182.1 |
| 1992 | 2166.6 | 2172.0 | 1768.2 | 18.2 | 28.8 | 356.8 |
| 1993 | 2821.6 | 2822.0 | 2298.9 | 31.2 | 54.5 | 437.4 |
| 1994 | 3892.7 | 3893.0 | 3154.5 | 27.8 | 81.5 | 629.2 |
| 1995 | 4699.2 | 4705.2 | 3971.1 | 26.0 | 81.6 | 626.5 |
| 1996 | 5052.1 | 5060.0 | 4309.5 | 44.3 | 86.8 | 619.4 |
| 1997 | 5209.7 | 5248.9 | 4433.6 | 35.2 | 112.0 | 668.1 |
| 1998 | 5434.3 | 5474.6 | 4517.5 | 35.4 | 142.6 | 779.1 |
| 1999 | 5815.4 | 5855.7 | 4723.6 | 52.4 | 153.9 | 925.8 |
| 2000 | 6218.7 | 6261.2 | 4954.2 | 140.1 | 158.8 | 1008.1 |
| 2001 | 6780.6 | 6832.6 | 5168.4 | 170.0 | 239.5 | 1254.7 |
| 2002 | 6958.6 | 7371.8 | 5408.2 | 235.4 | 111.0 | 1617.2 |
| 2003 | 7674.2 | 8145.1 | 5984.8 | 356.2 | 100.7 | 1703.4 |
| 2004 | 8617.5 | 9190.2 | 6807.3 | 494.0 | 92.9 | 1796.0 |
| 2005 | 9524.0 | 10106.1 | 6805.4 | 872.2 | 195.6 | 2232.9 |
| 2006 | 10504.7 | 11146.1 | 7401.7 | 929.8 | 287.2 | 2527.3 |
| 2007 | 12293.5 | 14148.9 | 8612.5 | 2343.4 | 170.9 | 3022.1 |
| 2008 | 13821.2 | 14577.3 | 9071.0 | 1575.1 | 316.5 | 3614.7 |
| 2009 | 15084.3 | 16078.1 | 9854.1 | 1744.4 | 419.2 | 4060.5 |
| 2010 | 16565.7 | 17657.1 | 10782.0 | 1880.9 | 541.1 | 4453.0 |
| 2011 | 18844.1 | 20083.9 | 11550.1 | 2674.2 | 770.7 | 5089.0 |
| 2012 | 21318.8 | 22804.6 | 13237.1 | 3008.3 | 867.8 | 5691.4 |
| 2013 | 24352.0 | 26107.6 | 13453.0 | 3254.8 | 2387.3 | 5256.8 |
| 2014 | 26570.2 | 28796.4 | 14661.7 | 3566.7 | 2628.6 | 5713.1 |
| 2015 | 28838.1 | 31468.3 | 15902.8 | 3993.6 | 2801.0 | 6140.8 |
| 2016 | 31283.9 | 35055.6 | 17274.9 | 4339.2 | 3009.6 | 6660.2 |
| 2017 | 33947.9 | 38845.9 | 18765.9 | 4605.8 | 3204.1 | 7372.2 |
| 2018 | 36698.3 | 42316.8 | 20021.5 | 5252.5 | 3715.3 | 7708.9 |

# 历年城镇居民平均每人消费性分类支出

单位:元

| 年 份 | 消费性支出 | 食品 | 衣着 | 居住 | 家庭设备用品及服务 | 交通和通信 | 文教娱乐用品及服务 | 医疗保健 | 其他商品和服务 |
|---|---|---|---|---|---|---|---|---|---|
| 1978 | 289.6 | 166.1 | | | | | 99.5 | | 24.0 |
| 1980 | 425.5 | 244.1 | 54.0 | 17.0 | 46.3 | 6.4 | 32.8 | 2.8 | 22.2 |
| 1981 | 465.8 | 260.3 | 57.8 | 18.5 | 50.6 | 5.8 | 47.0 | 3.8 | 21.9 |
| 1982 | 449.4 | 264.5 | 54.8 | 20.0 | 42.7 | 6.1 | 35.6 | 4.2 | 21.4 |
| 1983 | 492.7 | 289.4 | 61.9 | 21.4 | 46.8 | 7.2 | 39.1 | 4.2 | 22.7 |
| 1984 | 540.8 | 310.4 | 70.4 | 22.2 | 53.9 | 7.8 | 47.5 | 4.2 | 24.4 |
| 1985 | 685.3 | 366.5 | 86.5 | 33.0 | 80.2 | 7.6 | 74.8 | 8.3 | 28.6 |
| 1986 | 775.3 | 427.9 | 102.0 | 36.4 | 89.0 | 8.4 | 67.2 | 9.7 | 34.7 |
| 1987 | 871.6 | 497.1 | 101.5 | 36.0 | 96.6 | 9.4 | 77.3 | 10.3 | 43.3 |
| 1988 | 1142.7 | 580.7 | 132.0 | 54.9 | 168.1 | 11.9 | 110.9 | 18.4 | 65.8 |
| 1989 | 1234.4 | 678.3 | 146.4 | 51.5 | 144.9 | 14.9 | 108.3 | 21.6 | 68.6 |
| 1990 | 1294.1 | 720.3 | 170.4 | 60.0 | 124.6 | 26.8 | 122.8 | 19.2 | 50.0 |
| 1991 | 1445.5 | 772.1 | 197.6 | 71.3 | 142.8 | 33.2 | 135.4 | 25.6 | 67.6 |
| 1992 | 1731.6 | 881.6 | 237.0 | 95.9 | 164.7 | 39.3 | 176.8 | 41.1 | 95.3 |
| 1993 | 2194.0 | 1049.4 | 305.0 | 141.8 | 230.6 | 72.4 | 215.2 | 57.7 | 121.9 |
| 1994 | 3138.2 | 1496.8 | 420.7 | 184.5 | 301.9 | 184.6 | 316.6 | 82.1 | 151.0 |
| 1995 | 3885.6 | 1898.1 | 481.1 | 244.3 | 370.7 | 206.9 | 408.4 | 108.7 | 167.5 |
| 1996 | 4098.3 | 1986.6 | 507.1 | 267.8 | 334.1 | 210.6 | 460.9 | 149.8 | 181.4 |
| 1997 | 4317.2 | 1972.8 | 497.6 | 316.7 | 327.8 | 276.7 | 576.4 | 161.3 | 188.1 |
| 1998 | 4371.0 | 1907.6 | 458.4 | 411.2 | 332.2 | 255.8 | 642.7 | 183.9 | 179.2 |
| 1999 | 4800.0 | 1942.2 | 512.3 | 492.6 | 401.4 | 321.3 | 697.2 | 206.1 | 226.5 |
| 2000 | 5218.8 | 1943.7 | 495.2 | 576.7 | 544.5 | 395.6 | 753.8 | 270.2 | 239.1 |
| 2001 | 5546.2 | 1943.6 | 551.5 | 662.4 | 460.1 | 474.7 | 826.9 | 328.6 | 298.4 |
| 2002 | 5574.7 | 1985.9 | 577.7 | 581.9 | 420.4 | 596.0 | 883.6 | 343.7 | 185.6 |
| 2003 | 6082.6 | 2179.3 | 621.3 | 586.9 | 420.2 | 680.2 | 993.9 | 391.3 | 209.5 |
| 2004 | 6884.6 | 2479.6 | 689.5 | 640.7 | 388.2 | 881.9 | 1091.3 | 475.6 | 237.9 |
| 2005 | 7505.0 | 2689.4 | 790.7 | 771.5 | 451.0 | 801.3 | 1138.7 | 601.3 | 261.2 |
| 2006 | 8169.3 | 2850.9 | 868.2 | 871.7 | 513.6 | 965.1 | 1182.2 | 632.5 | 285.0 |
| 2007 | 8990.7 | 3243.9 | 1017.6 | 869.6 | 603.2 | 986.9 | 1285.2 | 668.5 | 315.8 |
| 2008 | 9945.5 | 3970.4 | 1090.7 | 960.8 | 674.8 | 971.1 | 1110.1 | 791.0 | 376.6 |
| 2009 | 10828.2 | 4174.6 | 1146.3 | 1074.7 | 798.4 | 1233.8 | 1207.7 | 784.7 | 408.1 |
| 2010 | 11825.3 | 4322.1 | 1277.5 | 1182.3 | 903.8 | 1541.4 | 1418.9 | 776.9 | 402.5 |
| 2011 | 13402.9 | 4943.9 | 1499.0 | 1292.6 | 940.8 | 1975.5 | 1526.1 | 790.8 | 434.3 |
| 2012 | 14609.0 | 5441.6 | 1624.6 | 1301.6 | 1034.3 | 2084.2 | 1737.6 | 918.4 | 466.7 |
| 2013 | 16867.3 | 5323.0 | 1387.9 | 3427.8 | 1108.3 | 2141.2 | 2016.4 | 1022.8 | 439.8 |
| 2014 | 18334.7 | 5596.0 | 1442.1 | 3567.6 | 1098.6 | 2462.1 | 2537.5 | 1209.8 | 421.0 |
| 2015 | 19501.4 | 6075.5 | 1638.1 | 3519.6 | 1202.6 | 2430.2 | 2934.1 | 1174.6 | 526.6 |
| 2016 | 21420.0 | 6407.7 | 1666.4 | 3918.7 | 1384.1 | 2837.1 | 3406.1 | 1362.6 | 437.4 |
| 2017 | 23162.6 | 6585.0 | 1682.4 | 4353.2 | 1492.6 | 2904.6 | 3972.9 | 1693.0 | 478.9 |
| 2018 | 25064.2 | 6848.9 | 1823.5 | 5060.9 | 1635.6 | 3220.3 | 3924.5 | 2034.4 | 516.0 |

注:1.1992 年以前的数据,按现行的指标进行重新计算。

2.2013 年起,居住消费中加入自有住房折算租金。

# 历年农村居民生活

| 年　份 | 平均每人每年(元) | | | | | 每一劳动力负担人数(人) | 农村人均居住面积(平方米) |
|---|---|---|---|---|---|---|---|
| | 可支配收入(纯收入) | 收入指数(1978年=100) | 总支出 | 生活消费支　出 | #食品支出 | | |
| 1978 | 142.56 | | 167.10 | 140.07 | 97.93 | 2.33 | 10.50 |
| 1980 | 219.72 | 147.6 | 236.13 | 192.95 | 127.70 | 2.09 | 11.15 |
| 1981 | 241.70 | 160.5 | 265.29 | 207.59 | 135.98 | 1.95 | 11.87 |
| 1982 | 284.40 | 186.5 | 323.22 | 248.69 | 164.02 | 2.00 | 12.89 |
| 1983 | 315.70 | 205.0 | 409.19 | 273.86 | 175.62 | 1.77 | 16.10 |
| 1984 | 348.20 | 221.9 | 441.76 | 293.19 | 190.96 | 1.74 | 16.77 |
| 1985 | 395.26 | 239.4 | 519.85 | 348.45 | 219.43 | 1.69 | 18.20 |
| 1986 | 439.70 | 255.9 | 568.00 | 386.35 | 228.96 | 1.68 | 19.25 |
| 1987 | 471.30 | 257.4 | 639.14 | 434.75 | 245.68 | 1.67 | 20.01 |
| 1988 | 515.35 | 244.8 | 730.06 | 480.75 | 266.89 | 1.65 | 20.48 |
| 1989 | 558.34 | 236.5 | 786.48 | 516.29 | 290.35 | 1.63 | 21.57 |
| 1990 | 664.23 | 229.4 | 930.23 | 608.73 | 390.73 | 1.65 | 22.27 |
| 1991 | 688.91 | 234.4 | 1008.06 | 655.54 | 412.63 | 1.69 | 22.58 |
| 1992 | 739.40 | 239.7 | 1116.06 | 707.79 | 442.56 | 1.67 | 23.12 |
| 1993 | 851.90 | 244.5 | 1306.48 | 816.56 | 498.95 | 1.63 | 24.56 |
| 1994 | 1155.00 | 257.0 | 1766.51 | 1088.73 | 665.72 | 1.60 | 24.23 |
| 1995 | 1425.16 | 270.4 | 2203.36 | 1367.30 | 823.91 | 1.60 | 25.57 |
| 1996 | 1792.30 | 292.8 | 2784.64 | 1736.71 | 1025.32 | 1.56 | 26.88 |
| 1997 | 2037.06 | 318.9 | 2853.42 | 1815.79 | 1078.00 | 1.56 | 27.37 |
| 1998 | 2064.85 | 326.6 | 2829.93 | 1889.18 | 1107.23 | 1.54 | 28.79 |
| 1999 | 2147.18 | 344.6 | 2772.35 | 1920.15 | 1122.96 | 1.52 | 29.88 |
| 2000 | 2197.2 | 361.1 | 2964.9 | 1942.9 | 1053.4 | 1.46 | 30.92 |
| 2001 | 2299.5 | 379.5 | 3030.1 | 1990.3 | 1053.2 | 1.45 | 32.87 |
| 2002 | 2397.9 | 398.5 | 3114.7 | 2068.7 | 1086.1 | 1.44 | 34.05 |
| 2003 | 2532.9 | 417.2 | 3184.3 | 2139.2 | 1111.3 | 1.42 | 35.09 |
| 2004 | 2837.8 | 450.6 | 3729.1 | 2472.3 | 1338.7 | 1.40 | 36.55 |
| 2005 | 3117.7 | 483.0 | 4289.5 | 2756.4 | 1433.0 | 1.40 | 38.38 |
| 2006 | 3389.8 | 519.7 | 4502.7 | 3013.1 | 1463.3 | 1.38 | 39.28 |
| 2007 | 3904.3 | 562.8 | 5009.9 | 3377.4 | 1675.2 | 1.37 | 40.18 |
| 2008 | 4512.5 | 607.8 | 5695.0 | 3805.0 | 1947.5 | 1.37 | 40.72 |
| 2009 | 4910.0 | 664.3 | 6024.2 | 4020.9 | 1967.5 | 1.36 | 41.69 |
| 2010 | 5622.0 | 737.1 | 6507.9 | 4310.4 | 2087.9 | 1.36 | 42.01 |
| 2011 | 6567.1 | 815.2 | 8480.5 | 5179.4 | 2343.1 | 1.35 | 46.62 |
| 2012 | 7440.2 | 909.0 | 9356.8 | 5870.1 | 2574.8 | 1.36 | 46.78 |
| 2013 | 9028.6 | 998.0 | 14349.5 | 7832.6 | 2708.9 | 1.51 | 52.93 |
| 2014 | 10060.2 | 1096.8 | 16612.3 | 9024.8 | 3095.2 | 1.50 | 54.2 |
| 2015 | 10992.5 | 1185.6 | 17387.2 | 9690.6 | 3188.9 | 1.50 | 57.3 |
| 2016 | 11930.4 | 1262.7 | 18231.3 | 10629.9 | 3370.7 | 1.68 | 60.6 |
| 2017 | 12935.8 | 1353.6 | 19309.0 | 11533.6 | 3521.2 | 1.71 | 63.5 |
| 2018 | 14092.5 | 1445.7 | 23632.9 | 12720.5 | 3713.9 | 1.83 | 63.6 |

注:从2013年开始收入指标改为可支配收入,收支口径有所变化。主要变化是参与平均的人口由家庭户籍人口改为家庭常住人口。居住面积也因人口口径变化而变化,指标名称由农村人均居住面积改为农村居民人均自有现住房面积。收入指数扣除价格因素影响。

# 历年农村居民平均每人家庭收入及来源

单位：元

| 年　份 | 可支配收入（纯收入） | 工资性收入 | 经营净收入 | 财产净收入 | 转移净收入 |
|---|---|---|---|---|---|
| 1978 | 142.56 | | | | |
| 1979 | 177.12 | | | | |
| 1980 | 219.72 | 104.21 | 88.51 | 26.99 | |
| 1981 | 243.17 | 110.52 | 102.49 | 30.17 | |
| 1982 | 284.39 | 132.32 | 124.55 | 27.52 | |
| 1983 | 315.67 | 50.10 | 236.04 | 29.53 | |
| 1984 | 348.20 | 52.99 | 266.45 | 28.76 | |
| 1985 | 395.26 | 53.81 | 326.23 | 15.22 | |
| 1986 | 439.66 | 59.18 | 364.40 | 16.08 | |
| 1987 | 471.30 | 74.85 | 379.53 | 16.92 | |
| 1988 | 515.35 | 86.53 | 409.52 | 19.31 | |
| 1989 | 558.34 | 99.88 | 436.21 | 22.25 | |
| 1990 | 664.23 | 85.11 | 557.10 | 22.03 | |
| 1991 | 688.91 | 94.16 | 570.76 | 23.99 | |
| 1992 | 739.42 | 114.01 | 601.11 | 24.30 | |
| 1993 | 851.87 | 135.85 | 685.85 | 30.17 | |
| 1994 | 1155.00 | 206.77 | 903.01 | 45.22 | |
| 1995 | 1425.16 | 268.00 | 1095.89 | 61.27 | |
| 1996 | 1792.25 | 352.07 | 1367.11 | 73.07 | |
| 1997 | 2037.06 | 459.97 | 1508.55 | 68.54 | |
| 1998 | 2064.85 | 613.10 | 1383.34 | 68.41 | |
| 1999 | 2147.18 | 695.62 | 1372.68 | 78.88 | |
| 2000 | 2197.2 | 789.7 | 1329.1 | 20.7 | 57.6 |
| 2001 | 2299.5 | 840.1 | 1371.1 | 23.2 | 65.1 |
| 2002 | 2397.9 | 914.3 | 1376.7 | 29.0 | 77.9 |
| 2003 | 2532.9 | 988.4 | 1427.2 | 32.3 | 85.0 |
| 2004 | 2837.8 | 1081.2 | 1614.6 | 41.9 | 100.1 |
| 2005 | 3117.7 | 1228.8 | 1713.4 | 42.1 | 133.6 |
| 2006 | 3389.8 | 1449.7 | 1743.5 | 42.5 | 154.2 |
| 2007 | 3904.3 | 1712.3 | 1963.9 | 39.9 | 188.1 |
| 2008 | 4512.5 | 1990.5 | 2196.6 | 57.1 | 268.3 |
| 2009 | 4910.0 | 2234.0 | 2257.3 | 81.2 | 337.5 |
| 2010 | 5622.0 | 2655.6 | 2463.9 | 101.6 | 400.9 |
| 2011 | 6567.1 | 3240.8 | 2725.2 | 112.2 | 488.9 |
| 2012 | 7440.2 | 3847.6 | 2903.2 | 112.8 | 576.6 |
| 2013 | 9028.6 | 3671.6 | 3255.5 | 130.7 | 1970.7 |
| 2014 | 10060.2 | 4088.1 | 3638.9 | 165.6 | 2167.5 |
| 2015 | 10992.5 | 4515.2 | 3911.7 | 174.1 | 2391.5 |
| 2016 | 11930.4 | 4946.2 | 4138.6 | 143.1 | 2702.5 |
| 2017 | 12935.8 | 5340.8 | 4368.9 | 148.2 | 3077.9 |
| 2018 | 14092.5 | 5769.3 | 4785.7 | 179.3 | 3358.2 |

注：从2013年开始收入指标改为可支配收入，口径与纯收入有所变化。主要变化是参与平均的人口由家庭户籍人口改为家庭常住人口。

# 历年农村居民生活消费分类支出

单位：元

| 年　份 | 生活消费支出 | 食品烟酒 | 衣着 | 居住 | 生活用品及服务 | 交通通信 | 教育文化娱乐 | 医疗保健 | 其他用品和服务 |
|---|---|---|---|---|---|---|---|---|---|
| 1978 | 140.07 | 97.93 | 14.29 | 18.15 | | | | | |
| 1980 | 192.85 | 127.91 | 20.46 | 27.29 | 3.05 | 0.51 | 7.54 | 3.15 | 2.94 |
| 1981 | 207.59 | 135.98 | 23.06 | 27.85 | | | | | |
| 1982 | 248.69 | 164.02 | 24.74 | 35.83 | | | | | |
| 1983 | 273.86 | 175.62 | 26.71 | 41.77 | 16.27 | 1.29 | 6.38 | 4.70 | 1.12 |
| 1984 | 293.19 | 191.19 | 28.81 | 41.51 | 16.15 | 1.62 | 7.03 | 5.53 | 1.33 |
| 1985 | 348.45 | 219.57 | 33.77 | 50.96 | 15.69 | 6.63 | 11.92 | 7.49 | 2.42 |
| 1986 | 386.35 | 229.13 | 36.47 | 66.81 | 23.92 | 2.65 | 16.08 | 8.33 | 2.96 |
| 1987 | 434.75 | 248.06 | 36.93 | 79.33 | 29.70 | 3.08 | 22.97 | 10.68 | 4.00 |
| 1988 | 480.75 | 269.77 | 38.69 | 88.38 | 33.00 | 3.86 | 31.52 | 11.61 | 3.92 |
| 1989 | 516.29 | 293.98 | 39.64 | 87.67 | 33.53 | 4.64 | 37.05 | 16.14 | 3.64 |
| 1990 | 608.73 | 390.73 | 37.29 | 82.75 | 28.62 | 8.83 | 39.18 | 18.29 | 3.04 |
| 1991 | 655.54 | 412.63 | 42.87 | 92.29 | 34.67 | 6.79 | 41.14 | 20.56 | 4.59 |
| 1992 | 707.29 | 442.56 | 43.51 | 98.80 | 35.92 | 8.23 | 52.59 | 22.69 | 3.49 |
| 1993 | 816.55 | 498.95 | 45.40 | 108.07 | 40.13 | 16.14 | 74.16 | 24.37 | 9.33 |
| 1994 | 1088.73 | 665.72 | 61.23 | 148.63 | 50.39 | 21.59 | 98.91 | 29.28 | 12.98 |
| 1995 | 1367.30 | 823.91 | 73.51 | 192.42 | 68.79 | 26.29 | 128.84 | 35.78 | 17.75 |
| 1996 | 1736.71 | 1025.32 | 96.04 | 229.74 | 84.74 | 38.70 | 176.96 | 58.66 | 26.55 |
| 1997 | 1821.13 | 1081.60 | 90.53 | 241.93 | 84.24 | 46.30 | 187.99 | 58.26 | 30.29 |
| 1998 | 1889.18 | 1107.23 | 91.45 | 251.73 | 85.69 | 45.90 | 206.60 | 61.69 | 38.88 |
| 1999 | 1920.15 | 1122.96 | 82.65 | 267.92 | 79.73 | 60.24 | 207.67 | 62.13 | 36.86 |
| 2000 | 1942.9 | 1053.4 | 89.8 | 251.9 | 78.1 | 99.4 | 222.5 | 82.2 | 65.7 |
| 2001 | 1990.3 | 1053.2 | 93.4 | 268.7 | 80.8 | 102.4 | 234.4 | 95.7 | 61.8 |
| 2002 | 2068.7 | 1086.1 | 97.9 | 271.3 | 84.8 | 118.6 | 248.6 | 102.8 | 58.7 |
| 2003 | 2139.2 | 1111.3 | 106.2 | 272.0 | 79.6 | 146.9 | 270.5 | 105.2 | 47.5 |
| 2004 | 2472.3 | 1338.7 | 112.4 | 293.2 | 92.4 | 174.5 | 280.0 | 124.1 | 57.1 |
| 2005 | 2756.4 | 1433.0 | 127.9 | 307.3 | 114.3 | 219.0 | 329.3 | 168.2 | 57.5 |
| 2006 | 3013.1 | 1463.3 | 137.7 | 420.8 | 129.8 | 249.6 | 341.7 | 196.5 | 73.6 |
| 2007 | 3377.4 | 1675.2 | 161.8 | 508.3 | 152.6 | 278.8 | 293.9 | 220.0 | 86.9 |
| 2008 | 3805.0 | 1947.5 | 169.1 | 629.8 | 171.1 | 286.0 | 278.7 | 244.2 | 78.7 |
| 2009 | 4020.9 | 1967.5 | 182.5 | 691.6 | 203.7 | 341.3 | 291.0 | 258.1 | 85.3 |
| 2010 | 4310.4 | 2087.9 | 209.9 | 719.2 | 243.9 | 343.8 | 315.9 | 293.6 | 96.2 |
| 2011 | 5179.4 | 2343.1 | 260.4 | 969.7 | 330.7 | 421.7 | 346.6 | 396.5 | 110.6 |
| 2012 | 5870.1 | 2574.8 | 318.0 | 1088.2 | 373.5 | 481.6 | 400.2 | 497.2 | 136.6 |
| 2013 | 7832.6 | 2708.9 | 403.1 | 1764.6 | 511.6 | 798.8 | 733.8 | 747.1 | 164.6 |
| 2014 | 9024.8 | 3095.2 | 468.0 | 1982.4 | 541.9 | 871.9 | 1112.1 | 771.4 | 181.9 |
| 2015 | 9690.6 | 3188.9 | 494.5 | 2191.0 | 604.7 | 920.2 | 1276.4 | 844.1 | 170.7 |
| 2016 | 10629.9 | 3370.7 | 508.3 | 2369.4 | 639.9 | 1083.1 | 1477.3 | 986.5 | 194.6 |
| 2017 | 11533.6 | 3521.2 | 527.2 | 2562.5 | 642.8 | 1234.5 | 1710.2 | 1171.8 | 163.4 |
| 2018 | 12720.5 | 3713.9 | 624.1 | 2920.6 | 756.8 | 1449.7 | 1679.0 | 1386.0 | 191.4 |

注：从2013年开始支出口径有所变化。

# 历年各种物价总指数

| 年 份 | 居民消费价格指数 | 商品零售价格指数 | 农产品生产者价格指数 | 工业生产者购进价格指数 | 工业品出厂价格指数 | 固定资产投资价格指数 |
|---|---|---|---|---|---|---|
| **上年＝100** | | | | | | |
| 1985 | 110.9 | 111.1 | 111.6 | | | 105.2 |
| 1986 | 105.3 | 104.8 | 105.7 | | | 108.8 |
| 1987 | 109.8 | 110.6 | 110.2 | | | 109.1 |
| 1988 | 125.6 | 125.9 | 123.1 | | | 119.2 |
| 1989 | 118.2 | 118.1 | 106.8 | 122.5 | 118.1 | 105.7 |
| 1990 | 100.4 | 99.4 | 94.1 | 103.3 | 100.6 | 107.3 |
| 1991 | 104.4 | 104.1 | 94.3 | 110.4 | 104.7 | 108.1 |
| 1992 | 110.7 | 109.5 | 99.1 | 116.2 | 111.1 | 116.4 |
| 1993 | 116.8 | 115.1 | 114.7 | 139.7 | 128.9 | 129.5 |
| 1994 | 125.3 | 124.5 | 114.1 | 119.6 | 117.6 | 113.5 |
| 1995 | 119.0 | 115.5 | 117.2 | 117.6 | 121.4 | 109.5 |
| 1996 | 107.7 | 105.2 | 104.9 | 105.7 | 105.6 | 104.9 |
| 1997 | 102.8 | 100.3 | 95.3 | 100.1 | 99.2 | 101.8 |
| 1998 | 100.2 | 97.9 | 90.4 | 94.8 | 95.9 | 102.7 |
| 1999 | 100.5 | 97.6 | 91.1 | 96.2 | 98.5 | 100.5 |
| 2000 | 101.4 | 99.3 | 96.8 | 106.7 | 102.9 | 102.3 |
| 2001 | 99.1 | 98.8 | 100.9 | 101.1 | 99.8 | 101.3 |
| 2002 | 99.5 | 99.2 | 99.9 | 99.3 | 99.2 | 100.4 |
| 2003 | 102.4 | 100.6 | 106.8 | 106.7 | 102.6 | 102.8 |
| 2004 | 105.1 | 103.9 | 127.3 | 114.4 | 108.0 | 105.5 |
| 2005 | 102.3 | 102.3 | 99.5 | 109.4 | 106.0 | 103.6 |
| 2006 | 101.4 | 101.3 | 100.7 | 106.5 | 104.3 | 103.1 |
| 2007 | 105.6 | 104.3 | 130.6 | 106.1 | 106.1 | 105.8 |
| 2008 | 106.0 | 105.6 | 126.7 | 112.0 | 109.3 | 109.9 |
| 2009 | 99.6 | 98.5 | 90.6 | 92.6 | 94.3 | 99.7 |
| 2010 | 103.1 | 103.1 | 109.9 | 110.0 | 106.9 | 104.0 |
| 2011 | 105.5 | 105.5 | 121.9 | 110.8 | 108.5 | 107.2 |
| 2012 | 102.0 | 101.7 | 100.2 | 100.1 | 99.1 | 101.7 |
| 2013 | 102.5 | 101.7 | 102.1 | 98.4 | 98.5 | 101.3 |
| 2014 | 101.9 | 101.2 | 98.6 | 97.9 | 98.4 | 101.5 |
| 2015 | 101.4 | 99.9 | 104.1 | 94.5 | 96.3 | 100.4 |
| 2016 | 101.9 | 101.0 | 104.7 | 98.0 | 98.9 | 100.4 |
| 2017 | 101.4 | 101.3 | 98.0 | 107.2 | 105.8 | 105.7 |
| 2018 | 102.0 | 102.3 | 95.4 | 103.5 | 103.2 | 104.8 |

续表

| 年　份 | 居民消费价格指数 | 商品零售价格指数 | 农产品生产者价格指数 | 工业生产者购进价格指数 | 工业品出厂价格指数 | 固定资产投资价格指数 |
|---|---|---|---|---|---|---|
| **1978年=100** | | | | | | |
| 1985 | 143.6 | 137.1 | 190.3 | | | 111.3 |
| 1986 | 151.2 | 143.7 | 201.1 | | | 121.0 |
| 1987 | 166.0 | 158.9 | 221.6 | | | 132.1 |
| 1988 | 208.5 | 200.1 | 272.8 | | | 157.4 |
| 1989 | 246.4 | 236.3 | 291.4 | 122.5 | 118.1 | 166.4 |
| 1990 | 247.4 | 234.9 | 274.2 | 126.5 | 118.8 | 178.5 |
| 1991 | 258.3 | 244.5 | 258.6 | 139.7 | 124.4 | 193.0 |
| 1992 | 285.9 | 267.7 | 256.3 | 162.3 | 138.2 | 224.6 |
| 1993 | 333.9 | 308.2 | 294.0 | 226.7 | 178.1 | 290.9 |
| 1994 | 418.4 | 383.6 | 335.5 | 271.1 | 209.4 | 330.2 |
| 1995 | 497.9 | 443.1 | 393.2 | 318.8 | 254.2 | 361.6 |
| 1996 | 536.2 | 466.1 | 412.5 | 337.0 | 268.4 | 379.3 |
| 1997 | 551.2 | 467.5 | 393.1 | 337.3 | 266.3 | 386.1 |
| 1998 | 552.3 | 457.7 | 355.4 | 319.8 | 255.4 | 396.5 |
| 1999 | 555.1 | 446.7 | 323.8 | 307.6 | 251.6 | 398.5 |
| 2000 | 562.9 | 443.6 | 313.4 | 328.2 | 258.9 | 407.7 |
| 2001 | 557.8 | 438.3 | 316.2 | 331.8 | 258.4 | 413.0 |
| 2002 | 555.0 | 434.8 | 315.9 | 329.5 | 256.3 | 414.6 |
| 2003 | 568.3 | 437.4 | 337.4 | 351.6 | 263.0 | 426.2 |
| 2004 | 597.3 | 454.5 | 429.5 | 402.2 | 284.0 | 449.7 |
| 2005 | 611.0 | 465.0 | 427.4 | 440.0 | 301.0 | 465.9 |
| 2006 | 619.6 | 471.0 | 430.4 | 468.6 | 313.9 | 480.3 |
| 2007 | 654.3 | 491.3 | 562.1 | 497.2 | 333.0 | 508.2 |
| 2008 | 693.6 | 518.8 | 712.2 | 556.9 | 364.0 | 558.5 |
| 2009 | 690.8 | 511.0 | 645.3 | 515.7 | 343.3 | 556.8 |
| 2010 | 712.2 | 526.8 | 654.3 | 567.3 | 367.0 | 579.1 |
| 2011 | 751.4 | 555.8 | 797.6 | 628.6 | 398.2 | 620.8 |
| 2012 | 766.4 | 565.2 | 799.2 | 629.2 | 394.6 | 631.3 |
| 2013 | 785.6 | 574.8 | 816.0 | 619.1 | 388.7 | 639.6 |
| 2014 | 800.5 | 581.7 | 804.6 | 606.1 | 382.5 | 649.1 |
| 2015 | 811.7 | 581.1 | 837.6 | 572.8 | 368.3 | 651.7 |
| 2016 | 827.1 | 586.9 | 877.0 | 561.3 | 364.3 | 654.4 |
| 2017 | 838.9 | 594.2 | 859.4 | 601.7 | 385.4 | 691.7 |
| 2018 | 855.4 | 607.7 | 819.9 | 622.8 | 397.7 | 724.9 |

注：1. 主要原材料、燃料、动力购进价格指数和工业品出厂价格指数以1988年为100。

2. 固定资产投资价格指数以1982年为100。

# 居民消费价格分类指数(2018 年)

上年＝100

| 类　　别 | 合计 | 城镇 | 农村 |
|---|---|---|---|
| 居民消费价格指数(%) | 102.0 | 101.9 | 102.0 |
| 服务项目价格指数 | 102.4 | 101.9 | 103.4 |
| 工业品价格指数 | 102.5 | 102.3 | 103.1 |
| 消费品价格指数 | 101.7 | 102.0 | 101.3 |
| 扣除食品和能源价格指数 | 102.0 | 101.6 | 102.7 |
| 食品烟酒 | 100.8 | 101.6 | 99.3 |
| 食品 | 100.8 | 101.9 | 98.9 |
| 粮食 | 101.1 | 100.7 | 101.6 |
| 薯类 | 102.9 | 109.3 | 96.6 |
| 豆类 | 99.7 | 100.9 | 97.8 |
| 食用油 | 99.2 | 101.8 | 96.2 |
| 菜 | 106.0 | 108.5 | 101.6 |
| 畜肉类 | 94.1 | 95.7 | 91.8 |
| 禽肉类 | 105.8 | 104.9 | 107.4 |
| 水产品 | 100.5 | 100.6 | 100.2 |
| 蛋类 | 107.7 | 108.8 | 106.0 |
| 奶类 | 101.7 | 102.1 | 101.0 |
| 干鲜瓜果类 | 103.7 | 104.5 | 101.6 |
| 糖果糕点类 | 102.0 | 102.9 | 100.7 |
| 调味品 | 103.6 | 105.4 | 100.8 |
| 其他食品类 | 100.8 | 101.1 | 100.4 |
| 茶及饮料 | 100.9 | 101.4 | 100.1 |
| 烟酒 | 101.3 | 101.4 | 101.2 |
| 在外餐饮 | 100.8 | 100.9 | 100.4 |
| 衣着 | 101.9 | 101.9 | 102.0 |
| 服装 | 102.3 | 102.2 | 102.5 |
| 服装材料 | 102.4 | 102.3 | 102.5 |
| 其他衣着及配件 | 100.1 | 100.0 | 100.5 |
| 衣着加工服务费 | 105.1 | 105.0 | 105.8 |
| 鞋类 | 100.6 | 100.6 | 100.4 |
| 居住 | 103.6 | 102.7 | 105.4 |
| 租赁房房租 | 103.5 | 102.5 | 108.2 |
| 住房保养维修及管理 | 103.5 | 102.3 | 105.2 |
| 水电燃料 | 102.2 | 102.0 | 102.7 |
| 自有住房 | 104.4 | 103.2 | 106.9 |
| 生活用品及服务 | 101.3 | 101.3 | 101.4 |
| 家具及室内装饰品 | 101.0 | 100.6 | 101.7 |
| 家用器具 | 100.8 | 100.6 | 101.2 |
| 家用纺织品 | 100.5 | 100.4 | 100.5 |
| 家庭日用杂品 | 101.9 | 102.5 | 100.8 |
| 个人护理用品 | 101.3 | 101.0 | 102.0 |
| 家庭服务 | 103.0 | 102.3 | 105.3 |
| 交通和通信 | 102.8 | 102.7 | 103.0 |
| 交通 | 104.4 | 104.3 | 104.7 |
| 通信 | 99.9 | 99.9 | 100.0 |
| 教育文化和娱乐 | 101.5 | 101.5 | 101.5 |
| 教育 | 101.8 | 102.0 | 101.5 |
| 文化娱乐 | 101.0 | 100.8 | 101.7 |
| 医疗保健 | 102.5 | 102.0 | 103.4 |
| 药品及医疗器具 | 105.5 | 104.3 | 107.7 |
| 医疗服务 | 100.7 | 100.5 | 101.1 |
| 其他用品和服务 | 100.6 | 100.6 | 100.5 |
| 其他用品类 | 99.1 | 98.6 | 99.9 |
| 其他服务类 | 101.9 | 102.4 | 101.1 |

# 历年粮食、棉花播种面积

单位：千公顷

| 年 份 | 粮食 | #稻谷 | | | | 棉花 |
|---|---|---|---|---|---|---|
| | | | 早稻 | 中稻 | 晚稻 | |
| 1983 | 5423.2 | 4418.9 | 1895.0 | 509.7 | 2014.2 | 131.3 |
| 1984 | 5390.9 | 4401.1 | 1885.4 | 507.0 | 2008.7 | 132.6 |
| 1985 | 5161.4 | 4246.5 | 1825.1 | 495.0 | 1926.4 | 101.8 |
| 1986 | 5210.4 | 4327.6 | 1838.3 | 499.4 | 1989.9 | 86.1 |
| 1987 | 5150.9 | 4255.1 | 1779.5 | 508.4 | 1967.2 | 64.4 |
| 1988 | 5196.3 | 4293.7 | 1803.9 | 505.7 | 1984.1 | 91.4 |
| 1989 | 5330.5 | 4354.1 | 1827.8 | 497.8 | 2028.5 | 94.4 |
| 1990 | 5365.7 | 4370.5 | 1844.1 | 484.3 | 2042.1 | 118.5 |
| 1991 | 5365.2 | 4298.1 | 1813.3 | 512.0 | 1972.8 | 133.3 |
| 1992 | 5243.6 | 4188.0 | 1741.0 | 477.5 | 1969.5 | 167.6 |
| 1993 | 5050.5 | 4025.9 | 1618.0 | 516.9 | 1891.0 | 172.1 |
| 1994 | 5077.4 | 4040.7 | 1633.8 | 525.1 | 1881.8 | 209.1 |
| 1995 | 5115.6 | 4084.1 | 1675.6 | 510.2 | 1898.3 | 185.3 |
| 1996 | 5133.9 | 4064.1 | 1669.3 | 513.7 | 1881.1 | 174.1 |
| 1997 | 5155.3 | 4075.8 | 1651.2 | 515.0 | 1909.6 | 176.5 |
| 1998 | 5074.8 | 3976.4 | 1610.1 | 538.1 | 1828.2 | 198.7 |
| 1999 | 5135.2 | 3984.5 | 1571.1 | 585.4 | 1828.0 | 157.8 |
| 2000 | 5029.9 | 3896.1 | 1515.8 | 632.1 | 1748.2 | 146.0 |
| 2001 | 4802.8 | 3691.6 | 1361.1 | 707.4 | 1623.1 | 149.4 |
| 2002 | 4652.6 | 3541.5 | 1224.5 | 812.5 | 1504.5 | 129.1 |
| 2003 | 4529.8 | 3410.0 | 1173.3 | 834.5 | 1402.1 | 139.0 |
| 2004 | 4754.1 | 3716.8 | 1288.3 | 1061.8 | 1366.7 | 167.7 |
| 2005 | 4838.6 | 3795.2 | 1324.4 | 1068.6 | 1402.2 | 150.9 |
| 2006 | 4545.4 | 3931.7 | 1355.9 | 1156.3 | 1419.5 | 158.6 |
| 2007 | 4539.7 | 3915.1 | 1303.6 | 1232.1 | 1379.5 | 172.2 |
| 2008 | 4607.1 | 3968.3 | 1306.6 | 1258.3 | 1403.4 | 162.0 |
| 2009 | 4827.2 | 4103.4 | 1399.8 | 1225.3 | 1478.3 | 148.8 |
| 2010 | 4847.8 | 4105.2 | 1385.7 | 1251.2 | 1468.3 | 161.1 |
| 2011 | 4932.2 | 4160.8 | 1427.7 | 1245.6 | 1487.4 | 169.4 |
| 2012 | 4975.3 | 4209.6 | 1464.5 | 1216.5 | 1528.5 | 173.5 |
| 2013 | 5010.0 | 4218.5 | 1494.0 | 1210.1 | 1514.5 | 173.3 |
| 2014 | 5065.6 | 4275.0 | 1507.7 | 1217.6 | 1549.6 | 153.9 |
| 2015 | 5053.7 | 4287.8 | 1505.9 | 1228.3 | 1553.6 | 122.0 |
| 2016 | 5010.7 | 4277.6 | 1487.3 | 1263.0 | 1527.3 | 106.5 |
| 2017 | 4978.9 | 4238.7 | 1448.2 | 1291.3 | 1499.2 | 95.6 |
| 2018 | 4747.9 | 4009.0 | 1238.2 | 1472.5 | 1298.3 | 63.9 |

注：2004年起为抽样调查数，2006、2007年为农普口径修正数。

续表

单位:万亩

| 年 份 | 粮食 | #稻谷 | | | | 棉花 |
|---|---|---|---|---|---|---|
| | | | 早稻 | 中稻 | 晚稻 | |
| 1983 | 8134.8 | 6628.4 | 2842.5 | 764.6 | 3021.3 | 197.0 |
| 1984 | 8086.4 | 6601.7 | 2828.1 | 760.5 | 3013.1 | 198.9 |
| 1985 | 7742.1 | 6369.8 | 2737.7 | 742.5 | 2889.6 | 152.7 |
| 1986 | 7815.6 | 6491.4 | 2757.5 | 749.1 | 2984.9 | 129.2 |
| 1987 | 7726.4 | 6382.7 | 2669.3 | 762.6 | 2950.8 | 96.6 |
| 1988 | 7794.5 | 6440.6 | 2705.9 | 758.6 | 2976.2 | 137.1 |
| 1989 | 7995.8 | 6531.2 | 2741.7 | 746.7 | 3042.8 | 141.6 |
| 1990 | 8048.6 | 6555.8 | 2766.2 | 726.5 | 3063.2 | 177.8 |
| 1991 | 8047.8 | 6447.2 | 2720.0 | 768.0 | 2959.2 | 200.0 |
| 1992 | 7865.4 | 6282.0 | 2611.5 | 716.3 | 2954.3 | 251.4 |
| 1993 | 7575.8 | 6038.9 | 2427.0 | 775.4 | 2836.5 | 258.2 |
| 1994 | 7616.1 | 6061.1 | 2450.7 | 787.7 | 2822.7 | 313.7 |
| 1995 | 7673.4 | 6126.2 | 2513.4 | 765.3 | 2847.5 | 278.0 |
| 1996 | 7700.9 | 6096.2 | 2504.0 | 770.6 | 2821.7 | 261.2 |
| 1997 | 7733.0 | 6113.7 | 2476.8 | 772.5 | 2864.4 | 264.8 |
| 1998 | 7612.2 | 5964.6 | 2415.2 | 807.2 | 2742.3 | 298.1 |
| 1999 | 7702.8 | 5976.8 | 2356.7 | 878.1 | 2742.0 | 236.7 |
| 2000 | 7544.9 | 5844.2 | 2273.7 | 948.2 | 2622.3 | 219.0 |
| 2001 | 7204.2 | 5537.4 | 2041.7 | 1061.1 | 2434.7 | 224.1 |
| 2002 | 6978.9 | 5312.3 | 1836.8 | 1218.8 | 2256.8 | 193.7 |
| 2003 | 6794.7 | 5115.0 | 1760.0 | 1251.8 | 2103.2 | 208.5 |
| 2004 | 7131.2 | 5575.2 | 1932.5 | 1592.7 | 2050.1 | 251.6 |
| 2005 | 7257.9 | 5692.8 | 1986.6 | 1602.9 | 2103.3 | 226.4 |
| 2006 | 6818.1 | 5897.6 | 2033.9 | 1734.5 | 2129.3 | 237.9 |
| 2007 | 6809.5 | 5872.7 | 1955.4 | 1848.1 | 2069.3 | 258.3 |
| 2008 | 6910.6 | 5952.4 | 1959.8 | 1887.5 | 2105.1 | 243.0 |
| 2009 | 7240.8 | 6155.1 | 2099.7 | 1837.9 | 2217.5 | 223.2 |
| 2010 | 7271.8 | 6157.9 | 2078.6 | 1876.8 | 2202.5 | 241.6 |
| 2011 | 7398.3 | 6241.2 | 2141.6 | 1868.4 | 2231.2 | 254.1 |
| 2012 | 7462.9 | 6314.3 | 2196.8 | 1824.8 | 2292.8 | 260.3 |
| 2013 | 7515.0 | 6327.8 | 2240.9 | 1815.2 | 2271.7 | 260.0 |
| 2014 | 7598.5 | 6412.4 | 2261.6 | 1826.4 | 2324.4 | 230.9 |
| 2015 | 7580.5 | 6431.6 | 2258.8 | 1842.4 | 2330.4 | 182.9 |
| 2016 | 7516.0 | 6416.4 | 2231.0 | 1894.5 | 2291.0 | 159.8 |
| 2017 | 7468.4 | 6358.1 | 2172.3 | 1936.9 | 2248.8 | 143.5 |
| 2018 | 7121.9 | 6013.5 | 1857.3 | 2208.8 | 1947.5 | 95.9 |

# 历年粮食、棉花产量

单位：万吨

| 年份 | 粮食 | #稻谷 | 早稻 | 中稻 | 晚稻 | 棉花 |
|---|---|---|---|---|---|---|
| 1983 | 2654.0 | 2458.1 | 1038.4 | 280.5 | 1139.2 | 9.8 |
| 1984 | 2613.0 | 2416.5 | 1069.0 | 280.8 | 1066.7 | 12.8 |
| 1985 | 2514.3 | 2338.8 | 991.7 | 247.3 | 1099.8 | 10.1 |
| 1986 | 2631.6 | 2464.4 | 1050.6 | 289.2 | 1124.6 | 8.3 |
| 1987 | 2593.7 | 2414.2 | 948.7 | 302.3 | 1163.2 | 5.6 |
| 1988 | 2519.8 | 2343.9 | 987.8 | 258.5 | 1097.6 | 4.4 |
| 1989 | 2648.2 | 2445.2 | 994.2 | 307.7 | 1143.3 | 6.7 |
| 1990 | 2651.4 | 2468.2 | 1033.5 | 302.4 | 1132.3 | 12.0 |
| 1991 | 2682.0 | 2473.3 | 957.5 | 314.1 | 1201.7 | 14.9 |
| 1992 | 2620.1 | 2423.1 | 916.1 | 305.0 | 1202.0 | 20.3 |
| 1993 | 2570.2 | 2343.5 | 825.7 | 324.8 | 1193.0 | 21.1 |
| 1994 | 2661.0 | 2414.9 | 903.5 | 350.6 | 1160.8 | 23.8 |
| 1995 | 2691.6 | 2438.5 | 854.7 | 336.8 | 1247.0 | 22.4 |
| 1996 | 2701.6 | 2418.6 | 854.6 | 344.2 | 1219.8 | 19.0 |
| 1997 | 2801.9 | 2495.8 | 945.2 | 359.6 | 1191.0 | 25.6 |
| 1998 | 2647.9 | 2345.1 | 830.6 | 357.1 | 1157.4 | 19.2 |
| 1999 | 2725.4 | 2360.6 | 817.5 | 404.4 | 1138.7 | 17.7 |
| 2000 | 2767.6 | 2392.5 | 877.6 | 436.1 | 1078.8 | 15.8 |
| 2001 | 2700.3 | 2328.9 | 783.2 | 478.4 | 1067.3 | 19.0 |
| 2002 | 2501.3 | 2119.2 | 627.8 | 590.8 | 900.6 | 15.3 |
| 2003 | 2442.7 | 2070.2 | 621.2 | 637.9 | 811.1 | 16.3 |
| 2004 | 2640.0 | 2285.5 | 716.4 | 720.0 | 849.1 | 20.3 |
| 2005 | 2678.6 | 2296.2 | 734.4 | 723.8 | 838.0 | 19.8 |
| 2006 | 2654.2 | 2414.5 | 747.6 | 782.0 | 884.9 | 22.7 |
| 2007 | 2698.5 | 2435.3 | 743.0 | 833.5 | 858.8 | 26.5 |
| 2008 | 2822.2 | 2551.3 | 774.1 | 890.9 | 886.3 | 21.9 |
| 2009 | 2928.8 | 2614.3 | 821.0 | 862.0 | 931.3 | 20.8 |
| 2010 | 2881.6 | 2551.8 | 779.5 | 867.1 | 905.2 | 22.4 |
| 2011 | 2983.6 | 2634.2 | 824.5 | 883.8 | 925.9 | 23.4 |
| 2012 | 3061.9 | 2704.3 | 841.6 | 881.4 | 981.3 | 24.7 |
| 2013 | 2989.5 | 2645.3 | 888.5 | 795.6 | 961.2 | 21.1 |
| 2014 | 3078.9 | 2732.7 | 886.8 | 847.1 | 998.8 | 18.8 |
| 2015 | 3094.2 | 2756.8 | 895.2 | 857.7 | 1003.9 | 14.7 |
| 2016 | 3052.3 | 2724.6 | 873.5 | 871.4 | 979.8 | 12.6 |
| 2017 | 3073.6 | 2740.4 | 846.5 | 932.6 | 961.3 | 11.0 |
| 2018 | 3022.9 | 2674.0 | 755.5 | 1086.7 | 831.8 | 8.6 |

注：粮食产量1988年起为抽样调查数，棉花产量1998年起为抽样调查数。2006、2007年为农普口径修正数。

续表

单位:亿斤

| 年 份 | 粮食 | #稻谷 | | | | 棉花 |
|---|---|---|---|---|---|---|
| | | | 早稻 | 中稻 | 晚稻 | |
| 1983 | 530.8 | 491.6 | 207.7 | 56.1 | 227.8 | 2.0 |
| 1984 | 522.6 | 483.3 | 213.8 | 56.2 | 213.3 | 2.6 |
| 1985 | 502.9 | 467.8 | 198.3 | 49.5 | 220.0 | 2.0 |
| 1986 | 526.3 | 492.9 | 210.1 | 57.8 | 224.9 | 1.7 |
| 1987 | 518.7 | 482.8 | 189.7 | 60.5 | 232.6 | 1.1 |
| 1988 | 504.0 | 468.8 | 197.6 | 51.7 | 219.5 | 0.9 |
| 1989 | 529.6 | 489.0 | 198.8 | 61.5 | 228.7 | 1.3 |
| 1990 | 530.3 | 493.6 | 206.7 | 60.5 | 226.5 | 2.4 |
| 1991 | 536.4 | 494.7 | 191.5 | 62.8 | 240.3 | 3.0 |
| 1992 | 524.0 | 484.6 | 183.2 | 61.0 | 240.4 | 4.1 |
| 1993 | 514.0 | 468.7 | 165.1 | 65.0 | 238.6 | 4.2 |
| 1994 | 532.2 | 483.0 | 180.7 | 70.1 | 232.2 | 4.8 |
| 1995 | 538.3 | 487.7 | 170.9 | 67.4 | 249.4 | 4.5 |
| 1996 | 540.3 | 483.7 | 170.9 | 68.8 | 244.0 | 3.8 |
| 1997 | 560.4 | 499.2 | 189.0 | 71.9 | 238.2 | 5.1 |
| 1998 | 529.6 | 469.0 | 166.1 | 71.4 | 231.5 | 3.8 |
| 1999 | 545.1 | 472.1 | 163.5 | 80.9 | 227.7 | 3.5 |
| 2000 | 553.5 | 478.5 | 175.5 | 87.2 | 215.8 | 3.2 |
| 2001 | 540.1 | 465.8 | 156.6 | 95.7 | 213.5 | 3.8 |
| 2002 | 500.3 | 423.8 | 125.6 | 118.2 | 180.1 | 3.1 |
| 2003 | 488.5 | 414.0 | 124.2 | 127.6 | 162.2 | 3.3 |
| 2004 | 528.0 | 457.1 | 143.3 | 144.0 | 169.8 | 4.1 |
| 2005 | 535.7 | 459.2 | 146.9 | 144.8 | 167.6 | 4.0 |
| 2006 | 530.8 | 482.9 | 149.5 | 156.4 | 177.0 | 4.5 |
| 2007 | 539.7 | 487.1 | 148.6 | 166.7 | 171.8 | 5.3 |
| 2008 | 564.4 | 510.3 | 154.8 | 178.2 | 177.3 | 4.4 |
| 2009 | 585.8 | 522.9 | 164.2 | 172.4 | 186.3 | 4.2 |
| 2010 | 576.3 | 510.4 | 155.9 | 173.4 | 181.0 | 4.5 |
| 2011 | 596.7 | 526.8 | 164.9 | 176.8 | 185.2 | 4.7 |
| 2012 | 612.4 | 540.9 | 168.3 | 176.3 | 196.3 | 4.9 |
| 2013 | 597.9 | 529.1 | 177.7 | 159.1 | 192.2 | 4.2 |
| 2014 | 615.8 | 546.5 | 177.4 | 169.4 | 199.8 | 3.8 |
| 2015 | 618.8 | 551.4 | 179.0 | 171.5 | 200.8 | 2.9 |
| 2016 | 610.5 | 544.9 | 174.7 | 174.3 | 196.0 | 2.5 |
| 2017 | 614.7 | 548.1 | 169.3 | 186.5 | 192.3 | 2.2 |
| 2018 | 604.6 | 534.8 | 151.1 | 217.3 | 166.4 | 1.7 |

# 历年畜禽出栏量

| 年　份 | 生猪(万头) | 牛(万头) | 羊(万头) | 禽(万只) |
|---|---|---|---|---|
| 1983 | 1850.1 | 11.9 | 27.6 | |
| 1984 | 2128.9 | 10.1 | 28.8 | |
| 1985 | 2296.6 | 9.3 | 30.1 | 8458.6 |
| 1986 | 2471.8 | 9.9 | 28.5 | 9453.9 |
| 1987 | 2657.4 | 11.7 | 30.3 | 10255.8 |
| 1988 | 2813.7 | 15.3 | 32.6 | 10548.9 |
| 1989 | 2866.5 | 15.8 | 35.2 | 11384.5 |
| 1990 | 3092.1 | 16.3 | 35.3 | 11832.6 |
| 1991 | 3247.9 | 20.2 | 42.9 | 12607.1 |
| 1992 | 3536.3 | 26.5 | 50.1 | 14187.4 |
| 1993 | 3813.2 | 33.4 | 71.0 | 15872.9 |
| 1994 | 4372.6 | 43.5 | 101.5 | 18441.2 |
| 1995 | 5001.7 | 58.0 | 157.9 | 23198.2 |
| 1996 | 4387.5 | 87.0 | 319.1 | 28315.8 |
| 1997 | 5127.0 | 96.5 | 291.1 | 31458.2 |
| 1998 | 5467.3 | 109.0 | 331.3 | 35703.4 |
| 1999 | 5385.3 | 118.8 | 354.2 | 27967.5 |
| 2000 | 5491.3 | 128.1 | 397.1 | 30448.9 |
| 2001 | 5540.5 | 125.0 | 435.2 | 32672.0 |
| 2002 | 5653.1 | 146.8 | 526.0 | 35286.0 |
| 2003 | 5905.8 | 148.3 | 604.9 | 41497.0 |
| 2004 | 6088.7 | 154.6 | 662.1 | 42816.6 |
| 2005 | 6176.3 | 167.4 | 763.4 | 39209.8 |
| 2006 | 5126.9 | 121.7 | 638.9 | 32867.8 |
| 2007 | 4822.4 | 125.0 | 661.8 | 32806.7 |
| 2008 | 5165.2 | 125.2 | 682.1 | 34779.9 |
| 2009 | 5528.1 | 132.0 | 722.7 | 36895.8 |
| 2010 | 5750.4 | 134.1 | 711.6 | 38377.1 |
| 2011 | 5608.7 | 128.9 | 700.6 | 39292.2 |
| 2012 | 5920.4 | 131.1 | 720.7 | 41686.0 |
| 2013 | 5951.0 | 136.8 | 757.9 | 41324.9 |
| 2014 | 6279.0 | 139.1 | 795.4 | 40089.6 |
| 2015 | 6141.7 | 142.5 | 840.0 | 41528.0 |
| 2016 | 5990.8 | 143.4 | 888.5 | 42732.9 |
| 2017 | 6116.3 | 147.0 | 901.8 | 42263.8 |
| 2018 | 5933.7 | 152.7 | 911.0 | 42478.7 |

注：生猪2000年起为抽样调查数，牛2001起为抽样调查数，1997年起禽为农普衔接数，2006—2016年猪牛羊禽数据为农普衔接数。

# 历年畜禽存栏量

| 年 份 | 生猪（万头） | #能繁母猪（万头） | 牛（万头） | 羊（万头） | 禽（万只） |
|---|---|---|---|---|---|
| 1983 | 2233.0 | 166.2 | 323.5 | 69.8 | |
| 1984 | 2337.1 | 157.4 | 334.7 | 63.9 | |
| 1985 | 2441.7 | 177.5 | 349.1 | 55.7 | |
| 1986 | 2596.9 | 208.5 | 364.7 | 58.0 | |
| 1987 | 2647.8 | 185.5 | 378.6 | 63.4 | |
| 1988 | 2694.4 | 188.4 | 383.8 | 63.8 | |
| 1989 | 2727.6 | 195.3 | 392.4 | 68.6 | |
| 1990 | 2798.3 | 204.6 | 399.2 | 66.5 | |
| 1991 | 2837.5 | 197.7 | 404.9 | 71.4 | |
| 1992 | 2912.1 | 218.9 | 411.6 | 79.4 | |
| 1993 | 3016.1 | 257.0 | 414.7 | 109.2 | |
| 1994 | 3171.8 | 260.3 | 420.5 | 140.0 | |
| 1995 | 3391.1 | 275.5 | 430.5 | 214.8 | |
| 1996 | 3008.0 | 247.1 | 469.4 | 390.2 | |
| 1997 | 3401.0 | 288.8 | 481.9 | 345.3 | |
| 1998 | 3492.2 | 280.7 | 489.0 | 336.6 | |
| 1999 | 3422.4 | 275.1 | 493.9 | 349.5 | |
| 2000 | 3583.8 | 360.2 | 504.8 | 375.2 | |
| 2001 | 3604.3 | 378.3 | 507.9 | 387.9 | |
| 2002 | 3908.5 | 394.4 | 534.0 | 483.0 | 22364.0 |
| 2003 | 4108.7 | 415.4 | 556.2 | 588.4 | 28611.0 |
| 2004 | 4343.4 | 430.2 | 583.6 | 671.1 | 26986.6 |
| 2005 | 4435.0 | 421.0 | 591.3 | 711.3 | 24949.1 |
| 2006 | 3452.5 | 349.2 | 405.7 | 499.1 | 24346.5 |
| 2007 | 3776.4 | 403.9 | 399.6 | 511.9 | 26103.1 |
| 2008 | 3924.5 | 425.4 | 399.5 | 523.9 | 26890.1 |
| 2009 | 4047.0 | 435.1 | 414.3 | 553.8 | 27111.6 |
| 2010 | 4063.9 | 433.1 | 401.7 | 552.7 | 27278.2 |
| 2011 | 4182.7 | 442.3 | 385.0 | 567.3 | 27583.5 |
| 2012 | 4275.5 | 443.9 | 381.8 | 565.6 | 29048.3 |
| 2013 | 4130.7 | 449.5 | 385.0 | 590.6 | 29950.4 |
| 2014 | 4227.8 | 442.3 | 389.2 | 622.1 | 31060.1 |
| 2015 | 4122.7 | 417.1 | 393.9 | 655.4 | 32147.1 |
| 2016 | 3983.1 | 398.7 | 374.1 | 648.1 | 33148.4 |
| 2017 | 3968.1 | 396.0 | 379.4 | 661.7 | 33012.8 |
| 2018 | 3822.0 | 378.7 | 385.4 | 668.3 | 32616.0 |

注：生猪 2000 年起为抽样调查数，牛 2001 年起为抽样调查数，1997 年起禽为农普衔接数，2006—2016 年猪牛羊禽数据为农普衔接数。

# 历年畜禽产品产量

单位:万吨

| 年　份 | 猪肉 | 牛肉 | 羊肉 | 禽肉 | 牛奶 | 禽蛋 |
|---|---|---|---|---|---|---|
| 1983 | 103.6 | 0.8 | 0.3 | | 10.2 | 18.1 |
| 1984 | 124.0 | 0.7 | 0.3 | | 11.2 | 23.2 |
| 1985 | 137.5 | 0.7 | 0.3 | 9.3 | 10.3 | 24.4 |
| 1986 | 154.8 | 0.8 | 0.3 | 10.6 | 10.0 | 23.5 |
| 1987 | 162.6 | 0.9 | 0.3 | 11.5 | 11.1 | 22.6 |
| 1988 | 176.9 | 1.4 | 0.4 | 12.0 | 10.3 | 26.0 |
| 1989 | 178.8 | 1.3 | 0.4 | 13.4 | 10.0 | 26.3 |
| 1990 | 187.7 | 1.4 | 0.4 | 14.0 | 10.5 | 27.9 |
| 1991 | 197.0 | 1.9 | 0.5 | 15.2 | 11.8 | 29.1 |
| 1992 | 211.1 | 2.3 | 0.6 | 16.6 | 12.0 | 31.1 |
| 1993 | 233.7 | 3.0 | 0.8 | 19.4 | 11.5 | 33.6 |
| 1994 | 267.1 | 3.9 | 1.2 | 22.8 | 8.7 | 36.3 |
| 1995 | 310.1 | 5.3 | 1.9 | 28.0 | 8.2 | 46.6 |
| 1996 | 286.9 | 8.5 | 4.4 | | 6.0 | 58.8 |
| 1997 | 343.5 | 10.8 | 4.2 | 33.6 | 7.7 | 44.5 |
| 1998 | 365.0 | 11.7 | 5.1 | 40.6 | 8.0 | 47.3 |
| 1999 | 364.9 | 13.0 | 5.4 | 42.6 | 10.3 | 49.6 |
| 2000 | 371.8 | 13.5 | 6.1 | 43.2 | 10.5 | 52.3 |
| 2001 | 389.8 | 13.2 | 6.7 | 46.4 | 18.5 | 54.7 |
| 2002 | 396.9 | 15.9 | 8.1 | 50.1 | 3.0 | 62.7 |
| 2003 | 419.3 | 16.1 | 9.4 | 57.3 | 5.2 | 64.6 |
| 2004 | 429.1 | 16.8 | 10.1 | 58.9 | 6.6 | 88.1 |
| 2005 | 437.0 | 18.2 | 11.6 | 54.2 | 6.9 | 92.1 |
| 2006 | 365.8 | 13.8 | 9.6 | 45.2 | 6.7 | 78.3 |
| 2007 | 348.9 | 14.3 | 10.5 | 47.0 | 4.8 | 85.6 |
| 2008 | 381.1 | 14.4 | 11.1 | 50.0 | 4.8 | 87.6 |
| 2009 | 396.8 | 14.8 | 11.7 | 52.3 | 4.8 | 89.0 |
| 2010 | 414.3 | 15.1 | 11.5 | 53.3 | 4.9 | 91.8 |
| 2011 | 408.5 | 14.7 | 11.3 | 54.7 | 5.1 | 93.6 |
| 2012 | 430.6 | 15.0 | 11.6 | 58.3 | 5.4 | 95.3 |
| 2013 | 434.2 | 16.0 | 12.3 | 57.5 | 5.6 | 95.7 |
| 2014 | 462.4 | 16.3 | 13.1 | 56.0 | 5.9 | 98.0 |
| 2015 | 452.8 | 16.8 | 13.9 | 58.1 | 6.1 | 101.6 |
| 2016 | 439.9 | 16.9 | 14.7 | 60.0 | 6.4 | 104.8 |
| 2017 | 449.6 | 17.0 | 14.9 | 59.2 | 6.1 | 103.2 |
| 2018 | 446.8 | 17.9 | 14.9 | 59.7 | 6.2 | 105.4 |

注:生猪2000年起为抽样调查数,牛2001年起为抽样调查数,1997年起禽为农普衔接数,2006—2016年猪牛羊禽数据为农普衔接数。

# 各省(区、市)人均可支配收入(新口径)

单位:元

| 地 区 | 全体居民 | | | 城镇常住居民 | | | 农村常住居民 | | |
|---|---|---|---|---|---|---|---|---|---|
| | 2018 年 | 2017 年 | 增速(%) | 2018 年 | 2017 年 | 增速(%) | 2018 年 | 2017 年 | 增速(%) |
| **全 国** | **28228** | **25974** | **8.7** | **39251** | **36396** | **7.8** | **14617** | **13432** | **8.8** |
| 北 京 | 62361 | 57230 | 9.0 | 67990 | 62406 | 8.9 | . | 24240 | . |
| 天 津 | 39506 | 37022 | 6.7 | 42976 | 40278 | 6.7 | 23065 | 21754 | 6.0 |
| 河 北 | 23446 | 21484 | 9.1 | 32977 | 30548 | 8.0 | 14031 | 12881 | 8.9 |
| 山 西 | 21990 | 20420 | 7.7 | 31035 | 29132 | 6.5 | 11750 | 10788 | 8.9 |
| 内 蒙 | 28376 | 26212 | 8.3 | 38305 | 35670 | 7.4 | 13803 | 12584 | 9.7 |
| 辽 宁 | 29701 | 27835 | 6.7 | 37342 | 34993 | 6.7 | 14656 | 13747 | 6.6 |
| 吉 林 | 22798 | 21368 | 6.7 | 30172 | 28319 | 6.5 | 13748 | 12950 | 6.2 |
| 黑龙江 | 22726 | 21206 | 7.2 | 29191 | 27446 | 6.4 | 13804 | 12665 | 9.0 |
| 上 海 | 64183 | 58988 | 8.8 | 68034 | 62596 | 8.7 | 30375 | 27825 | 9.2 |
| 江 苏 | 38096 | 35024 | 8.8 | 47200 | 43622 | 8.2 | 20845 | 19158 | 8.8 |
| 浙 江 | 45840 | 42046 | 9.0 | 55574 | 51261 | 8.4 | 27302 | 24956 | 9.4 |
| 安 徽 | 23984 | 21863 | 9.7 | 34393 | 31640 | 8.7 | 13996 | 12758 | 9.7 |
| 福 建 | 32644 | 30048 | 8.6 | 42121 | 39001 | 8.0 | 17821 | 16335 | 9.1 |
| 江 西 | 24080 | 22031 | 9.3 | 33819 | 31198 | 8.4 | 14460 | 13242 | 9.2 |
| 山 东 | 29205 | 26930 | 8.4 | 39549 | 36789 | 7.5 | 16297 | 15118 | 7.8 |
| 河 南 | 21964 | 20170 | 8.9 | 31874 | 29558 | 7.8 | 13831 | 12719 | 8.7 |
| 湖 北 | 25815 | 23757 | 8.7 | 34455 | 31889 | 8.0 | 14978 | 13812 | 8.4 |
| 湖 南 | 25241 | 23103 | 9.3 | 36698 | 33948 | 8.1 | 14093 | 12936 | 8.9 |
| 广 东 | 35810 | 33003 | 8.5 | 44341 | 40975 | 8.2 | 17168 | 15780 | 8.8 |
| 广 西 | 21485 | 19905 | 7.9 | 32436 | 30502 | 6.3 | 12435 | 11325 | 9.8 |
| 海 南 | 24579 | 22553 | 9.0 | 33349 | 30817 | 8.2 | 13989 | 12902 | 8.4 |
| 重 庆 | 26386 | 24153 | 9.2 | 34889 | 32193 | 8.4 | 13781 | 12638 | 9.0 |
| 四 川 | 22461 | 20580 | 9.1 | 33216 | 30727 | 8.1 | 13331 | 12227 | 9.0 |
| 贵 州 | 18430 | 16704 | 10.3 | 31592 | 29080 | 8.6 | 9716 | 8869 | 9.6 |
| 云 南 | 20084 | 18348 | 9.5 | 33488 | 30996 | 8.0 | 10768 | 9862 | 9.2 |
| 西 藏 | 17286 | 15457 | 11.8 | 33797 | 30671 | 10.2 | 11450 | 10330 | 10.8 |
| 陕 西 | 22528 | 20635 | 9.2 | 33319 | 30810 | 8.1 | 11213 | 10265 | 9.2 |
| 甘 肃 | 17488 | 16011 | 9.2 | 29957 | 27763 | 7.9 | 8804 | 8076 | 9.0 |
| 青 海 | 20757 | 19001 | 9.2 | 31515 | 29169 | 8.0 | 10393 | 9462 | 9.8 |
| 宁 夏 | 22400 | 20562 | 8.9 | 31895 | 29472 | 8.2 | 11708 | 10738 | 9.0 |
| 新 疆 | 21500 | 19975 | 7.6 | 32764 | 30775 | 6.5 | 11975 | 11045 | 8.4 |

# 各省(区、市)人均消费支出(新口径)

单位:元

| 地 区 | 全体居民 | | | 城镇常住居民 | | | 农村常住居民 | | |
|---|---|---|---|---|---|---|---|---|---|
| | 2018 年 | 2017 年 | 增速(%) | 2018 年 | 2017 年 | 增速(%) | 2018 年 | 2017 年 | 增速(%) |
| **全 国** | **19853** | **18322** | **8.4** | **26112** | **24445** | **6.8** | **12124** | **10955** | **10.7** |
| 北 京 | 39843 | 37425 | 6.5 | 42926 | 40346 | 6.4 | . | 18810 | . |
| 天 津 | 29903 | 27841 | 7.4 | 32655 | 30284 | 7.8 | 16863 | 16386 | 2.9 |
| 河 北 | 16722 | 15437 | 8.3 | 22127 | 20600 | 7.4 | 11383 | 10536 | 8.0 |
| 山 西 | 14810 | 13664 | 8.4 | 19790 | 18404 | 7.5 | 9172 | 8424 | 8.9 |
| 内 蒙 | 19665 | 18946 | 3.8 | 24437 | 23638 | 3.4 | 12661 | 12184 | 3.9 |
| 辽 宁 | 21398 | 20463 | 4.6 | 26448 | 25379 | 4.2 | 11455 | 10787 | 6.2 |
| 吉 林 | 17200 | 15632 | 10.0 | 22394 | 20051 | 11.7 | 10826 | 10279 | 5.3 |
| 黑龙江 | 16994 | 15577 | 9.1 | 21035 | 19270 | 9.2 | 11417 | 10524 | 8.5 |
| 上 海 | 43351 | 39792 | 8.9 | 46015 | 42304 | 8.8 | 19965 | 18090 | 10.4 |
| 江 苏 | 25007 | 23469 | 6.6 | 29462 | 27726 | 6.3 | 16567 | 15612 | 6.1 |
| 浙 江 | 29471 | 27079 | 8.8 | 34598 | 31924 | 8.4 | 19707 | 18093 | 8.9 |
| 安 徽 | 17045 | 15752 | 8.2 | 21523 | 20740 | 3.8 | 12748 | 11106 | 14.8 |
| 福 建 | 22996 | 21249 | 8.2 | 28145 | 25980 | 8.3 | 14943 | 14003 | 6.7 |
| 江 西 | 15792 | 14459 | 9.2 | 20760 | 19244 | 7.9 | 10885 | 9870 | 10.3 |
| 山 东 | 18780 | 17281 | 8.7 | 24798 | 23072 | 7.5 | 11270 | 10342 | 9.0 |
| 河 南 | 15169 | 13730 | 10.5 | 20989 | 19422 | 8.1 | 10392 | 9212 | 12.8 |
| 湖 北 | 19538 | 16938 | 15.4 | 23996 | 21276 | 12.8 | 13946 | 11633 | 19.9 |
| 湖 南 | 18808 | 17160 | 9.6 | 25064 | 23163 | 8.2 | 12721 | 11534 | 10.3 |
| 广 东 | 26054 | 24820 | 5.0 | 30924 | 30198 | 2.4 | 15411 | 13200 | 16.8 |
| 广 西 | 14935 | 13424 | 11.3 | 20159 | 18349 | 9.9 | 10617 | 9437 | 12.5 |
| 海 南 | 17528 | 15403 | 13.8 | 22971 | 20372 | 12.8 | 10956 | 9599 | 14.1 |
| 重 庆 | 19248 | 17898 | 7.5 | 24154 | 22759 | 6.1 | 11977 | 10936 | 9.5 |
| 四 川 | 17664 | 16180 | 9.2 | 23484 | 21991 | 6.8 | 12723 | 11397 | 11.6 |
| 贵 州 | 13798 | 12970 | 6.4 | 20788 | 20348 | 2.2 | 9170 | 8299 | 10.5 |
| 云 南 | 14250 | 12658 | 12.6 | 21626 | 19560 | 10.6 | 9123 | 8027 | 13.6 |
| 西 藏 | 11520 | 10320 | 11.6 | 23029 | 21088 | 9.2 | 7452 | 6691 | 11.4 |
| 陕 西 | 16160 | 14900 | 8.5 | 21966 | 20388 | 7.7 | 10071 | 9306 | 8.2 |
| 甘 肃 | 14624 | 13120 | 11.5 | 22606 | 20659 | 9.4 | 9065 | 8030 | 12.9 |
| 青 海 | 16557 | 15503 | 6.8 | 22998 | 21473 | 7.1 | 10352 | 9903 | 4.5 |
| 宁 夏 | 16715 | 15350 | 8.9 | 21977 | 20219 | 8.7 | 10790 | 9982 | 8.1 |
| 新 疆 | 16189 | 15087 | 7.3 | 24191 | 22797 | 6.1 | 9421 | 8713 | 8.1 |

# 各省(区、市)主要价格指数(2018 年)

上年同期=100

| 地　区 | 居民消费价格指数 | 商品零售价格指数 | 工业生产者出厂价格指数 | 工业生产者购进价格指数 | 固定资产投资价格指数 |
|---|---|---|---|---|---|
| **全　国** | **102.1** | **101.9** | **103.5** | **104.1** | **105.4** |
| 北　京 | 102.5 | 101.1 | 100.0 | 100.8 | 103.8 |
| 天　津 | 102.0 | 101.6 | 105.4 | 106.2 | 104.5 |
| 河　北 | 102.4 | 102.2 | 106.2 | 104.0 | 105.0 |
| 山　西 | 101.8 | 101.7 | 106.7 | 105.5 | 104.5 |
| 内蒙古 | 101.8 | 101.6 | 103.2 | 102.4 | 103.6 |
| 辽　宁 | 102.5 | 101.4 | 104.8 | 104.5 | 103.5 |
| 吉　林 | 102.1 | 102.4 | 102.8 | 103.5 | 104.6 |
| 黑龙江 | 102.0 | 101.1 | 109.0 | 109.0 | 103.3 |
| 上　海 | 101.6 | 101.6 | 101.7 | 105.2 | 105.6 |
| 江　苏 | 102.3 | 102.6 | 102.8 | 104.6 | 106.0 |
| 浙　江 | 102.3 | 102.1 | 103.4 | 105.1 | 105.7 |
| 安　徽 | 102.0 | 101.9 | 103.0 | 105.3 | 105.8 |
| 福　建 | 101.5 | 101.5 | 102.8 | 102.8 | 104.9 |
| 江　西 | 102.1 | 101.0 | 104.2 | 103.2 | 106.4 |
| 山　东 | 102.5 | 102.2 | 103.7 | 103.6 | 106.1 |
| 河　南 | 102.3 | 102.9 | 103.6 | 104.0 | 105.4 |
| 湖　北 | 101.9 | 101.2 | 104.2 | 104.8 | 106.6 |
| 湖　南 | 102.0 | 102.3 | 103.2 | 103.5 | 104.8 |
| 广　东 | 102.2 | 102.1 | 101.8 | 102.5 | 106.2 |
| 广　西 | 102.3 | 101.6 | 103.2 | 103.4 | 104.5 |
| 海　南 | 102.5 | 102.5 | 108.2 | 110.8 | 106.2 |
| 重　庆 | 102.0 | 101.2 | 102.1 | 102.5 | 105.0 |
| 四　川 | 101.7 | 101.4 | 103.6 | 105.3 | 106.4 |
| 贵　州 | 101.8 | 101.8 | 101.8 | 103.4 | 105.2 |
| 云　南 | 101.6 | 101.5 | 102.4 | 104.4 | 104.9 |
| 西　藏 | 101.7 | 101.5 | 100.1 | | |
| 陕　西 | 102.1 | 102.1 | 105.4 | 104.2 | 105.4 |
| 甘　肃 | 102.0 | 101.7 | 109.5 | 109.8 | 104.6 |
| 青　海 | 102.5 | 102.1 | 104.8 | 104.5 | 104.3 |
| 宁　夏 | 102.3 | 102.9 | 107.3 | 106.5 | 103.5 |
| 新　疆 | 102.0 | 100.9 | 111.2 | 109.2 | 103.7 |

# 各省(区、市)主要农作物总产量(2018 年)

| 地 区 | 粮食<br>(万吨) | 棉花<br>(吨) |
|---|---|---|
| **全 国** | **65789** | **609.6** |
| 北 京 | 34 | |
| 天 津 | 210 | 1.8 |
| 河 北 | 3701 | 23.9 |
| 山 西 | 1380 | 0.4 |
| 内蒙古 | 3553 | |
| 辽 宁 | 2192 | |
| 吉 林 | 3633 | |
| 黑龙江 | 7507 | |
| 上 海 | 104 | |
| 江 苏 | 3660 | 2.1 |
| 浙 江 | 599 | 0.6 |
| 安 徽 | 4007 | 8.9 |
| 福 建 | 499 | |
| 江 西 | 2191 | 6.8 |
| 山 东 | 5320 | 21.7 |
| 河 南 | 6649 | 3.8 |
| 湖 北 | 2839 | 14.9 |
| 湖 南 | 3023 | 8.6 |
| 广 东 | 1193 | |
| 广 西 | 1373 | 0.1 |
| 海 南 | 147 | |
| 重 庆 | 1079 | |
| 四 川 | 3494 | 0.4 |
| 贵 州 | 1060 | 0.1 |
| 云 南 | 1861 | |
| 西 藏 | 104 | |
| 陕 西 | 1226 | 1.0 |
| 甘 肃 | 1151 | 3.5 |
| 青 海 | 103 | |
| 宁 夏 | 393 | |
| 新 疆 | 1504 | 511.1 |